U0058173

生活科技概論

李隆盛◎策畫主編

李隆盛、蔡錫濤、葉俊偉、吳天方、王光復
陳長振、游光昭、宗靜萍、林奇賢、周如文 ◎著

作者簡介

（依作者撰寫篇章順序排列）

李隆盛（負責策畫主編；第一章）

學　歷

美國俄亥俄州立大學（Ohio State University）科技教育博士

經　歷

國立台灣師範大學工業科技教育學系教授、系主任及科技學院院長

現　職

國立聯合大學校長及資管系與經管系合聘教授

蔡錫濤（負責第二章）

學　歷

美國愛荷華州立大學博士

經　歷

國立台灣師範大學工業科技教育學系副教授、教授
國立台灣大學兼任副教授
工研院、台電、華航等公民營企業顧問、講座

現　職

國立台灣師範大學國際人力教育與發展研究所教授

葉俊偉（負責第二章）

學　歷

國立台灣師範大學工業科技教育學系人力資源組哲學博士

經　歷

高中、高職、國中資訊科及生活科技科教師

現　職

東南科技大學企業管理學系專任助理教授

吳天方（負責第三章）

學　歷

美國密蘇里大學哥倫比亞校區（University of Missouri-Columbia）哲學博士

經　歷

海軍陸戰隊少尉工程官
永立建築師事務所建築設計、估價及監造工程師
臺灣省立彰化高級工業職業學校專任教師
國立彰化師範大學工業教育學系助教、講師、副教授、教授
國立彰化師範大學人力資源管理研究所教授
中國生產力中心顧問
國立編譯館高級中學教科書審查委員
教育部後期中等教育共同核心課程綱要專案委員

現　職

亞洲大學教授

王光復（負責第四章）

學　歷

美國俄亥俄州立大學（Ohio State University）哲學博士

經　歷

國立台灣師範大學工業科技教育學系副教授

現　職

國立台灣師範大學工業科技教育學系副教授
個人網頁網址：http://www.ite.ntnu.edu.tw/teacher/htm_wang/index.htm

陳長振（負責第五章）

學　歷

美國北愛荷華大學（University of Northern Iowa）工業科技博士

經　歷

美國北達科塔大學（University of North Dakota）工業科技系交換教授

智慧財產局專利審查委員

教育部高中生活科技教科書審查委員

國立科學工藝博物館展示廳諮詢顧問

現　職

國立高雄師範大學工業科技教育系副教授

游光昭（負責第六章）

學　歷

美國維吉尼亞理工大學（Virginia Tech）博士

經　歷

國立台灣師範大學工業科技教育學系副教授、教授

現　職

國立台灣師範大學工業科技教育學系教授

宗靜萍（負責第六章）

學　歷

國立台灣師範大學工業科技教育研究所博士候選人

經　歷

高雄市政府新聞處股長

現　職

高雄市立空中大學大眾傳播學系助理教授兼媒體處處長

林奇賢（負責第七章）

學　歷

美國印地安納大學（Indiana University）教育科技與電腦科學博士
國立台灣師範大學教育研究所碩士
國立台灣師範大學工業教育系學士

經　歷

國立民雄農工教師
國立台南大學電算中心主任
國立台南大學資訊教育研究所所長

現　職

國立台南大學數位學習科技學系教授

周如文（負責第八章）

學　歷

美國俄亥俄州立大學（Ohio State University）化學系生物化學博士

經　歷

財團法人生物技術開發中心製藥發展計畫
　副研究員，子計畫負責人
行政院衛生署預防醫學研究所血清疫苗製造組
行政院衛生署疾病管制局疫苗中心
　聘任副研究員，執行人用疫苗自製計畫
行政院衛生署疾病管制局行政室
　聘任副研究員，科技發展與國際合作
行政院衛生署疾病管制局病理及生物科技實驗室
　聘任副研究員／實驗室負責人

現　職

行政院衛生署疾病管制局
　聘任副研究員／實驗室負責人
　分枝桿菌／結核病參考實驗室

序

我國教育部為配合國民中小學九年一貫「自然與生活科技學習領域」課程綱要之實施，於九十一年七月函頒「國民中學九年一貫課程自然與生活科技學習領域任教專門科目認定參考原則及內涵」，將本領域師資規劃為「自然」和「生活科技」兩學域，自然學域再細分為化學、物理學、生物學，和地球科學四個主修專長；並主張：修習本領域「自然學域」任一主修專長者，應修本領域核心課程「生活科技概論」三學分。此外，教育部於九十三年二月另頒「中小學校教師師資職前教育課程教育專業課程科目及學分」，將「生活科技概論」二學分列為「必修科目——教學基本學科課程」之一。

本書除了旨在作為上述二或三學分「生活科技概論」師資培育課程的教科書之外，亦可作為生活科技學域職前和在職教師進修，以及對科技感興趣人士研讀用書。

本書係本人在台灣師範大學擔任科技學院院長期間，先做初步規劃，再邀集跨校際學者專家共同討論及分工撰成。謹於本書付梓前，誌此數言，介紹本書宗旨並感謝心理出版社和各章作者共同促成本書之出版。

李隆盛 謹識

2005 年 8 月 28 日

於國立聯合大學

目錄

第一章

科技與生活科技

■ 李隆盛

本章目標在協助讀者了解：⑴科技的意義，⑵科技系統，⑶設計程序，⑷科技教育，和⑸我國的生活科技教育。

第一節　科技的意義

「科技」在中文裡有時指"science and technology"（S&T），但是大都指"technology"。在本書中，除特別說明外，均指"technology"。

"Technology"源自希臘字"*technologia*"，原意是技藝的系統化處理。"*technologia*"含有"*techne*"和"*logos*"兩個字根，前者有技藝（art/craft）和技術（technique）雙重意義，講求要達到適切結果和涉及實用知能；後者"*logos*"的主要意義是推理。所以科技講求合理與實用。在法文裡"*technologie*"特指對技術程序與物件的探究，而用"technique"特指技術手段的應用。但是在英文裡，"technology"兼有探究與應用的意思，而且在二十世紀之前，常只用來敘述科學知識在人工器物的製作和使用方面的應用；到二十世紀，"technology"的詞意則擴展到比人工器物、技術與程序更寬廣（Herschbach, 1995）。

就當前而言，科技常被看成物件、程序、知識、活動、系統和意志等，分述如下（Bilton, n.d.）：

一、科技被視為物件（object）

例如工具、機器、儀器、武器、用具等具有技術功能的實體器具。

二、科技被視為程序（process）

由辨認需求出發，至得到解法結束的技術性程序。

三、科技被視為知識（knowledge）

科技創新背後的行動知識（know-how）。

四、科技被視為活動（activity）

人們運用知能、方法、程序等解決實務問題的活動。

五、科技被視為系統（system）

為製作與使用物件或訊息所需各種人、事、時、地、物等要件的組合。

六、科技被視為意志（volition）

克服困難解決實務問題的願力（human will）。

從以上這些觀點，可知科技是「開物成務」，無處不存且由來已久，其形式可能是機具、器物、程序、知識和系統。人們使用科技的目的在讓生活、工作和學習等層面更輕鬆、更美好。

聯合國教科文組織（United Nations Education, Social and Cultural Organisation; UNESCO, 1985）將科技定義為「可協助人們使用機具、資源和系統，以解決問題和促進對天然與人為環境之控制，而改善人們生活條件的行動知識與創意程序」。

科技在上述聯合國教科文組織定義中，其目的在滿足人們的基本需求（need）和進一步欲求（want），其手段是知識、經驗和資源的運用，其結果是程序或產品。所以是人的需求與欲求決定科技的形式與內容，而人對科技的好惡常視科技對健康、福祉、生活方式及經濟、生態等層面的影響而定。亦即，科技和人之發展的關係如圖 1.1 所示。

科技在本質上有下列特性（Bilton, n.d.）：

一、科技和科學的目的不同

科技和科學的關係如圖 1.2 所示，兩者的交集區是「應用科學」

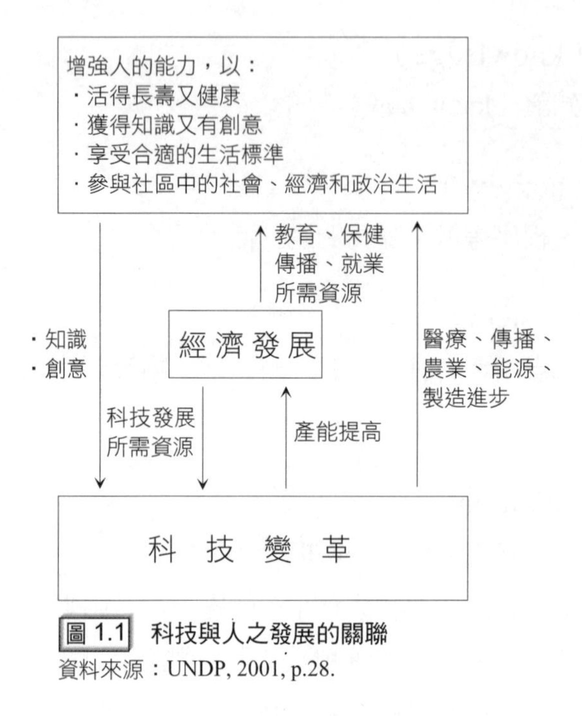

圖 1.1 科技與人之發展的關聯

資料來源：UNDP, 2001, p.28.

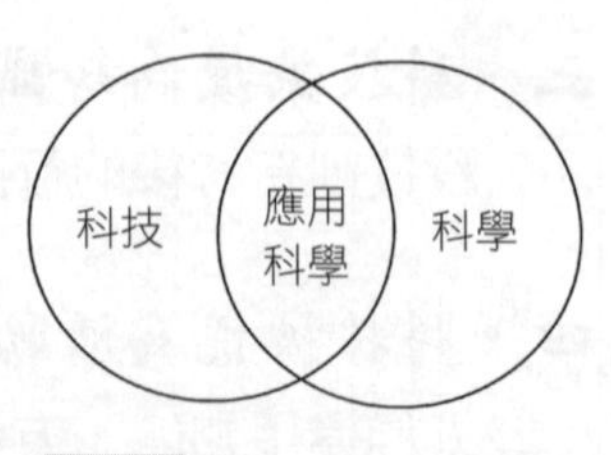

圖 1.2 科技與科學的關係

（applied science）。換言之，只有交集區上的少部分科學可以說是科技，或只有交集區上的少部分科技可以被稱為應用科學。科技的主要目的在創新改善，科學的主要目的在了解自然。兩者的對照如表 1.1 所列。亦即，科技和科學之間有灰色地帶，但兩者各有其黑白分明之處。

二、科技重視設計程序

科技和工程一樣都很重視設計程序，這種程序首先釐清需求，再擬訂明細、產出構想、決定解法，終於評鑑解法。詳見本章第三節。

三、科技強調做出東西

科技活動背後的動機都在滿足需求或欲求，所以所有設計都應製作出東西來，這種東西可能是原型、單件／批次／量產產品或 3D ／電腦模型，並接受評鑑以檢視整個活動的目的是否達成和價值的高低。

●表 1.1● 科技與科學的對照

	科技	科學
目的	創新人工器物、程序與系統以滿足人的需求與欲求	探究自然知識與了解
程序	設計、發明、製作	發現（常借重實驗）
	設計的分析與綜合	理論的分析、類推與開創
	整體論：統整許多競立的需求、理論、資料與構想	簡化論：析出和界定明確的概念
	活動永遠是價值取向	做出價值中立的陳述
	尋求新程序和理論化新程序（如控制、資訊）	尋求原因和理論化原因（如重力、電磁）
	在模化或造型（modeling）中追求足夠正確性以獲致成功	在模化中追求正確性
	根據不完整的資料和約略的模式做出好的決定	根據好的理論和正確資料，歸納出正確結論
	借重設計、建造、測試、規劃、品保、解決問題、做決定、人際和溝通能力	借重實驗與邏輯能力
	試圖由後續行動，持續做出好的決定，獲致實務問題的解決	利用預測的推翻，去否定或改善原來所根據的理論或資料

資料來源：Bilton, n.d.

四、科技涉及多個向度

設計和製作須有不同專長人員的合作之外，還須有：與他人共享、在有限經費中運作、說服做決定者、與客戶溝通，以及在時限內完成等功能的發揮。

五、科技關係價值取向

科技活動的每一個環節都須和價值關聯。做價值判斷時不僅須考慮特定設計規準（如美觀、合人因、經濟、合目的、易製作），也要考慮倫理規範上的對錯。

六、科技與社會交互形塑

科技事業著眼於社會利益，所以在各種新興的科技中只有少數通得過顧客的選擇而進一步發展和被廣泛使用，這是科技被社會所形塑。但是科技也在形塑社會，例如汽車科技即廣泛、深遠地形塑我們的環境和生活方式。

第二節　科技系統

在人類活動裡充斥著各種系統，系統是一個以上的要件為達成特定目的或發揮特定功能所做的組合。所有的系統都有下列特定的輸入和過程，以導致特定的結果（見圖 1.3）。

1. 輸入（Input, I）：運用在系統的各種資源。
2. 過程（Process, P）：運用資源時所採取的行動。
3. 輸出（Output, O）：系統的結果。
4. 回饋（Feedback, F）：為改善輸出而對過程所做的調整。系統有回饋時特稱為封閉式系統，反之稱為開放式系統。
5. 目標（Goal, G）：系統存在的理由。

科技系統的「輸入」資源主要是：⑴人員、⑵材料、⑶機具、⑷經費、⑸知識、和⑹能源。「過程」主要有生產和管理兩類程序，兩者相互搭配將資源轉化成預期輸出。所有科技系統幾乎都有下列所示的四種「輸出」（見圖 1.4，預期指依照原訂目的，喜愛指樂於被接受）：

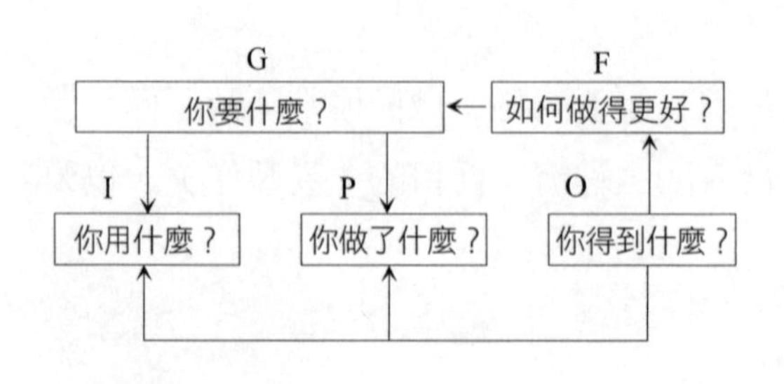

圖 1.3　系統的概念

1. 預期且被喜愛的輸出（圖 1.4，A1）：如透過電話系統即時通報平安訊息。
2. 預期但不被喜愛的輸出（圖 1.4，A2）：如車削螺絲產出廢屑和油污。

3. 非預期但被喜愛的輸出（圖 1.4，B1）：如研發威而剛（Viagra）原要減輕心絞痛，結果成為改善勃起功能障礙的良藥。

4. 非預期也不被喜愛的輸出（圖 1.4，B2）：如古羅馬人大量使用鉛製器具，卻非預期地導致鉛中毒。

	A.預期	B.非預期
1. 被喜愛	A1	B1
2. 不被喜愛	A2	B2

圖 1.4 科技系統的四種產出

科技系統大都有兩大目標：第一個目標是滿足人的需求和欲求，第二個目標是獲取利潤。第一個目標存在每個科技活動背後，第二個目標則是科技業者的訴求。兩個目標可相容，因為通常能滿足人之需求和欲求的科技才能取得利潤，而真能幫助人們伸展能力調適環境的科技系統才是有用的系統。

以下以運輸科技為例說明系統（NESEA, 2001）。運輸是一種將人員和物品搬移的程序。以「人走到商店買東西」的簡單運輸系統而言，其五大要素如下：

1. 目標：移動自己到商店。
2. 輸入：人體所需的食物、水和氧氣，以及如何走到商店的知識。
3. 過程：轉化食物、水和氧氣等成為走到商店所需的能量，以及決定路徑和走路過去。
4. 輸出：走到商店，附帶汗水、體熱、呼出的二氧化碳等。
5. 回饋：可能決定以後改變路徑，以便下次更輕鬆走到商店。

以下進一步就運輸科技系統而言，其五大要素如下：

1. 目標（G）

運輸的主要目標在將人員和物品由 A 點移到 B 點，休閒也可能是某些運輸系統的目標。其他較不明顯但相當重要的目標則是成本低、準時到達、安全、舒適。無污染和少受外國資源（如中東石油）牽制等目標也愈來愈被重視。

2.輸入（I）

燃料、車輛、道路、橋梁和駕駛。但這些資源關聯：⑴礦產和石油加工；⑵燃料和車輛的設計、製造與運輸；⑶道路與橋梁的設計與營建；⑷教練、警察和法制的設置，以訓練和督促駕駛安全駕駛。此外，車輛和駕駛也需要維修、借貸、保險和醫療系統支應。

3.過程（P）

轉化燃料為運動是任一運輸系統最基本的過程，但維持安全、低廉和準時的運輸系統，則是其他重要的過程。安全駕駛有賴交通執法、駕駛教育和道路維護等系統。買車則常需借貸系統支應。而防制污染則需廢氣排放法規。

4.輸出（O）

搬移人員和物品是任一運輸系統的主要和預期輸出，但是車禍、污染、塞車耗時、花錢保險、加油和修車等事件，也伴隨而來。

5.回饋（F）

可供評鑑以調整系統的問題如下：運輸系統運作良好？準時到達？車輛安全舒適？保險和保養經費合理？有無其他的運輸替代方案？

科技系統的劃分可依不同目的而有不同分法。國際科技教育學會（International Technology Education Association, ITEA）將科技定義為人類採取行動的創新（human innovation in action），著重開創知識與程序以發展系統解決問題和伸展能力。所以程序、知識和系絡是科技的寰宇（universal，見圖 1.5），其中科技的系絡可以分為下

圖 1.5 科技的寰宇

列資訊、物質和生物三大系統：

1. 資訊系統

有關資料的處理、儲存和使用。這種系統是當今資訊時代的基礎，其知識與經驗讓人們有能力量化、質化和解釋資料，進而發展新知識。傳播科技則是一種提供人—人、人—機器和機器—機器介面的資訊系統。

2. 物質系統

可觸及和由物質資源製成的東西。改變材料的形式增大其價值與目的，是物質系統的生產基礎。在生產作業中須用到動力（power），所以動力是物質系統的主要部分。物質系統也運輸人員和物品。

3. 生物系統

使用生物（或部分生物）製作或調適產品以改善人、植物或動物，或發展特殊用途的微生物。這種系統大都指生物科技（biotechnology），且常用在農業、醫療、運動和基因領域。

科技成就以指數的變化速率（如$2^1 \rightarrow 2^1+2^2 \rightarrow 2^1+2^2+2^3 \rightarrow 2^1+2^2+2^3+2^4 \cdots\cdots$）與時俱進，而且相因相成。例如，資訊、傳播和生物科技的演進，大致如圖 1.6 所示，愈來有愈多的重要科技發展出現。

第三節　設計程序

設計程序從需求著手，當人們有實務問題有待解決時，就需要透過設計以產出產品或服務。在某些時候，設計者只須調適現有的設計就可解決問題（如重新設計太燙手的茶杯把手），設計者也可改善現有的產品（如設計坐起來更舒適的椅子）。設計者在設計過程中常著重下列項目，在重視設計的科技教育活動裡，也常採用如表 1.2 的學習歷程檔案（portfolio）教學：

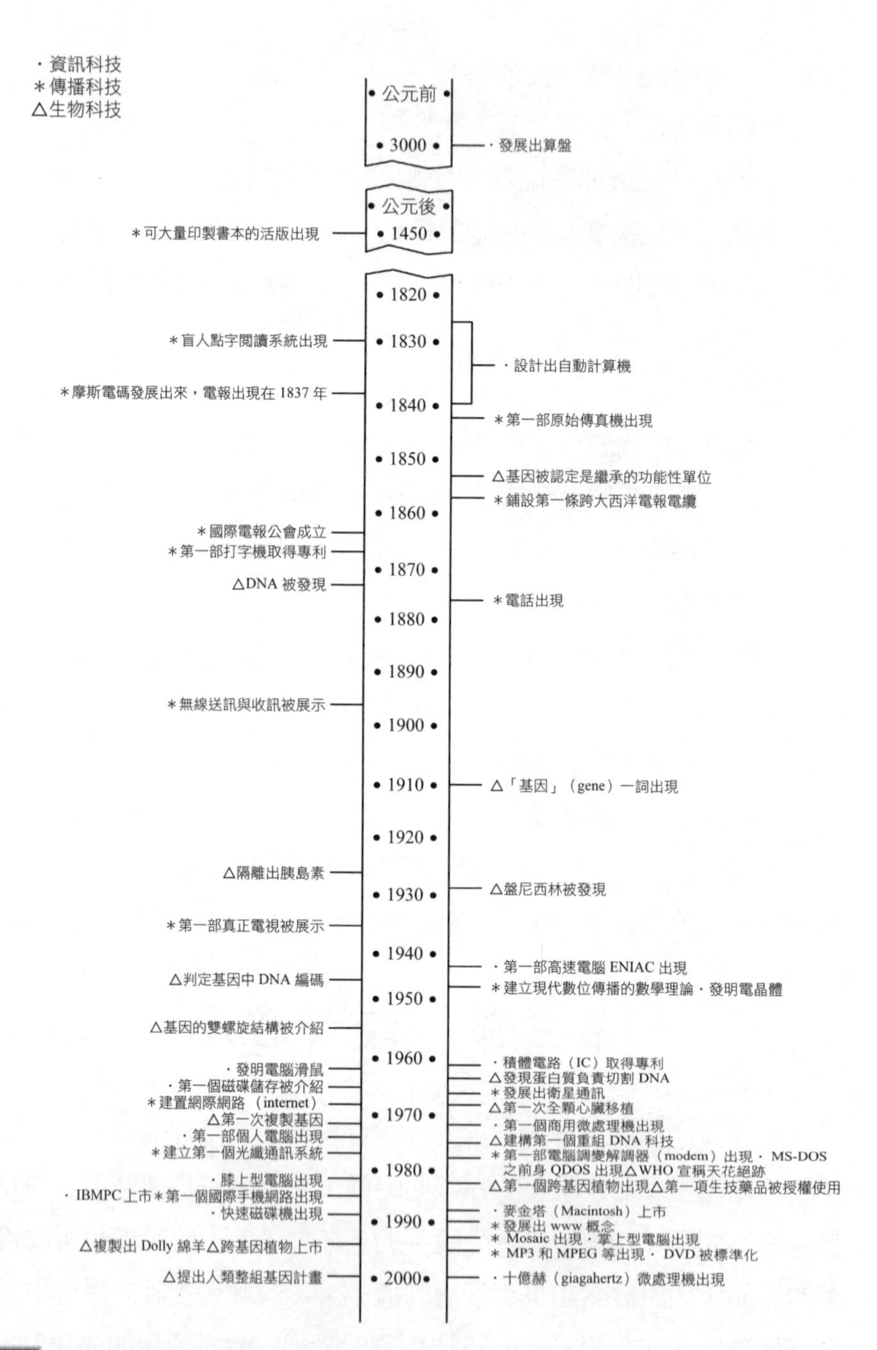

圖 1.6 資訊、傳播與生物科技演進年表

資料來源：UNDP, 2001.

表 1.2 設計與科技學習歷程檔案例示

產品名稱：掛在鑰匙圈上的手電筒

一、設計概要

這是你的方案起點，本概要告訴你須做些什麼及成功的產品／解法像什麼樣。

設計和製作出一個可實際生產及掛在鑰匙圈上的手電筒，須用明亮的LED白光配AAA乾電池或扁平水銀電池，手電筒須裝配壓下式開關。你須有讓LED和電池定位好的裝置，並設計開關使手電筒發揮功能。

二、利害關係人

列出你的利害關係人姓名及解說要如何才能讓每個人滿意你的設計。

姓名　　對本設計成功的期望

1.

2.

3.

三、探究與研究

你在本階段應就下列問題尋求解答：

1.你要用的電池大小和形狀為何？要畫出精確圖來。

2.LED 是什麼？你需要知道哪些才能做好設計？

3.能讓顧客花錢買拋棄式手電筒的理由為何？

4.能讓顧客花錢買可更換電池之手電筒的理由為何？

5.你能從市面上的小手電筒得到什麼設計與製作構想？

四、開創設計構想

至少畫出八個你的手電筒設計構想，畫圖時記得 LED 和電池大小與形狀，並考慮開關位置，先不擔心如何作用。手電筒可以有圓筒、平板等形狀。

五、改良設計構想

從初步構想中找出一個你認為最好的設計，並寫出理由，且加以改良（例如改變各部位比例）至最佳狀況。

六、完成設計定案

畫出最後決定的設計，包括重要尺寸。

七、模化設計造型

用發泡塑膠或其他材料做一個模型。

八、進行評鑑設計

討論你的設計之優缺點，包括外觀、功能、電池和 LED 的適配度等重要因素。評鑑中應諮詢利害關係人的意見。

資料來源：Pro/DESKTOP, 2001.

一、問題

釐清有待設計加以解決的問題（problem）是什麼。這種問題有時是他人給予，有時需自己尋找，基本上問題是現實與理想的差距，例如：盲人無法使用明眼人可用的許多遊樂器具、高樓大廈的電梯間讓搭乘的人覺得費時無聊、許多住家常被小偷闖空門等等。問題的描述須簡單易懂，長度以一段文字為宜，重點在釐清問題，不必交代要如何解決。

二、設計概要

設計概要（design brief）接在問題後面，以一般用語清晰地陳述設計者要如何解決設計問題。重點在可解決問題之器物的類型、功能、大小、使用對象、特性、安全和成本等，以及設計者要如此設計和製作的理由。表 1.3 是設計概要示例。

表 1.3　設計概要示例

各種年齡層的人都很喜歡玩棋盤遊戲，所以我要設計和製作一個可玩棋盤遊戲的電子產品。這個產品和一般玩骰子、陀螺、紙牌的棋盤不同，而且要好到有人買。所以我會先做研究和分析，針對特定市場或特殊玩法做出決定。

資料來源：Gray, 2003.

三、分析

條列本設計方案在回答哪些問題（question）之後可達成目的。條列的問題愈多愈好，問題例示如下：

1. 本設計安全嗎？
2. 有哪些材料可用？哪些材料最適合？產品尺寸大小為何？
3. 產品須花多少時間製作？
4. 產品要如何量產？能上生產線嗎？製作的人工成本為何？
5. 產品的功能為何？

四、統整

即前一階段問題的解答。但通常要到快完成本設計方案時，才有可能回答所有問題。解答例示如下：

1. 我的設計安全無虞，因為我會先測試模型或原型。
2. 聚苯乙烯塑膠可能是最佳材料，如果我後面做的研究發現它重量輕而強度夠的話，我會選用它。
3. 成品大小為 300×450mm。
4. 我要將製作經費控制在五百元以內，稍後會研究材料及人工成本。
5. 我的設計用手製作須花十五小時，但在生產線上只需二十分鐘。

五、規劃

規劃整個設計及製作方案各階段所需時間，可用甘特表（Gant Chart，縱軸為階段／活動，橫軸為時間）等輔助。

六、研究

研究的重點有材料、人因、安全因素等，研究資料的來源有人員、紙本、電子等等，方法有實驗、訪談、觀察和調查等。

七、明細

將研究後決定要用以解決問題的設計重點條列出來（大約十項重點）。

八、構想

用圖畫出許多不同的構想（如四個以上）並加解說性的註記，如理念、配色、製作成本、安全考量、市場性、實用性等。

九、發展

從不同的構想中，發展出一個最佳的構想，這個構想可能由一個構想改善而成，也可能由一個以上的構想整合而成。並重新就其安全、市場、顏色、成本、形狀、材料、機構、系統等做註解。

十、解法

畫出最佳構想的工作圖，並列出零組件清單。

十一、製作

完成解法的計畫單，顯示在製作中各階段的流程（含所需時間），然後做出一個模型（用易剪切、成形和著色的材料），加以檢視和改善之後，再用真材實料進行產品製作。

十二、評鑑

評鑑產品，列出優劣點及檢查產品對應設計概要的程度，並就產品的社會、安全衛生、倫理與環境的課題做評鑑。

第四節　科技教育

科技教育（technology education）是旨在協助學生習得與科技世界互動所需知能的學門或領域。科技教育依學習者的廣狹，可粗分為科技素養教育和科技專業教育兩大類，前者是中小學普通教育的一環，旨在培養全民的科技素養（technological literacy），後者常在職業學校和大專校院實施，旨在培養從事科技專門工作的專業人才。本書中除特別說明外，科技教育一詞指科技素養教育。

國際科技教育學會（ITEA, 2000）將科技、科技素養、科技教育和科技學習重點定義如下：

1. 科技：人類如何調適自然世界以符應其目的的活動，這種活動通常是為了伸展人的能力和滿足人的需求與欲求所做多種程序與知識的組合。

2. 科技素養：使用、管理、了解和評鑑科技的能力。

3. 科技教育：科技的學習，旨在提供機會給學生學習解決問題及伸展人的能力所需之科技有關的程序與知識。

4. 科技學習重點：本質是利用數理與科技原理的問題本位學習，重在：⑴設計、發展和利用科技系統（如傳播、運輸、製造與營建科技）；⑵進行開放架構、問題本位的設計活動；⑶學習認知、操作和情意的學習策略；⑷應用科技知識與程序於使用合時宜資源的真實世界經驗；⑸透過個人和團隊解決問題。

各國中小學的科技教育有不同的學科名稱，例如科技、設計與科技、技術、生活科技等。「科技教育」常被誤解為「教育科技」（educational technology），事實上兩者的區別如表 1.4 所示。

表 1.4　科技教育與教育科技的區別

	科技教育	教育科技
本質	科技的學習：把科技當教學內容	資訊科技：把科技當教學工具
焦點	科技的廣泛範圍（人如何設計與創新自然世界）	資訊與傳播的狹窄範圍
目標	每個人的科技素養	充實教與學過程

資料來源：TAA, 2000.

遠古時代，生產場所和部落或家庭密接，也尚無學校，所以科技知能的學習主要是父傳子、師傳徒，模仿是主要的學習方法。而且奴隸制使「勞作」（to do）者失去地位，「思考」（to think）者獲得地位，例如 Aristotle 和 Plato 都認為心智訓練比動手訓練重要，對提供其食物、衣服及住宅等基本需求的勞動階層，無須浪費教育資源。亦即當時的教育只著重形而上的教育。之後，西方 Comenius（1592-1670）、Pestalozzi（1746-1827）、Froebel（1782-1852）、Locke（1632-1704）、Rousseau（1712-1778）和 Bacon（1632-1704）

等人，先後對教育改革大致有下列共同的主張，全民教育與全人教育才逐漸被接受：⑴自由和教育有關，⑵教師需要先受教，⑶人人需要學校教育，⑷實用經驗有其教育價值，⑸學習者的好奇心是重要的，⑹教育要統合經驗與學科，⑺教育該順應兒童本質，以及⑻要善用學習者的感官（Gomez, 2001）。在東方，固然儒家強調含禮、樂、射、御、書、數的六藝全人發展概念，但在教育上六藝並未全面開展；和儒家並立為顯學的墨家師承墨子，墨子擅長工巧和製作。約和 Locke 同時存在的明末清初顏元（1635-1704）認為，經科舉八股培養出來的士子，多為廢人，所以主張廢科舉，開創「實學、實習、實用」的「經世致用、濟利蒼生」之學（王成軍，2004）。

當前各國科技教育在中學階段常是分科由合格科技教師任教，在小學階段則常是和其他科目合科教學。以下介紹美國和英國的科技教育，並在第五節介紹我國的生活科技教育。

一、美國

美國的科技教育先後經歷手工訓練（manual training）、手工（sloyd）、手工藝（manual arts）、工藝（industrial arts）及職業教育運動理念輸入及影響；並在經歷 1960 年代許多革新的課程方案之後，在 1980 年代轉變為科技教育。其歷史演進大致如表 1.5 所示。

美國的教育行政權在各州。以美國紐約州為例，州政府的中小學學習標準（NYSED, 2004）共分為七個領域二十八項標準，其中一個領域是「數學、科學和科技」（Mathematics, Science, and Technology; MST），共有下列七項標準：⑴分析、探究與設計，⑵資訊系統，⑶數學（M），⑷科學（S），⑸科技（T），⑹相互關聯之共同主題，和⑺科際整合解決問題。在第五項「科技」標準中，對小學、初、高中均訂有下列七項標準：⑴工程設計，⑵工具、資源和科技程序，⑶

表 1.5 美國科技教育的演進概要

階段	概要
手工訓練運動	• 手工訓練係由俄國教育系統引進，強調完成特定的演練以培養技能，所以是工作（task）導向，並注重學習風格與不同學習方式。 • 1880 年 Woodward （1837-1914）創設華盛頓大學手工訓練學校於聖路易市。這所三年制中學兼重心智與手工課業。 • 麻省理工學院（MIT）的 Runkle（1822-1902，曾任麻省理工學院第二任校長）亦主張手工訓練有助其工程學生有更好的表現。
手工運動	• 手工原係北歐農民在冬天製作並教授子弟手工藝品，在冬後出售以獲取利潤。
手工藝運動	• 工業革命的巨變使許多借重手工具的手工製品改為機器量產，產能提高、價格降低、生活改善，但污染、危險和更長工時、粗糙成品等隨之而來。 • 英國 Morris （1834-1896）等人主張精緻技藝和自然之美，鼓舞了技藝運動（Arts and Crafts Movement），這種運動主張日常用品要重新注入前述品質，並深遠影響歐、美。 • 手工藝運動促使實用與審美統合。
工藝運動	• Dewey（1859-1952）主張以做（doing）當手段和方法培養思考能力，並反映在所做的作品。他也關切手工訓練著重工具和物品的生產但欠缺創意，而且該要由興趣來引導。 • Dewey 主張從廣泛的職業切入，平衡心智與實用，讓學生持續反省，以獲益自職業心理學。 • Bonser （1875-1931；Dewey 的學生）鍾愛手工訓練的真實價值和 Dewey 的主張，也相信「工藝」須當作學科之一。 • Bonser 和 Mossmann （1877-1944）發起工藝運動，主張工藝可協助學生關心生活、培養公民素養、成為有智慧的消費者和更會利用休閒時間，也可奠定職業教育基礎。
職業教育運動	• Douglass 審議報告主張小學男女生都該有工業、農業、機器和家庭技藝的教學，中學應有工業選修課，並為已就業者提供夜間課程及日間部分時間課程。 • 1962 年的 Morrill 授田法案，授與國會議員各三萬英畝以設置有利農業及機械技藝的學院。 • 1917 至 1918 年 Smith-Hughes 法案規定聯邦提撥經費，由各州合作推動職業教育。
革新課程方案	• 1957 年蘇聯搶先發射 Sputnik 火箭進太空。 • 科學教育受到 Sputnik 事件打擊，但獲得很大的進展，當時的工藝課還在做鳥屋、切麵包板，要如何迎向太空時代成為主要課題。 • 二十至三十五個革新課程方案出現，很少木工和金工內容，也不大強調操作和業餘活動，而著重解釋工業、透過研究與發展活動和運用科學原理。 • 其中三個最大型的課程計畫（全美約 30%學校採用）是工藝課程計畫（Industrial Arts Curriculum Project, IACP）、馬利蘭計畫（Maryland Plan）和美國工業計畫（American Industrial Project, AIP）。前兩個計畫是科技本位，最後一個是工業本位。三個計畫都相當脫離手工作品，也都關聯科學。
科技教育運動	• Warner（1897-1971）在 1947 年主張新工藝要衍生自科技的社經分析，而非行業的工作分析；他所建議的課程強調較宏觀的思考。 • Olson（1909-）主張新工藝要著重學生面對科技進展所帶來的真實問題與課題；他類比科學方法之後，提出以研究與實驗和追求事實作為解決問題及科技方法。 • Jackson 坊課程理論試圖將各種課程做一統整，並將科技教育系統化。製造、營建、傳播和運輸科技成為顯學。

資料來源：Gomez, 2001.

電腦科技，(4)科技系統，(5)科技歷史與演進，(6)科技的影響，和(7)科技的管理。

例如紐約州 Wallkill 市的 John G. Borden 初中從 1985 年起，將傳統的工藝（industrial arts）課改為科技教育，所有八年級學生必修四十週的科技課，四十週裡每天上一節，所以總共兩百節。科技課在科技教室（lab）教學，75%的課堂時間用在動手做（hands-on）活動，這種活動由教師給學生問題（problem），要求學生根據設計規準，設計出解決問題的解法。所以學生在這種課要設計、製作、測試和最佳化解法，學習活動採個人或兩人一組方式進行（Leopold, 2000-2003）。

由於標準本位課程發展（standard-based curriculum development, SBCD）是國際教育改革的趨勢之一。許多學科領域的教育專業團體研發了各該領域的內容標準，供做課程、教學與評量（curriculum, instruction, and assessment, CIA）之依據，而許多州和學區也採用或調適這些標準或自行訂定標準作為課程、教學與評鑑之依據。

國際科技教育學會（ITEA）陸續出版下列出版品：

1. 1996 年《美國全民科技教育：科技學習的理念與結構》（*Technology for all Americans: A rationale and structure for the study of technology—R&S*）。
2. 2000 年《科技素養標準：科技學習的內容》（*Standards for Technological Literacy: Content for the study of technology—STL*）。
3. 2003 年《科技素養的精進：學生評量、專業發展和學程標準》（*Advancing excellence in technological literacy: Student assessment, professional development, and program standards—AETL*）。

上述STL將科技素養分為下列五個層面：(1)科技的本質，(2)科技與社會，(3)設計，(4)科技世界所需能力，和(5)設計的世界。如表 1.6 所列，五個層面共有二十項標準，標準之下有標竿（benchmark）。目

表 1.6　科技素養標準的結構

層　面	標　　準
科技的本質	1. 科技的特性與範圍 2. 科技的核心概念 3. 各種科技的關係以及科技與其他學域的關聯
科技與社會	4. 科技的文化、社會、經濟與政治效應 5. 科技對環境的效應 6. 科技發展與使用中社會的角色 7. 科技對歷史的影響
設　計	8. 設計的歸因 9. 工程設計 10. 偵錯、研究與發展、發明與創新，以及實驗在解決問題中的角色
科技社會所需能力	11. 運用設計程序 12. 使用及維護科技產品與系統 13. 評鑑產品與系統的影響
設計的世界	14. 醫療科技 15. 農業與有關生物科技 16. 能源與動力科技 17. 資訊與傳播科技 18. 運輸科技 19. 製造科技 20. 營建科技

資料來源：ITEA, 2000.

前這項標準已成為美國許多州擬訂科技內容標準、課程綱要或綱領的依據，也有不少國家在發展科技課程時作為重要參考。

科技教育的實施要有學程（program）的理念和作法，學程是影響學生學習的各種要件或事物之組合，其實施跨越年級，常見要件包括內容、專業發展、課程、教學、學生評鑑和學習環境（如圖 1.7 所示）。

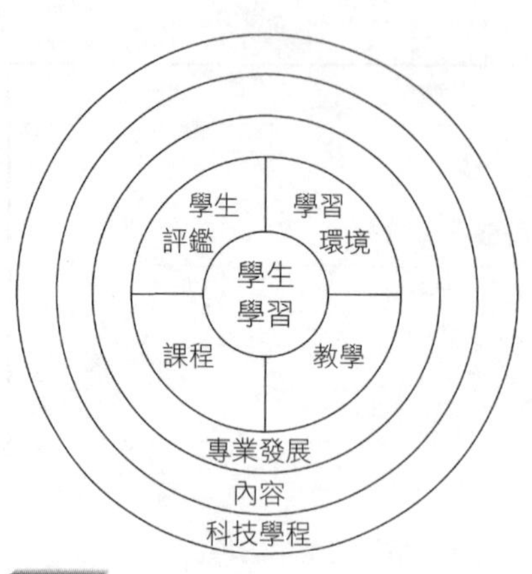

圖 1.7 科技學程的要素
資料來源：ITEA, 2003.

二、英國

英國現行的國定課程共有英文、數學、科學、設計與科技（design and technology, D&T）、資訊與傳播科技（information and communication technology, ICT）、歷史、地理、現代外國語文、美術與設計、音樂、體育、個人與社會健康教育，及公民等十三個學科。D&T 和 ICT 被視為科技教育，其實施階段如表 1.7 所示。

表 1.7 英國國定課程中的 D&T 和 ICT

	關鍵階段			
	1	2	3	4
年齡	5-7	7-11	11-14	14-16
學齡	1-2	3-6	7-9	10-11
D&T	V	V	V	
ICT	V	V	V	V

資料來源：Wilkinson, 2000.

英國的科技教育最早是 1880 年代經濟蕭條時期引進學校的「手工藝」（handicraft）課，主要在奠定學生以後接受學徒訓練的基礎，之後手工藝逐漸加入設計的要素而成為「工藝與設計」（craft and design, C&D），到 1960 年代後期C&D開始加入物理和工程的要素，因此到 1980 年代主要名稱改為「工藝、設計與科技」（craft, design and technology, CDT），教學要素有電子、液氣壓、結構等，有應用科學和工業與職業的氛圍。到 1990 年代由於國定課程（national curriculum）出現，CDT 由應用科學擴大到如圖 1.8 所示的應用學科。

國定課程將科技定義為「學生探究需求或針對機會製作或調適某些事物的工作方式。學生在過程中使用其知識和了解以建置方法或解法，實現其實用性並評鑑成品」。這種學科的核心是設計和探究、分析、建置與評鑑的心智程序。學校也一改傳統書寫方式，而鼓勵學生用口語、圖像及非語文方式表達。理想的科技課程明細如表 1.8 所列。

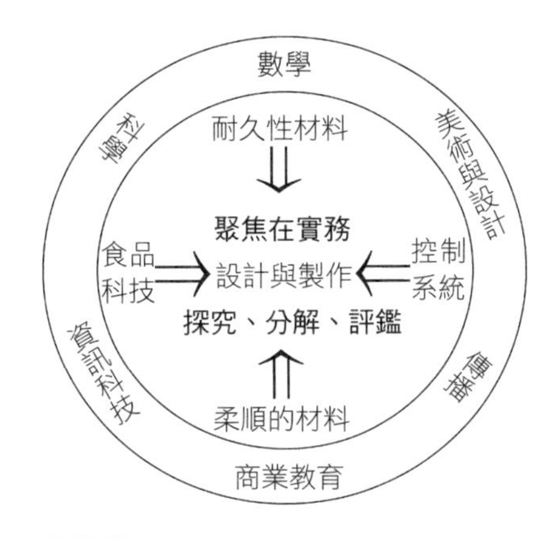

圖 1.8 英國科技國定課程的定位
資料來源：Bilton, n.d.

表 1.8 英國科技課程的理想明細

特性	1. 課程必須是一般科技活動所需的基本能力，和對一般科技活動的了解和鑑賞。 2. 必須是職業準備之前的教育。課程所教知能對未來進入各種的工作世界都有用，但不為特定職業做準備或涉及特定職業訓練。
活動	1. 講求創新行動：活動事關人對改善人造世界的解決方法，這種學習講求程序性和使用知識與技能做採取行動的資源，而非以知能本身為目的。 2. 強調具有目的：針對明顯需求與機會、在有特定限制（如時限、經費、人因與環境要求）的系絡中進行，而且在各階段都做價值判斷。
要素	1. 科技能力：即投入科技程序的能力，含：(1)組織科技解決方法的需求與機會，(2)設計、製作、創新、製造、銷售、諮詢、維修和使用科技產品，(3)取得和應用知識、理解與技能，以及(4)測試和評鑑科技產品。 2. 科技資源：即執行科技活動所需知識和心智與肢體能力，含：(1)實用技能與技術，(2)對材料、組件和組裝的實用與理論知識和了解，(3)辨清需求、分析問題、發展解決方法及評鑑結果所需的心智能力，(4)透過口語和圖文及利用資訊科技溝通構想的能力，以及(5)有效投入科技活動所需的堅毅、想像、合作彈性和敏感的人格素質。 3. 科技覺知：對人負有對科技做決定與採取行動之責任的認知，學生須知道：(1)各種科技的存在，以及(2)科技和社會相互形塑、互為因果的方式。

資料來源：Bilton, n.d.

英國學校實施科技教育的三大理由如下（Bilton, n.d.）：

㈠經濟發展

科技是經濟發展的關鍵之一，國家文化如果太偏重人文、社會和理論，而不夠重視實用與商業活動的後果，是青少年會被吸離工商職業，而產生科技人才短缺。青少年透過中小學科技教育覺察和探索科技，可習得進一步專精教育所需的知能。

㈡全人教育

科技本身就是人類特有的運作方式，因而本質上具有學習價值。易言之，科技成就和識讀、科學及藝術成就一樣是文化的一環，自應成為普通教育的一部分。許多工作如醫生、建築師和工程師須整合知識與實用行動，而科技活動也培養學生解決問題能力，有助全人格之發展，並促進科技在學校教育中的重要性。另一方面，社會中勞動與非勞動階層劃分的模糊化，也使學校科技教育獲得支持。

㈢社會價值

每個人在科技社會都須從消費者與公民的觀點檢視科技的社會課題。學校的科技教育讓學生更能了解這些課題。

第五節　我國的生活科技教育

我國的科技教育也經歷勞作和工藝到目前的生活科技階段。以下主要介紹中小學生活科技的國定課程、師資教育和課題與展望。

一、中小學的生活科技教育

目前教育部公布的課程綱要或標準，對中小學生活科技的課程要求如表 1.9 所列。

由於依現行「高級中學法」（2004 年 6 月修正公布），高級中學分為下列四種類型：⑴普通、⑵綜合、⑶單類科和⑷實驗。表 1.9 中

表 1.9 課程綱要或標準中所規範的中小學生活科技課程

<table>
<tr><th rowspan="2"></th><th colspan="2">國小</th><th rowspan="2">國中
（7-9 年級）</th><th rowspan="2">高中</th></tr>
<tr><th>1-2 年級</th><th>3-6 年級</th></tr>
<tr><td>本領域或科目名稱</td><td>生活領域</td><td>自然與生活科技領域</td><td>自然與生活科技領域</td><td>生活科技科</td></tr>
<tr><td>本領域或科目要點</td><td>「社會」、「藝術與人文」和「自然與生活科技」三領域的統合課程</td><td colspan="2">包含物質與能、生命世界、地球環境、生態保育、資訊科技的學習、注重科學及科學研究知能、培養尊重生命、愛護環境的情操及善用科技與運用資訊等能力，並能實踐於日常生活中</td><td>一學年教授「科技與生活」及「資訊與傳播」；另一學年教授「營建與製造」及「能源與運輸」</td></tr>
<tr><td>入學生開始實施學年度</td><td colspan="2">90</td><td>91</td><td>88</td></tr>
<tr><td>領域學習節數</td><td colspan="2">一、二年級：20 節／週
三、四年級：25 節／週
五、六年級：27 節／週</td><td>七、八年級：28 節／週
九年級：30 節／週</td><td></td></tr>
<tr><td>本領域或科目分配節數</td><td colspan="2">佔上述領域學習節數之 10%至 15%。因此：
• 一、二年級「生活領域」：6 至 9 節／週
• 三、四年級「自然與生活科技領域」：2.5 至 3.75 節／週
• 五、六年級「自然與生活科技領域」：2.7 至 4.05 節／週</td><td>佔上述領域學習節數之 10%至 15%。因此：
• 七、八年級：2.8 至 4.5 節／週
• 九年級：3 至 4.5 節／週</td><td>• 一、二年級：1 節／週，但得與「家政」隔週或隔學期每週連排二節
• 另可開設生活科技類選修科目</td></tr>
<tr><td>生活科技的定位</td><td colspan="3">培養科技素養，特別注重下列八大能力要項中的第 4 項和第 8 項：⑴過程技能，⑵科學與技術認知，⑶科技本質，⑷科技的發展，⑸科學態度，⑹思考智能，⑺科學應用，和⑻設計與製作。</td><td>旨在協助學生：⑴理解科技及評估其對個人、社會、環境及人類文明的影響；⑵發展善用科技知能解決問題及進一步研習科技的能力；⑶培養正確的科技觀念和態度，並啟發對科技研究的興趣。</td></tr>
</table>

資料來源：教育部，1995；教育部，2003。

的「高中」係「普通高級中學」（簡稱「普通高中」）。在現行「綜合高中課程綱要」（自2002年入學新生開始實施）中，規範部訂必修一般課程六十四學分中，「生活領域」含部訂必修科目「家政與生活科技」，共計二學分，另由學校視需要開設該領域必、選修科目。

此外，教育部已在2004年公布適用於高級中學、職業學校和五專前三年的「後期中等教育共同核心課程」四十八學分，共同核心課程中「生活領域」含生活科技、家政和相關科目，由各學制或學校任選兩科目，共四學分。其中「生活科技」以「科技與生活」為內容，內含下列主題：⑴科技的本質（三節），⑵科技、科學與環境（五節），⑶科技世界（十節），和⑷創意設計與製作（十八節）（教育部，2004）。

教育部於2004年公布的「普通高級中學課程暫行綱要」（教育部，2004），預定自2006年入學新生開始實施。該暫行綱要中，學生於第一、三學年必修生活科技課程二至六學分，於第一至三學年可選修生活科技二至四學分，必選修課程結構如表1.10所列。

表1.10　未來普通高中生活科技課程

屬　性	概　要
必修 （學生須修2至6學分）	1. 核心課程為「科技與生活」（2學分36節） 2. 進階課程為「科技的範疇」（6學分108節，各校可視學生需求與興趣和學校師資、設備與特色，選擇2或4學分授課）
選修 （學生可選修2至4學分）	選修課程含「科技與工程」（2學分36節）和「科技與社會」（2學分36節）

資料來源：教育部，2004b。

二、生活科技師資教育

我國「師資培育法」規範幼稚園及中小學教師資格。依該法，在2002年之前入學的師資培育機構學生，其教師取得流程如圖1.9：準教師於修畢職前教育學分後，即取得實習教師資格；經教育實習一年，取得合格教師資格。但自2003年之後入學的師資培育機構學生，其教師資格取得流程如圖1.10：規定實習課程半年，參加教師資格檢定考試通過後，由中央主管機關發給教師證書。

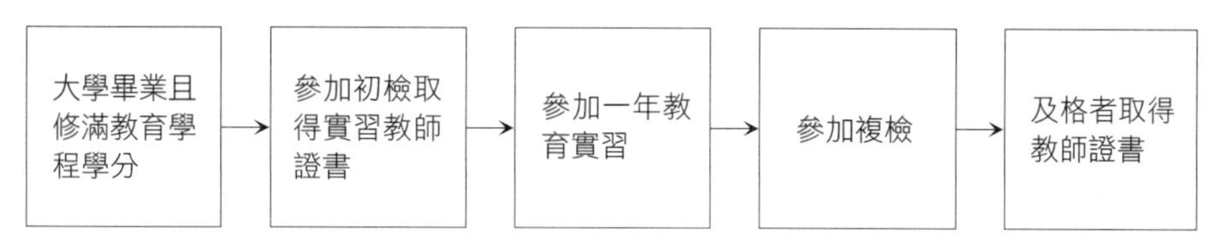

圖1.9 舊制教師資格取得流程
資料來源：吳清山，2003，頁37。

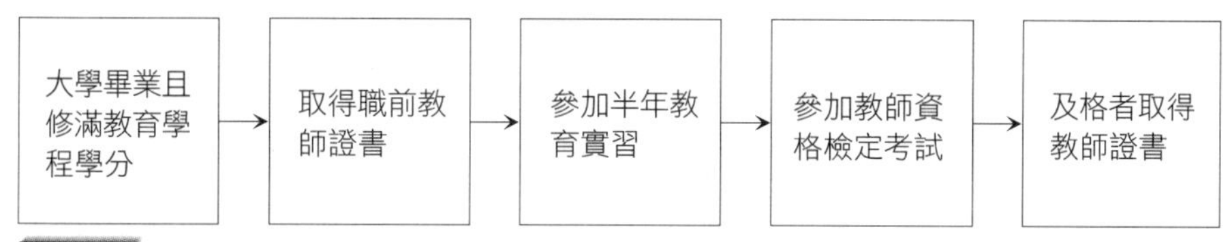

圖1.10 新制教師資格取得流程
資料來源：吳清山，2003，頁37。

師資職前教育由各師資培育校院提供，各校院依其特色，培育幼稚園、小學及中學等師資。以下簡要說明各學習階段科技教育師資的培育（李隆盛等，2004）：

㈠小學師資培育

培養國小師資的主要機構為教育大學，共有六所：國立台中教育大學、國立台北教育大學、國立花蓮教育大學、台北市立教育大學、國立屏東教育大學、國立新竹教育大學。以往在各大學的美勞教育學系課程中會包含較多工藝或美術工藝教育的內涵，但配合九年一貫課程的實施，有些教育大學則將生活科技課程改由自然科學教育系提供。例如國立新竹教育大學，提供該校培育小學師資的職前教育課程結構如表1.11。

●表 1.11● 國立新竹教育大學小學師資職前教育課程結構

通識課程	普通課程		教育專業課程	系專門課程	畢業總學分數
14（含軍訓、體育）	社會領域	8	20（修教育學程者必修）	74（其中 6 學分可跨修各系、組專門課程科目）	148（欲修教育學程者）
	數學領域	8			
	自然與生活科技領域	6			
	藝術與人文領域	6			
	健康與體育領域	8			
	語文領域	4			
	合計	4			

㈡國高中師資培育

目前培養國、高中生活科技師資的主要機構有兩個：國立台灣師範大學工業科技教育學系及國立高雄師範大學工業科技教育學系。這兩個系均設有學士、碩士和博士班，培養生活科技教師、科技師資教育人員和與科技有關專業人才。

國立台灣師範大學規定之中等學校生活科技教師所須修習之專業課程要求如表 1.12。

三、生活科技教育的課題與展望

問題（problem）是「現實」與「理想」的差距，所以解決問題就是進步；問題解決了，理想常會跟著變動，因而出現新的問題。所以問題常是層出不窮。有問題表示有進步的空間，老問題則可能是因循苟且所致。課題（issue）是重要的問題，有時特指大眾關心、須解決而未解決的爭議性問題。我國生活科技雖然存在國定課程中許久，當前明顯面對下列五大課題：

表 1.12 國立台灣師範大學中等學校生活科技學域專門科目學分

科目名稱	學　分	備　註
自然科學概論	3	核心課程
製造科技（概論）（含實習）	2	必備
基本設計	2	必備
計算機概論	2	必備
營建科技（營建、營建概論）	2	必備
傳播科技（概論）	2	必備
運輸科技（概論）	2	必備
能源與動力	2	必備
機械製造	2	必備
木工製造	2	必備
圖學	2	必備
電子傳播	2	
電工	2	
圖文傳播	2	
資訊科技	2	
科技教室規劃與管理	2	
工業科技教育概論	2	
塑膠製造	3	
工業安全與衛生	2	
合　　計	41	

註：至少共須修習核心課程及必、選備 33 學分。

㈠科技尚未廣為大眾了解

社會大眾常將科技和技術、應用科學等混淆在一起。大多數人只將科技看成是人工器物（如電器用品和電腦產品），較深層的科技意義（如系統、知識和意志，以及科技對社會和文化的影響）並沒有廣為了解（Hacker, 1999）。此外，在大專校院，之前的「家政」系大都被改名為「生活應用科學」系，以致中小學的「生活科技」也常和「家政」混淆不清。

㈡科技教育被視為從屬科目

國人經常強調全人教育，使得科技教育得以存在國定課程中。科技教育人員主張生活科技的知識體是實踐（praxis）、是手腦並用的活動。但是，主要被用來篩選和安置國、高中學生升學的全國性國中學生基本學力測驗和高中學生學科能力測驗（以下簡稱「基測和學測」），並沒有涵蓋生活科技。也因此，生活科技被視為副科，不容易受到學校行政人員和學生家長的重視。

㈢科技教育得到的支持不多

「巧婦難為無米之炊」，科技教育課程需要資源（如研究與發展、設施與設備，以及材料與配件等經費），以確保其效能。但是中小學科技教育的內、外部支援一直相當有限。尤其在九年一貫課程實施之後，自然與生活科技領域常被自然科學教師所宰制，生活科技教師少有節數可施教。

㈣小學欠缺勝任之生活科技教師，國中合格生活科技教師出走

九年一貫課程實施之後，小學普遍欠缺勝任的生活科技教師。所以，大都維持忽略科技教育的狀態。但在國中階段，則愈來有愈多的生活科技教師出走，去教生活科技以外的科目，或兼學校行政工作以減輕教學負荷。其主要原因在於：⑴生活科技的動手做活動帶給須教導大班級學生的生活科技教師高度壓力；⑵每班生活科技常排成每週一節，以致生活科技教師每學期須教很多班級或學生；⑶國定科技課程變動快速；⑷基測和學測中的考科教師較受到看重；⑸生活科技常被自然科學所淹沒，以致愈來愈少節數可教。

㈤科技教育的教學系統不協調

到目前為止，中小學的科技學習和數理學習做相對性的比較，前者相當欠缺協調妥當的教學系統以促進前後銜接（Hacker, 1999）。大多數的學生一個年級一個年級升上來，所接受的科技教育常是銜接不當。

明顯地，前述課題㈠、㈡事關大眾看法，課題㈢事關政治作為，課題㈣、㈤則事關專業結構。因此，下列三項展望有待重視：

1.惟有社會大衆經歷優質的科技教育課程，才會了解科技並積極支持科技教育

愈來愈多科技教育人員理解只有當今的學生（即未來的公民）經歷優質的科技教育課程，才能導致社會大眾了解科技並積極支持科技教育。為了讓這種因果鏈結成良好的循環，所有科技教育人員（尤其學校教師）必須投注於改善科技教育的品質。

2.科技教育專業學會須擔負起繁榮專業領域的角色

提振當今科技教育的路程仍然遙遠，且需要所有科技教育人員投入，但是科技教育專業學會既須擔負重責大任，也需要更多人參與，才能成事。目前，學會的兩項當務之急是：⑴所有小學教師應在職前養成階段接受科技師資教育，並在在職中接受在職科技師資教育，以促使兒童能自幼年起奠定科技素養的基礎（Hacker, 1999）。⑵所有國中生活科技教師應挺身而出，捍衛生活科技的合法性和正當性。

3.科技教育應納入全國學力和能力測驗，且應發展其方便和客觀的評量

我國國定課程的發展一直採用標準本位課程發展（standard-based curriculum development, SBCD）的精神，這種導向持科技觀看待課程發展，主張該有內容標準或能力標準之類的明細預期學習結果，而且

標準、課程、教學和評量應相互連結。但由於在中小學並非升學考科而常被忽視，科技教育應納入基測和學測，且應發展其方便和客觀的評量。

參考文獻

中文部分

王成軍（2004），**甲申三百年祭顏元**。2004 年 12 月 30 日，引自 http://www.chinaelections.org/readnews.asp?newsid=%7B513E7AA2-A844-40D5-9A0D-BB18E84B6C30%7D

李隆盛、王詩婷、王保堤、柯景耀、王景祥、何啟君、吳曉亮、呂慶元、沈月清、林人龍、林湧順、張銘傑、陳得人、馮雪容和黃炯（2004），**中小學科技教育簡介**。國立台灣師範大學科技學院。2004 年 11 月 30 日，引自 http://lee.ite.ntnu.edu.tw/

吳清山（2003），師資培育法——過去、現在、未來。**教育研究月刊，105**，27-43。

教育部（1995），**高級中學家政與生活科技課程標準**。2004 年 11 月 30 日，引自 http://140.111.1.192/high-school/i1301/course/current/index.htm

教育部（2002），**綜合高中課程綱要**。2004 年 11 月 30 日，引自 http://chs.ccvs.kh.edu.tw/decree/綜合高中課程綱要.pdf

教育部（2003），**國民中小學九年一貫課程綱要**。2004 年 11 月 30 日，引自 http://www.edu.tw/EDU_WEB/EDU_MGT/EJE/EDU5147002/9CC/9CC.html?TYPE=1&UNITID=225&CATEGORYID=0&FILEID=124759&open

教育部（2004a），**後期中等教育共同核心課程指引**。2004 年 12 月 30 日，引自 http://www.cer.ntnu.edu.tw/ccc/index.htm

教育部（2004b），**普通高級中學課程暫行綱要**。2004 年 12 月 30 日，引自 http://www.edu.tw/EDU_WEB/EDU_MGT/HIGH-SCHOOL/EDU2359001/temp_class/index.htm

英文部分

Bergen County Technical Schools & Special Services. (n.d.). *Introduction to technology*. Retrieved November 12, 2002, from http://www.bergen.org/technology/

Bilton, J. (n.d.). *Technological questions and issues*. The UK Technology Education Centre. Retrieved November 12, 2002, from http://atschool.eduweb.co.uk/trinity/watistec.html

Gomez, A. Z. (2001). History and philosophy of technology education. Retrieved November 12, 2002, from http://www.imagine101.com/title.htm

Gray, J. H. (2003). *Year 10 electronic products coursework helpsite.* Retrieved December 12, 2003, from http://www.cornwallis.kent.sch.uk/jg/electronicsgcse/here_is_a_list_of_the_evidence_t.htm

Hacker, M. (1999, September 10). *Practical issues involved in introducing technology education into the nation's schools*. Paper prepared for the NAE/CSMEE Committee on Technological Literacy. Washington, DC.

Herschbach, D. R. (1995). Technology as knowledge: Implications for instruction. *Journal of Technology Education, 7* (1). Retrieved November 12, 2002, from http://scholar.lib.vt.edu/ejournals/JTE/v7n1/herschbach.jte-v7n1.ht ml

International Technology Education Association (ITEA) (1995). *Tech technology*. Retrieved May 15, 2002, from http://www.iteawww.org/TeachTechnology/whatistechteaching.html

International Technology Education Association (ITEA) (1996). *Technology for all Americans: A rationale and structure for the study of technology* (*R&I*). Retrieved July 10, 2004, from http://www.iteawww.org/TAA/PublicationsMainPage.htm

International Technology Education Association (ITEA) (2000). *Standards for technological literacy: Content for the study of technology (STL)*. Retrieved July 10, 2004, from http://www.iteawww.org/TAA/PublicationsMainPage.htm

Inter0national Technology Education Association (ITEA) (2003). *Advancing excellence in technological literacy: Student assessment, professional development, and program standards (AETL)*. Retrieved July 10, 2004, from http://www.iteawww.org/TAA/PublicationsMainPage.htm

Leopold, R. W. (2000-2003). *Mr. Leopold's technology education pages*. Retrieved October 10, 2003, from http://www.wallkillcsd.k12.ny.us/rleopold/welcome.html

New York State Education Department (NYSED) (2004). *Mathematics, science, and technology*. Retrieved October 10, 2004, from http://emsc33.nysed.gov/ciai/mst.html

Northeast Sustainable Energy Association (NESEA) (2001). *Getting around clean and green: Transportation and the environment.* Retrieved December 23, 2003, from http://www.nesea.org/education/CandG_intro_ch1.pdf

Pro/DESKTOP at the College of New Jersey (2001). *Instructional materials downloads.* Retrieved December 23, 2003, from http://www.tcnj.edu/cc/nccdownload2001.html

Ryan, B. (2001-2005). *Design index page.* Retrieved November 12, 2002, from http://www.technologystudent.com/designpro/despro1.htm

Technology for All Americans (TAA) (2000). *Technology education vs. educational technology*. Retrieved December 21, 2002, from http://www.iteawww.org/TAA/WebPres/TechEdvsEdTech_files/slide0001.htm

Wilkinson, S. (2000, January). *The national curriculum fact sheet*. Retrieved May 14, 2003, from http://www.mla.gov.uk/documents/mgc_natcurr.pdf

United Nations Development Programme (UNDP) (2001). *Human development report 2001: Making new technologies work for human development.* Retrieved December 21, 2004, from http://hdr.undp.org/reports/global/2001/en/

第二章

製造科技

■ 蔡錫濤
葉俊偉

本章旨在協助讀者：⑴了解製造科技的定義與內涵；⑵熟悉製造科技的知識體架構；⑶認識製造科技的沿革與發展；⑷熟悉製造科技的投入與產出要素；⑸認識製造科技的生產活動；⑹認識製造科技的管理活動；⑺體會製造科技的衝擊與影響。

第一節　概述

自從人類使用石頭來製造他們的工具，用樹枝來搭建他們的房屋，就已經開始運用科技了。雖然歷史記載多以朝代的更替為主，然而實際改變人民生活和改變歷史的主要力量，卻來自人類掌握工具、解決問題，和製造日常生活用品以滿足需求的科技能力。

我們常用人類掌握科技及製造日常生活用品的能力，來定義不同的歷史年代，例如：石器時代、銅器時代、農業時代、工業時代、資訊時代等等。從這個事實當中，我們可以體認出製造科技在人類歷史文明發展中所扮演的舉足輕重角色。即使在工商業相當興盛的今天，製造業的榮枯仍然是一個國家國民能否享有高品質生活的關鍵性因素之一，也是國力強弱最重要的指標（Barcus, 1992）。

過去，隨著製造業的發展、製造科技的提升，我國國民所得日漸增加，人民生活也日漸富裕、舒適。目前，製造業仍然是台灣工商業中的龍頭行業。就 2004 年統計數字而言，其受僱人數佔就業總人數的 27.30%（參看表 2.1）（行政院主計處，2005a）；而製造業總產值佔國內生產毛額的 25.53%（行政院主計處，2005b），兩者皆為各行業之冠。製造業對台灣地區經濟發展的重要性不言可喻。

製造科技和個人生活也有密切關係。從居家到職場、從休閒到工作，人們使用的物品都是製造科技的產物。例如晚間睡覺的床鋪和寢具、晨間洗漱的各種用品、上班搭乘的交通工具、辦公室中的各種事

●表 2.1● 2004 年各行業平均就業人數百分比

行業	人數（千人）	百分比（%）
總計	9786	100
農、林、漁、牧業	642	6.56
工業	3446	35.21
礦業及土石採取業	7	0.08
製造業	2671	27.30
水電燃器業	35	0.35
營造業	732	7.48
服務業	569	58.23

資料來源：行政院主計處編，2005。

務機器及辦公桌、家中的家具廚具和電視音響等等。每一個人或多或少都需要依賴製造科技來滿足需求、解決問題和調適生活。

壹・製造科技的定義

英文中製造（manufacture）一字，源自拉丁字 "manu factus"，其義為以手工做出東西（Mish, 1990, p.725）。當名詞解釋的製造（manufacturing），常被定義為「將材料轉化為有用產品的歷程」（Kalpakjian & Schmid, 2005; Savage & Sterry, 1990; Wright, 2004）。

從前述製造的定義中，可以歸納出製造系統的一些關鍵性概念：

1. 製造系統的終極目標在增進投入財貨的效用與價值：以現代企業經營的觀點來看，製造是在增加投入財貨附加價值的一項歷程。而此一效用與價值，可能是產品品質的提升、功能的增強、造型的美化，或是對另一製造工作程序的簡化、效率的提升。
2. 製造系統必須進行某些特定的活動（歷程），才能達成其終極目標。
3. 製造系統必須有某些投入的資源（財貨），才能透過特定的活動轉化為有用的產品。

Mitcham（1978）將科技依其具體的程度分別定義為器物（object）、程序（process）、知識（knowledge）及意志（volition）等四個層次：

1. 科技即器物：在此一層級中，器物的分類包括器皿、儀器設備、工具、機具、自動化設備。
2. 科技即程序：在此一層級中，程序包括發明、設計、製作和使用等四項。
3. 科技即知識：此一層級中的知識分類包括無意識的感官知覺、技術上慣用的方法、描述性的經驗法則、科技性的理論等。
4. 科技即意志：人類發展科技的意志通常包括生存、權利、自由、利他、經濟、成名、自我實現等。

依據前述製造一詞的定義和概念，並採Mitcham第三個層次「科技即知識」的觀點，製造科技（manufacturing technology）可以被定義為「科技子系統之一，是解決人類生產實務問題的實踐性知識」（蔡錫濤，1994）。

貳・製造科技的特性

製造科技的本質除了可以從其定義和系統內涵來加以詮釋，也可以透過對其特性的描述、與其他相關學科比較，或是探討其知識體屬性等方式，來增進對其之認識。茲分別說明如下：

一、製造科技的特性

1. 製造科技是一種知識體，即透過程序與知識的運用，以生產產品的外顯方式來表現人類意志的知識體。
2. 製造科技是為了解決人們面臨的問題，而運用所需知識和技術的集合體，透過這個集合體的運作，人們得以運用知識、工具和技術，改變材料性質，以提升產品價值，一方面滿足社會需求，同時也增加生產者本身的利益。

3. 製造科技是人類設計來利用資源，以有效萃取和轉變原料及再生材料成工業上標準料件，然後再轉變成工業和消費產品的技術。

二、製造科技與製造科學

1. 製造科學主要是融合數學、物理（力學、光學、熱力學、流體力學、電磁學等等）、化學以及材料科學等的綜合性學科，其目的在於解釋自然現象與加工過程的理論知識；製造科技則是結合理論知識與技術方法，以實現人類意志的過程。
2. 製造科學的理論是製造科技的知識基礎，製造科技的實踐有助於製造科學研究的提升。

三、製造科技和製造工業

1. 製造科技是科技的一個子系統，致力於知識與技術的結合，透過工具和加工程序的運作，以改變材料特性，擴展人們對自然的調適；而製造工業則是社會經濟體制的一部分，藉由材料的加工，增加產品價值，以獲取經濟利益。
2. 製造科技是解決人類生產實務問題的實踐性知識與歷程；製造工業則為以組織為本位，設計、生產產品，來滿足人類需求的社會經濟機制。
3. 製造科技是製造工業的主要知識庫，而製造工業是運用製造科技的主體之一；從製造工業的生產指標可呈現製造科技的研究與發展情形。
4. 製造科技是知識的探究，較過程取向，而製造工業以產出產品或服務為目的，較結果取向。

四、製造科技的知識體屬性（蔡錫濤，1994）

1. 實用性：製造科技是一門「有效行動」的知識，其目的就是要解決人們生活中所面臨的問題。
2. 實踐性：製造科技藉由改變材料特性，以產出產品的方式來滿足人們的需求與欲望，因此製造科技不是純理論的知識，而是一種兼具理論與動手做的實踐性知識。
3. 累積性：當製造科技的知識與技術的累積至一定程度，即可有革命性的突破或躍升。
4. 整合性：製造科技為求最有效的解決問題，必須整合數學、物理學、化學、工程科學、材料科學，甚至美學的知識，才能提供適切的產品，以滿足人類的需求。
5. 不可逆性：由於製造科技是一種經濟導向的科技，通常以最有效的解決途徑去解決問題。當製造科技解決問題的技術更為先進時，必不可能再採用落伍的技術、知識或方法。如動力工具機發明後，就替代了傳統的人力加工工作；電腦數值控制技術成熟後，就逐漸取代人工的操作。

參・製造科技的系統與內涵

科技教育界常以 Jackson 坊課程理論中所提出的泛用系統模式（general system model）（如圖 2.1 所示），來表示科技系統的架構（Snyder & Hales, 1981）。

綜合與比較各家對製造科技系統的分類，本文借用此一模式，將製造科技以圖 2.2 所示的模式表示。圖 2.1 中的程序（processes）部分，也依據製造科技的特性分為生產（productive）及管理（managerial）兩大程序（見圖 2.2）。

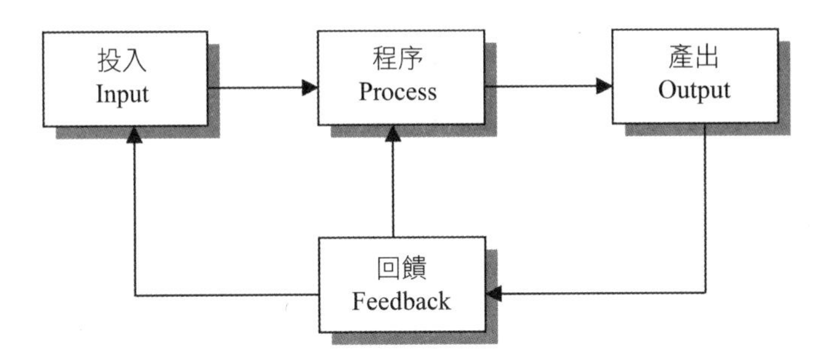

圖 2.1 泛用系統模式

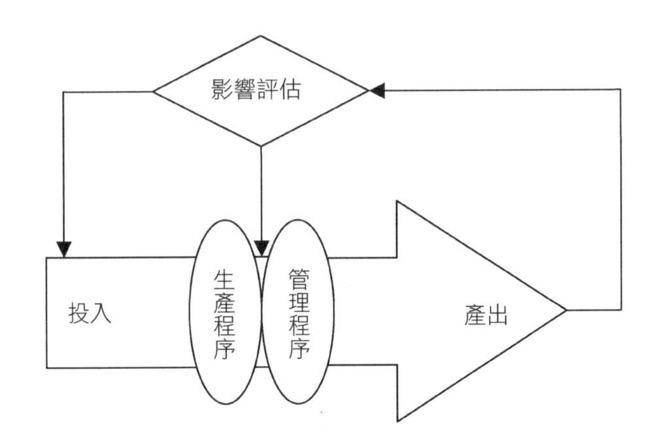

圖 2.2 製造科技的泛用系統模式

Jackson 坊課程理論中所提出的科技系統架構及內涵，則如圖 2.3 所示（Snyder & Hales, 1981）。

將 Jackson 坊科技模式及其內涵導入圖 2.2 所示的製造科技系統模式，並綜合各家對製造科技內涵的陳述，可以歸納出製造科技的系統架構圖（如圖 2.4 所示）。

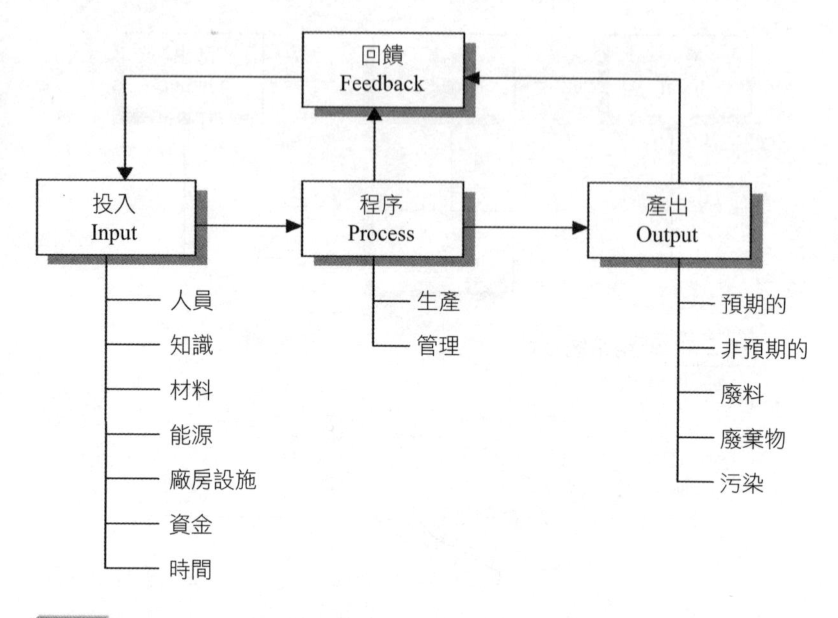

圖 2.3 Jackson 坊科技模式及其內涵

資料來源：Snyder & Hales, 1981.

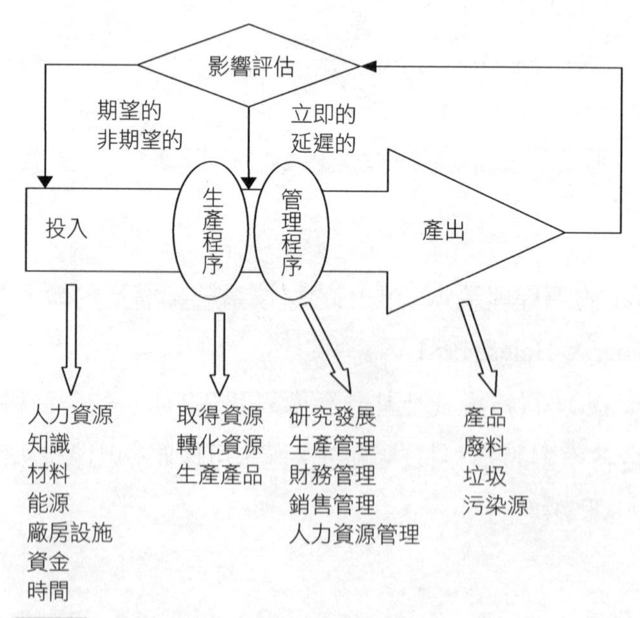

圖 2.4 製造科技的系統架構圖

肆・製造科技系統的投入要素

製造科技系統的投入要素，可以分為：人力資源、知識、材料、能源、廠房設施、資金，和時間等七大項（Wright, 1993: 13-15）。

一、人力資源（human resources）

在製造的環境中，需要各種職務的人員相互配合，達成預先設定的目標。依功能分類可以概分為管理人員、支援人員（如總務、會計、人事等部門之人員）及生產系統相關人員；其中生產系統相關人員依其技術層次之不同，又可分為操作工、半技工、技術工人（skilled workers）、技術員（technican）和工程師等。

二、知識（knowledge）

因為無法直接看見或量測，知識被稱為隱藏的資源，是每一個生產部門都需要具備的投入要素。知識包含個人的（亦即某一特定製造環境中相關人員所具有的知識水準）和整體的（即人類整體所累積的知識）兩大類（Snyder & Hales, 1981: 12）。

三、材料（materials）

投入在製造系統中的材料可能是天然資源（例如原木）；也可能是由天然資源轉化而成的工業標準原料（如木板、鐵塊或塑膠粒子）；此外，也可能是經過加工的零件，以便組合成為特定產品。若依材料的屬性來分類，則可分為金屬、高分子聚合材料（polymers）、陶瓷、複合材料（composites）和半導體等五大類（Callister, 2003）。

四、能源（energy）

製造系統中的能源，可以用來推動機具、照亮工作場所、環境控制（通風、溫度調節）、搬運材料及成品和其他工作。一般最常見的能源為電力、氣壓、油壓、熱能及化學能等。

五、廠房設施（capital）

廠房、機器、工具、夾具和物料搬運、儲存設備等生產所需的固定資產。此外，為控制機具及其他物品所需的電腦設備和其連結之網路，亦可歸入此項。

六、資金（finance）

從建廠、採購機具原料到支付從業人員薪資等等，都是非錢莫辦。從資金取得的方式不同因而產生了獨資、合資、股票上櫃、上市等不同形態的製造企業體。

七、時間（time）

在產品完成的過程中，除了工作人員必須花時間在各種操作之外，機器加工或處理材料亦需時間之累積。此外，銷售成品也需要耗費時間才能達成。

伍・製造科技系統的程序內涵

製造環境中，主要包含生產（productive）與管理（managerial）兩大類活動（Snyder & Hales, 1981; Heizer & Render, 2004）。若干文獻中也有以轉化（transformation）活動一詞代替生產活動者（Shackelford & Otto, 1993），但兩者都認為製造工業中的此一技術程序乃在利用適當的設備與機具，將投入系統中的材料的性質、形狀或質量予以改變，以輸出所期望的產品。

一、生產程序

生產程序可分為取得資源、轉化資源與生產產品三個階段。資源有天然資源及回收資源兩類。取得天然資源的方法又有採收、砍伐、捕捉、鑽探及挖掘等（Wright, 2004）。我國官方統計資料中多把此類活動從製造工業中劃分出來，另行獨立成為農、林、漁、牧、礦等不同行業。這也是中西分類中的一大差異。

轉化資源活動是指以加熱、化學變化，或機械式處理的方法，將回收或天然的資源加工，成為工業上的標準原料（standard stocks），亦即俗稱的初級加工（primary processing），煉油、煉鋼等行業即是。

在整個製造活動中佔有最大分量的是生產產品的程序。在此一階段中使用的材料加工方法有鑄造（casting）及模塑（molding）、成形（forming）、切削（separating）、接合組裝（joining）、調質（conditioning）、表面塗裝（finishing）等六大類。此一階段亦稱為二級加工（secondary processing）。

二、管理程序

製造系統中的管理程序具有四大功能（Savage & Sterry, 1990: 19）：

1. 計劃（planning）：設定目標及訂定行動方案。相關人員必須具備創新、研究、設計及精巧規劃的能力。
2. 組織（organizing）：將人事物做適切的安排，以使工作能順利地推動運作。
3. 執行（actuating）：以分派工作並督導其完成為主。管理人員須具有激勵、協調和監督的能力。
4. 控制（controlling）：比較目標與執行成效，做適度的修正，以確保目標之達成。

為了達到上述四項功能，製造科技系統的管理程序可分為研究發展、生產管理、銷售管理、人力資源管理和財務管理等五大領域

（Wright, 1993）。

1. 研究發展：本部門人員將各種產品的新構想經過設計、分析、測試及修正等步驟予以具體化，然後移轉至製造部門生產。
2. 生產管理：此一領域的主要工作包括安排（或布置）機具、規劃製程、設定產量與時程控制，以確保生產合乎預設規格及品質的產品。
3. 銷售管理：主要任務為市場調查、產品促銷（廣告宣傳）、產品銷售、產品配送及售後服務等。
4. 人力資源管理：主要內涵為招募、進用及訓練公司的員工，屬於支援性管理活動；此外，促進勞資關係之和諧亦為此部門的重要工作事項。
5. 財務管理：主要為公司金錢收支之管理，和物料、機具等之採購。

陸・製造科技系統的產出要項

製造科技系統設立的目的，主要在於生產所需的產品，但在產品生產的過程中，常會因為必然的製程設計或是偶然的製程差錯，而有廢料伴隨相生。例如車削工作，因為製程的必然性，一定會產生鐵屑；偶而因機器故障或人為疏忽將工件車壞，也同樣變成廢料（蔡錫濤，1993）。

製造過程中必須使用各種不同的能源去轉化材料。能源轉化材料時，本身也常轉化為另一種形式，例如被消耗的電能部分轉變為熱能等。這些轉變後的能量形式，常常是噪音、廢氣、高熱等可能破壞生態環境的污染源。另外，製程本身亦可能製造出毒物、廢水或輻射等污染物（蔡錫濤，1993）。

柒・製造科技系統的衝擊與影響

製造科技系統對人類社會文化的影響，依性質可分為預期的和非預期的兩大類；依發生的時機亦可分為立即的和延遲的兩項（Leopp & Daugherty, 1993）。

製造科技所產生之預期和非預期的影響，都各具有正面和負面的效應。正面預期的影響為產品所帶給人們生活上的便利、生活品質的提高，及個人精神或物質生活的滿足等。而其正面的非預期影響，常常是因為新產品普及化所造成的社會文化制度向上向善的變革。例如大量電子傳播器材（通訊設備、電視、收音機等）走入家庭之後，使得人們更容易了解其他國家地區人民的生活方式，因而要求更多的自由與開放，加速了許多極權政體的衰亡，促進了民主政治的建立。

製造科技所帶來的正面效益並非免費的午餐。享受它的好處的同時，我們也嘗到了它的惡果。伴隨某些產品而來的，常常是一些會破壞人類生活品質或生態環境的噪音、空氣或水資源的污染，這些都是預期的負面影響；由於工程人員的疏失或無知所製造出來的產品，有時候可能造成人員傷亡、財產損失或環境破壞，這是製造科技帶來的非預期負面影響。

影響的發生，有些是立即的，有些則是潛在的，當時間逐漸過去之後，其效應才逐漸明顯。例如產品造成傷亡常常是立即可見的；而製程所產生的污染或破壞效果，常常是經過一段時間累積之後才顯現出來。正因為這樣，人們經常有意或無意地忽略了製造科技所產生的污染問題。

第二節　製造科技的演進與發展

壹・製造科技的演進

製造科技的歷史演進，可以大致區分為手工時期、動力機器時期與電腦自動化時期（Daggett et al., 1990）。以下將以歷史發展順序為經，以前述之製造科技系統的投入、程序及產出等要素為緯，探討製造科技系統的演進情形。

一、手工時期

從原始社會發現的第一件石器工具開始，手工製造時期跨越了農牧社會時期、封建社會時期，一直到1750年工業革命為止。在這漫長的歷史中，生產工具的發展一般分三個階段：石器時代、青銅器時代和鐵器時代。三個階段的發生，世界上各地區時間先後不同，它們的社會發展階段和文化程度高低也不一樣。

手工時期製造科技的演進，從舊石器時代的草創，歷經新石器時代、青銅器時代，一直到鐵器時代，不論材料的使用、加工的技術都有相當大的差異。手工時期製造科技的重要演進，可從其投入、程序和產出三方面來加以探討：

㈠投入方面

1. 人力資源：手工時期的製造從業人員，必須同時具備科學的概念與操作的技術，甚至需要美學的素養。
2. 知識：早期科技知識蘊含在製作技術當中，一直到人類學會記載歷史、實驗及有未來導向之觀念，知識才逐漸被分類、流傳下來。

3. 材料：從舊石器、新石器、青銅器和鐵器時代遺留的器物查考，可以發現除了器物所用的材料逐代擴增外，應用的層面也隨著時間而推廣。
4. 能源：從新石器時代到工業革命前，人類對能源動力的控制能力有限，器物的製作程序多經由人工或手工具，能源多來自獸力、火及人力。
5. 設備：石器時代的人類，主要用雙手及簡單的石塊來製造工具；到了金屬器時代，由於製造技術的提升以及熔鍊金屬的必需，因而需要煉爐與陶製模具的輔助，生產地點也逐漸固定。
6. 資金：早期社會是個自給自足的社會，偶而以物品互相交換，後來錢幣的流通逐漸替代了傳統「以物易物」的交易形態。
7. 時間：早期社會日出而作日落而息，基本上時間是以日為單位。由於以手工從事生產，通常要數日才能完成一件產品。

㈡程序方面

1. 成形：最早的成形加工是手捏陶土的製作。由於燒陶的經驗，人們逐漸能熟練火的控制，並發展出銅、鐵等金屬的鑄造技術。
2. 切割：早期製造工具的方法是將適當大小的石塊，敲擊其他較堅硬的石塊，藉以產生所需的刃口。然而對金屬敲擊並不能產生刃口，但是發現可以改變金屬的形狀與硬度，因而有金屬鍛造技術的出現。
3. 組裝：原始的組裝技術，僅是將石塊與木棒綑綁在一起。新石器時代發明鑽孔技術後，人們開始學會簡單的榫接。火的使用和金屬冶煉技術的提升，更促進後來銅焊、蠟焊等焊接技術的發展。

㈢產出方面

製造科技所生產的產品，不外乎用於生活必需品、娛樂、祭祀、紀錄、藝術創作及防禦或攻擊的武器。在石器社會，由於獸獵與採集所獲取的食物不多，因此所製作的工具，大多是防禦野獸攻擊的隨身武器和生活所需的切削工具。進入封建社會後，人們的生產方式不再是獸獵與採集，而是土地耕作與採收。此時的製造產品，除了生活必需品、耕作器具和藝術創作品外，武器的生產量也很大。

二、動力機器時期

機械化時期和手工時期的製造科技，最顯明的區別在科學與技術的相互關係。在手工時期，科學與技術是各自獨立發展的體系（陳秀蓮譯，1987），科學家認為技術只純粹為科學應用的實驗，且又是較低階層人的手藝，而一般工匠除了師徒的口傳身授外，難以整理成科學原理，因此此一時期的進展是緩慢的。機器時期的製造科技，科學與技術逐漸緊密地結合，並且相互影響，科學為科技開啟新的材料、能源和加工方法，而精密的製造技術又提供更精確的儀器供科學研究。以下分就製造科技系統的投入、程序和產出等方面分析此一時期製造科技的重要成就：

㈠投入方面

1. 人力資源：工業社會的特徵乃是技術的急速變遷，以及專業化的分工。由於生產工具的複雜程度增高，機器的操作除了熟練的技術外，加工知識的認知將日益重要。
2. 知識：文明的進步，科學為其主要的原動力，而科學知識的傳播，則是提高工業生產，改善生活環境的主動力。科學與技術自文藝復興時期逐漸緊密結合，科學提供製造技術的理論基礎，而新製造技術所生產出來的精密儀器，又開展科學研究的新領域，而這種交互影響的時距，將隨著知識的累積而日漸縮短（如表 2.2）。

表 2.2　科技理論與實物發明生產年代比較

器物	理論年代	實際生產年代	歷時（年）
照相術	1727	1839	112
電話	1820	1876	56
無線電	1867	1903	35
雷達	1925	1940	15
電視機	1922	1934	12
原子彈	1939	1945	6
電晶體	1948	1953	5
積體電路	1958	1961	3

3. 材料：由於鋼鐵的大量生產，石材與木材除了應用於建築工程外，已淪為裝飾品。而因大量生產方式的需要，以及可互換性生產的運用，二級產業所要求的材料逐漸趨向於標準化。
4. 動力能源：由於機器提供了將物質轉變為能量（蒸汽機、內燃機、發電機），以及利用能源驅動機器（電動機）的方法，而應用此種方法所獲得的動力，遠大於手工時期人力和獸力所產生的動力。再加上對電能控制方式的改進，因此，利用煤與石油等燃料所產生的電能和機械能，全面取代了傳統的人力和獸力。
5. 設備：相對於農業社會的地主，在工業社會中，機器已成為財富的象徵。土地的利用價值不再用於從事農業生產，而是興建製造產品的工廠。人們的生產方式也逐漸從家庭或店鋪的生產形態過渡到工廠生產形態，由手工業過渡到機器工業（Lilley, 1973）。
6. 資金：十八世紀人類的生產力，除了能供給自足外，並逐漸有多餘的資金去購買非民生用品。由於這種市場需求的刺激，迫使製造業得改變生產技術，以更快速的方法生產大量產品。而這種技術革新所需的廠房、機器、設備，則驅使生產企業朝大型化發展。

7. 時間：由於機器的全天候生產，改變了人們「日出而作，日落而息」的作息時間。在技術變遷日漸快速，以及市場競爭轉趨激烈的雙重壓力下，生產時間的要求逐漸縮短為以時或分為計算單位。

㈡程序方面

1. 生產程序

⑴成形：冶煉技術的快速發展，提供製造工業各種規格的標準料件，加上由蒸汽機或發電機所產生的能源，提供了較高的產出馬力，因而使得衝模製造得以快速的發展。

⑵切削：機器的發明，使得金屬切削的大量生產得以實現。這時期的切削技術主要在發展各種加工方式的工具機，以製造出精確的圓筒或光滑的表面、螺紋、溝槽或孔徑等。如 1775 年 John Wilkinson 所發明的搪床、1800 年 Mardstay 發明的螺旋車床、1817 年 Roberts 發明的龍門鉋床、1818 年 Whitney 造出的第一部銑床、1840 年 Namsmyth 等造出的第一部自動動力進給的鑽床（傅光華，1982）。

⑶組裝：組裝的方式可以分為機械接合和冶金接合。在機械接合方面，由於機器加工所生產的零件，精密度較手工時期大幅提升。而在冶金接合方面，由於新能源（電能）的出現，帶來新技術（電焊）的產生。1801 年由 Sir Humphrey Davy 首先發現電弧的現象，而在 1881 年，Auguste de Meritens 根據 Davy 所發現的電弧原理，發展出現代的電焊技術（陳志鵬，1992）。

2. 管理程序

Adam Smith 於 1776 年《國富論》（*The Wealth of the Nations*）中

首先倡言，將管理概念納入生產體系；而Frederick W. Taylor所提倡的「科學管理」，更開啟了當代生產管理知識、技術的蓬勃發展（Buffa, 1975）。

㈢產出方面

由於工業革命的發生，使人類由農業時代進入了機器文明時代，在這時期製造科技的特色為大量生產劃一的標準產品。Henry Ford 所標榜的 3S（standardization, specification, simplification，標準化、專業化和簡單化）及 3M（mass consumption, mass sale, mass production，大量消費、大量銷售和大量生產）成為這時期的標誌。

由於全面的機器化和大量生產，造成產品價格的平民化，提升了人們的生活水準。然而，由於大量使用煤與石油等燃料來產生動力，空氣污染的問題也逐漸呈現。

三、電腦自動化時期

「自動化」的概念導源於工業的應用，而其與機器化時期的分野，則在於 1946 年第一架實用電腦的問世之後。若依其生產方式來加以區分，自動化的演進歷程則可以分為機械化、半自動化、低成本自動化、電腦自動化以及複合自動化。以下分就製造科技系統的投入、程序、產出等方面加以分析：

㈠投入方面

1. 人力資源：非技術性勞力的需求將趨減少，而知識工作者需求則增加。而且，未來人力所須具備的技術，將由專精於特定操作，演化為多元技術的應用。
2. 知識：傳統的機械加工所需的知識，不外乎數學（加工路徑的幾何運算）、材料科學（刀具與工件材質的配合），以及管理科學（排程、製程規劃）。而在電腦自動化時期，強調整合的知識，也就是以電腦為中心，整合資訊、電機、機械、控制、材料、管理等知識。

3. 材料：電腦自動化時期，材料的開發與利用均有多方面的進展。鈦金屬的出現與鈦合金技術的發展，促成了航太工業的欣欣向榮。安全玻璃、光纖技術的開發，使得汽車工業與通訊工業能有大幅的成長。塑膠材料的大量生產，帶來價廉好用的產品，同時也帶來廢料處理的新問題。
4. 能源：由於電腦成為自動化生產的核心，因此，電力的供應成為必備的能源，然而歷經 1967 年與 1973 年的兩次石油危機，積極開發再生能源的利用與發電成為此一時期的能源特色。
5. 設備：由於人們經濟生活的提升，產品逐漸朝向多元化的生產方式，因而加工機器也逐漸由單功能機具，轉移為複合多功能的工具母機，以適應產品的快速變遷。此外，結合電腦的工具機或藉由電腦控制的加工機器，成為工廠不可或缺的設備。
6. 資金：電腦自動化時期的特色為分工專業化、組織規模朝大型企業發展、設廠金額大、報酬率低、投資回收慢、受僱比率上升。中小企業為圖生存，可能走向合併，以求資金、設備和技術的改善。
7. 時間：由於生產分工的精細，並且為了使生產作業能從進料、加工到成品包裝一貫作業，機器與機器之間的加工與輸送時間配合就必須更為緊密。

㈡程序方面

1. 生產程序：製造科技的生產程序，發展到電腦自動化時期，其加工程序已可確定為鑄造或模造、成形、切削、調質、組裝和表面塗敷等六個領域（Wright, 2004）。這時期製造科技的發展，不是加工方法的改變，而是在於機械的控制方法或刀具的改變。例如電腦數值控制機具的發展；而雷射加工、水刀加工、放電加工，則是以改變刀具材質的方式進行加工。

2. 管理程序：從福特汽車製造公司所建立的第一條生產線，發展至無人化自動工廠，管理程序早期的工作主要為協調工人的進度，以及作業流程的分析與管制等。到了電腦自動化時期，為適應多變的市場，乃發展出群組技術的觀念。電腦發明後，更利用電腦可預視、快速修改以及具有儲存記憶的特性，發展出電腦輔助製程規劃（CAPP）。

㈢產出方面

由於經濟的持續成長，人們愈有能力購買自己想要的東西，再加上製造技術的突破，多樣少量或顧客訂貨生產將大幅成長。因此，自動化的產出將以同中取變的方式呈現。另外，由於加工設備及技術的精進，產品日益微小化，微機械、奈米級產品都是例子。

貳・台灣地區製造業的發展

一、二次大戰終戰前

台灣地區的產業發展在日據時代初期以農業為主，所以工業生產總值比率偏低，工業成長緩慢。後期因日本戰時的需要以及台灣區位條件優越的關係，工業成長快速，1939 年時工業生產總值已經超過農業生產總值；從 1895 到 1945 年，大致可以分為三個時期：

1. 農業加工時期（1895-1930）

這個時期的工業以食品業佔大多數，其中製糖業居大宗，茶葉、鳳梨居次，均屬農業加工。

2.新興工業時期（1931-1940）

以工業化為其施政目標，積極從事各項工業建設，建立紡織、木材、印刷、出版、金屬、機械、窯業、化學等工業。

3.戰時工業動員時期（1940-1945）

著重於國防或軍需工業的擴充與建設，以配合當前戰時需要為主，振興製鐵、機械、造船、水泥、石油等工業，並因海運交通受阻，被迫採自產自足政策，民生日用品工業乘機興起。

二、二次大戰終戰後

光復後到1990年代，大致可分為五個時期：

1.輕工業之進口替代時期（1950年代）

二次大戰後，台灣工業發展的基本目標在於恢復戰前水準，另一方面，因為當時國內的民生工業用品相當缺乏，又無足夠外匯自國外進口這類產品，故替代之政策為扶持廠商發展以國內市場為主的民生消費品工業。其工業原料和機械設備大部分依賴進口，同時透過管制國外相關產品進口的手段，以保護國內輕工業的發展，建立了許多民生工業，如紡織、合板、水泥、家電、食品加工，這些工業不僅逐漸形成產業發展的主流，隨後也蛻變為主要出口產業。在此期間，工業產值由1953到1959年拓展了三、四倍，其中輕工業的比重約佔七成以上，但此時的國民平均所得仍處少於二百美元的低水平。

2.出口擴張時期（1960年代）

此時期，台灣工業化的基本特點是由消極的進口管制轉向積極的出口拓展。主要原因在於：(1)內銷市場狹小無法擴大發展，工業化進度碰到困難；(2)保護幼稚產業限制了企業間的合理競爭，難以降低生產成本和提高產品品質；(3)出口成長雖然順利，但仍需要進口大量的工業原料及生產設備，貿易收支仍然持續年年逆差。為打開這種局面，必須積極扶持能增加外匯的出口型工業，其所採取的政策有：撤銷設廠限制、外匯制度合理化、放寬進口管制等，一系列期望民間企業提高對外競爭力的「自由化政策」。此外，還制定「獎勵投資條例」（1960 年），在租稅上對外國投資給予優惠及獎勵出口措施，建立保稅加工制度，設立加工出口區（1965 年）等等，這些措施帶動了在國際貿易上有比較利益產業的發展，遂使許多原已具基礎的勞力密集工業，藉著低廉的工資成本，迅速打開國際市場。輕工業部門的市場佔有率下降了，重化工業部門的產值比例明顯由 36%提高到 48%。

3. 重工業之進口替代時期（1970 年代）

此一時期的台灣經濟由於受到兩次石油危機的衝擊，經濟成長率產生極大的波動，而且公共基礎設施和農工原料均面臨普遍不足現象，所以政府透過大規模的公共建設（十大建設）來帶動投資，並創造重工業的內需市場，藉此度過經濟蕭條的危機。一方面建立煉鐵、石油化學的上游生產體系，另方面扶持民間企業建立中、下游之出口重化工業體系，台塑企業即是在此時期開始成長茁壯。此時期，也是對外貿易由逆差轉向順差且大幅成長的時期，重工業產品之出口值比例從 1970 年的 29%穩定成長到 1979 年的 36%；國民所得則由四百一十美元提高到二千一百美元。

4. 促進產業升級時期（1980 年代）

在 1980 年代初期，我國的外貿順差仍然大幅增加，也累積了龐大的外匯存底，造成台幣升值和國內通貨膨脹的壓力；同時，在面臨國際間因貿易失衡所導致新保護主義興起的情勢，美國強力要求我國開放國內市場。另一方面，則是重化工業所產生之環保問題日益嚴重，國民所得提高後，國民的勞動價值觀改變，使傳統工業體系產生勞工不足現象。故政府於 1984 年宣布採行「國際化、自由化、制度化」的經濟政策，並大力推動自動化技術提高生產力。1985 年實施生產事業研發費用適用投資抵減辦法，鼓勵傳統產業升級並開創科技產業。此時期，電子機械業出口值躍居第一，台灣成為 世界第十四大貿易國，國民所得由二千四百美元提高到七千二百七十美元。

5. 高科技產業時期（1990 年代）

自從冷戰時代結束，共產國家解體，並紛紛投入市場經濟的洪流中，於是在傳統產業上產生國際間劇烈的競爭，許多國家因為社會條件改變及高勞力成本因素，使其傳統工業紛紛外移；同時，即使在面對工業先進國家強烈的競爭優勢下，也被迫朝向高科技產業的方向發展。台灣憑藉素質整齊的人力及充沛的資金，在高科技產業的表現也相當耀眼，尤其資訊產業和半導體產業及其相關之產業也逐漸成為台灣最重要的產業。1995 年，台灣的資訊硬體產業之產值佔世界第三位，僅次於美、日兩國；而半導體產業之產值則佔世界第四位，僅次於美、日、韓三國。此期間表現最成功者當首推新竹科學園區的成長發展，近年政府也積極推動其他科學園區的設置（如台南科學園區、台中科學園區），以半導體、光電、微電子與精密機械及生物科技為主，目前已有許多廠商申請進駐，預期將為台灣的經濟發展扮演重要的角色。

參・製造科技的未來趨勢

在目前的科技潮流中，電腦的應用已經成為各行各業發展的必然趨勢，製造科技既然屬於科技系統的一環，未來科技的發展也勢必造成製造領域技術的變遷。

以歷史角度來看，科技的演進從手工時期、動力機器時期到電腦自動化時期，製造科技的發展是一種連續的演進過程，其技術的變革必定架構在之前的理論或技術之上；在分析製造科技的未來趨勢時，我們一樣以科技系統的投入、程序、產出等三個層面來探討。

一、投入方面

1. 人力資源：當製造功能完全自動化之後，自動化工廠中可能完全不需要人力，或是說人員將不直接參與生產與裝配的製程。Groover（2001）認為未來製造科技的人力需求，將偏重於工廠的管理與維護，而這些需要人類執行的工作，包括設備維護、程式設計、工程計畫工作、工廠安全維護、工廠與外界的介面和工廠監督等。
2. 知識：由於生產自動化的發展，操作機器的工人將逐漸轉移為操作電腦鍵盤的技術員，而電腦整合製造的發展，將使得設計、製程規劃，和電腦數值控制結合，因此，知識層面的需求將朝向多元整合的知識體發展。
3. 材料：由於工業廢棄品所造成的生態破壞（如塑膠、化學藥劑等），加以地表上的可利用資源減少，人們逐漸意識到環境保護的重要性，因此，未來材料的使用將步向可回收資源的利用。另外，奈米科技的發展一日千里，未來奈米材料也將會有更多的應用。
4. 能源：經歷 1973 年的能源危機，人們逐漸認知到不能再完全依賴石化能源，因此製造科技的能源開發與利用，將走向以再生能源（太陽能、風力、生質能、地熱、潮差）的利用及高效能機具的開發。
5. 設備：由於電腦控制與整合製造的進行，未來自動化工廠將是資料流通的工廠，屆時，保存資料與資料處理的中央資料庫（或分散資料庫），將成為工廠中不可或缺的設備。
6. 資金：從 1970 年晚期迄今，利率一直維持在相當高的水準，雖然近年來為了刺激景氣，利率逐年下降，但是在不景氣之下，企業的獲利也隨之減少，所以公司必須盡量降低各類型的存貨，以避免資金停滯所造成的損失，因此，如何達成零庫存乃成為製造工業追求的目標。

7. 時間：市場競爭的壓力，促使許多公司積極開發與生產新的產品，導致產品生命週期的縮短，企業的成功與否，決定於是否能在最短的時間之內完成產品的設計與生產，因此，發展更具彈性化的生產方式，將是未來製造科技發展的重要課題。

二、程序方面

1. 生產程序

⑴機器人：機器人目前能做的工作有模鑄、噴漆、鍛造、塑膠模鑄、機器裝貨、點焊，以及搬運輸送等，隨著科技的進步（如光電感測技術、專家系統等），機器人所能從事的工作將與日俱增，發展智慧型機器人也將成為製造科技發展的重要趨向。

⑵ CAD/CAM：CAD 和 CAM 系統的發展，目前都漸趨完善，然而 CAD/CAM 系統的整合，甚至與 CAPP 的連結將成為製造科技發展的另一趨勢。

⑶人工智慧的應用或專家系統的發展：目前的電腦應用大都是依事前撰寫的程式依序執行，因此，不少學者致力於研究人類智慧學習的過程，並將其應用在電腦控制的機器上（如CNC），使其能自我學習或搜尋其知識庫（記憶體），自動依加工材質判斷使用何種刀具、加工轉速、進給速度等等。

2. 管理程序

⑴ FMS、JIT、CIM 概念的發展：彈性製造系統（FMS）、即時製造系統（JIT），和電腦整合製造（CIM）等均是生產管理的概念。FMS 的主要目的在於小批生產以及短前置時間（Lead Time）；JIT 則是在避免因材料堆積所造成的資金浪費；CIM 則是整合電腦於設計、排程、加工，以保持加工的一貫性。

(2)不須再加工（Near Net Shape）的製程規劃：透過電腦的管理，產品的加工作業可以由一個指令或步驟來決定出工件最終的形狀，這種近似網狀的製程規劃，將可減少各種廢料產生的浪費與降低生產成本。

三、產出方面

製造科技所提供給消費者的產品，逐漸變得更為個人化，產品必須要有更多的選擇與變化，才能迎合顧客的需求；這種結果將造成更小批量的製造。此外，由於電腦圖形整合與展現的能力逐漸增強，顧客直接參與設計的比率也將大幅增加。

第三節　製造科技的投入資源

如前所述，製造科技所投入的資源包括七項：人力資源、知識、材料、能源、廠房設施、資金以及時間，分述如下。

壹・材料

製造科技所投入的材料有許多種不同的分類方法，本書中採取表2.3 的方式做分類，分別對各類材料簡述如下。

一、金屬（金屬和合金）

嚴格來說，金屬指的是鐵、金、銀、鋁、鉛等等元素，這些元素可以藉由導電性、導熱性、強度、延展性等加以定義；金屬原子外圍的電子數通常少於四個，非金屬原子外圍的電子通常是四到七個，而且金屬的原子通常比非金屬的原子體積大得多；合金則是指金屬元素和其他元素結合在一起的化合物，例如鋼鐵就是一種鐵的合金，由鐵、碳以及其他元素組合而成。

●表 2.3● 材料的分類

主要分類	次要分類	材料舉例
金屬 （金屬和合金）	鐵金屬	鐵、鋼、鑄鐵
	非鐵金屬	鋁、鋅、錫、銅、金
	粉末金屬	燒結鋼鐵、燒結黃銅
多元聚合物	人造	塑膠、人造橡膠、接著劑、紙張
	自然	木材、橡膠
	動物	骨頭、毛皮
陶瓷	結晶化合物	瓷器、黏土、研磨材料
	玻璃	玻璃器物、退火玻璃
複合物	多元複合物	各種人造木板、玻璃纖維、石墨環氧樹脂
	金屬複合物	硼化鋁
	陶瓷複合物	強化水泥
	金屬陶瓷	碳化鎢
	其他複合物	強化玻璃
其他	電子材料	半導體、超導體
	潤滑劑	石墨
	燃料	煤、石油
	保護塗裝	鋁的陽極氧化處理
	生物材料	碳化組織
	智慧材料	記憶合金、記憶聚合物
	奈米材料	

資料來源：Jacobs & Kilduff, 2001: 57.

金屬材料包含鐵金屬、非鐵金屬，以及粉末金屬三類。鐵金屬包括鐵元素以及至少含鐵量 50%以上的合金，例如鑄鐵、鋼鐵以及不銹鋼等等；其中，鋼鐵可以說是生活中最常見的鐵金屬，它的應用包括汽車外殼、鐵櫃、冰箱、廚具、洗衣機、門窗、罐頭、建築材料等等，在科技系統的各個領域都可以見到它的蹤跡。非鐵金屬包括鉛、錫、銅、鋁、鋅等等非鐵材料，以及不含鐵（或含鐵成分在 50%以下）的其他合金，可以做成電線、水管、飲料罐、機械零件等等。粉末金屬也稱為燒結（sintered）金屬，是將小顆粒狀的金屬混合其他金屬或非金屬原料，加熱之後再加壓成形，可以製成機械用的軸承、凸輪等機件。

二、多元聚合物

多元聚合物是由許多單體（monomers）所構成的鏈結狀的分子。多元聚合物材料包括人造的塑膠、橡膠、接著劑以及紙張；自然界的木材、橡膠、動物身上的骨頭和毛皮等。其中塑膠又可以依據其特性，分為熱塑性塑膠和熱固性塑膠兩大類。熱塑性塑膠是指塑膠原料經過重複不斷地加熱後，可以塑造成需要的形式，例如常見的壓克力板；熱固性塑膠指的是塑膠原料只能加熱塑形一次，之後即使重新加熱也不能再塑形，例如環氧樹脂。塑膠的原料目前多來自石化業，但是由於能源的有限，科學家也不斷研發從其他原料生產塑膠的方法，目前已經可以從煤、農作物（例如木材和黃豆等）等原料中製成塑膠，而且比例將漸漸增加。另外，木材、天然橡膠、骨頭、毛皮等，都是歷史悠久、廣泛使用的材料，其中橡膠具有相當的延展性（能在室溫之下至少延展兩倍），可以將能量儲存起來，更具有相當的實用性。

三、陶瓷

陶瓷是一種結晶化合物，其中包含了金屬和非金屬元素；雖然大多數的玻璃是非結晶體，但是因為和陶瓷有類似的性質，所以也歸在陶瓷類中。此類包含了瓷器、黏土、研磨材料（用來作為砂輪機和砂紙的研磨表面）及各種玻璃原料。

四、複合物

複合物是指兩種或以上的材料整合在一起的材料，此時其組合材料元件仍舊具有原來的性質。例如人造木板是利用木板薄片加壓加熱接合而成，或是木材粉末加壓加熱和接著劑而成；玻璃纖維是由矽砂、白雲石、硼砂等融化之後抽絲而成，再由玻璃纖維絲織成玻璃纖維布或玻璃纖維席，由於其抗張力強，甚至超過鋼絲，所以可以用來製造船艇或是其他大型且高強度的成品；另外還有強化水泥、強化玻璃等，均屬複合物一類。

五、其他材料

包括電子材料、潤滑劑、燃料、保護塗裝材料、生物材料及智慧型材料等。其中生物材料指的是用來替代人體原來組織的材料，例如人工皮膚、人工器官等，這些材料必須和人體能夠相容，不產生排斥現象；智慧型材料是材料工程中新的領域，目的在希望創造出隨環境而變化特性、自我修復，以及當發生問題時能夠提供回饋資訊的材料。

近年來奈米科技一詞相當盛行，奈米科技是指以「十的負九次方公尺大小」為單位來設計和操縱材料的結構，在此狀況下所產出的材料，就稱之為「奈米材料」，和智慧型材料一樣，奈米材料也是一個新的材料領域。

貳・人力資源

製造科技所投入的人力資源，依據功能大致可分為管理人員（如領班、監工、經理、總經理等）、支援人員（如總務、會計、人事等部門之人員）及生產系統相關人員；其中生產系統相關人員依其技術層次之不同，又可分為操作工、半技工、技術工人（skilled workers）、技術員（technican）和工程師等，簡述如下。

一、操作工：是指非技術工及體力工，例如手工打包工、搬運工、挖溝體力工。

二、半技工：是指機械設備操作工及組裝工，負責操控機器、車輛或裝配工業產品。

三、技術工人：運用技術、手藝來製造、安裝、維修工業產品的工作人員。

四、技術員：屬於半專業人員，在工程師指導下，運用科學知識從事工程設計或實際技術問題之解決。

五、工程師：屬於專業人員，運用科學知識以解決工程問題，通常有大專以上學歷。

由第二節的製造業發展趨勢來看，由於自動化、電腦化對製造科技的影響愈來愈重要，生產系統相關人員也受到很大的衝擊，工程師、技術員和技術工人的比例將愈來愈高，所以原來的生產人員都必須持續接受教育訓練，才能夠在工作上得以勝任；相對地，操作工和半技工的比例將逐漸減少，被自動化的機具所取代。

參・知識、能源、廠房設施、資金與時間

知識雖然無法量測，但卻是製造科技系統的投入中不可或缺的；知識可以分為個人的以及整體的兩大類，不論是特定製造環境中，個人所應具有的知識水準，或是人類整體累積的知識，在面臨未來的競爭時，都應該朝向知識管理的方向進行；簡而言之，就是將所有和製造科技相關的知識彙集起來，建立成知識庫，透過知識庫的建立，可以達到快速學習、知識分享及知識創新的目的。

能源包括電力、氣壓、油壓、熱能、化學能等，投入適當的能源，方能使製造科技順利進行，但是由於世界能源的短缺，未來必須竭力朝向利用再生能源、回收資源、重新設計省能源的機械及工作流程等方向努力。

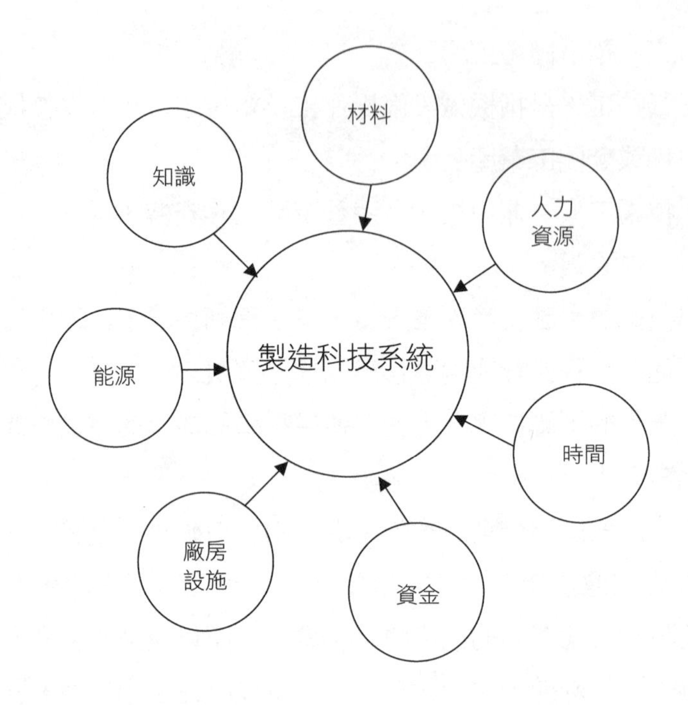

圖 2.5 製造科技投入的七大要素

廠房設施包括土地、建物、機器、設備等等固定資產，以及電腦的相關設施；資金則因企業體為獨資、合資或股票上市公司等不同，有不同的來源；時間則是必要的投入。以上七大投入要素，對於製造科技來說缺一不可，重要性不言可喻。

第四節　製造科技的加工流程

壹、初級加工流程

初級加工是指「以加熱、化學變化或機械式處理的方式，將回收或天然的資源加工，成為工業上的標準原料」的加工方式，常見的初級加工包括伐木、煉鋼、煉油等等。

鐵礦（主要是赤鐵礦、褐鐵礦）無法被直接使用，必須經過煉鋼廠的處理加工後，才能成為製造工廠所能使用的工業材料。將鐵礦、石灰石、煤等原料投入鼓風爐（或稱高爐）內，預熱的空氣從下方吹入燃燒，使溫度上升至攝氏一千五百度的高溫，礦石中所含的鐵會還原熔解，集積於爐底，由鼓風爐流出，這種叫作「生鐵」。生鐵含碳量高且有大量雜質，如：矽、錳、磷、硫等，因此必須經過轉爐煉成鋼，注入鑄模，此為「鋼錠」。鋼錠須經過熱加工，如：軋輾、抽拉、沖壓等操作，成為鋼板、鋼筋、線材、條鋼等工業材料。

樹木經過伐木工人鋸下來，除了闊葉樹的粗大枝幹部分能夠用來做木片或紙板外，一般只取用樹幹部分。由於剛鋸下的樹木含水率高達25%至30%，因此必須經過數個月的天然乾燥，使含水率下降，再進行人工乾燥。常用的人工乾燥法是在乾燥室中送入熱蒸氣，並調節溫度、濕度、空氣的循環，使木材含水率降低，木材經過乾燥處理後，加工時才不易變形或產生裂痕。有時木材還須經過防腐、防蟲、防火處理。今日接著劑的進步，能使木材做成集成材、合板、纖維板……等一次加工品，成為建築、家具的重要材料。木材一次加工品除了合板外，也可製成各種尺寸的角材、板材、薄片、線板，以及纖維素、纖維板、紙張等工業材料。

塑膠種類很多，最常見的聚乙烯是由乙醇或天然氣取得乙烯，再把乙烯氣體聚合而製成。聚乙烯材料常被打成粒狀，俗稱「塑膠粒」，以作為射出成形或吹入成形的材料。聚乙烯加熱後就會變軟，可利用押出機做成膠膜、紙張或板狀。再以聚苯乙烯而言，聚苯乙烯基本原料為煤炭及石油或天然氣。苯可由煤炭中取出，乙烯氣體則由石油或天然氣製成，然後苯與乙烯化合成乙苯，最後利用加熱加壓把乙苯製成聚苯乙烯。乙烯也可由乙醇取得，乙醇可由很多材料製成。

由於石油工業的發展，乙烯由石油取得最為價廉物美，因此聚乙烯類塑膠已是最便宜的塑膠材料，而且可製成各式各樣的產品，可說是目前最重要的塑膠材料。

原油經過蒸餾的過程可以依不同沸點分餾成燃料氣、汽油、煤油、柴油、重油等油料，再經過進一步的處理，就可作為成品供應市場，也可送往相關的下游工場作為進料，生產各種石油產品。其實，蒸餾仍然無法將原油內各種不同的成分完全分離，只是基於經濟上的原因，除了純度較高的石油化學品須用特殊的方法生產而外，一般仍是應用分餾板和精餾塔，來分離出油品中的不同成分。由於原油成分複雜，我們不可能用直餾方法直接由一噸的原油中煉出一噸的汽油，其中只可能有20%至25%的汽油成分，以及7%至17%不等的煤油或柴油，其餘極大部分都是蒸餘油。直餾蒸餘油中，含有高沸點的潤滑油成分以及石蠟等，可以在真空的環境中再做蒸餾（vacuum distillation），以獲取重柴油、粗製潤滑原料油等，餘下的就是真空蒸餘油（vacuum tar）。

貳・二級加工流程

材料經過初級加工之後，得到工業上的標準原料，接著就進入二級加工的程序，以便進一步製造成產品。常見的二級加工方法共有六種，分述如下：

1. 鑄造及模塑（casting and molding）：材料通常先給予加熱，使其達到熔點而液化，然後藉著重力或其他形式的外力引進模穴中，當材料凝固從模穴取出之後，即形成模穴預製的形狀。鑄造多用於金屬的加工，而模塑則多指塑膠或部分陶瓷材料的加工。塑膠射出成形為典型的模塑加工例子，其成品例如筆記型電腦機殼的製造，汽車輪胎的鋼圈則是用鑄造的方法製成。

2. 成形（forming）：對材料施予外力（拉力、壓力、剪力、扭力或其組合），使達到塑性變形的程度，以改變材料的形狀或大小，材料的質量（或重量）則保持不變。例如把鋼塊滾軋成鋼板、把塑膠粒子製成塑膠管、把陶土擠壓成碟形器具等，都屬於此類加工方式。
3. 切削（separation）：把多餘的材料去除以製成所要的形狀和大小的加工方式即為切削。刨削木材、車削工件等都是切削工作。
4. 調質（conditioning）：利用加熱、化學變化或內力效應等方式，來改變材料性質的方法即屬之。最常見的調質程序為金屬的熱處理，例如使鋼料變硬的淬火、變軟的退火。
5. 接合組裝（joining）：把兩件或兩件以上的材料暫時或永久地接合在一起即稱之。例如用焊接或螺釘接合金屬，用釘子、膠水等結合木材。
6. 表面塗裝（finishing）：在工件表面施以裝飾性（美化）或保護性的處理，稱為表面塗裝，例如噴漆、上釉或電鍍等。

第五節　生產管理

如前所述，製造科技所牽涉的管理活動，包括研發設計管理、生產管理、財務管理、資訊管理、行銷管理及人力資源管理等項。限於篇幅，本節僅就生產管理一項加以分析說明。主要的生產管理活動包括生產設備布置、物料管理、製程規劃與控制及品質管理等。

壹・生產設備布置

工廠裡的生產設備可以大分為實際從事產品生產的機器設備及運送原物料、半成品及成品的物料運送設備兩大類。生產機械又可大分為工具機（又稱為工作母機）及產業機械兩類。工具機是生產其他機器零件的機器，例如車床、銑床、磨床等都是工具機。產業機械則用以生產產品的機器，例如紡紗機、塑膠射出機等。物料運送的種類很多，例如一般生產線使用的運輸帶、堆高機、天車、升降機、吊車、無人搬運車（Automated Guided Vehicle Systems, AGVS）等等。有些機器人（Robot）若用以執行生產加工處理的工作，如焊接、噴漆等，則應歸屬於生產機械。若用於將工作物從某機具或工作站移轉至其他機具上，則可視為物料搬運設備。

製造工廠的設施布置，主要目的在降低物料加工、搬運及儲存的成本（Gaither & Frazier, 2002: 187）。另外，亦可增進人員的安全、使管理與維護更容易及提升產能。常見的布置方式有四種（Gaither & Frazier, 2002: 188-192）：

一、製程導向布置（process layout）

此種布置又稱功能式布置（functional layout）或訂單式工廠（job shop）。通常若公司製造批次小但種類較多的產品時，可能採此種布置方式。此一布置方式為將機器設備依其加工工作類型布置在一起，例如將工廠分為切削加工區、組裝區、噴漆區等，物料或線上產品則由物料搬運設備移動至所需位置，所採用的機具通常為泛用型機械，當產品不同時，機具容易調整其加工方式。

二、產品導向布置（product layout）

此一布置又稱為生產線（production Lines）或裝配線（assembly lines），若生產的產品類型較少且大量，為提升效率可能換此一布置方式。此一布置方式為將特定功能的機具布置成接續的動線，當物料通過此一機具線之後，即完成其加工處理，成為最終的產品。汽車、機車、電腦、電視機等組裝，都是以生產線的方式完成。

三、群組式布置（cellular manufacturing layout）

在較大的訂單式工廠或生產線中，將部分機具布置成一群組，以生產一元件群組（parts family）的布置方式稱為群組式布置。所謂元件群組是指這些元件（成品）的特性（包括外形、尺寸、加工方式等等）相近，生產時所需的機具調整變化不大，因此其加工設備被布置成一區塊，產品可在此一區塊中完成，然後再搬運到其他區域，與別的區塊的產品組合。

四、固定位置的布置（fixed position layout）

當產品體積龐大且重量極重移動不便時，要採取此種布置方式。其布置為將機具布置在產品周圍來進行加工。例如飛機組裝、造船等，產品都是固定在一特定位置，機具圍繞在其四周工作。

貳・物料管理

生產工廠使用的原物料，零件相當多，如果沒有適當的管理，可能會供料不及，造成生產停頓，或是存貨太多，造成資金積壓而提高成本。物料管理涉及原物料的存貨管理（inventory control）及搬運（material handling）。

一、存貨管制

工廠中的存貨有三大類，包括原物料、線上半成品（亦即還在加工的物品）及完工的成品。存貨是必要之惡，但需要保持最少的存貨，以節省成本。除了體積較小的標準零件，如螺絲、電阻、插銷等之外，一般零件、成品或半成品都有編號，且附加有條碼，以供讀取，方便物料存取及存量之控制。

二、物料搬運

物料搬運系統包括物料運送的整體網絡。從物料的接收開始，到儲存與取用、生產過程中移動物料，及最終產品進倉庫或送至客戶處之運送，都包含在內。物料搬運的規劃以減少物料移動的路徑及移動的次數，且以直線順暢移動為原則。

參、製程規劃與控制

工廠會依公司的整體規劃及客戶訂單，發展出屬於短程計畫性質的主生產時程（master production scheduling），然後依序發展生產計畫及控制系統，包括各零組件生產的時程、物料訂購的時程、現場機器設備使用的排程（shop-floor schedules）以及人員調配的排程（workforce schedule）。

肆、品質管理

傳統的品質管理觀念是從製造者的觀點出發，認為品質是產品生產過程及最終結果，與原先設計的差異程度，差異愈小，品質愈好。但新近以顧客觀點所定義的品質，是指產品滿足顧客期望的程度，也就是客戶對產品愈滿意表示產品品質愈好，反之則是品質不佳。

上述品質的定義是較抽象的概念，平常我們在論斷產品品質時，可能指下列品質面向中的一種或多種（Gaither & Frazier, 2002: 267）：

1. 產品的表現（performance）：例如數位相機的解析度、雷射印表機的每分鐘可印張數、CPU 的速度等。
2. 產品特色：例如輕薄的筆記型電腦、造型優美的杯子等可以吸引顧客的特色。
3. 可靠性：產品不易故障。

4. 維修性：產品易於維修或維修價格低廉。
5. 耐用性：產品經久耐用，使用壽命長。
6. 外觀：能影響人們各種感官判斷的事項，例如聞起來的味道、看起來、摸起來的感覺等。
7. 客戶服務：產品出售前、中、後所提供的服務。
8. 安全：產品使用前、中、後對使用者保護的程度。

企業為求品質的提升，會推動一系列品質管理的活動。總部設在瑞士日內瓦的國際標準組織（The International Organization for Standardization, ISO），於 1987 年發表 ISO9000 標準，最新修訂的版本為 2000 年版。這套標準已被世界許多國家納入其國家標準，我國亦是採用的國家之一。而許多公司、組織亦以 ISO 9000 作為推動公司品質管理的指引，並尋求認證。ISO 9000 系列（ISO 9000, 9001, 9002, 9003）並未設定品質水準，而是建議一套包含下列八大層面相關事宜的作法指引（Gaither & Frazier, 2002: 277）：

1. 客戶導向的組織。
2. 領導。
3. 人員參與。
4. 流程運作。
5. 系統化管理。
6. 持續改善。
7. 決策。
8. 互利的供應商關係。

公司為了保證產品的品質，經常會進行產品的檢驗，並以統計的方法，將量測到的數值以品管圖表示，從圖形的判讀，作為製程管制的依據。一般將此一活動稱為統計製程管制（statistical process control, SPC）。常用的品管圈有 X-bar、R、P 及 C 等品管圖（Weiers,

2002）。

第六節　製造科技的衝擊與影響

壹・與製造科技相關的職業

根據中華民國職業標準分類，製造業的定義為：「凡以機械或化學轉變方法，由有機或無機物質製成新產品，不論其使用動力機械或人力，在工場內或在家中作業，亦不論其產品用躉售或零售方式，均歸入製造業。」其相關的職業包括食品及飲料製造業、菸草製造業、紡織業、成衣服飾品及其他紡織製品製造業、皮革毛皮及其製品製造業、木竹製品製造業、家具及裝設品製造業、紙漿、紙及紙製品製造業、印刷及有關事業、化學材料製造業、化學製品製造業、石油及煤製品製造業、橡膠製品製造業、塑膠製品製造業、非金屬礦物製品製造業、金屬基本工業、金屬製品製造業、機械設備製造修配業、電力及電子機械器材製造修配業、運輸工具製造修配業、精密器械製造業，以及其他工業製品製造業等二十二類。

由製造業所佔的就業比例、總生產毛額，以及製造科技相關的職業等種種來看，都可以看出製造科技對我們生活有極其重要的影響，我們生活中所有物品幾乎都是透過製造科技來完成的，所從事的行業職業也直接間接和製造業發生關係。

貳・製造科技帶來的衝擊

製造工業從傳統的手工製造，經歷機械時期，到現在的自動化製造時期，不斷隨著時代的變遷而有很大的轉變，也對歷史、社會、經濟與個人等層面產生巨大的衝擊。

一、就歷史層面而言

在人類的歷史中，製造科技無疑是維持生存的最重要活動。早自舊石器時代，人類即能運用木材、石頭等材料製作出簡單的工具（如石斧與石箭），以獲得食物和保障生存。在農業社會中，又能運用不同的材料（如銅器、鐵器等）製造各種不同的工具，以減少體力的負荷與獲得較多的收成。隨著不同器物的發明與製作，改變了人們的生活方式與文明，文化也因此逐漸地改變與成形。人們能從適應自然到改變自然，製造科技對人類的重要性，可以說和文學、藝術等量齊觀。

二、就社會層面而言

製造科技改變人們工作方式與社會結構。傳統的生產技術學習為師徒相傳的方式，人們透過觀摩與溝通來學習生產技術。工業革命之後，由於大量生產的方式，形成分工制度，工匠必須到工廠工作，人們無法從日常周遭學習到製造的方法，因此必須由學校教育來傳授所需的知識與技術，學校制度因而伴隨興起。

三、就經濟層面而言

製造科技為國家及個人帶來財富，使國家更富強，個人生活品質更為提升，但也帶來更大的貧富差距和更多的不平等。

四、就個人層面而言

製造科技的發展，使得人們就業機會增加，工作帶來的成就感，也讓人們更能找到生活的意義。製造科技的提升，使得工作時數減少，休閒時數相對增多。此外，科技產品大量使用，帶給人類更多方便，卻也為人際間造成更多的疏離。

上述製造科技對人類的重要性及其所造成的衝擊，只是冰山一角。由於製造科技的歷史久遠且內容廣泛，要了解其變遷實非易事。然而製造工業一直是經濟發展的主要命脈，是文化與生活變遷的主要推手，因此對於製造科技的了解與認識，有其必要性與迫切性。

參考文獻

中文部分

行政院主計處編（2005a），**人力資源統計月報**，2005 年 5 月。

行政院主計處編（2005b），**中華民國台灣地區國民經濟動向統計季報**，2005 年 5 月。

陳志鵬（1992），**熔接學**。台北：金華。

陳秀蓮 譯（1987），**圖說科學技術史**。台北：牛頓文庫。

傅光華（1982），**切削工具學**。香港：高立。

蔡錫濤（1994），**製造技學的本質與演進研究**。行政院國家科學委員會專題研究計畫，計畫編號：NSC 83-0111-S-003-016-TG。

蔡錫濤（1993），製造科技系統之內涵。**中學工藝教育月刊，26**（10），2-9。

英文部分

Barcus, J. F. (1992). Manufacturing awareness. *Modern Applications News, 26*(4), 40-41.

Buffa, E. S. (1975). *Basic production management.* New York: John Wiley & Sons.

Callister, W. D. (2003). *Materials science and engineering: an introduction.* New York: John Wiley & Sons.

Daggett, W. R., Fabozzi, J. M., Kadamus, J. A., Meno, L. R., Sheldon, T. E., & Sobol, T. (1990). *Technology education: introduction to technology (grades 7 & 8*). NY: The university of the state of New York.

Gaitehr, N., & Frazier, G. (2002). Operations management Cincinat, OH: South-Wwstern.

Groover, M. (2001). *Fundamentals of modern manufacturing: materials, processes, and systems.* New York: John Wiley & Sons.

Heizer, J., & render, B. (2004). *Principles of operations management.* Boston, MA: Pearson.

Jacobs, J. & Kilduff, T. (2001). *Engineering materials technology: structures, processing, properties and selection.* Upper Saddle, NJ: Prentice-Hall.

Kalpakjian, S. & Schmid, S. (2005). *Manufacturing engineering and technology.* Reading, MA: Addison-Wesley.

Leopp, F., & Daugherty, M. (1993). Manufacturing technology: a societal perspective. In R. D. Seymour & R. L. Shackelford (Eds.), *Manufacturing in technology education.* (pp. 19-40). Council on Technology Teacher Education 42nd Yearbook. Lake Forest, IL: Glencoe.

Lilley, S. (1973). *The Fontana economic history of Europe: the industrial revolution.* London: Collins.

Mish, F.C. (Ed.) (1990). *Webster's ninth new collegiate dictionary.* Spring field, MA: Merrian-Webster Inc.

Mitcham, C. (1978). Types of technology. In P. T. Durbin (ed.), *Research in philosophy & technology*–Vol. I. Greenwich, CT: JAI Press.

Savage, E., & Sterry, L. (1990). A conceptual framework for technology education. *The Technology Teacher, 50*(1), 6-11.

Shackelford, R., & Otto, R. (1993). Manufacturing technology at the high school level. In Seymour, R. D., & Shackelford, R. L. (Ed.), *Manufacturing in technology education.* 42nd Yearbook, Council on Technology Teacher Education. Lake Forest, IL: Glencoe.

Snyder, J. F., & Hales, J. A. (eds.) (1981). *Jackson's mill industrial arts cur-*

riculum theory. Carleston, WV: West Virginia Department of Education.

Weiers, R. (2002). *Introduction to business statistics.* Belmont, CA: Duxbury.

Wright, R. T. (2004). *Processes of manufacturing.* South Holland, IL: Goodheart-Willcox.

Wright, R. T. (1993). Rationale & structures for studying manufacturing. In R. D. Seymour & R. L. Shackelford (eds.), *Manufacturing in technology education.* (pp. 1-18). Council on Technology Teacher Education 42nd Yearbook. Lake Forest, IL: Glencoe.

第三章

營建科技

吳天方

人類為求抵抗大自然風雨、野獸及災害侵襲，經由洞穴、構架、巢木，歷經數千年的演變形成建築物，營建概念及技術隨著建築物的發展產生。由於科技進步，人們對建築物構造的安全、活動的舒適便利、功能造型色彩的需求、永續生態的環境塑造提升了營建工程的品質。本章旨在摘要探討營建科技相關之專業技術建築設計歷程、營建品質與安全、營建資訊管理及營建未來發展的議題，以為國民營建素養奠基。

第一節　概述

壹、營建科技與人類生活

凡有人類的地方就有營建工程，經濟愈發達，營建工程愈進步，人口愈集中，營建工程的需求就愈迫切。營建工程的供求之間，與傳統文化政治背景、科技進步、制度規章發生了密切關係，當供給營造服務成為一項行業的時候，營建市場就形成了。初級的營建市場大都是勞力的供給，以達成基本居住的最低要求；中級的營建市場輸入了技術，逐漸增加了空間功能的發揮；高級的營建市場結合了較多財務的支援，除了功能的多樣化外，更講究生活空間品質的提升。

台灣人多地窄，經濟景氣時市場顯現，經濟衰退時市場漸隱。營建業號稱「產業界的火車頭」，是由於營建業對於台灣整體經濟與產業的發展，扮演了帶頭且舉足輕重的角色，因此，營建業發展對於各行各業都或多或少具有帶領和示範性的作用。整體看來，營建科技與人類生活大略有以下幾點關係（台灣營建研究中心，1997）：

一、政治

圖 3.1 萬里長城

政治包括文化、教育、宗教、國防等。到歐洲看到大教堂、大宮廷，在中國看到萬里長城，在埃及看到金字塔，莫不是以政治為背景的營建產品。今日營建市場上因政治原因而產生的作品，大都屬於公共工程。其中如羅浮宮新建的現代玻璃金字塔，我國的各縣市文化中心、中正紀念堂、國家音樂廳，都構成營建市場上璀璨的作品。

二、經濟

科技進步促進人類活動空間縮短，經濟活動頻率增加，因此交通運輸、居住旅遊、給水、供電、生產工廠、醫療休閒等民生營建，大量需要，營建市場將視經濟景氣好壞隨之擴張或萎縮。營建是經濟動

圖 3.2 羅浮宮玻璃金字塔

態的追隨者，附著於經濟活動中。一旦經濟活動中止，營建亦無法單獨存在於人類生活中。

三、人口

人口是影響營建市場的直接因素，並不一定成正比率，尚須配合經濟的動力。工商服務社會形成，人口自然趨向都市集中，各項營建活動亦必然增加。此外，人力素質的提升，對營建品質的要求亦將隨之提升。

四、地域

地域的寬窄與地域性特質（城、鄉或工商業特色）亦與營建市場發生密切的關係。營建工程仍應配合前述各因素，才能欣欣向榮。有時前述任何一個因素產生需要時，亦將刺激並形成蓬勃的營建市場，如 1970 年代中東因石油價格飛漲，財源突然暴增，成為國際營建市場的重心，世界各國營建業者莫不趨之若鶩。直到 1980 年中石油價格劇跌，市場逐漸瓦解，各國營建廠商十九撤退。反觀中國大陸地廣人眾，倘一旦政治實施民主，經濟自由發展，則以上因素均向正面發展，風雲際會必可造成壯大的營建市場，將可歷數十年而不衰，地域營建不能脫離政治、經濟及人口由此可見。

貳・營建科技的內涵

營建科技包括了營建專門技術及營建管理兩部分。營建專門技術指建築、結構、空調、水電等之專業設計及施工技術。對建築設計而言，以建築功能與美為出發點，其結果即可在設計圖中產生共識；結構設計亦復如此。管理涵蓋了契約、估價單、物料、機具、設備、施工及人員等，應屬整體營建管理中的細目。為求達成任務，管理的過程中有賴高度的人與人相處的技巧、對工程專業技術的了解及管理和嚴謹的工作態度等的統合能力及訓練。營建管理的定義方式有很多種，最原始的營建管理的定義和工地管理相近。管理項目是在施工時人員、機械、材料、施工方法、資金、品質、工期等的掌握。廣義的營建管理包括了營建科技的全部，始自專案的開發、規劃、設計、施工、驗收 ，以至結構物使用時的建築管理，均包含在內。有時在這種廣義的營建管理的定義下，又被稱為專案管理。

管理過程的三大階段是規劃、組織和控制。不論專案的種類或大小，其管理的過程皆包含這三大階段。理想化的管理是在規劃時精心籌劃，面面俱到，考慮得非常詳盡。在組織時期也竭盡所能，花費很多心力將人員、機具、材料、政策等安排妥善，以利施工。執行與控制階段一定要按部就班，以嚴謹的態度保障產品的品質。事實上大多數的專案，若在規劃和組織過程上沒有多花費時間與投入，將會在控制階段浪費更多的精力修正原先倉促中做錯的決定。事前的規劃與組織是成功的最重要因素，要有順暢的工程運作就要注重營建工程的管理，尤其是施工前的規劃作業。

營建工程管理的成功需要有一套系統協助規劃及管理，方可以使專案的營運上軌道並發揮其最高效率。這一套系統的建立，仰賴營建管理人員對於營建管理全套系統的融會貫通。專案管理的方法不少，但是大致上我們可以將這些專案管理的方法歸納為兩大類：一是遵循一套既有成功的系統來管理；另一個則是鬆散地、隨意地、亂無章法地來營運（劉福勳，1994）。

參・營建相關法規

參與營建業的相關行業和人員十分眾多，其間的互動關係，必須遵循一定的法規以避免糾紛情事發生。以營建計畫案的規畫、設計、執照、融資、廣告、招標、簽約、採購、檢驗、鄰里關係、工程的進行到完工而言，其應避免的糾紛及有關的法規條文洋洋灑灑，內容十分可觀。概括而言，營建業之相關法律及規章，涵蓋了規劃初期的土地問題、建築規劃設計時的相關事項、建築物興建時的營造工程，以及完成後的使用執照、廣告銷售和保固維護等。為了使營建業務得以順利推展，並且能在合理的規範和依據下興建，便需要對相關的法律和命令有所認識。有了這些基本的法律知識後，才能有助於營建相關業務的進行。

營建業相關法律規章可概分為三大部分（張知本、林紀東，1993）。一為營建主體之管理法令，如建築法、建築師法、技師法、營造法、營造業管理規則等。二為營建業之經營環境法令，如審計法及其施行細則、機關營繕工程及稽查條例、各政府機關制定之工程投標須知及附件等。三為營建準則法令，如建築技術規則、都市計畫法、工業安全衛生法、勞動基準法令等。營建各階段的法律及規章眾多，亦可依照營建工程計畫的一般作業程序（圖 3.3），區分為下列五個基本分類項目（劉福勳，1994）：

一、專案計劃初期

包括民法、票據法、民事訴訟法、強制執行法、土地法、建築基地法定空地分割辦法等。

二、設計規劃階段

建築師法、建築法、建築技術規則、都市計畫法及施行細則、區

圖 3.3 營建工程計畫一般作業程序

域計畫法與台灣省、台北市、高雄市建築管理規則。

三、工程營造階段

民事訴訟法、空氣污染防制法、噪音管制法、廢棄物清理法、勞工保險條例、勞工安全衛生法、起重升降機具安全規則、水污染防治法等。

四、建設公司業務階段

民法、票據法、民事訴訟法及關係法規、公平交易法、商務仲裁條例、著作權法、土地法及關係法規等。

五、維護及保固階段

民法、民事訴訟法、公平交易法、違章建築處理辦法等。

在此法治的社會裡，不懂法律規章就不知道如何守法，不按規章行事也很難將工程管理做得完美。因此，每一個工程管理者都應該了解其業務有關的法律規章。

肆・營建科技相關的行職業

營建業相關的行職業和人員涵蓋廣泛，在計畫開始初期遭遇到的問題，如土地和融資等，其所牽涉到的人員包括地主、投資開發商、土地介紹、土地代書、銀行或融資單位及地政人員等。在設計階段所參與的計畫人員也有所不同，如建築師、結構技師、室內設計師、景觀設計師、業主代表、電機技師、空調、消防人員等，皆在不同的時候參與服務。要參與營建工程的管理，所須接觸的人員相當眾多，涉及的法規範圍也相當廣泛。為使各相關人員和事務都能互相配合，並明確界定各種行職業的定位與彼此的關係，才能使參與營建工程的各相關行業間的作業能有所依循。營建業相關的行業基本上可分為：

一、設計、施工及顧問類

包括營建管理、建築師、結構技師、空調技師、電機技師、鋼結構顧問、混凝土顧問、大地及基礎顧問、帷幕牆顧問、防火被覆顧問、電梯顧問、保全顧問、營造廠商、材料供應商及設備廠商等。

二、金融保險及法律類

包括銀行、融資顧問、保險公司、土地代書、建築經理公司、律師、稅務顧問及會計師等。

三、政府及公共安全類

包括了建管單位、都市審議委員會、消防隊、環保局、警察局及勞工局等。

知悉這些相關行業，有助於營建工程的順利進行，並避免無謂糾紛的發生。

第二節　營建科技發展的現況及未來

壹・營建科技發展

數千年前，人類祖先為求生存和生活，基於當時之技術條件差，欲望亦簡單，目的只要求可以避風雨、日曬和夜霧，免遭野獸襲擊而有了簡陋安身之構築，是為建築的前身。隨著人類知能進步、物質生活之改善與進化，及逐漸擴大之群居生活，增強了對猛獸及異族侵犯之防禦能力，也聚集了經驗與智慧，隨即產生建築物之雛形及小聚落。機具陸續發明，改善了營建條件和能力，同時對人類居住及活動之要求提高，於是在結構上出現構架部件之建築雛形（沈闇，1995）。西方歷經埃及、希臘、羅馬、拜占庭、哥德、巴洛克、洛可可、文藝復興至近代，將結構力學與美學綜合呈現在各時期的不同建築中。

人類的建築活動歷史久遠，世界各地保存有豐富的古代建築遺物或建築遺跡：埃及的金字塔、伊朗俄賽理斯（Osiris）的古代宮殿、古代羅馬的鬥獸場（圖 3.4）、歐洲各地中世紀建造的教堂（吳煥加，1998）。在中國，一千三百年前磚造的河南登封嵩嶽寺塔現仍巍然屹立。更令人驚訝的是，1056 年建造的山西應縣木塔，高六十七公尺，經歷九百二十多年的風雨侵襲和多次嚴厲地震的折磨，現仍完好（圖 3.5）。北京和江南的庭園建築亦均經由聯合國列為人類智慧和文化的遺產（圖 3.6）。這些著名的建築文化及成就至今仍使人們讚嘆不已。歐洲發展到十四至十六世紀的文藝復興，接著十七至十八世紀的工業革命以後，在政經工商和文化等各個領域，均於繁榮熱潮中影響建築，並逐漸發展到境外。

圖 3.4 古羅馬鬥獸場

圖 3.5 山西應縣木塔

圖 3.6 世界遺產——蘇州拙政園

圖 3.7 澳洲雪梨歌劇院

進入二十世紀，現代建築的創始者 Walter Gropius（1883-1969）希望藉著對建築要素的認識，用現代技術與科學知識去建構人類平凡生活的環境。二次大戰後，美國建築延續了歐洲的現代建築環境，Frank Lloyd Wright（1867- 1959）代表機能主義精神，其輕快、合理與現代的外表影響了美國和全世界。同時 Mies van der Rohe（1886-1969）在鋼構架與玻璃組合的建築中追求新形式，影響所及，在 1950 年代，全球建築界都以鋼骨玻璃及鋼筋混凝土構成了許多知名的建築。澳洲雪梨歌劇院即被譽為二十世紀人類建築文明的代表（請參閱圖 3.7）。從 1960 年代一直到今天，建築主流思想已回歸到生命論了，1970 年代後全球逐漸對實質環境關注，生態學（ecology）思潮萌芽，至今綠建築、健康建築、生態建築等名詞，是要讓所有生物能在世界上均衡持續生存下去，永續（sustainable）概念已成為人類努力的新目標。

貳・營建科技的現況

現代建築由於下列三項發展，而在建築藝術風格上、功能要求與結構體系出現巨大變化（沈誾，1995）。

1. 鋼筋與高強水泥之出現，支援了預力結構（prestressed structure）之理論與實踐。不僅改善了鋼筋混凝土結構自重太大之不利因素，還有利於增大跨距、節約材料，滿足建築物向超高層大樓發展之需求，也使懸吊結構（suspension structure）得以實現。
2. 電腦在結構分析和運算上之應用，促進了結構系統之立體化，如空間架構（spatial structure）、空間框架（spatial frame structure）之應用排除了障礙。同時電腦設計與繪圖，大大提高了造型與設計之進度與效果。
3. 土壤力學與抗震理論及方法的進展，改進了基礎穩定的受控能力，增強了高層建築之抗震能力。

以上的進展給營建之技術與藝術帶來空前的自由度，並且給予建築業之興旺與發展創造了優越的條件。迫於近代都市發展需地猛增，但又不能無限擴展，只好向高空、向地下索取空間，這已呈不可阻擋之勢。超過五百公尺的高聳建築，長近百公里的地下鐵道，超一百公尺的大跨度建築，複合曲面或幾何截割型新建築物，在相互仿效、攀比、交流與競爭中不斷出現與發展。另外，建築物自身之造型與其環境設計之創意表現和新穎裝潢，乃人類文明前進之必然趨勢，也是營建科技發展之成果。近來許多造型新穎、結構體系創新，並使人刮目相看之名作屢見不鮮。

參・智慧型建築

智慧型建築（intelligent/smart building）結合科技和建築形成建築

領域中的主要發展方向之一。與科幻構想相同的智慧型建築，其理念起源難於查考。美國聯合科技公司（United States Technologies Building System, USTBS）於1981年在康乃狄克（Connecticut）州，哈特福德（Hartford）市建造City Place Building時，融入了高度資訊化的設備，誕生了智慧型建築。USTBS承包的空調、電梯及防災設備，以電腦通訊連線提供了住戶通訊和資訊的廉價服務。這種建築首創了服務系統的分享（shared tenant service）制度，分享了區域網路（Local Area Network, LAN）、電腦以及數位交換機的連線關係，提高了節約能源效益，達成了通訊便捷、安全節能的目標。住戶全以分租方式取得電話費用優厚的折扣、文字處理、電子傳遞、股票行情、各種專門行業的資料服務，以非常經濟的費用方便地利用。隨後，美國、日本、歐洲、澳洲各國在科技急速進步聲中，智慧型建築大量增加。促成智慧型建築的主要原因如下：

1. 資訊與通信科技急速發展。
2. 建築業的競爭。
3. 辦公室自動化的推波助瀾。
4. 企業國際化經營的需求。
5. 生活與工作環境品質要求提升。

智慧型建築在規劃時應結合科技和工程專家，依業主之需求設計各種自動化系統，空間設備應符合人類之各種活動予以妥善安排，並能因應未來發展之需求予以彈性化配置。智慧型建築通常具備以下內涵：

一、通信自動化（communication automation, CA）

利用通信設備分享共用，如數位交換電話系統、視訊會議系統、LAN、衛星通訊、電子郵件等各種通訊網路，以提供住戶最低消費、高效率的服務。

二、辦公室自動化（office automation, OA）

辦公室自動化包含檔案、ID卡、出退勤、高級主管資訊網、決策支援等系統。利用電腦、傳真機、數位影印、電子黑板、電腦刷卡、掌紋系統、聲控系統等硬體，配合高強度的軟體，保障了辦公室運作的高品質與高效率。

三、建築物自動化（building automation, BA）

建築物的公共設備均由電腦監控，包含了照明、空調、衛生、電梯、防火、防竊、停車場出入管制等，以符合使用者安全、便利、省能、省空間且經濟的需求。

四、建築環境整合（architecture environment integration, AE）

建築物除具 CA、OA、BA 功能外，應考慮建築物未來各項功能之擴充及配合。工作或生活環境的舒適，及各種性質支援性的服務等，建築物本身與其他建築物間環境的整合，呈現了其重要性。

五、人本化（ergonomics）

建築與科技是為人之使用而發展，任何智慧型建築，內外空間均應以「人」為中心規劃。人本化著眼於人與空間、設備、家具及各種人類的活動之討論，以營造舒適、愉悅、和諧的環境。智慧型建築應可產生：生理面的舒適感、心理面的滿足感、尊重人性、符合辦公室業務機能需求、具都市生活的便利及建築獨特文化品質之蘊涵等特色。規劃智慧型建築時，以下五項原則應予考慮。

1. 彈性／適性（flexible/adaptability）：包括建築結構、設備、管線、網路等，均應考慮其變更之可行性與適用性。

2. 有效性（availability）：各項設施系統均應有效且能靈活地運用。
3. 省能／安全（safety/security）：建築物規劃時隨時不忘節省能源，並能塑造一個耐震、防火、防竊、妥適避難、具私密等有保障的空間。
4. 可信賴（reliability）：各項設備及系統具有高信賴性，可防止故障時產生的損失及意外。
5. 舒適（comfortableness）：建築中不僅有高科技，更要有人性的關懷及人文氣息，各種附屬空間齊備，構成了特有的建築空間文化。

台灣地小人稠，土地成本高昂，人口群集都市，國民生活水準提升，科技應用普遍而廣泛，智慧型建築之需求亦將隨之愈趨殷切。智慧型建築仍將以商業需求為主的辦公大樓為主流，但亦隨都市居民之集中，智慧型住宅大廈正蓄勢待發。未來的智慧型建築不僅有更先進的科技介入，更多的文化氣息融入，更有符合國情地域背景的特色，最後不要忘了一句廣為流傳的廣告詞「科技始終來自於人性」，有最高智慧的建築仍為人類所使用。

肆・營建科技未來趨勢

營建世界的趨勢是全球視野和本土化（global view, local action）。營建科技既有共同性，又有差異性。如前所提的二十世紀前期，西歐工業先進地區曾是建築改革發展的源頭，那麼到本世紀，許多原來邊緣地帶也繁榮起來，世界不再只有一、二個發展中心，而是有更多的、活躍的、有影響的地區。建築文化真正走向百家爭鳴、百花齊放的局面。建築思想和建築藝術的流派繁多，變化迅速已成定局。

二十一世紀將是科學技術快速發展的時代，現代建築學的發展必將隨著科學技術的發展而使營建科技邁向更高目標。科學技術的進步是推動建築並發展的積極因素。新技術、新材料、新結構的出現，必將帶來建築構造方面的技術創新，對建築師的建築創作產生巨大影響。建築構造設計中蘊含著巨大的創造力，需要建築師不斷地去發掘和探索。建築構造是營建技術的重要組成部分之一，是以科學技術為基礎，涉及建築材料、力學、建築構造、建築物理等多個營建技術綜合原理與應用，是建築創作得以實施的重要技術基礎。科學技術的發展，使建築空間的跨度、高度、空間有了更大的揮灑。膜結構、叢狀結構、閉合結構以及透明建築等結構新體系，為建築師開闢了更廣闊的創作機會。多功能、高效能的牆體材料，性能優良的複合材料以及智慧型材料的研製開發，將進一步促進構造技術的發展。新結構、新材料發展，為實現高技術建築的生態化提供了可能。所以，營建科技未來趨勢可歸納為以下四項：

1. 生態建築將是二十一世紀最具時代性的建築類型之一。結合當地自然條件和最新的生態原理，利用新技術、新材料進行生態建築設計與研究，都是需要長期探索的課題。太陽能建築的設計與研究亦將繼續發展。
2. 地下空間資源的開發利用，將會舒緩資源短缺、土地減少的危機。提供地下理想環境空間的各種技術條件，解決更加合理的地下防水、防潮、通風、採光及結構支撐問題，需要更新的構造技術。
3. 智慧建築應用高科技手段，創造更舒適的人工環境。將來智慧型建築物中的辦公室，視訊會議、區域網路、保全系統等設備一應俱全，內部的空調、照明、消防等設備，會隨室內人員的變化及使用狀況自動開啟或關閉，未來的辦公大樓將會是一棟會全 e 化且會思考的建築物。
4. 美國 *Futurologist* 雜誌於 1995 年 4 月刊登 Charles Owen 的奇特構想，特點是採用奈米（Nano）技術，結合塑膠製成智慧型結構物，其表面層是可裝飾層，第二層可組合供電板，第三層是資訊層，第四層為蜂窩結構，可以不斷拆裝，而不影響其中各管線暢通……這種創造性的思維，將會進一步促進營建材料及技術的綜合發展。科學技術的發展將會不斷地啟發人們在營建技術領域裡創新。

5. 電腦承續了建築史設計過程和結構等方法的發展，出現了虛擬實境、自由形體技術、網際網路等新的設計媒材。營建設計工作進入二十一世紀之初，已引發了驚人而無法忽視的發展，設計的基本要素，如機能、形式、量體、空間均可重新定義。由建築師與電腦數位化程序共同主導設計過程產生的新現象，許多人統稱為「數位建築」（digitalize arditectine）。營建對產業、社會、文化的影響形成了數位型的新價值系統與美感經驗。數位建築未來將由一群完全在數位環境下誕生、學習、成長的人進行創作，結果將完全超出現在人的想像。

總言之，現代科學技術中環境科學、建築心理學、環境物理學、生態學和資訊技術（information technology, IT）的發展，為建築師的創作提供了更多的領域和方法。由於擴大了營建技術的內涵，而迫切需要建築師更新的觀念以掌握新發展的技術。只有新的營建技術和觀念，才能積極推動新的設計思想，發揮構造設計的創造力，創造出新的營建技術作品。

第三節　營建基地

壹・基地選擇與購買

台灣地區的地質及基地種類將直接影響建築物之能否興建，在適合的營建基地才能進行設計與施工。茲將台灣地區地質、基地種類、購買及購買簽約事宜分述如下。

一、地質分區

台灣地區地質早於1963年由聯合國特別基金技術援助團地質師繪製，區分為八種不同的種類。

㈠沙黏土與若干礫石

本類分布最廣，佔全台灣面積25%。主要在西海岸，包括海灘、沿海平原及沿河沖積區、沖積扇、沿河低地、河床等。地面低平，高度耕種，高地水位。其沉積自河口漸進而漸粗，但有夾層粗細不等之物質。河流陡峻者含有拳石及轉石。總厚度自沿岸數公尺至西海岸中部百公尺。

㈡膠結不良之礫岩與台地礫石

本類包含了三種不同地質之層系的聯合。在西北部為風化礫岩與礫石蓋以深的淋餘紅土。在西部發展較廣，最深者可達七百公尺，主要為巔斜山層礫岩，上蓋以本地紅土沉積。在東部則為河川階地沉積。沉積之級配自轉石、拳石、礫至細沙變異甚大。大部分為堅而圓的沙岩與石英碎片。

㈢泥岩、軟砂岩及頁岩

西部由北展至高雄成一長帶，東部則為沿海一狹帶，台中以南以軟灰泥岩為主，夾以細沙與黏土之混合物，層面不分明。西北以軟砂岩與頁岩為主，層面輕度褶皺而少有厚過十公尺者。表露泥岩欠壓實，凝結弱，可迅速分化成泥。深藏者較為壓實但暴露後易裂，受濕後失其凝結。軟砂岩與頁岩夾於泥岩區，而石膏或方解石之小夾片加強其凝結。全厚度在西南約九千公尺，漸薄至西北三千五百公尺，與下一類層面接觸較更壓實而有劇烈褶皺。

㈣板岩、石英岩、堅砂岩及頁岩

本類發展最廣，自北而南，幾佔全島面積三分之一，包括中央山脈及幾乎全部西向支脈。其組成以堅實板岩及密切相關之頁化岩石，亦夾以若干石英岩、玄砂岩、壓實頁岩及礫岩。板岩雖屬良好，其表露層常風化成軟弱而特殊的片裂。多數岩面經密接褶皺而於短距離內變其傾角自平面至直立。其地貌顯現凹凸與山嶺化而有眾多高峰，長深縱谷大部分為林木或其他植物掩蓋。

㈤岩片與其他頁化岩石

本類只存在於中央山脈下東台灣狹長帶中，於多處為曲折的結晶石灰岩所穿越。以組合言，此種變質岩區，包括黑、綠及石英質片岩、千板岩、石灰岩與片觀岩。其中以黑色堅實的石墨片為最發達。較第三類之板岩為厚。

㈥石灰岩及珊瑚礁

本類在中央山脈東部之曲折地帶及南部與西南部之珊瑚線石灰岩。東部帶為堅巨岩石以複雜的盤層形成次序發展。厚自數公分至數公尺，全厚度未知，可能達數百公尺。岩石大部分為極結實之細粒結晶石灰石，夾以白雲石、大理石、夾心頁岩、玄砂岩、石英岩與種種變質岩。岩區在東部者為山嶽地貌，有狹長山谷與陡峭峽谷及眾多窄峽。

㈦火成礫岩及凝灰岩

有限的狹小面積位在北台灣及花蓮以南之東海岸。岩石有兩型：一為小自數公分至數公尺之黑色石塊聚合於細料之半壓實岩脈中；一為分層壓實之岩石，層厚數公分至數公尺常帶緩傾角。兩型表面均經嚴重風化。紅土與表沖土之混合掩蓋盤岩，其風化帶與覆蓋土之深度因地而異，自少於一公尺至多於二十公尺。風化狀況難以預料而需要地下探試。

㈧安山岩及玄武岩

主要地在北部及東海岸，小部分在西南部。北部地較堅硬、灰色、細結晶之安山岩、不成層。在斷層帶可能有震裂現象，紅棕色覆蓋土壤及坍坡含有眾多安山岩碎片與移動的岩塊，厚度自數公分至十公尺以上，土常侵入岩石之細縫及節理中。溫泉及噴氣口附近，由於硫磺水汽之接觸，使岩體風化劇烈而漂成粉碎黏土。

不論何種地質，在選定欲興建房舍前，一定要進行地質探勘工作，以確定基地狀況，作為建築物基礎設計的重要參考依據。此外，由於九二一地震之經驗，斷層帶兩側十五公尺亦為禁建區域（經建會經研處，1999）（圖 3.8）。

二、基地種類

根據非都市土地使用管制規則第一章第六條，將基地分為以下幾種（內政部，2002）：甲種建築用地、乙種建築用地、丙種建築用地、丁種建築用地、農牧用地、林業用地、養殖用地、鹽業用地、礦業用地、窯業用地、交通用地、水利用地、遊憩用地、古蹟用地、生

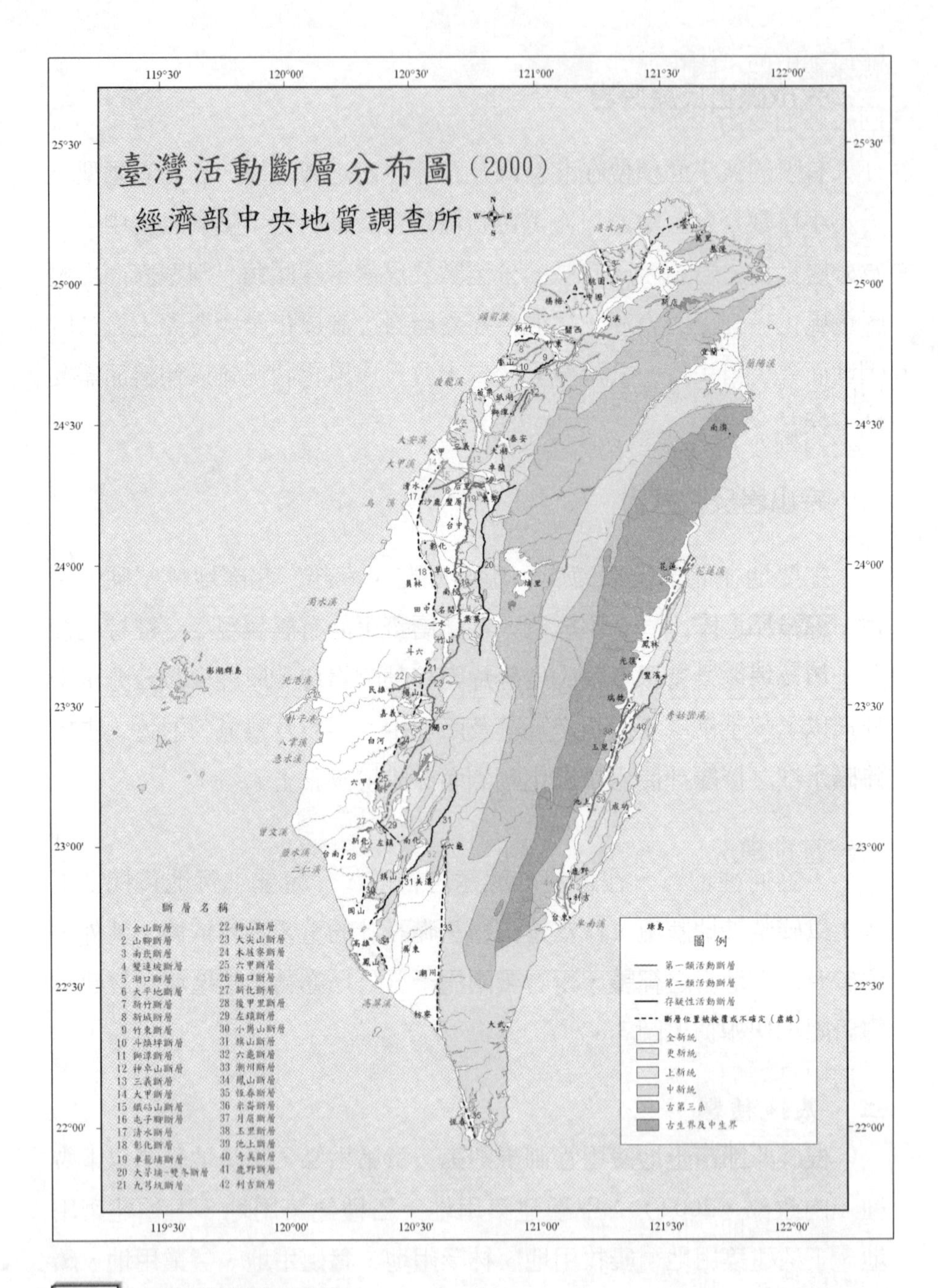

圖 3.8 台灣活動斷層分布圖

資料來源：經濟部中央地質調查所全球資訊網，2000。

態保護用地、國土保安用地、墳墓用地、特定目的事業用地。各種不同之基地建築規定（詳請參閱 http://land.hccg.gov.tw/law/law43.htm）亦異。

三、土地購買

了解了基地種類，當承買人至地政事務所查閱產權沒有問題，即進行簽訂不動產買賣契約之程序，以確定買賣之行為，完成購地、購屋的手續。人是權利及義務之主體，任何契約必須符合法律規定，否則契約無效。通常土地或建築物之買賣多委由專業之土地代書協助處理，契約多以當事本人出面最佳，亦可提出授權書依法找人代為處理。

四、基地選擇

房屋建築基地之選擇，對日後土地整理費用及房屋建築費用，關係甚大。故基地之選擇，其重要性實不亞於日後之設計及興建工作。茲將基地選擇應注意事項，敘述如下：

㈠基地現況

營建基地要考慮：是否適合建築物之需要？土地產權係私有土地或公有土地？是否在都市計畫範圍以內？已有細部計畫或僅有整體計畫？土地使用情形？如該區係屬住宅區、工業區或商業區等，擬興建之房屋是否配合？是否屬於建地、田地、畑等。

㈡基地之性質

營建基地之地形係平坦或具有斜坡？該地區之常年風向？地勢係高爽或低窪？排水情形是否可導入已有之溝渠內？洪水之標高是否已高過基本之標高？現有地上物狀況（如舊房屋、大樹、電桿及農作物等）。

㈢基地之環境

營建基地是否鄰近鐵路、公路、工廠、變電所、高壓線、飛機場、屠宰場及酒家、妓院等，均須查明。基地之水源情形是否可取用自來水、河水及井水等，並預計其接水距離。電源情形及其接線之距離。交通情形如距最近之火車站、公共汽車站等。基地與其他公共場所如學校、市場、公園及遊藝場等之距離。

貳・基地測量

有關土地、地籍、鑑定地址、重劃與分割土地等測量作業，統稱基地測量，其分類如下：

一、基地清丈

基地清丈即地籍測量，其目的在求欲興建房舍基地之必要資料，包括地主、地目、等則、筆數坐落，及地界，並求其面積。全部作業詳見圖 3.9。

二、基地復丈

基地復丈包括土地因新生或坍沒、界址鑑定、地界變更、土地重劃、地籍圖修正，及根據所敘述之區域而測定其邊界等測量。各項作業與地籍圖根量測、地籍細部測量與戶地測量相同；必須注意先求出往日清丈蹤跡。倘使用平板儀從事複丈，遇界石已毀，則平板之標定須確定固定之三已知點，藉三點法定之。

三、分割量測

依營建、買賣之需求，將一筆土地分作兩筆或數筆稱之。

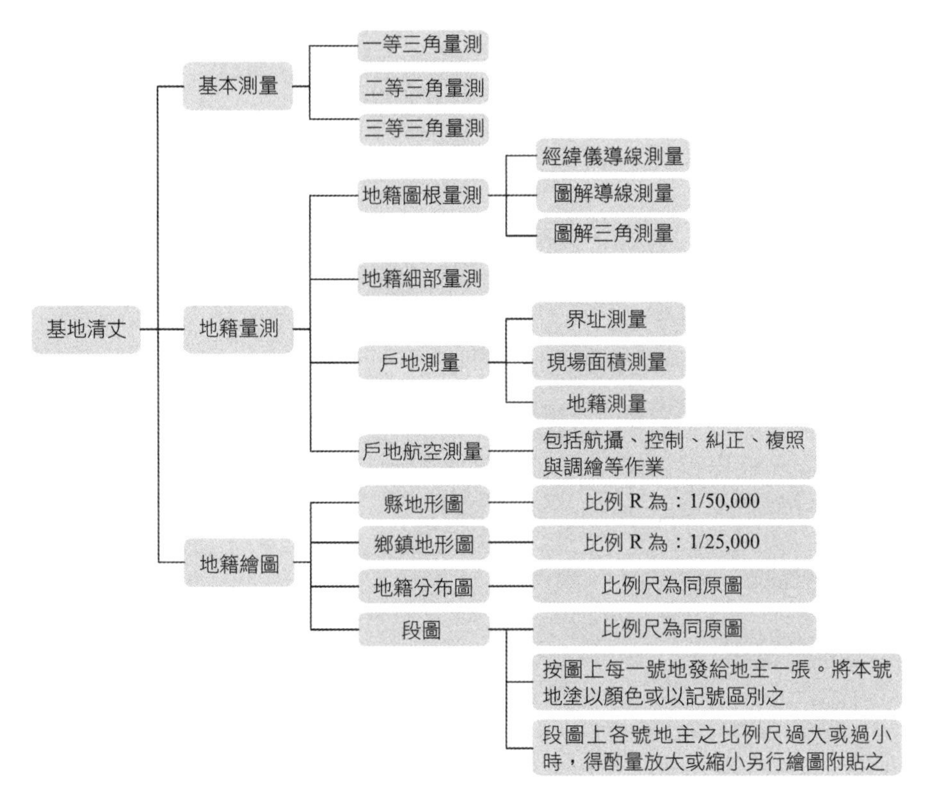

圖 3.9 基地清丈種類圖

㈠所需儀器

1. 在城市內測量戶地界址，採用經緯儀與鋼尺。
2. 測量普通田地，用平板儀與皮尺或竹尺。
3. 測量山地或荒地，用平板儀與皮尺。

㈡製作比例尺

1. 地價昂貴區域用 1/50 或 1/100。
2. 城市地區用 1/100、1/200，或 1/500。

3. 鄉鎮地區用 1/500 或 1/1,000。
4. 山地、荒地、灘地等用 1/2,000 或 1/4,000。

㈢界址測量

1. 單用鋼尺或皮尺測量土地界址，將土地分成若干三角形，量其各邊之長，其不成直線之處，用「直角座標法」測量之。
2. 使用平板儀以射線法測量土地界址。
3. 使用經緯儀或平板儀布設導線測量土地界址：
   ⑴依土地界線做導線施測，直接測定其界址。
   ⑵以支距法布設導線間接測定界址。
   ⑶用補助導線間接測量界址。

㈣地籍量測

包括地主、佃戶、住址、土地坐落、地目、地價、使用狀況。地目即土地分類，包括：

1. 宅：房屋、庭院、園圃與基地等。
2. 田：林地、山林等。
3. 礦：礦山、礦田等。
4. 水：河流、湖泊、溝渠、池塘、海洋等。
5. 道：鐵路、公路、街巷、村道、小徑等。
6. 荒：荒蕪未經利用及已墾復荒之土地等。
7. 沙：沙漠、沙地、沙丘等。
8. 雜：其他不屬於前列各地目之土地。

㈤戶地面積之量測

戶地面積以平方公尺為單位，四捨五入，測定方法可採圖解法

（幾何與三角解法、求積儀法、雙曲線圖解法、光學圖解法）、座標法（總經距與總緯距座標法、倍子午距法、倍緯距法）和現場測定法（三斜法、三邊法、支距法、二邊夾角法、特殊圖形法）等。

㈥分割測量

分割測量之要求與條件各有不同，問題無窮，但按性質歸納，不外三種：

1. 依規定面積附帶條件分割，通常地權分割與地權部分移轉，均依此要求辦理分割，例如：
   ⑴自界線上一定點做一直線分割多邊形土地，使割出之一部分等於已知面積。
   ⑵做一已知方向之直線分割多邊形土地，使割出之一部分等於已知面積。
2. 依條件分割，例如：
   ⑴土地部分變更地目，辦理分割。
   ⑵地目等則相同之相連土地重劃地形，辦理分割。
   ⑶山坡改成梯田辦理分割。
   ⑷取直界線辦理分割。
3. 依用地分割，例如：
   ⑴水利用地辦理分割。
   ⑵鐵路、公路或一般道路用地辦理分割。
   ⑶徵收土地辦理分割。

參・地圖

一般人對周遭的環境，多會在腦海中產生一個空間排列的圖像，這種圖像會因人、事、時、地、物而異。為了有效的傳達，人們試著以一些有意義的符號表示地理位置，我們稱這種圖畫為「圖」、「位置圖」、「相關位置示意圖」，或「地圖」。營建工程的起點即在檢視基地相關的「地圖」。

一、地圖要素

地圖可以呈現地形、地物，通常用有意義的符號註記在圖中。地圖的內容包括圖例、表示距離或面積大小的比例尺，以及表示地形、地貌的等高線。

㈠圖例

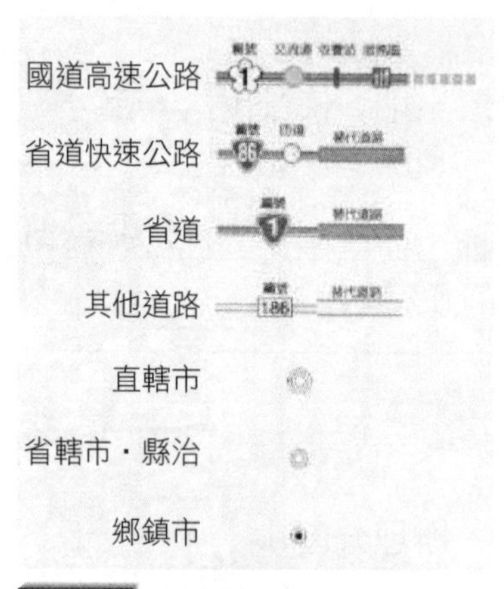

圖 3.10　地形圖圖例

地表的現象相當複雜，多以圖例表示。讀圖時必須先研讀圖例（圖 3.10），了解這些符號代表的意義，一般圖例亦依性質之不同歸類為地貌、水形、建築物、地面植物、界線、椿誌等項目。為能判斷方位，地圖上常以指北標表示；為利判斷距離及長短應以比例尺標示。

㈡比例尺

實際地貌面積較大，為求容易閱讀，地圖一般均依需要依一定比例縮繪，圖上尺度與實際長度的比例，即稱為比例尺（scale）。比例尺常以 2、5、10 倍數之比例使用。依比例尺大小區分為實尺（1：1）、縮　尺（1：2、1：4、1：5、1：10、1：20、1：50、1：100、1：200、1：500、1：1000）、倍尺（2：1、5：1、10：1）等三類。不同比例尺的地圖，各有其特性，故須隨使用目的，選擇合適比例尺

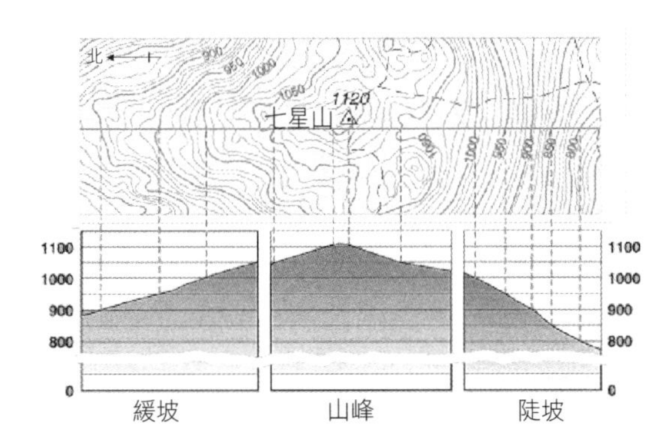

圖 3.11 七星山的等高線與剖面圖
資料來源：施添福（1999，3）。

的地圖。全張地圖以用一種比例繪製為原則，若有必要在一張圖中用到他種比例時，應在圖中另行註明。

二、等高線圖

等高線圖是目前最實用，最能表現地貌的地圖。受過基礎讀圖訓練的人，可以從地圖上看出地表的起伏形勢，如高山、深谷、陡坡、緩坡等。具備讀圖能力之後，不但可以從等高線圖上讀出高度，更可以知道地形高低、緩急的狀態；也可以轉換為斷面圖（或剖面圖），進而以等高線圖做基礎繪製三度空間立體圖。

㈠等高線的意義

地面上各個相同高度點所連成的曲線，投影在一平面上所形成的曲線即為等高線。

㈡等高線的性質

1. 等高線以某平均海平面作為測繪的基準線。台灣地區是以基隆的平均海水面作為測繪等高線的基準線。
2. 每一等高線上各點的高度必定相等。
3. 每一等高線必定自成一封閉曲線。也就是由某一點開始，不論繞行多遠或經過其他相連接的地圖，等高線終將回到原點。
4. 兩條不同高度的等高線不會重疊。除了懸崖或峭壁外，同一地點不會有兩個高度。

5. 等高線愈密，表示坡度愈陡；等高線愈疏，表示坡度愈緩；等高線間距相等，表示坡度均勻。
6. 凡是局部地形如山峰、低地、小島等，等高線必成一小圈（閉合曲線）。
7. 等高線穿越河流或山谷時，將沿河岸徐徐向上游延伸。在到達河底高度相等的地方時再折向下游，呈倒 V 字形曲線。
8. 等高線穿越山脊或山腳時，必定指向下坡，呈U字形彎曲通過。山脊兩側的等高線略成平行狀。

㈢等高線的種類

等高線可分為計曲線和首曲線兩種：

1. 計曲線：等高距的整數（如 0、50、100 等）用較粗的實線繪製，並註明高程以便計算。
2. 首曲線：兩計曲線之間有四條較細的曲線，稱為首曲線。

三、簡易的地圖使用法

㈠地圖歸零

地圖上雖有真北、磁北、方格北之分，但是一般標示方格北即可達到定位的目的了。若將方格北與指北針的北方（紅色指針）相一致，此時地圖上的北方已和實際的北方相一致，這種現象就稱為地圖歸零。

㈡定位

在地圖歸零後不要再移動地圖，同時在圖面上找出兩個以上可以標定位置的明顯地物。利用指北針量出它們與北方的夾角；接著在各地物的圖面位置上，以所量得的角度畫出直線。這些線條必定在某一個點上相交。這個交會點就是自己的所在位置。

㈢現地對照

定位以後就可以在指北針的輔助下，將圖面上的地形、地物回映到實地。

肆・土壤及地質探勘

一、台灣地區各種土壤之生成

地球表層土壤大致分成 A、B、C 三層（圖 3.12），在台灣的西部農耕土壤中，常見到 A 與 C 層同時存在，或只見到 C 層或 A、B、C 層同時存在，這表示已有不同化育程度的土壤生成。例如由大河沖積所生成的沖積平原之土壤可能只有母質層（C 層），但如經過耕種以後則可生成A層；如經由化育作用（自然風化及淋洗作用），則化

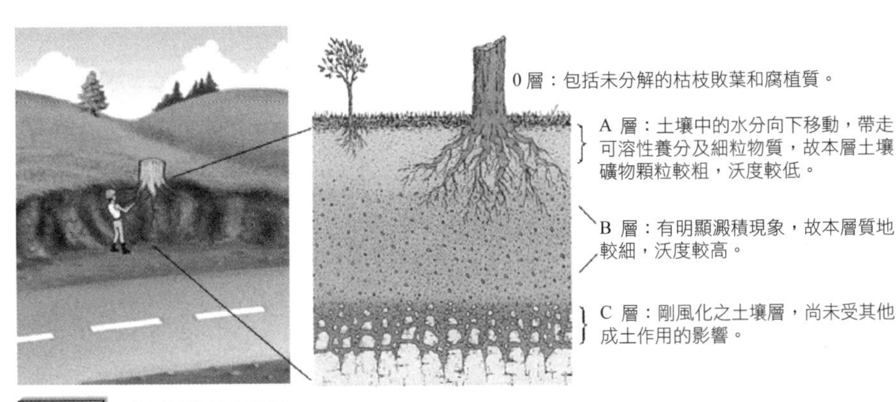

圖 3.12 土壤剖面示意圖

資料來源：Jerome D. Fellmann (1996). *Introduction to Geography*, (5th ed.).：WCB, p.77.
http://biogeo.geo.ntnu.edu.tw/test1/social/lesson11/keyword/土壤剖面圖.htm

育物質（通常指有機物、鹽類、鐵、鋁、錳等物質）會由土壤上層往下移動，最後在下層沉積而生成不同特性之化育層，稱為B層，因此有不同類型之B化育層之名稱。由C、A、B層等三層次不同種類的排列與組合，就可分類成幾百種不同的土壤類型。目前為止，在已調查之農耕土壤就有六百二十種，在已調查之山坡地土壤就有四百三十二種，而目前正在調查的高山森林土壤亦可能有三百種以上，估計台灣共有一千三百種土壤。

二、台灣地區土壤之種類

台灣地區土壤之種類，大都依美國農業部1949年所設立之系統來加以歸類，再依台灣地區特有之土壤特性及性質加以命名而成。主要以「土系」（soil series）為土壤分類基本單位，通常以地名加以稱呼，如平鎮土系、淡水土系、鹿港土系、林邊土系、瑞穗土系等；並以「大土類」或「土類」稱呼台灣地區主要代表性之區域性土壤。似乎不很適當，因為其名稱主要係由土壤母質來源或剖面的顏色及其特性來命名，亦是較老的命名方法。以往大家常聽到的名稱，如石質土、灰壤、灰化土、崩積土、黃壤、紅壤、黑色土、老沖積土、新沖積土、混合沖積土、鹽土、台灣黏土等，都是由1951年被許多人沿用至今之稱呼。美國農業部於1975年建立新的土壤分類系統（soil taxonomy），此分類系統係由六個分類綱目（category）所組成，最高級綱目為土綱（soil order）。簡單地分，一般台灣地區土壤可分成下列幾種，其特性簡述如下：

◆ **有機質土（Histosols）**

在深度十公分以上有大於20%以上之有機物（或大於12%以上之有機碳含量）之土壤，主要分布於高山湖泊中或其旁邊之土壤。彰化縣之快官地區有此土壤。

◆ 淋澱土（Spodosols）

由有機物與鐵、鋁結合之物質，被水由上層土壤帶至下層所形成之淋澱化育層者，大都在砂質地之高山平坦地區，有強烈的淋洗作用。阿里山地區及水里的山區有此土壤。

◆ 灰燼土（或火山灰土，Andisols）

含有火山灰特性之土壤（如土壤很輕，無定型性質很多，對磷吸附力很強等特性），主要生成於火山地形之陽明山國家公園內。

◆ 氧化物土（Oxisols）

土壤已經化育很老（幾十萬年以上），土壤中僅剩餘氧化鐵、鋁等性質者，土壤肥力很低，大都在紅土台地上。如桃園縣埔心、南投縣埔里、屏東縣老埤等台地之紅壤。

◆ 膨轉土（Vertisoils）

在土層一公尺內含有 30%以上之黏粒（直徑小於 0.002mm 之土粒），會隨水分多寡而呈膨脹、收縮之特性，潮濕時地面突起，乾燥時龜裂。在台灣東部之石雨傘地區有此土壤。

◆ 旱境土（Aridisols）

台灣地區實際上沒有乾旱氣候條件，應無此土壤，但因此類土壤包含鹽土，故台灣西南部沿海地區之鹽土仍可概略歸併為旱境土。

◆ 極育土（Ultisols）

在高溫多雨情況下生成的土壤，在 B 層中有一黏粒洗入聚積的層次（黏聚層），因此特別黏，由於強烈淋洗，故肥力低。台灣地區之丘陵台地上之紅色土壤大都屬此種土綱。

◆ 黑沃土（Mollisols）

顧名思義，此種土壤是又黑又肥沃，土層較淺，肥力高，主要分布在台東縣的成功一帶。

◆ 淋溶土（Alfisols）

此類土壤與極育土性質類似，但由於淋洗程度較極育土弱，或是農民在極育土上施用大量肥料而使土壤較肥沃。土壤肥力較極育土高，大都分布於台灣西部主要沖積平原耕地中，為台灣地區農業生產主要區域之一。

◆ 弱育土（Inceptisols）

顧名思義，此種土壤為由母質弱度化育生成之土壤，有明顯的土壤構造與顏色轉變，為台灣西部主要農耕沖積平原之土壤，或台灣丘陵地上之主要土壤，亦為台灣地區農業生產主要區域之一。

◆ 新成土（Entisols）

由母質化育生成之最年輕土壤，大都分布於高山陡峭地、河流沖積三角洲河口、新沖積平原等地，通常土層很淺或整層無變化，土壤非常肥沃，也是農業生產主要分布土壤之一。

三、工程地質探勘

工程地質探勘是進行所有土木工程及建築工程時，必要的初步工作。用以掌握基地及其鄰近周圍的地質敏感區（例如順向坡、崩塌地、斷層、坑道、廢土堆、軟弱地盤等），了解基地內地層的分布及工程性質，使得工程建設在能控制、可掌握之下進行，以達到安全及經濟的目標。地表地質調查及地質鑽探調查是工程地質探勘工作中常用的調查方法，分述如下：

㈠地表地質調查

地表地質調查就是將現場地質踏勘的成果綜合解析，並對地質狀況加以評價，一般以露頭地質圖、地質平面圖，及地質剖面圖等，以表達岩石、土壤等自然物質以及斷層、褶皺等地質構造之平面及地下分布狀態。地表地質調查之執行，應事先充分準備，規劃完整的調查計畫，在進行現場踏勘之前，先將基地及周圍區域的相關地質資料蒐集檢討，把握該地區之地質狀況及地形特徵（包括崩塌地、航照線形等），製成初步地質圖。

進行地表地質勘察時，依據初步地質圖，選定勘察路線，應針對資料蒐集檢討、地形或航照判釋之潛在地質災害（包括崩塌地、斷層等）、覆蓋物種類、岩石，及土壤之分布情形，進行覆核修正，完成環境地質圖。調查及記錄露頭的岩性及不連續面位態，整理成露頭地質圖；對於重要露頭，則加以描繪及照相。依據露頭地質圖及鑽探資料，應運用地史學、地層學、岩石學、構造地質學、古生物學等地質學知識，考量露頭（含鑽孔資料）間之相互關係，運用地層界線作圖等地質圖學手法，將露頭（含鑽孔資料）間之空白部分，加以推測補充，完成地質平面圖及地質剖面圖之作業。

㈡地質鑽探調查

地質鑽探調查包括鑽探、取樣及試驗，主要目的在於獲得鑽探點之地層分布、地下水水位及地層之工程性質。於進行地質鑽探工作之前，通常會參酌現有之地質圖及地質剖面圖，並衡量工程需求，經綜合研判後，再據以配合研擬鑽探計畫，以便對於所需之鑽孔孔數、鑽孔位置及鑽孔深度等，能有一較妥善的規劃。於地質鑽探調查過程中，除採集樣本外，並將配合進行相關之觀察、量測及試驗等工作。對於鑽探調查過程中所鑽取的岩心，除了做岩性觀察、分類或化學分析外，尚可做岩石強度及其他物理性質試驗。鑽孔間距參考如表 3.1，也可做各種相關的現場孔內地工試驗。此等資料，可作為進一步掌握與了解各地層工程性質之主要依據。

鑽孔之深度依負荷的構造物性質、面積、重量而定。若無適當資

●表 3.1● 鑽孔間距

場地類別	場地特徵	建築物類別	
		1 類	2 類
簡單場地	地形平坦，地貌單一，土層結構簡單且壓縮性不大，地下水較深，對地基基礎無不良影響。	30-50 公尺	50-75 公尺
中等場地	地形基本平坦，地層種類較多，且土的性質有些變化，地下水較淺，對地基基礎有不良影響。	20-30 公尺	25-30 公尺
複雜場地	地形起伏大，土層種類多，成因複雜，土壤交錯鬆軟，有不良地質現象，場地內有對震動敏感的地層，地下水淺，且對地基基礎有不良影響。	＜ 20 公尺	＜ 20 公尺

說明：1 類為中小型建築、2 類為較大型建築。

料足資參考時，每一建築地段可先鑽一、二孔，較深鑽孔直達岩層，或其深度等於該建築寬度之一倍半為度（趙國華、洪如江、王中村，1967）。其他輔助鑽孔之深度則視地層情形決定。所有鑽孔應穿過有機土質、淤泥層、新填土層或可壓縮層。須在預計設置基礎底面下即為維護整個建築物安全，在前述深度外，應再探明是否有不堪承載之地層。

第四節　建築設計

壹・空間設計的概念

工業革命促成營建工程向前邁進了一大步。時至今日，人們能藉著系統化更純粹、理想的形式去表現他們對建築空間的獨特要求。空間富有其功能性（function）或適宜性（fitness），任何一個建築空間都要跟它的使用目的符合，有目的的建築空間是良好設計的基本要素。「設計」一詞實已含有「目的」的意義。一般人都同意空間的設計應是符合「功能性的需要」（functional need），再經由「結構的方法」（structural means）而形成，並且還應該是「美的結合」（aesthetic composition）。古往今來的建築師多半都深深了解理想的空間必含有「實用」（commodity）、「堅固」（firmness）和「悅目」（delight）三個要素，這正如前述的「功能」、「結構」、「美學」三者一樣。

一、功能

對於建築空間功能的需求引出了空間的三要件：空間的量（the amount of space）、空間的性質（character or kind of space）、空間的相互關係（inter-relation of space）。

㈠空間的量

空間需要的第一著眼點是量（quantitative）的問題。比如以住宅為例，一個家庭的人口數、起居、烹調、休閒、儲藏、閱讀等不同的活動，通常都需要一個固定量的空間，亦即人與家具設備所形成的空間。假使許多活動在同一個範圍內執行，那麼空間的需要量就可能改變。設計此一空間，就要注意到伸縮性，或是依空間的最大需要量設計。當從內部考慮空間的量時，我們稱之為「容積」（volume）；當從外部來看一個空間或許多空間時，這叫作「體積」（mass）。即使在同一建築空間中，量的需要也有很大的差異，因為許多限制因素，使得每一空間的問題在某一範圍內呈現獨特性。設法了解各種空間問題的特性，是空間設計最重要的基本項目之一。

㈡空間的性質

討論空間的性質當然是屬於性質上的分析了。舉個簡單的例子：假設有一學校教室空間的設計，依教育行政主管單位決定了班級人數，另外還有限制的條件，例如：經費預算、足以決定設備的數目、教學準備、展覽陳列、清潔工具儲存面積的多少，這些都屬於空間的量。至於空間處理的方式就會決定空間的特殊性質。載重、照明、通風、方位、視野、顏色、質感、音響、安全設施的處理，都是決定空間性質的主要因素。

㈢空間的相互關係

我們可以將建築空間比作整個地區中的部門或市鎮。理想上，各個部門各有單獨的機能，而且也是整個地區體系的一部分，和這個地區的其他市鎮或村莊保持著聯繫。此外還有一個重要的相同點，就是這個地區的各部門因為它們之間的人群和各種物質的交流而相互連結起來。網狀的公路、鐵路、運河、水道便成為可能的連結。對一位計劃師來說，這就叫作「動線」（traffic circulation）了。在一個建築的空間而言，動線的形態是十分重要的。在住宅中人行通道（aisle）的安排即屬動線的安排了。如何配合人員的通行及未來的發展，再行合理的分區（zone），這是規劃者處理動線的技巧。成功的動線形式既要妥當，又要經濟。通常都要求以最短的動線適用於各種不同空間的交通。

因為空間是「三向度」（three dimension）的，所以空間的觀念是平面與立面的組合。就動能而言，設計前的研究（pre-design research）必須有計畫地去做。從前這種研究過程，只不過是對「最合用的老形式」抄襲而已。在著手研究每一新問題之初，大多數的設計者都會在他書架上搬下許多具有同樣「功能」的設計圖樣，當他選擇了合適的設計圖和安排了特殊用途之後，設計圖畫便只剩下選擇「套用」適合的結構方式。這種經由多方面研究，得到適當材料的組合，也不失為一種解決之道。以當今的措辭來說，「設計前的研究」應是蒐集有關這個空間設計的資料。無可諱言的，在任何一建築空間計畫都是一個獨特的個案，和其他不同建築的計畫或多或少總有一些差別。如果要得到一個較為理想的建築空間，那就要在考慮功能時就決定下來。

二、結構

一個空間欲臻於理想，非經由結構的方法使之具體化。在此無意討論結構方式和營造方法的細節部分，但在全面的建築空間設計工作中，結構問題的廣泛考慮是不容忽視的。因此，設計者至少要有一些建築力學方面的理論知識，作為設計工作中的基本條件。遠溯至古埃及希臘時代，甚至於今日，人們採用一種基本的房屋結構方式——柱梁式構造（post & lintel construction），其原理是利用兩根叫作柱的垂直構肢，支持著橫跨在它們之上的水平構肢（此即梁）。用以圍繞這個結構物的牆壁也支持著屋頂。不需大跨度的空間多採用這一方式，直到現在，這種結構還是被普遍採用著。

拱頂（vault）和穹窿（dome）是在羅馬時代君權政治的產物，著名的羅馬科羅修姆鬥獸場（圖 3.4）的四周也採用了拱圈（arch），這些工程技巧隨著混凝土及鋼架的問世，更發揚了構造技術的輝煌貢獻。

在哥德時期（gothic period），因為拱頂的使用和希冀產生更強烈的直向感覺，促使他們在圍牆做上部荷重的承擔外另謀發展，拱頂由獨立的肋筋系統（圖 3.13）支援，這些筋肋（rib）又由束柱（piers）和扶壁（buttresses）支撐，再把推力傳到飛扶壁（flying buttresses）上，牆壁既已成為一種範圍空間或表皮的功用，不須承受大荷重，那麼大量的採用玻璃就成為可能了（圖 3.14）。

從哥德年代以至工業革命初期，建築結構技術上並無值得一提的

圖 3.13 肋筋系統

圖 3.14 哥德式建築

變革。然後在近一世紀中，由於經濟的急速成長，建築材料和施工技術的革新，如塑膠建材隨著高分子化學技術的進步產品日新月異，而且受到廣泛的應用。混凝土的高強度化、輕量化鋼構造、鋁質建材的大量使用；重機械吊車的介入，結構形態正醞釀突破中。今後奮鬥的目標仍是「型式要以功能作為基礎」（form must have basis in function）。

三、美學

只解決建築空間在功能上和結構上的需要條件，不去求一種滿意而較美好的空間，正如人只具備了意念和軀殼但缺少精神和文化陶冶。所以美的空間組合必不可缺的因素至少應包含三項：統一（unity）、變化（variety）、平衡（balance）。

「統一」在任何形態的組合中佔著最重要的地位，因為缺少「統一」（或稱總體性）的話，就不配稱作組合了。沒有「統一」就沒有秩序，空間的組合也將分裂成單獨而沒有關聯的個體。「統一」可由空間的各部分藉著某種程度的相似度而達成。例如「形」、「顏色」、「深淺」、「質感」等的相似，即可產生和諧的關係。

一個成功的空間組合，固然是一和諧的整體，但很明顯的「統一」、「和諧」必將產生呆板和單調。所以，在不致摧毀「基本的統一」原則下，我們應該讓空間組合具有充分的變化，才能顯得新鮮、刺激和意趣盎然。「統一」使用的是「相同性」；而變化使用的是「相異性」，在「深淺」（value）和顏色的處理上，「相異性」產生了對比。「漸變」（transition）也可以用在組合中，以減輕「對比」和「差異」，但如果使用不當，反而會減弱對比的效果。

空間組合的第三個重要因素是平衡，它能產生安定的態勢，最簡單的形式就是對稱（symmetry），一個對稱的組合就像一架天平上放著兩個絕對相等的重量，對中央的支點形成平衡（圖 3.15）。

空間的處理，如果著眼在功能上的思考，通常都將形成不對稱的組合，不過並不盡然。建築學上所說的尺度（scale），簡單的說就是某物件和人類的關係，比如門窗、樓房的高度、梯級、扶手、桌面或椅面等，都要合乎人體工學的尺度。一個人只能推動一定尺寸的門和窗，爬上合理尺寸的梯級組成的樓梯。所以，成功地把握各人及物件的尺度，一定會產生一個美好的結果。

建築空間的設計工作是沒有止境的，細部的研究將給設計的範圍帶來許多有關的事項。相對的尺寸不僅發生在寬度、長度，而且在高度和方向上，然而在平面的研究上它們只是二度空間（長度和寬度），在一個複雜的組合中獲致良好的尺寸關係，幾乎找不到一種方法來預定正確的比例。因此，有些空間設計在嘗試了某些方法後獲得經驗，最簡單的原則是考慮建築各部分的相對重要性。建築空間的功

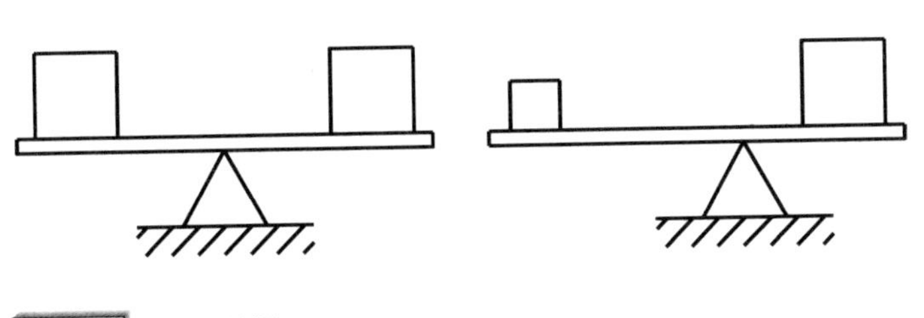

圖 3.15 平衡種類

能、結構及美學三要素，多藉「圖畫」（drawing）或模型表現出其二度或三度空間。另外，寫作、演講、電子郵件和網路網頁也被認為是建築設計人員傳遞空間思想的補充辦法。在計劃建築空間時，唯有透過口頭的交談配合書面的文字，才能把設計結果清楚地在建築與業主之間溝通起來。

貳・建築物的設計

在我們生活的周遭，有著各色各樣的建築物，這些建築物是經由建築師、設計師會同結構、設備、景觀等各種工程師，以他們的經驗、智慧、專業的知識，經過各種考慮與分析之後，繪出設計圖與施工圖，也就是工程圖。工程圖包括營建計畫中的每一細節，如材料、形狀、尺寸、規格及施工方法等，用詳細的圖面表現出來。圖面難以表示的部分，就以文字說明，施工說明書就是用文字敘述施工規格與方法，以輔施工圖之不足。施工是將繪在設計圖上與施工說明書裡準備興建的建築物，委託技術人員在一定的時間內去完成的一種生產活動。因此，建築物是經由業主的策劃、建築師的設計與營造商的施工，三個階段完成的。

業主包含需要建築物的個人、企業、政府、公營機構、地方公共團體及社團等。準備好資金、土地，選擇能力好且可信託的建築師，表明業主的目標和理想，並委託設計。建築師對於業主的要求與願望，以其專業知識加以分析、研究及設計。設計時所考慮的因素很多，首先要考慮的是業主的期望，同時也須考慮其他狀況，如建築物結構所使用之材料及建築物所在之社會環境與景觀等，而後才能設計出合乎法規、適切環境而且安全、實用、美觀之建築物。

通常建築師也同時接受委託為工程的監造者。工程監造者在施工的過程中，要嚴謹地看守工程的進行，根據設計圖隨時給予指導和檢查，使工程能順利完成。不論設計者或監造者，都要對建築業主負起責任，因為設計及建造品質的好壞，對建築物的舒適使用影響深遠。立法機關在有關的法規裡，對於從事這一行業的人，有了資格的限制，採取發給執照的制度。

建築物於施工之前由業主選擇承包商負責施工，並訂立工程合約，在業主或其委託的監造者監造之下由營造商施工，這種關係可簡單表示如圖 3.16。

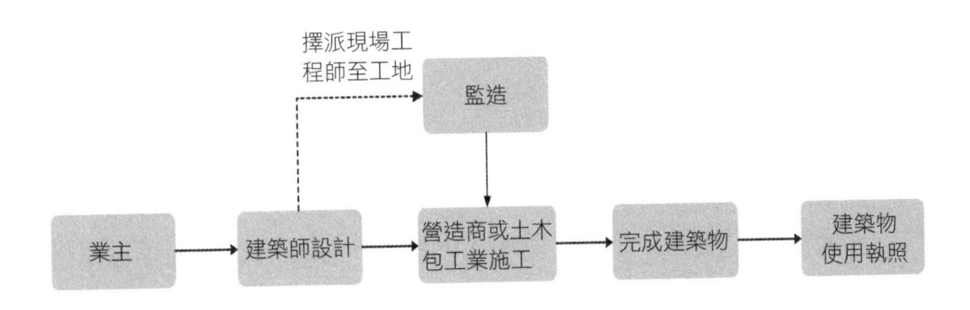

圖 3.16 建築設計施工階段圖

每個工程在開工前，為配合其進度須訂購材料、安排各行業的分工者、準備機械、準備臨時性的工地建築等，營建工程通常都是依照下列圖 3.17 的程序進行。前述步驟依建築物的規模而有所不同，必須依照順序逐步進行。由工廠生產材料、機具、設備，搬運到工地，再把材料加工組合建造，在建造建築物的過程中，是依靠集合各種不同行業、機械、工具，以操作這些器具的技術、勞力合作完成的。

參・常用的建築材料

建築中所使用的材料很多，以木材、鋼材、水泥、砂土、碎石等為主要結構裡大量使用的材料。如磚瓦、石板、瓦等砌牆、屋頂材

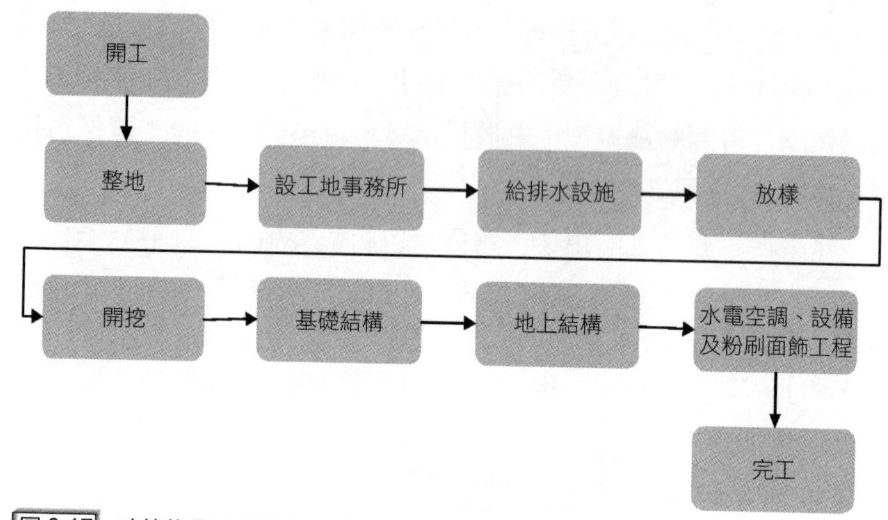

圖 3.17 建築物興建步驟圖

料，或裝修用的灰泥、壁飾，防水用的瀝青、採光用的玻璃等各種材料，範圍甚廣。這些材料，依其用途可以分成構造材料與裝修材料兩類，或再細分成基礎、架構、屋頂、外牆、地板、天花板裝修、門窗、塗裝、防水、防火、防腐等類。同一種材料，在構造、裝修兩方面都被使用的情況也很多。例如，木材可以用作柱、梁等構造材料及牆、地板、天花板的裝修材；還有，石材被使用於砌石牆等的構造材，也可使用於地板、外牆的裝修材等。建築材料以就地取材為宜，能節省運輸費用，取得既方便，成本也低廉，又可因採用當地材料而表現地方性的特色。以下說明常用的建築材料。

一、木材

木材含有纖維素、半纖維素及木質素三種主要成分，具有抗拉力、韌性和彈性。木材的用途很廣泛，以前常用作建築物的梁、柱、屋架等的結構體材料；現在則用作裝飾用材，像牆壁、天花板、地板、家具等。用作裝飾材時，為了表現木材特有的色澤和紋理而運用較具特色的木材，如橡木、檜木、柚木。木材因是有機物易受細菌或蟲類侵蝕，也易受陽光中的紫外線破壞，所以要在木材表面塗以防腐劑或以油漆保護。

二、石材

石材是多種岩石所組成，岩石大體上可分成火成岩、水成岩和變質岩三種。火成岩是由熔融的岩漿凝固而成，水成岩則是由火成岩破壞而成的礦物質在水中沉積而成，變質岩則是由火成岩和水成岩在地殼變動中因熱或壓力而成。石材有相當高的強度，耐火性和耐壓性也高，所以古代埃及、希臘、羅馬有石造的偉大建築，如金字塔、神廟等。石材的硬度大，因此現代建築物中常用石材做地板。石材在經過磨光後顏色光亮明耀，紋理細緻，所以也常用作牆面裝飾。

三、竹材

竹也是天然生長的有機物，竹與木不同，是中空有節的纖維素。在建築工程上，多用之於作施工架、圍籬或室內設計材料等，在工藝方面則多用作家具、樂器、工藝品等。

四、陶土製品

以土石為原料，經過混合加工處理，再經火燒的程序而成陶瓷建材。常見的陶瓷建材有紅磚、瓷磚、馬桶、洗臉盆等。陶瓷建材不易變形、變色，具有很高的抗蝕性、耐磨性，又能耐水、耐火、耐擠、耐壓，如果經過加釉處理，可以有多樣的色彩，質感細緻，所以很受人喜愛。紅磚多用於砌牆，瓷磚及馬賽克則用於貼牆面、鋪地板，在建築工程中使用非常廣。有釉的陶瓷建材因表面光滑，清洗容易，所以無須經常性的保養，這也是陶瓷廣受歡迎的原因之一。

五、水泥

是目前使用最廣泛的石灰製品。水泥製品具有可塑性、高抗壓強度等特性。混凝土由水泥、砂、石子及水以適當的比例混合而成。在混合過程中，水和水泥發生化學作用後，混凝土就逐漸堅固好似石頭。混凝土可以抵抗重壓，多用在地面或道路。由於混凝土與鋼筋之膨脹係數相近，水泥能耐壓力，鋼筋能耐張力，所以在混凝土中配上鋼筋，形成常見的鋼筋混凝土（reinforce concrete, RC），兼有了鋼筋和混凝土的優點。故可代替木材、石材，作為高樓大廈及橋梁中的梁、柱、樓板。因具有耐久、耐火、耐地震、可塑及費用低廉等特徵，是現代建築物不可或缺的主要建築材料。

六、玻璃

玻璃具有透光作用，常用於門窗上。有色的玻璃具有過濾光線及隔熱作用。經過特殊處理的強化玻璃亦稱安全玻璃，有不易破碎的特性，玻璃帷幕牆即運用上述特性而作為建築物外觀材料。教堂中的彩繪玻璃更塑造了燦爛亮麗的視覺效果。

七、油漆及塗料

油漆為保護建築器材或裝飾之用，因其具有防蟲、防水等功能。特殊的防火、防水塗料、塑膠漆等依其特性，兼可作為室內外裝飾使用，如廚房天花板的防火粉刷、室內牆面塑膠漆粉刷及室外防水粉刷等。

八、耐火及隔熱、隔音材料

木絲水泥板、石膏板、石棉板、石棉瓦等耐火及隔熱材料用於隔間、天花板及屋頂上，具有防火、隔熱及吸音功能。

九、瀝青及防水材料

瀝青與柏油油毛氈具有防水功能，通常使用於屋頂頂層，是防水最佳、最經濟的材料。其他的防水材料及化學藥劑也提供了防水處理的方法，如防水劑使用於地下室防水工程及浴室貼瓷磚前的防水粉刷等處理。

十、石化材料

石化材料乃是由石油中提煉的化學材料的簡稱，如矽膠、塑膠製品、橡膠止水帶、保利龍等。石化材料分別使用於建築物伸縮縫、家具製品、防水、防熱、吸音等設備。塑膠管用於建築物給排水，矽膠用於建物伸縮縫之填充劑。

十一、鐵金屬類材料

鑄鐵管一般用於排水管及給水幹管上，現由於 PVC 管的大量使用，鑄鐵管多被用於大口徑管線工程。常用之鐵金屬材料如鐵釘、鋼筋、型鋼等，型鋼可作為建築物的結構體。鐵合金的產品有一般的建築用五金、不銹鋼鋼管等，建築用五金一般用於家具、門窗等配件上，不銹鋼鋼管因有耐熱、防蝕之特性，為性能甚佳的給水用管，今已大量使用於水電工程中，唯成本較高。

十二、非鐵金屬類材料

銅、鋁為建築五金、電線之主要材料。鋁製品中的帷幕牆、鋁窗，為建築中使用最廣泛的產品。其他非鐵金屬之合金，由於質輕、耐蝕、堅固等特性，也逐漸被使用於五金製品中。

十三、混凝土

一般工程常用的混凝土，依照使用場所不同需要強度列如表 3.2：

●表 3.2● 混凝土強度表

混凝土種類	強　度
鋼筋混凝土	甲級 210 公斤／平方公分（3000 磅/平方吋） 乙級 175 公斤／平方公分（2500 磅/平方吋）
普通混凝土	140 公斤／平方公分（2000 磅/平方吋）

鋼筋混凝土是指與鋼筋配合使用來建造建築物中的柱、梁、樓板或橋梁等主要部分所用的混凝土，其中甲、乙級要看其需要性而定。末尾的數字 210 公斤／平方公分（3,000 磅／平方吋）是指混凝土的抗壓能力，也就是強度，數字愈大表示混凝土的抵抗力愈大。普通混凝土指用在不須用到鋼筋的地方，例如：與混凝土接觸的地板或道路等，較不須高強度抗壓的地方。

混凝土在生產過程中，需要嚴格控制其成分中的水、水泥、砂、石子等材料的混合比例，因此常須大量生產以降低成本。在都市中就有預拌混凝土的設備，亦即在工廠中先按比例把所有材料混合，再由預拌車運送到需要的工地。在次要及少量的工程中，往往採用「容積配合」的方式，在工地中把混凝土的成分用人工或小型拌合機攪拌後使用。鋼筋混凝土常用容積比例是 1：2：4，亦即一份水泥二份砂子四份石子，而水量約為水泥重量的五分之三。普通混凝土所用的配合比是 1：3：6。這兩種配合比中，前者的強度相當於前述乙級鋼筋混凝土所用的 175 公斤／平方公分（2,500 磅／平方吋）混凝土強度，後者也和 140 公斤／平方公分（2,000 磅／平方吋）混凝土的強度相近。

建築物是由許多不同的建築材料組合而成。以作為結構體的主要建材為例，大廈採鋼骨混凝土（steel reinforce concrete, SRC）結構，一般住家建築可能是 RC 構造，而體育館可能是鋼骨或輕量鋼架構造，有些腳踏車棚則可能是鐵架構造。因此，選擇適當的建材也是設計者及使用者必須有的知識，家庭內裝修材料的選擇更為人們所重視，一般建材選用的原則如下：

一、強度

建材的強度影響安全，建築物須承受風雨、地震等外力的衝擊與建築物本身及其內部人、物與設備的重量。因此，結構體的材料以其強度能承載為主要考慮因素。

二、防水性

建築物的內外經常受水分的影響。浴室、廚房、屋面、外牆經常潮濕的地方須選用防水性良好之材料，以免腐蝕。

三、隔熱性

位處亞熱帶的台灣，建築物內部容易受太陽照射及溫度變化而影響居住。因此，依空間位置的不同，對於牆壁宜選擇隔熱性較佳的材料，可以節省能源，增進環境的舒適性。

四、耐火性

防火為建築材料選擇上應行考慮的重要因素之一。對於廚房、熱水器及大面積的空間等容易引燃的地方，須使用防火材料或防火隔牆，以策安全。

五、吸音、隔音性

都市中的噪音日趨嚴重，外部建材須選用隔音性能較佳的建材或採雙重窗設計；內部則選用吸音性較佳的材料，以減少聲音的反射、減低室內的音量。

六、清理性

牆壁、地面等部位，因容易受到污染，須時常清理。廚房牆壁尤易被油污附著，因此，選用材料時，須考慮其易清理性。

七、裝飾性

外表用的裝修材料，其顏色、質感等給人的感受不同，配合使用者的喜好，適當的選擇能造成良好的氣氛。

八、加工性

材料加工容易則能節省工資，特別是在工資高漲的狀況下，影響工程之造價，有良好加工性的材料，施工容易，成本自低。

九、經濟性

建築材料的種類繁多，價格不一，具有相同性質與功能者，宜依經濟原則，選用適當或當地生產之建材方為有利。

肆・色彩的運用

自然界因為色彩的點綴而顯得生機勃勃、氣氛和諧。色彩由紅、黃、藍三原色組成各種顏色，人類在心理上對不同的色彩會產生不同的感覺與反應。合理應用色彩，有助於調節人的情緒。建築色彩不知不覺地在左右著環境的氣氛和人們的心理。色彩冷與暖的感覺是作用於人們兩種相反的視覺心理反應。波長的紅、黃、橙色給人溫暖感，使人容易聯想到陽光、火的溫暖，因此我們常把紅、橙等顏色稱為暖色。波短的藍、青、綠色使人容易聯想到冰、冷水的寒冷，因而把青、藍等顏色當作冷色。

人們的生活環境中，顏色與情緒的關係是密切的，伴隨著對顏色的感覺會使人產生各種情緒。鮮紅的顏色會喚起人的情緒興奮激進，淡青的顏色使人產生沉靜的心理。這種色彩與情緒的反射作用，人們可根據所需情緒的渲染需要，對環境的色彩做出選擇。例如，在各種娛樂場所，宜用鮮艷的色彩裝飾，使娛樂的人們愈加開心；而在病房，為保持病人的心情平靜，又不過壓抑，牆面往往用白色或淡綠、淡藍、淡黃色的塗料。

了解色彩與情緒之間的關係，並做到合理應用，可以讓人在一個和諧的色彩環境中舒心暢懷地生活，盡情地享受多彩的視覺環境。當準備裝飾布置居室時，對色彩的選用應以適應使用者的感受為前提搭配。表 3.3 簡單介紹人們對各種不同顏色所產生不同心理以及生理反應。

我們在考慮建築的色彩處理時，一定要熟悉一般的色彩心理效果，同時對色彩的生活影響也應注意。適當的色彩設計，建築才會既典雅、溫馨，又有益於身心健康。

表 3.3　色彩對心理及生理的反應

色彩種類	不同的心理以及生理反應
紅色	在所有的顏色中，紅色最能加速脈搏的跳動，接觸紅色過多，會感到身心受壓，出現焦躁感，長期接觸紅色還會使人疲勞，甚至出現筋疲力盡的感覺。因此沒有特殊情況，起居室、臥室、辦公室等不應過多的使用紅色。
黃色	古代帝王的服飾和宮殿常用此色，能給人以高貴、嬌媚的印象，可刺激精神系統和消化系統，還可使人們感到光明和喜悅，有助於提高邏輯思維的能力。大量使用金黃色，容易出現不穩定感，引起行為上的任意性。因此黃色最好與其他顏色搭配用於家居裝飾。
綠色	森林的主調，富有生機，可以使人想到新生、青春、健康和永恒；也是公平、安靜、智慧、謙遜的象徵。有助於消化和鎮靜，促進身體平衡，對好動者和身心受壓者極有益，自然的綠色對於克服暈厥疲勞和平穩情緒有一定的作用。
藍色	使人聯想到碧藍的大海，感到深沉、遠大、悠久、理智和理想。藍色是一種極其冷靜的顏色，但從消極方面看，也容易激起陰鬱、貧寒、冷淡等感情。能緩解緊張情緒、頭痛、發燒、失眠等症狀，有助於調整體內平衡，使人感到優雅、寧靜。
橙色	能產生活力、誘人食欲，有助於鈣的吸收。可用於餐廳等場所，但彩度不宜過高，否則，可能使人過度興奮，出現情緒不良的後果。
紫色	對運動神經系統、淋巴系統和心臟系統有抑制作用，可以維持體內的鉀平衡，並具有安全感。
澄藍色	有助於肌肉鬆弛，減少出血，還可減輕身體對於痛的敏感性。

伍・結構設計

營建工程設計歷程中，經由建築師或土木工程師依功能進行設計草圖時，即應由結構工程師的牆、柱、梁、繫材、桁架、剛構架、拱等構件進行結構設計。各種建構功用及形式雖不相同，但在分析力的作用時基本原理是一樣的。

一、結構設計的內涵

結構是為了特定功能，依力學理論選擇材料，按一定的形式組構成一能承受載荷的體系。結構工程的展開包括調查、研究、設計與施工四個項目。成功的工程應符實際需求，滿足三個要點：⑴安全穩固、⑵經濟、⑶美觀。設計前應就結構建造的目的和要求，結合當地當時的客觀情況，以利決定形式、材料、荷重、各部主要尺寸等。設計工程師據以計算結構各部在荷重下所產生的最大應力和變形，稱為結構分析；依據應力大小決定結構各部材的形式、大小和接合方法，稱之結構設計。結構設計再透過圖形繪製結構總圖和各部分施工詳圖，並撰寫鋼構工程施工說明書，以為施工依據。結構設計工作即可告一段落。

二、結構受力系統

結構所受的力分成外力和內應力兩類（圖 3.18）。外力是作用在結構體上的力，包括了結構自重、所承載的荷重和支承結構維持平衡的反力。內應力指結構部材因外力作用而產生的應力，包括了拉力、壓力、剪力、扭曲和彎矩等。載荷又可分為靜載荷和動載荷兩種。

載荷常因作用於結構的時間長短、頻率高低，在設計時區分為主要載荷、附加載荷及特殊載荷三類。一般常將靜載荷、車輛、設備等動載荷及衝擊力列為主要載荷；風力、雪、溫度影響力等列為附加載

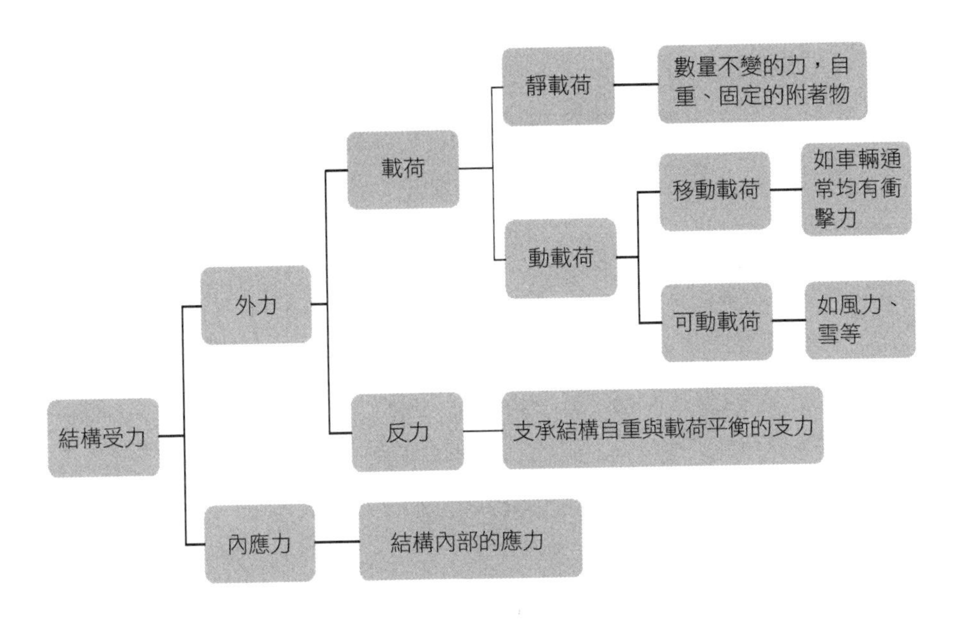

圖 3.18 結構受力系統圖

荷；地震力、水災之水壓力，將因部分結構破壞引起之破壞列為特殊載荷。設計時材料的容許應力即依前述載荷組合狀況採選適當的數據。

靜載荷的正確值通常均先假設，待各部設計決定後才能確定。動載荷的決定更為困難，因為各種不同載荷發生的可能性、作用的時間長短、組合方式，均影響設計的結果。估計過猶不及均不妥，因此各國工程管理機關大都依據當地狀況，研訂經驗規範規定各種載荷之設計標準，可供設計者遵循。

內應力主要指構件因外力作用而產生的軸向拉力、壓力、彎曲力矩及扭矩（請參閱圖 3.19）。構件以軸向拉力為主者稱拉桿；以軸向壓力為主者稱壓桿或柱（column）；以彎曲力矩為主者稱為梁（beam）；以扭矩為主者稱為軸，機械設計中常用，營建中較少用。

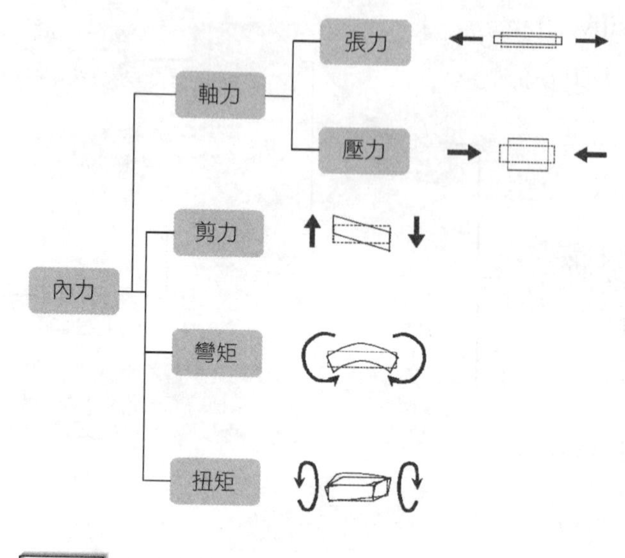

圖 3.19 內應力的分類

三、結構分類

營建工程結構概分為實體結構、薄殼結構，及架構結構三類。實體結構多藉結構本體自重以維持結構物之穩定，如埃及金字塔、水壩、橋墩等。薄殼結構指厚度遠較長寬度為小的板型、殼型結構，如澳洲海邊的雪梨歌劇院即為一典型代表。架構結構指結構多由桿型構件（梁、柱）搭接而成，大部分的營建工程多採用此種結構。架構結構若依材料之不同，包括了鋼結構（steel structure）、鋼骨鋼筋混凝土結構〔steel reinforced concrete（SRC）structure〕、預力混凝土結構〔prestress concrete（PC）structure〕、鋼筋混凝土結構〔reinforced concrete（RC）structure〕、加強磚造結構、磚造結構、木結構、土角結構、石造結構等。

架構結構中之各構件接合處稱為節點（joint）。節點接合的不同，架構結構又可分為桁架（truss）、剛架（regid frame）和混合構架（compositive frame）三類。桁架各節點都視為鉸接（hinge），即結合處無阻力阻止連接各桿的轉動。剛架的各節點則視為剛接，即接合處為完全固定。各桿在連接處不能做相對的轉動。架構結構的各節點一部分是鉸接，其餘部分為剛接。

四、構件分析

各類型結構中之基本構件最普遍採用的柱（受壓桿件）、梁、桁架及剛構架分析如後。

㈠柱及受壓桿件

柱通常用以傳遞地板和屋頂載荷至基礎。這種載荷使柱產生壓應力，由於偏心載重、接頭的剛度和風荷重等影響，柱也受相當大的撓曲應力。柱依其長向尺寸與側向尺寸的比例區分三種：⑴柱長度與寬度比顯得很短，於擔負載荷時不會彎曲；⑵柱的長度遠大於寬度，柱子會因撓曲而受損壞；⑶介於前兩種狀況之間，若直接應力與撓曲或壓應力混合時易損壞。柱長度與寬（或直徑）之比稱為細長比（slenderness ratio）。一般結構中細長比>10 稱為長柱，<10 稱為短柱。不論長短柱，當遇側移突發力量（如地震）時，將產生破壞（如圖 3.20）。

㈡梁

梁是承載沿長度垂直方向的載荷，支持點的反力與載荷方向平行。梁可彎曲，一端置滾軸或可滑動平版，另一端則為可受水平和垂直力的支座。梁受載重後產生剪應力和撓曲應力，上面被壓縮，而下面將被拉長。使其縮短的應力稱為壓應力，拉長的應力稱為拉應力，兩者合併則稱為撓曲應力。梁承載垂直之載荷亦產生剪應力。梁因支

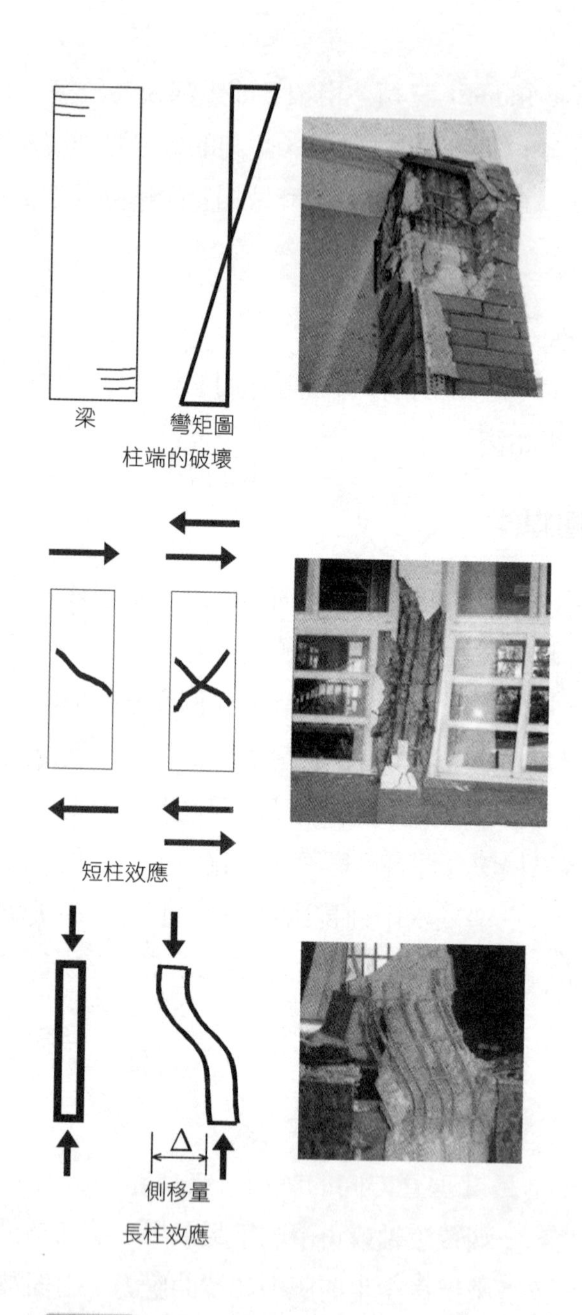

圖 3.20 長柱、短柱遭地震之破壞

持方法之不同區分為：簡支梁（simple beam）、懸臂梁（cantilever beam）、伸臂梁、有支伸臂梁、固定梁（fixed beam）、連續梁（continuous beam）等（圖 3.21）。

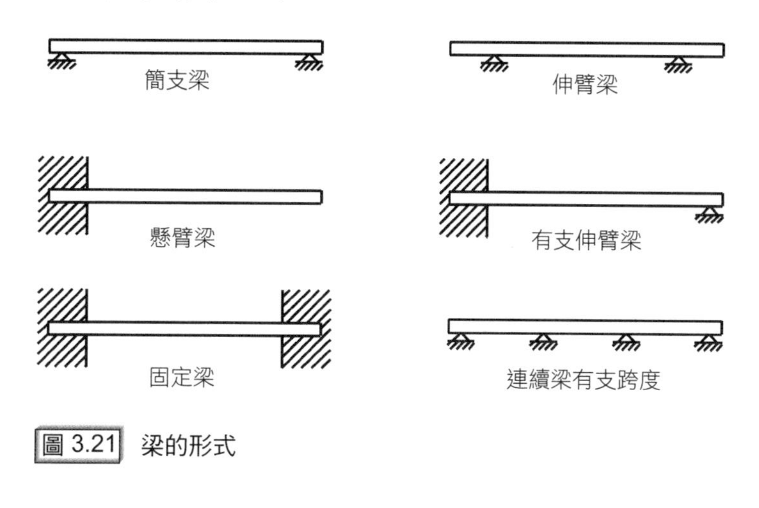

圖 3.21 梁的形式

㈢桁架

桁架由一群以三角形組成的桿件組合而成。桁架兩端的支持必須在受垂直載荷時，支點的反力為垂直方向。一端在承載荷或氣溫變化引起長度變化時，可藉滑動方式水平移動。桁架上側桿件稱上弦桿，下側桿件稱下弦桿，連接上下弦桿的桿件稱為腹桿。桁架有木造、鋼造之分。常見的桁架有 Howe、Pratt、Fink、Warren 等不同形式（圖 3.22）。

㈣剛構架

在鋼筋混凝土構架中，柱、梁組合均屬剛構架。剛構架的撓曲應力高，其架構中將同時存在彎矩、剪力、軸向力及扭矩（圖 3.23）。在鋼筋混凝土中多用焊接或鉚接方式結合節點。

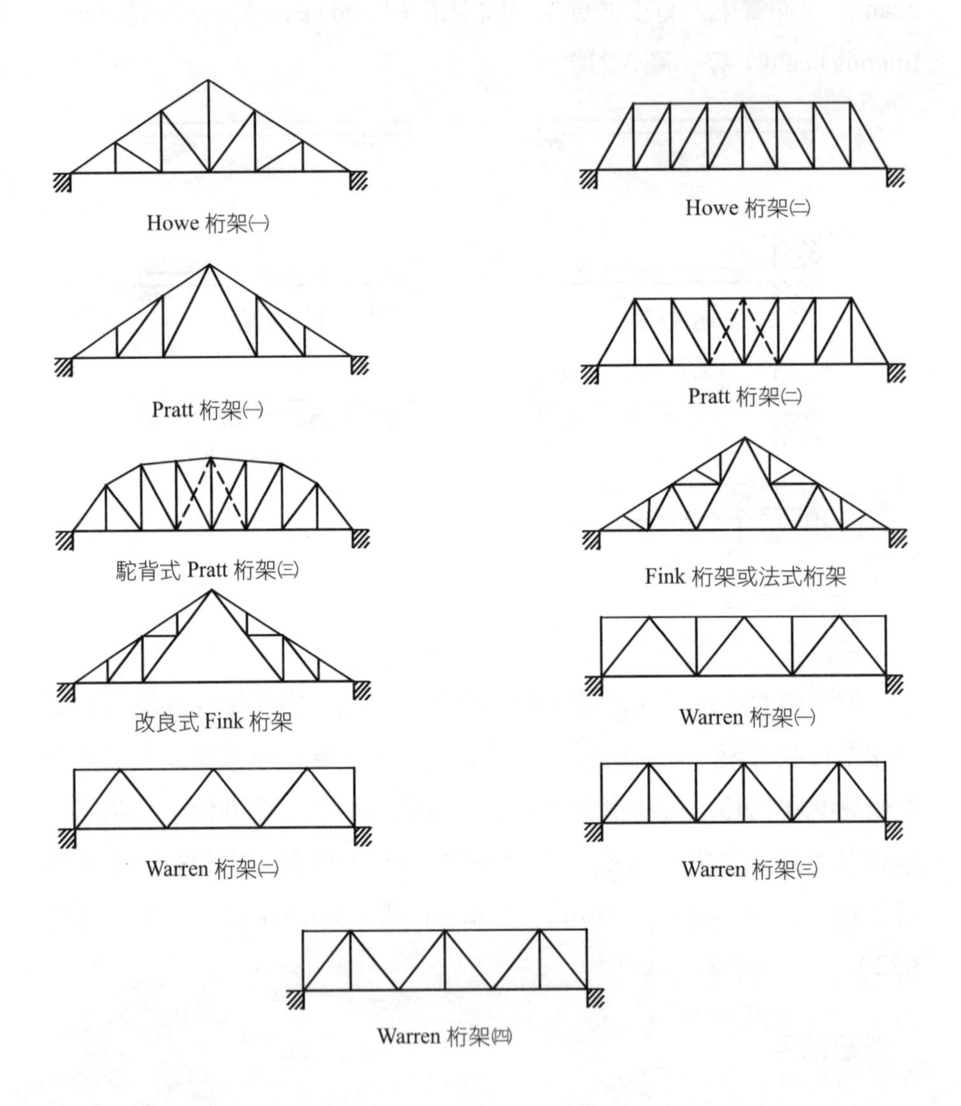
Howe 桁架(一)
Howe 桁架(二)
Pratt 桁架(一)
Pratt 桁架(二)
駝背式 Pratt 桁架(三)
Fink 桁架或法式桁架
改良式 Fink 桁架
Warren 桁架(一)
Warren 桁架(二)
Warren 桁架(三)
Warren 桁架(四)

圖 3.22 桁架的形式

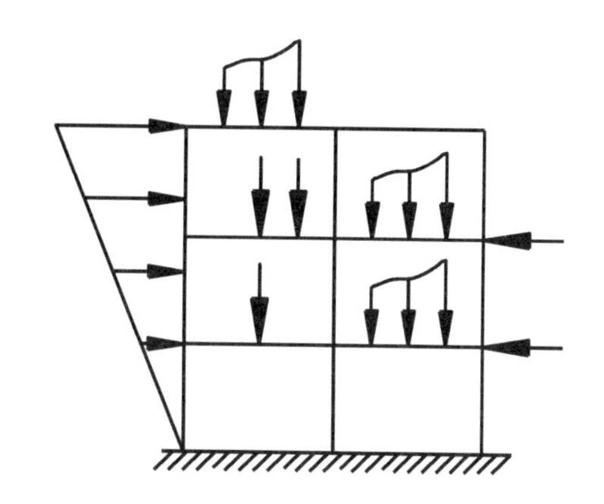

圖 3.23 剛構架的彎矩、剪力、軸向力及扭矩

陸・水電及其他設施設計

一、給水工程

設計給水設備時必須先推定其用水量，以便計算決定給水管徑和儲水槽的容量。計算方法通常有二：⑴以每天每人所用的水量乘以建築中工作的人數。⑵以每天器具的用水量乘以全部器具數。尖峰負荷平常約為一日使用量增加 15%，每日用水時間約十二小時，則每小時使用量為一日使用量的十二分之一。

給水方法可粗分為直結式及水槽式兩種，普通配水管的水壓適當，經常有水供應者應採直結式。為避免水管誤接或影響鄰近用戶的用水，水廠管理規則規定抽水機吸水管不得直結於配水管或給水管，而必須將自來水流入地下水池後，再用抽水機抽送至屋頂水槽或高架水塔。地下水槽的容量應按進水量及抽水機能力計算決定。大至屋頂水槽或高架水塔相等或稍大，而且應密閉，以免污物進入池內，如考慮消防用水時，水槽應有消防抽水機二十分鐘以上的容量（內政部營建署，2002a）。屋頂水槽或高架水塔其高度應能使工廠最高屋內最遠處給水栓保持0.56kg/cm2（如係沖水閥1.0kg/cm2）以上的壓力為原則（內政部營建署，2002a）。

二、排水工程

排水工程指為接納屋面雨水及由建築排水管排出的各類污水，並傳送至公共地下水道系統的一段管渠或小型私設污水處理設備而言。公共地下水道系統有分流及合流之別，屬下水道工程範圍，在此不予討論。有關建築的排水設備，亦應符合公共下水道系統的規定。所謂污水應包括洗手台、盥洗室、洗臉盆等所使用的污水，均應有適當的排水設備以重衛生。

通常雨水道可用明溝或暗渠，但污水道以暗管為宜，排水道大小應足供建築內污水及雨水的排出，坡度應均勻並有良好的基礎。為便於清理起見，在建築外排水管連結處、急彎處或在直管上，每隔十至二十公尺處設置陰井一座，以便清理。雨水用陰井和污水者不同，前者陰井底較進水口約低十五公分以上，以預留泥沙沉積之所；後者採合流用者，其陰井底則與管底同高，並於底面做成半圓形對流水槽。清理用陰井多為磚砌或混凝土澆製。雨水陰井的頂蓋設隔柵，污水用者應緊密不得進水。

排水管通常用陶管或混凝土管，必要之處須用鑄鐵管。一般污水管的坡度不少於2%，如因環境所限，亦可採用管徑在七十五公釐以上者，最小坡度應大於2%（鄭信義，1976）。選擇雨水道的尺寸應視當地降雨量而定，每小時降雨量約一百公釐的地區，雨水管徑可參考表3.4選用。每小時降雨量在兩百公釐以上可採用表內數值的半數。表3.5為台灣省水利局所公布的各地區雨量公式，供設計參考。表中I為雨量，以每小時公釐計，t為以分鐘計。

屋面雨水可引入天溝，再進入落水管，或布置適當的屋面坡度，

表 3.4 雨水管徑表

管徑（公釐）	房屋水平面積（平方公尺）		管徑（公釐）
	S = 1%	S = 2%	
50	—	35	—
75	70	100	12 × 6
100	140	200	15 × 8
125	250	330	18 × 9
150	390	550	20 × 10
200	800	1,100	24 × 12

資料來源：鄭信義，1996。

表 3.5 台灣各地區降雨強度公式表

地區	頻率年		
	2 年	3 年	5 年
基隆	$256.0 / t^{0.3582}$	$292.9 / t^{0.3885}$	$326.3 / t^{0.3934}$
台北	$6237 / (t + 38.96)$	$7453 / (t + 44.76)$	$8606 / (t + 49.14)$
桃園	$6285 / (t + 43.90)$	$7133 / (t + 46.14)$	$7748 / (t + 46.22)$
新竹	$220.0 / t^{0.313}$	$247.9 / t^{0.321}$	$285.9 / t^{0.341}$
台中	$6713 / (t + 46.48)$	$7208 / (t + 47.44)$	$7831 / (t + 47.23)$
彰化	$6713 / (t + 46.48)$	$7208 / (t + 47.44)$	$7831 / (t + 47.23)$
雲林	$8383 / (t + 36.45)$	-----	$11410 / (t+46.81)$
台南	$457 / (t + 5)^{0.433}$	$458 / (t + 5)^{0.415}$	$500 / (t + 5)^{0.413}$
高雄	$6347 / (t + 45.84)$	$7379 / (t + 52.49)$	$8059 / (t + 52.76)$
屏東	$331.28 / t^{0.3993}$	$327.75 / t^{0.3730}$	$420.54 / t^{0.4141}$
宜蘭	$280.0 / t^{0.3858}$	$311.7 / t^{0.3952}$	$325.8 / t^{0.3753}$
花蓮	$279.6 / t^{0.407}$	$292.9 / t^{0.380}$	$306.8 / t^{0.379}$
澎湖	$251.7 / t^{0.3762}$	$258.2 / t^{0.3465}$	$284.2 / t^{0.3515}$

資料來源：台灣省水利局（1988），台灣水文資料電腦檔應用之研究(3)。

使雨水分向，直接進入落水管的進水口。天溝材料通常為鍍鋅鐵板、鋁片、硬質塑膠製品，亦有用銅片者，價格較昂。其斷面形狀多為半圓形，通常溝寬一百二十五公釐，一百公釐以下者較少使用。天溝一般坡度為95%，短距離者可採用水平。落水管可為鑄鐵管、白鐵管、鋼管、鋁管、鋅管或硬質PVC管，用以接納屋面雨水，並使排入明溝或暗管內。管頂用落水頭連接，多用銅質罩子及生鐵彎頭。落水管的尺寸應視降雨強度而定，可按表 3.4 所需尺寸的半數作為落水管的管徑。

污水自化糞池所排出者應特別注意，一般化糞池的設計施工都不理想，亦很少注意養護，若被濾石阻塞，則失其基本效能。接納其出水的明溝若已相當污濁，毫無稀釋作用，除非客觀條件有利，化糞池應盡量少用，而採立體氧化槽、灑水過濾槽、高速灑水過濾槽方式、長時間曝氣方式及循環水路曝氣方式。否則徒增結構上的複雜，增加養護困難，且亦難獲滿意的結果。污水排水系統的建立應符合下列原則：

1. 不得污染飲用水源。
2. 為鼠類及爬蟲類不易接近的所在。
3. 防止孩童接近。
4. 不得污染天然水源。
5. 無惡臭，無礙觀瞻。

三、電力系統

普通電力系統的頻率為交流每秒六十周（簡寫為 AC60 CPS）。配電電壓有高壓及低壓兩種，高壓配電線由兩次變電所引出，延伸至各負荷中心，再經變壓器，將高壓變成低壓後，經由低壓配電線引至每一建築使用。目前高壓配電有 3.3KV、5.7KV、6.6KV、11.4KV 等四種，而 3.3KV、5.7KV 與 6.6KV、11.4KV 皆為三相四線制。低壓配電亦有各種不同電壓及線制，常用者有 110V 或 220V 單相兩線制、110/220V 單相三線制、220V 三相三線制、110/220V 及 120/208V 或 220/380V 三相四線制等。圖 3.24 所示為各種低壓配電線制的接線。

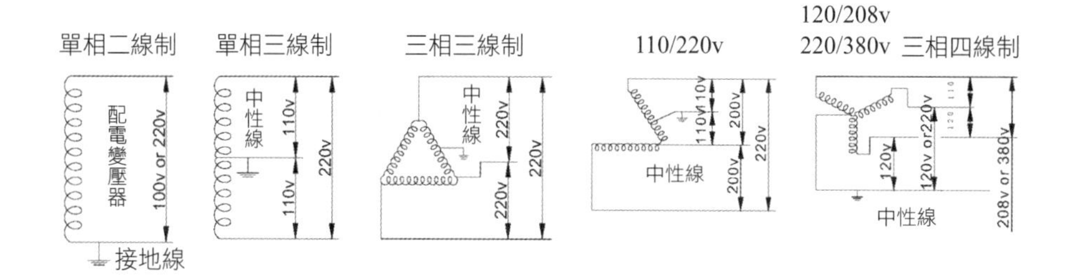

圖 3.24 各種低壓配電線制接線

部分小型建築盡量採用 110/220V 單相三線制配電。此種線制須用之線，中間一線稱為中性線，其供應的電壓兼有 110V 及 220V 兩種，故用於同時有 110V 及 220V 兩種負荷的場合甚為適宜，此種線制雖較單相二線加多一線，但線路容量卻因此而增加一倍，故用於用電容量較大的地區反較單相二線制經濟。此種配電制度因優點多，已為大家所樂用。至於較大容量的動力負荷，因多屬三相者，故多將 220V 三相三線制供電，配電變壓器用三具單相或一具三相，其二次側接成三角形（△），且在其中一具的中間分接頭處接地。為避免因高壓電與低壓線接觸而危及用電安全起見，各線制均應如圖 3.25 所示妥予接地。

若依線路安裝位置分類，大致分為顯露式和隱藏式兩種。隱藏的方式均運用建築工程中預埋管線，管口若在地面突出時，應保持十五公分左右的高度，並加裝明顯的箱或匣顯示，以免人員絆倒。這種方式管口位置確定後就不易變動。分期興建的建築常有調整的機會，可

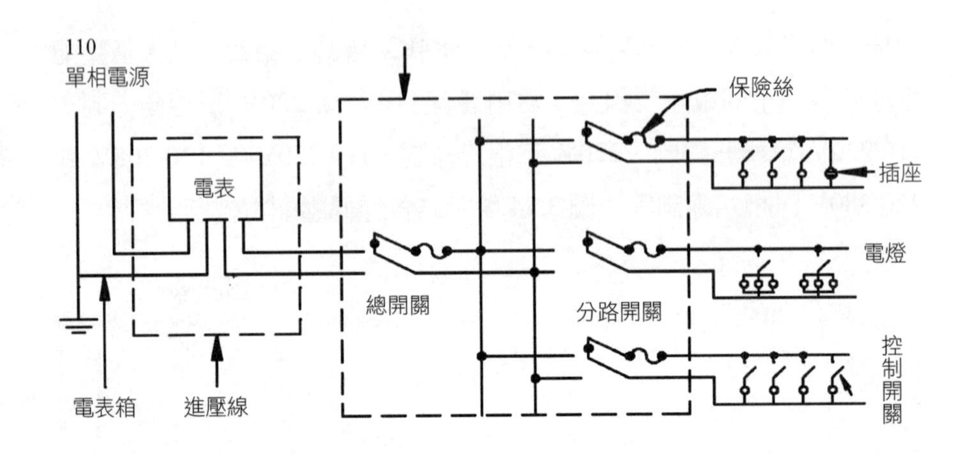

圖 3.25 110 單相二線制屋內供電線路接線

利用顯露的方式，以彌補隱藏式的缺點。

電力的供應可視負荷性質，用電容量及用電場所之情形等因素，而決定其電壓及線制，如此不但能完全配合用電的需要，而且還合乎經濟的原則。總開關及分路開關應裝配在開關箱內或開關板上。電表以下接有總開關，如果用電電流很大，出線口數甚多，或所接負荷因性質不同而需要在總線路上設分路時，則每一分路又裝有分路開關，分路以下尚有支路，為求便於個別控制起見，支路上每一具或每一組負荷可視需要裝開關控制。開關上的保險絲係用來保護線路設備，但接地線免裝保險絲，在支路上每一具或每一組負荷為確保用電安全，亦應分別加裝保險絲保護。插座如有需要，亦可個別加裝分路開關予以控制。

在照明配電迴路上若能提供彈性容量或配線，可備特定照明區域需要，可使用扁平導線系統，並將電力、電話、資訊傳輸處理於同一導線上。在照明設備方面，一般常用的電燈有白熾燈及熒光燈（俗稱日光燈）。熒光燈優點甚多，其每一瓦特所發射的光量通常為白熾燈的二倍至三倍，如此高的發光效率不但可以節省電能，而且可以減少發熱量，使建築在熱天和燈光下工作感到舒適。這對裝有白熾燈泡或冷氣房尤其顯得重要。因為熒光燈燈管面積大，故可不必另加散光罩而能發出漫射的光線，且不致造成眩光與陰影。而白熾燈泡面積小，雖經過內面磨砂後，仍常須配以適當的散光罩〔亦稱鎧板（Louver）〕，散光罩的成本在新設場時裝置費用應考慮在內。室內除一般照明外，常須視個別需要另設局部照明，以供局部性工作之用，優良的照明系統不但要有充足的燈光、適宜的光色，而且能避免眩光與陰影，使在燈光下感到舒適而愉快。

四、防火設備

建築中的鋼與木材，在火災中的危險性不同。例如，一幢採用粗木材拱架，另一幢用輕型鋼架，後者燒塌可能要好幾天，前者沒幾分鐘就必燒塌。因此火災就變成一個複雜事件。為防火，要從防止著火、防止擴大燃燒、火警出路及防範雷擊四方面注意。

㈠防止著火

建築中一般均存有可燃性物質，達到燃燒溫度即著火發生火災。根本之計在防止著火。故在建築上首應考慮木造建築改用磚造或鋼筋混凝土（簡稱 RC）造，門窗改用鋼或鋁造，即可獲致不畏潮且耐火的建築。二樓以上的建築均應採用 RC 造，防火材料隔間更可提供進一步的保護。

㈡防止擴大燃燒

通常採取措施有五：

◆ 煙火自動警報器

新式者當溫度升高至攝氏五十七度即能報警，而且室內煙的濃度達到朦朧度的 4%時，警報器的光電池因受折射光線的感應，亦能發生警報，對早期自動報火警的功效方面非常有幫助。

◆ 滅火

火警一旦發生，各式滅火器即須使用，所以平常即應知道各項有關防火器材的布置、形式及操作方法。通常四層以上的建築，其最高層屋頂上應建儲水池，池中上部為一般用水，下部為救火用水，走道及重要房間均應在天花板高度附近加裝自動噴水器，一旦著火室內溫度升高達鉛的熔點，即放水救火。

◆ 內部防火處理

建築中最易著火者為桌椅、木門、木隔牆、天花板、易燃品（如汽油、柴油、機油、乙炔氣等）容器等。如將各該部分改成防火構造或以防火材料覆蓋，並特別注意安全規則，即可獲得防火效果。

◆ 防火區劃

視建築空間大小，劃分成若干小單位，各個單位間均加防火絕緣稱為防火區劃。常利用隔間壁或防火牆將屋架及天花板以耐火材料隔絕。

◆ 隔斷空氣來源

隔斷材料燃燒所必須的空氣，以防止火勢擴大，為最有效的滅火方法。

㈢火警出路

二層樓以上的建築應至少有兩乘扶梯為火警出路。此二乘扶梯均為 RC 造，相距至少三十公尺。扶梯間與每房走道須用磚牆間隔，自走道至扶梯的門須用彈簧閉鎖裝置，使此門保持常閉狀態，因任何一房發生火警時其濃煙必從扶梯間上升宛如煙囪，使上層的人無法用此扶梯作為逃生之路。如因布置上或地形上關係不能造兩乘扶梯，則另一乘扶梯可造在屋外，專為火警出路之用，此扶梯到地面時應直達道路，不可再經室內而達道路。

㈣防範雷擊

分析雷電火警事故中僅 5%係由於避雷針不妥或年代久遠，導電不良所致。避雷針如裝置得法並時常加以檢查，其效能自屬可靠。避雷針應裝設於屋頂上的屋脊或煙囪等向上突出最高部分，平屋頂每十五公尺至少應設置一個，兩落水或四落水斜屋面屋脊上應每七・五公尺設置一個。避雷針應高出平屋頂或屋脊二十五至一百五十公分，高出煙囪二十五至三十五公分。

每支避雷針須有兩條通路接地，裝置於建築物外邊，導線入地應盡量保持直線，中途不宜有銳角折彎。露出地面導線可加油漆保護。其接地位置應保持潮濕並達基礎線以下。埋沒於土中的金屬物，應選擇腐蝕性較輕微者。如為潮濕土地用金屬圓棒插入土內，即可獲得滿意效果。如表土乾燥，須挖掘相當深度後方為潮濕泥土時，則可用一平方公尺面積，三公釐以上厚度銅板作為接地金屬物，埋至接近濕土處，用木炭做覆蓋物回填。

五、升降設備

升降設備在一般建築中每層以吊車或每幢高層建築均設計升降機使用。為防機件失靈及其他人為因素不能操作時，建築內均設有普通樓梯或活動爬梯以備不時之需。有關升降機的機箱、機械、號誌及鋼索等，均由製造商供給及安裝，故建築只須預留直井及機械的支持等。

升降機引用鋼索直徑不得少於十二公釐，根數不得少於三條。其安全係數不得小於十。機箱應標明最大載重的明顯標示，並應由不燃材料製成。升降機道之出入口周圍牆壁或其圍護物應以不燃材料建造，使機道外之人物無法與機箱或平衡錘相接觸。

六、氣溫調節設備

氣溫調節設備的主要意義，係使室內空氣維持在適當的溫度及濕度，以達舒適的需要。台灣地處亞熱帶，多半無需暖氣設備。冷氣設備則由於國民所得及生活素質提升的需要日漸重要。常見冷氣設備有分離式冷氣機、自足式冷氣機、中心式冷氣機三種。按其形態則有窗型、箱型、分離型、台型、中央系統式等種類。除了冷暖氣外，通風設備中最常用的是風扇、鼓風機等設備。

柒・估價

一、估價之意義

估價係根據施工圖、施工說明書及工料時價，估算工程之造價。估價者必須具備充分的工地經驗及工程學識，運用會計頭腦，予以分析統計。估價為營造業中最繁重且最難的工作，直接影響營造業之施工權以及工程品質至深且鉅。估算工程之造價過高，將無法得標；所估的價格過低則無法獲得利益，甚至賠損連連，倘因所估的價格偏高或過低，對預算而言則不經濟或有違商業營利原則。估算者除應具有豐富之工程學術及經驗外，應能運用靈活採購策略及精準的單價複價計算，做充分的統計分析，以達估價於理想之境地。

二、影響估價之因素

工程之估價，除詳讀圖說及有關資料外，必須考量施工方法、工期及施工地點之客觀環境、水電供給、氣候狀況、人工來源、材料購買、交通運輸、機械使用及折舊、意外費用、利潤等相關問題。估算之前，要充分了解圖說及相關資料，並親自或派員至工地勘察，蒐集一切有關天文、地理、人文之資料，以便估算時作為有利之參考。估算之後更須檢查、核算，以達無誤為準，務期避免錯誤，以達估價精確之最終目的。

三、估價之種類

估算營建工程費之近似值，以其精密之程度，通常分為概算估價（approximate estimate）及明細估價（detailed estimate）。

㈠概算估價

概算估價為建築師常用之估價方式。尤其在物價波動之際，須精確的統計，否則變化甚大，較難為建築費之根據。建築師應根據其工程經驗，編製各種工程預算。統計方法採單位基準或比例基準，依工程之種類及性質而定，統計時須記錄建築物之類別、構造、建築材料、施工期間及施工期中所遭遇之困難，以作為往後有利之參考。遇幣值貶漲、經濟、制度之改變等發生物價波動，其變化的指數都應詳細記明，且須繪物價指數之統計圖表，依照過去統計的單價和現在之物價指數，就可以求得實際之建築費用。因估算方式不同，約有下列各種：

◆ 依單位基準之估價

1. 單位面積法（floor area method）：常以單位面積（平方公尺或坪）為計算單位，計算建築物之總面積，以類似建築物之單價乘之，得其總造價。此法簡單正確，我國習以建坪為單位計算。但估算時，因建築物形狀性質不一，須顧及下列各項因素，否則誤差必會增大：(1)隔間愈多，單價愈高；(2)層數愈高，單價愈高（但體積單價愈低）；(3)外牆面積增加，平面凹凸不規則，或門窗愈多，則單價愈高；(4)有雜項設備單價較高；(5)柱間相等或柱子配置規則，單價愈廉；(6)建築物各部分使用同等材料同形式者，單價較廉；(7)結構均相同者，單價較廉；(8)大批建造者單價較廉；(9)基地之地質情況影響單價；(10)使用機械施工影響單價；(11)材料運輸方式、距離影響單價；(12)施工季節及工期影響單價；(13)採用特殊材料影響單價。

2. 單位體積法（cubical-contents method）：先計算出建築物之總體積，以同性質建築物之單價乘之，再加上開挖土方，及雜項附屬設備費用，得總造價。此估算法雖然精確，我國並不習用。
3. 單位柱間法（typical-bay method）：柱間相等之建築物適用。如教室、店鋪、工廠等結構規則之建築，計算每一柱間樓面積之單價，乘其柱間總數，即得其總造價。此法雖較正確，但也應用不廣。
4. 單位設備法（unit accommodation method）：將建築物之單位設備或收容人數乘其統計之單價，得總造價，適用於單元平片配置規則建築。此法為近似值並不精確，但若統計正確，則估算較為迅速。

◆ **依比例基準估價**

1. 價格比例法（percentage of cost method）：此法僅適用於具有標準空間單元之建築（如國民住宅），因其使用材料、構造方法及數量均類似。先將每一單元（如每一戶）工程分成若干主要部分，統計其各細部之總數，再以各工程細部統計之費用和總價之比率為基準計算。

2. 數量比例法（percentage of quality method）：此法亦常用於明細之估算，係將同類之建築物每一單位建築面積所需之主要建築材料數量，作為總工程比率之基準。藉以推算同類型工程某部分材料之數量，乘其單價，得其單項造價，累積總工程各項材料之單項造價，即可得總工程材料價格。例如：鋼骨混凝土（steel reinforced concrete）工程，每一單位體積所需之鋼骨（formed steel）、鋼筋（steel bars）及混凝土（concrete），皆有一定的數量，如牆壁平頂粉刷每單位面積所需要之材料數量及人工，亦有一定之比例。若將每一施工項目所需建築材料數量，以及各類人工之數量建檔，將成為最好的估價基準資料。

3. 百分法（percentage method）：將各部分工程費所佔總工程之百分比率依工程經驗可列如表 3.6。就我國國情而言，其百分率

表 3.6 住宅建築工程百分率表

工程費類別	佔全工程費之百分率	材料與勞務費之比率	
		材料費（%）	勞務費（%）
土木	1.3	5	95
砌磚工程	14.8	60	40
木作	27.3	70	30
面磚等工程	3.5	60	40
混凝土工程	11.7	65	35
電氣工程	4.5	65	35
空氣調節工程	6.6	80	20
衛生配管工程	10.1	75	25
泥水工程	8.2	45	55
油漆工程	4.2	35	65
裱糊工程	0.5	40	60
屋面工程	1.8	65	35
雜項工程	5.5	75	25
合計	100.0		

資料來源：Seelye, E. E. (1996). *Data book for civil engineezs,* v1, (3rd ed.). NY: John Wiley & Sons, Inc.

之分配數字未必適用，如能予以適當修改，亦可成為一種有價值的參考資料。

◆ **主項基礎法**

以工程主要材料之價格為基礎以為推算總造價的方法。如木構造房屋，其木材費用常與總工程費成一定的比例。估算概略之工程總價以木材的總價格為基礎。步驟如下：

1. 計算木材總數量（精算、略算皆可）
2. 木材費用＝木材總數量×單價（市價）
3. 總造價＝木材費用×3 或 4

◆ **推理旁證法**

一般工料之需要量或工作數量得用推理旁證法計算。

1. 利用推理法：以單位所需材料推算總工程材料之需求量的方法。如鋼筋混凝土須用鋼筋量，按照理論及實驗的推算，合乎經濟標準之使用量約為每立方公尺一百五十公斤。一般磚造補強的建築物其鋼筋須用量約為每立方公尺八十至一百二十公斤，特殊建築物須用鋼筋量為每立方公尺一百五十至二百公斤。
2. 旁證法：本法利用相關之數據，旁證估價之正確性，營建工程數量的估算依實際狀況及正常的比例會予以調整升降。旁證法就是其中的一個方法。如：屋頂瓦面面積約為建築物面積的一・二倍，而室內平頂與地坪的數量應相接近，若出現不符現象，必有特殊原因。
3. 明細估價：明細估價必須根據施工圖及施工說明書以計算工程上所需要的材料、人工數量。將此數量乘以市面上該項材料及人工的單價，就可以得到工程總價。若先算出建築物的工料數量，再乘以單位數量的工料費，亦可以得到工程總價，此為現今較精準的工程估價法。明細估價因使用的目的及場合不同，分為預算、標價、成本計算、實費計酬、雇工計價等（請參閱表3.7）。明細估價的內涵包含了數量及價格的計算兩部分（圖3.26）。

表 3.7 明細估價分距表

預算	又稱為計劃估價或設計估價，係設計者根據圖說正確估算之工程報價，通常包含合法利潤及損耗雜什費，作為工程發包的依據。
標價	一般工程應以最經濟的方式完成，因此邀集廠商公開比價，以合理或最低價為得標對象，稱為競爭估價或比價估價，此為承包者未參加競標的預算。
成本計算	又稱實施估價或施工估價，此為廠商於施工前重新計算工程所需材料人工費用、數量及價格之估價，以便轉包及預估營業利潤。
實費計酬	又稱代辦估價，即廠商以代辦性質替業主施工，工料實費計算並加上合法報酬可得總造價。因其利益為另外計算，施工時可確實按照規格配料、加工。如遇不實的營造商乘機從中獲取雙重利益，或故意浪費工料以求較高的酬勞，工程費會較競標者高，且不易準確掌控工程費用。
雇工計價	按設計的預算，其須用材料由業主供給，人工則於開工前按照各種不同工作選擇有關的工匠。俗稱包工不包料，小工程業主可以採用此方法。一般常用於營造廠轉發小包之方式，若因工匠技術差或選人不當，則有延誤工期的問題。

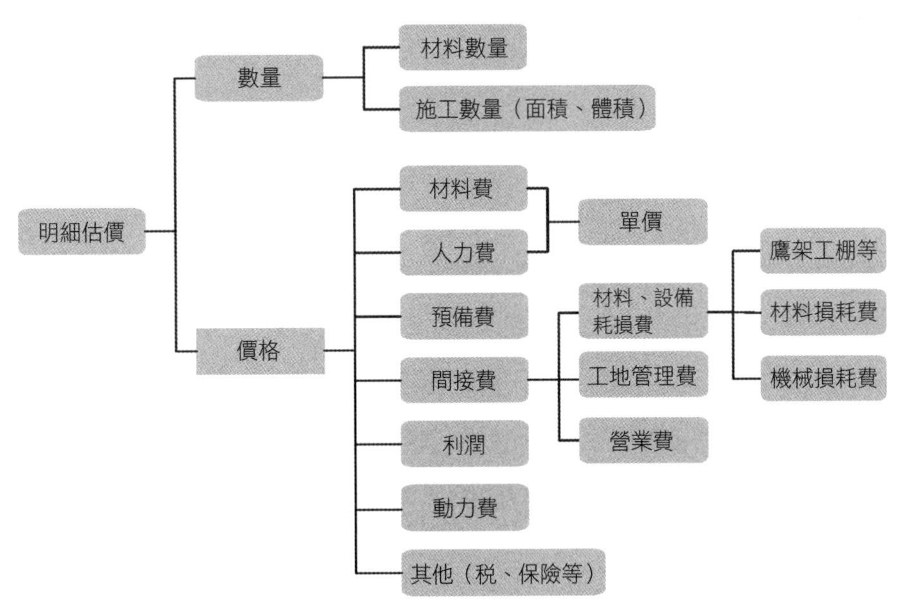

圖 3.26 明細估價的內涵

四、估價單

估價單的內容應包括各種材料、工資、管理費、利潤及稅捐等。通常的排列順序有兩種，一種為按照施工的先後次序，一為按照材料的進場次序。至於編造的方式有下列三種：

㈠工程單位式

以施工項目單位為計算的基礎，將各項目的數量一一列出，乘以單價即得各項目造價。此種方法較為實用，且核算方便為其優點，但是其單價分析時，多取整數，較為虛浮為其缺點，如表 3.8。

㈡工料分列式

將全部工料分項編列，以市價估算，再加利潤作為造價，如表 3.9。此種方法工料價格是由直接計算獲得，較接近合理成本，可明瞭工料之數量及市價是否正確，且可為廠商配料發包時的依據。過度繁雜為其缺點。

㈢綜合式

此種方式按照當地習俗予以排列，適用小型營建工程，目前較多採用。此種方法的優點在於計算時較為簡潔且便於發包，但難做明確表示，較會誤解（如表 3.10）。

上列三種方式互有利弊，估價時應以簡單合理為原則，切忌混淆不清。表 3.11 為營建商常用的估價單例子。

五、單價分析

單價分析亦即一般所稱之工料分析，最主要是為求得單價。凡是

表 3.8 工程單位式評估單

項目	品名及規格	單位	數量	單價	總價	附註
1	基礎挖土	M^3	33	30	990	
2	141kg/cm³ 混凝土	M^3	12	410	4,920	
3	176kg/cm³ 混凝土	M^3	126	490	61,740	
4	白水泥磨石子	M^2	265	120	31,800	
總價					99,450	

表 3.9 工料分列式估價單

項目	品名及規格	單位	數量	單價	總價	附註
1	水泥	包	200	80	16,000	
2	紅磚	塊	17,500	1	17,500	
3	砂	M^3	30	30	900	
4	鋼筋	T	12.6	8,200	103,320	
5	泥水工	人天	10	2,600	26,000	
6	利潤	式	1	10,000	10,000	
總價					173,720	

註：利潤隨景氣之變動而異。

表 3.10 綜合式估價單

項目	品名及規格	單位	數量	單價	總價	附註
1	放樣	M^2	226	10	2,260	
2	地下室挖土	M^3	125	40	5,000	
3	1：2：4 混凝土	M^3	126	490	61,740	
4	模板損耗	M^2	1,180	52	61,360	
5	紅磚	塊	10,000	1	10,000	
6	油漆	M^2	30	10	300	
7	木工	工	10	200	2,000	
總價					142,660	

●表 3.11● 營造商估價單的例子

工程估價單：QUOTATION						營造股份有限公司
業主：________	工程名稱：________			日期：　年　月　日		
項目	品名及規格	單位	數量	單價	複價	附註
1	放樣	M^2	226	10	2,260	
2	地下室挖土	M^3	125	40	5,000	
3	1：2：4 混凝土	M^3	126	490	61,740	
4	模板損耗	M^2	1,180	52	61,360	
5	紅磚	塊	10,000	1	10,000	
6	油漆	M^2	30	10	300	
7	木工	工	10	200	2,000	
8						
9						
10						
11						
12						
13						
總價新台幣：　佰　拾　壹　萬　肆　仟　貳　佰　陸　拾　零　元　角						
________股份有限公司 負責人： 住址： 電話：						

每種工程的造價或工程費用，均據此計算而得。單價若包含利潤，在總工程中的利潤就要酌減以免重複計算，常用的單價分析例子請參閱表 3.12。

六、施工進度

施工進度與營建重大工程的完工時程息息相關，營建工程在施工前必須詳擬施工進度圖表（圖 3.27），將工程興建之每一步驟與完成

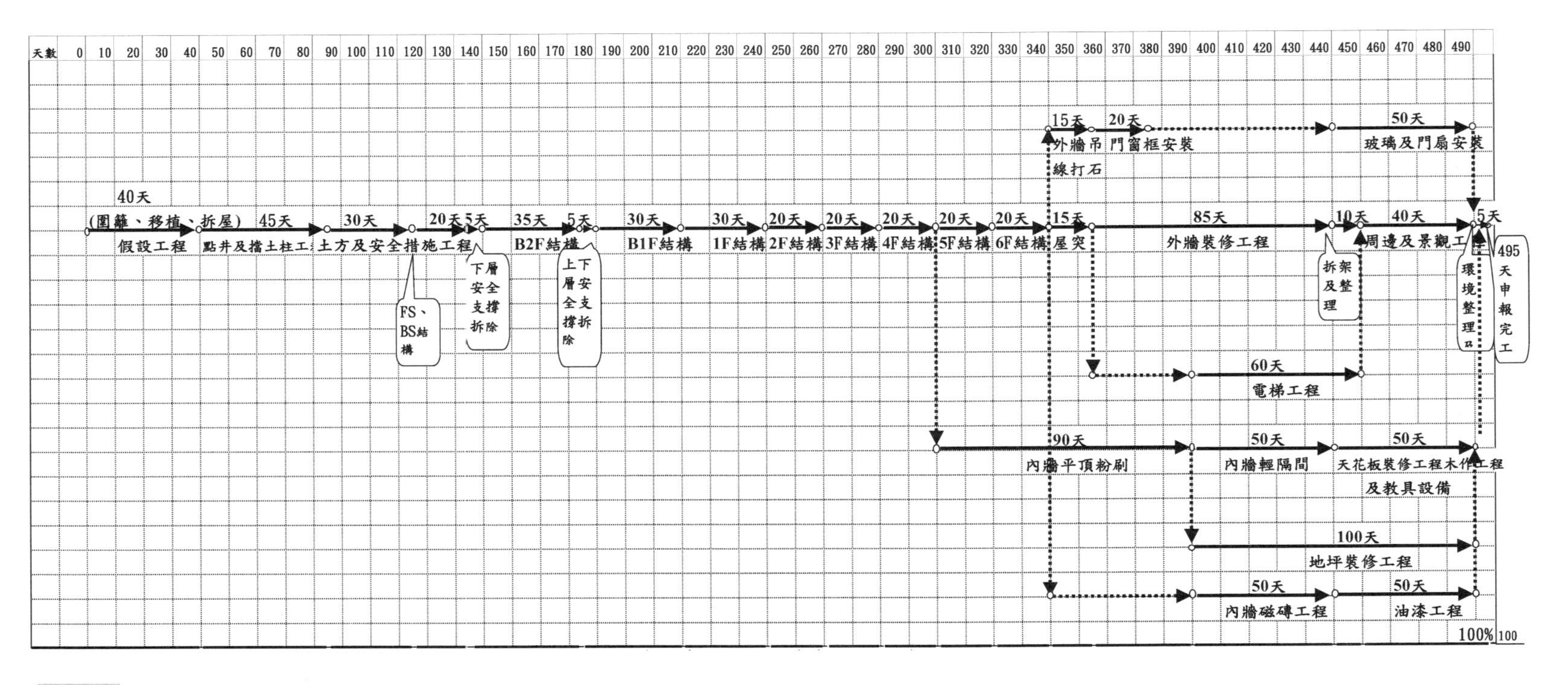

圖 3.27 A科技大樓建築工程施工要徑網狀圖

資料來源：謝文彥（2005：37）。

表 3.12 房屋工程詳細分析

工程項目	說明	單位	數量		備考
			最大	最小	
砌紅磚		m^3			
	紅磚	塊	560	550	
	水泥	袋	2.0	2.0	用 1:3 水泥沙漿砌築
	沙	m^3	0.27	0.25	
	泥工	工	0.77	0.56	
	小工	工	1.12	0.86	
砌 20 公分空心磚		m^2			用 1:3 水泥沙漿
	空心磚	塊	12.5	12.5	
	水泥	袋	0.1	0.1	
	沙	m^3	0.14	0.12	
	泥工	工	0.1	0.1	按每 40 公分灌填一孔縱向鋼筋一支 0.8 平方公尺插 0.9 公分每 0.8 公尺排鐵絲網一層
	小工	工	0.14	0.10	
	混凝土	m^3	0.022	0.022	
	鋼筋	kg	0.69	0.69	
	#8 鐵絲網	m	1.25	1.25	
鋼架		噸			
	角鐵	kg	700	700	應按圖詳估
	鋼板	kg	230	230	應按圖詳估
	鉚釘	kg	90	90	應按圖詳估
	油漆	m^2	45	35	
	鐵工	工	14	12	
	架設工	工	2	1	
	小工	工	2	1	
	機電設備動力	%	2	1	
木屋架跨度 8 公尺		木品			Howe truss
	木料	m^3	0.653	0.42	應按圖詳估
	鐵件	kg	34	25	應按圖詳估
	木工	工	4.5	3.5	
	小工	工	0.8	0.5	
木屋架跨度 10 公尺		木品			Howe truss
	木料	m^3	75	0.68	應按圖詳估
	鐵件	kg	45	30	應按圖詳估
	木工	工	5	4	
	小工	工	0.8	0.5	

●表 3.12●　房屋工程詳細分析（續）

工程項目	說明	單位	數量		備考
			最大	最小	
雙面板條灰牆		m^2			
	牆筋木料	m^3	0.02	0.017	應按圖詳估
	板條	m^2	2	2	
	鐵件	kg	0.25	0.14	
	洋釘	kg	0.25	0.18	
	木工	工	0.35	0.28	
	石灰粉刷	m^2	2	2	
硬蔗板平頂		m^2			
	吊木梁	m^3	0.0064	0.0056	圓木，應按圖
	平頂筋，吊木	m^3	0.0106	0.007	詳估
	1.8 × 0.9m 蔗	張	0.7	0.6	應按圖詳估
	板		0.0042	0.0028	
	壓條木料	m^3	0.10	0.08	應按圖詳估
	洋釘	kg	1	1	
	油漆	m^2	0.20	0.14	
	木工	工			
木地板（架空鋪設）		m^2			
	地梁	m^3	0.014	0.011	應按圖詳估
	擱柵	m^3	0.0056	0.0045	應按圖詳估
	企口地板	m^3	0.035	0.0306	應按圖詳估
	洋釘	kg	2.0	1.6	
	木工	工	0.4	0.3	
	油漆	m^2	1	1	
基礎挖土	普通土	m^3		0.3	包括回填
	小工	工	0.45	2	
	工具損耗	%	3		
基礎挖軟石		m^3			
	石工	工	0.30	0.15	
	小工	工	0.8	0.4	
	炸藥	kg	1	0.07	
	雷管	個	2	1.0	
	引線	m	1.3	0.7	
	工具損耗	%	4	2	

表 3.12 房屋工程詳細分析（續）

工程項目	說明	單位	數量		備考
			最大	最小	
基礎挖堅石		m^3			
	石工	工	1.5	0.80	
	小工	工	0.60	0.40	
	炸藥	kg	0.3	0.2	
	雷管	個	6	4	
	引線	m	3.6	2.4	
	動力費	%			
	工具損耗	%	5	3	
填級配沙石基礎		m^3			鬆方
	級配沙石	m^3	1.3	1.2	
	小工	工	0.3	0.2	
	工具損耗	%	3	2	
無筋混凝土 28 日抗壓強度 141 公斤／平方公分		m^3			機拌與極限壓力等因素有關
	水泥	50 kg 袋	4.5	4.5	
	石子	m^3	1.0	0.9	
	沙	m^3	0.5	0.45	
	大工	工	0.15	0.1	
	小工	工	1.5	1	
	機電設備動力費	%	3	1	
	工具損耗	%	1	1	
無筋混凝土 28 日抗壓強度 176 公斤／平方公分		m^3			機拌與極限抗壓力等因素有關
	水泥	袋	7.9	5.5	
	石子	m^3	1.0	0.9	
	沙	m^3	0.50	0.45	
	大工	工	0.15	0.12	
	小工	工	1.7	1.3	普通建築：
	鋼	kg	160	90	加強磚造 90 至 110 公斤／立方公尺構架 110 至 160 公斤／立方公尺
	模板	m^2	8.5	6.5	
	機具損耗	%	3	1	
模板損耗		m^2			
	洋釘及鉛絲	kg	0.25	0.15	
	大工	工	0.20	0.15	
	小工	工	0.10	0.05	
	材料損耗	m^3	0.0135	0.00945	約 3.5 至 5 才

表 3.12　房屋工程詳細分析（續）

工程項目	說明	單位	數量		備考
			最大	最小	
鋼筋加工		噸			
	鋼筋	噸	1.0	1.0	
	#18 或#20 鐵絲	kg	4.5	3.5	
	紮筋工	工	6.0	5.0	
	小工	工	2.0	1.0	
1:2 水泥沙漿		m^3			
	水泥	袋	13.0	13.0	
	沙	m^3	0.95	0.90	
	小工	工	1.2	0.8	
1:3 水泥沙漿		m^3			
	水泥	袋	9.0	9.0	
	沙	m^3	1.0	0.95	
	小工	工	1.2	0.80	

日期明確規定。工程發包時，應以挑選最有能力完成工程之承包商為目標。若採最低標制度，要達成前述的目標，顯然有矛盾處。各建商低價搶標，往往導致日後的承包商施工過程中過度的利益導向，而造成工程品質推動的損傷。為求施工順利，在工程發包後，依工程所擬採用的施工方法、施工時限著手編擬施工進度表（construction schedule）。

在編擬施工進度表前，應先蒐集施工現場年雨量分布情形，分析各月之降雨日數，作為各月之工作天（working day）數。另應考慮機具經常性及故障性維護與人員休假等因素，每月最多僅能以二十五天為工作天。施工期間對內即據此以考核各項施工單元作業情形，對外據此呈報進度，此表所表現的進度為月進度。各項工程施工時，依前述進度表上所規定的時限，按施工計畫所擬施工方法，研擬每日進度，編擬分項施工進度表（sub-item construction schedule），且據此進度表執行。在小規模工程中，有日進度表即可。中型以上規模的工程，必須具備預定及實際施工的月和日。進度表可以用桿條圖（bar chart）（圖 3.28）表示，當然也可以用評核（program evaluation and review technigue, PERT）圖表示，評核圖又稱為「網圖」（圖 3.29）。

工程項目	天數	1	2	3	4	5	6	7	8	9	10	11	12	13	14	15
放樣	預定	■														
	實際	▒														
柱筋組立	預定		■													
	實際		▒													
外牆模組立	預定			■	■											
	實際			▒	▒											
牆筋綁紮（水電配管）	預定				■	■	■									
	實際				▒	▒	▒									
牆版模組立	預定							■	■	■	■	■				
	實際							▒	▒	▒	▒	▒				
樑版筋綁紮	預定												■	■		
	實際												▒	▒		
水電配管	預定														■	
	實際														▒	
灌漿	預定															■
	實際															▒

圖 3.28 桿條圖

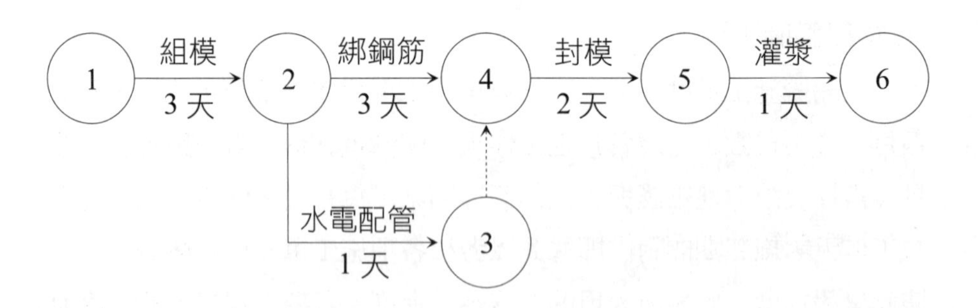

圖 3.29 網圖

柒・施工圖

施工圖之意義，依據台灣省建築師公會所編《建築辭典》說明，施工圖係「依據設計圖而繪製成施工用細部之圖說」。為完成上述定義，施工圖須具備下列事項：⑴各部位三度空間尺度；⑵各部位構造；⑶各部位材料；⑷設計適法性（亦即設計圖之各部尺度是否合乎建築相關法規之規定）。因此，施工圖亦可定義為「將設計圖說予以明確標示建築物各部位尺度，並加以說明構造、材料，依據法規設計，以作為施工及驗收標準之圖說」。

一、施工圖種類

施工圖依圖屬性大致分為三大項：

㈠土木建築施工圖

圖中大多數為建築部門平面、立面、剖面之施工圖，一般仍沿用「土木建築」名稱，此項施工圖大致分為三小項：⑴建築施工圖、⑵結構施工圖、⑶雜項工程施工圖（如圍牆等）。

㈡設備施工圖（包括水電及消防設備）

設備施工圖可細分如下：⑴給水、排水及衛生設備圖；⑵消防設備圖；⑶電氣設備圖（含弱電設備）；⑷空調及機械設備施工圖。

㈢環境景觀植栽施工圖

依 CNS 規定，分別以下列英文字母代表各類圖說：

A：建築施工圖。

S：結構施工圖。

F：消防設備圖。

P：給水、排水及衛生設備圖。

E：電氣設備圖。

M：空調及機械設備圖。

L：環境景觀植栽圖。

二、建築施工圖內容

前述施工圖中：⑴建築施工圖、⑵結構施工圖、⑶設備施工圖等三項，依 CNS 規定及各縣市的作業方式，大致上又可細分為：

㈠建築施工圖

A1. 地盤圖、位置圖、現況圖、地籍圖。
　　索引圖（索引表）。
　　面積計算表（如設計案較小，三項通常合為一張圖）。

A2. 各層平面圖（含地下室一、二……、地上一、二……標準平面圖、屋頂突出物平面圖）。

A3. 各面向立面圖（正面、背面、右側、左側或特定方向）。

A4. 剖面圖（含一般剖面圖）。

A5. 樓梯及剖面圖。

A6. 門窗圖、門窗詳細圖。

A7. 細部大樣圖。

A8. 安全措施圖。

上述編序亦可不分項排列，直接依面積計算、平面、立面……等圖說依圖紙張數，以 A1、A2、A3……編號。

㈡結構施工圖

1. 結構平面圖：（含地下室一、二……層、地上一、二、三……層、標準平面圖、屋頂突出物），歸類為 S_1。
2. 基礎配筋圖。
3. 柱配筋圖。
4. 梁配筋圖。
5. 樓板配筋圖。
6. 牆配筋圖。
7. 標準配筋圖。

上述編序中，2 至 6 項屬配筋詳細圖，歸類為 S_2。

㈢設備施工圖

1. 消防設備圖。
2. 給水設備圖（衛生設備圖）。
3. 排水設備圖。
4. 弱電設備圖（含電話設備圖、電視設備圖）。
5. 空調設備圖。
6. 天然瓦斯設備圖。

㈣內容說明

一般建築師事務所主要繪製建築施工圖、結構施工圖兩部分。設備施工圖則委由電機技師設計及繪製（天然瓦斯設備圖委由天然瓦斯公司繪製）。

1. 一般所稱施工圖係指前者，亦即下列兩項：

⑴建築施工圖（即 A1、A2、A3、A4、A5、A6、A7 、A8）。

(2)結構施工圖（即S_1、S_2）。

2. 目前實際作業上，結構施工圖（含結構平面圖及配筋詳細圖）亦有委託結構技師繪製者，在建築師事務所內實際繪製者，僅建築施工圖。

3. 一般申請建築執照所需圖說較簡單，為避免先加註使用材料而施工時缺乏彈性，施工圖繪製亦有繁複與簡潔兩種之分。一般公共工程需要較詳細之圖說以作為施工之依據，在繪製時常須加上細部詳圖。

三、施工圖提供業主內容

建築施工圖因應建築師事務所及業主要求分為下列三種：

1. 簡易建築施工圖：其中標示(1)各部位尺寸；(2)各部位構造；(3)檢討法規之適法性。
2. 一般建築施工圖：除標示各部位尺寸、構造，及檢討法規之適法性外，並標示「各部位材料」或標示「主要構造材料」。
3. 詳細建築施工圖：除標示(1)各部位尺寸；(2)各部位構造；(3)檢討法規之適法性；(4)詳細標明 「各部分材料」外，為提升施工之準確性，並繪製「細部大樣圖」（比例為1：5、1：10……不等）。

玖・施工說明書

為了輔助施工圖之不足，予營建者更詳細的說明以利施工的文件，稱為施工說明書（construction specifications），是營建工程之施工契約中的部分。在營建工程施工前，材料規格和施工方法相關事宜應以書面撰寫精確清楚。如施工圖中未註明而為施工上必須成慣例所應有，均在施工說明書中描述，不明處則應由建築師解釋之。施工說明書以施工性質可分為：(1)一般建築工程施工說明書；(2)鋼構工程施工說明書；⑶水電工程施工說明書；⑷冷凍空調工程說明書；⑸其他特殊工程說明書。各項說明書多以總則規定說明工程範圍與施工、保固檢驗、責任等關係之共通事項。隨之以若干章節分項說明施工之標準及方法，以協助施工者順利作業。施工說明書之撰寫應由熟悉營建材料、施工方法、估價和建築規則之專業人員主導。各建築師事務所長年工作早已累積豐富的經驗，多以分類製作完成各類書面說明書資料備用。建築師工會及營建管理政府機構亦有編妥的各類施工說明書備索。

第五節　施工技術

營建工程的施工技術奠基於設計理論，實現於工地的施工中。本節所涉各項目之設計將不贅述。將以施工相關注意事項宜描述，包含放樣開挖、基礎、鋼構、鋼筋混凝土、木構造、牆面及地面、安全衛生及施工相關重點等項目。

壹・放樣開挖

營建工程在選定基地並針對業主需求由建築師規劃設計圖施工圖後，即可經由發包工程妥由適合的殷實建商承建。建商在興工前應先至工地勘察，對地形高低、計畫道路建築線指定、地面標高、土質、植物遷移、材料運輸路線、水電接裝、完工後場地清理、工地工舍等事項顧慮周全後，依施工契約及施工圖循序興建。開工之初正確的放樣標示界線、定位及基礎土方開挖，影響未來建築物施工至深。

一、放樣

營建商應依施工圖說明，以木樁及石灰等將工程界線及各主要部分中心線標出，經建築師查驗無誤後始准開工。開工前應製作標準水平樁，作為建築物高度標準依據，宜用混凝土澆築於指定地點，並標明至附近固定物之距離，不得移動。

二、開挖

依據標示的界線開挖土方時，應留出邊緣使成六十度斜坡或先完成撐架鋼板樁、RC 預壘樁等安全措施以防坍塌。對鄰近的建築物宜先拍照存證，以為日後若因開挖土方造成的賠償依據。挖出的土留做回填外，多餘泥土應即運離現場。如遇流沙鬆土或岩石層，應即通知建築師研討處理。基地若因低窪需要填土，應分層填鋪，每層以二十公分為準，隨填隨夯至堅實為止。如填土面積較大，宜用碾壓機壓實。因雨水或地下水湧出，應在適當地點開挖排水溝渠或用抽水機將水排出，俟完工後填復。基地附近的公共設施，如排水管、電管、瓦斯管、電話線等宜詳細調查，以免施工破壞。

貳・基礎

基礎承受建築物自重和內部之各種活載重，若因設計不當或施工不良，將使整個建築物因不平衡之下沉而毀損。設計部分因涉力學分析不再贅述。施工時應依施工圖尺寸開挖及鋼筋排列，均經建築師查驗合格後，進行混凝土搗築。基槽內若有積水或坍方情形，應採用模版。澆築之混凝土應予養護，俟乾硬後始可進行上部施工。遇地坪底層或牆基採用卵石及級配料時應緊鋪夯實。

基槽開挖後若發現土質鬆軟，應報請建築師擴大基礎為筏式或打基樁。基樁如採木樁，樁尖應加樁靴，且樁身不可有接頭，受錘擊之頭部應加鋼圈保護。混凝土樁則有兩類：預鑄混凝土樁及場鑄混凝土樁。施打時錘擊若遇開裂折斷，應拔除重打。

參・鋼構

鋼構工程在高層鋼骨大樓施工時受營建法規限制，施工亦受各國規範，如中國國家標準CNS、日本工業標準JIS、德國工業標準DIN、美國鋼鐵結構協會 AISC、美國焊接協會 AWS、美國材料試驗學會ASTM、瑞典國家標準SIS、美國石油協會AP影響。但均應符合我國內政部所頒建築技術規則規定設計。我國鋼構設計多採 JIS 及 ASTM 兩系統作為設計依據。施工採用之鋼料應查驗經檢驗合格之證明書外，還須抽樣送檢驗機構複核其尺寸、化學成分、物理性質及公差等。每五公噸為一批，各種尺寸均須分別檢驗。厚度超過十九公釐之板材應以超音波探傷法查驗是否有夾層存在。一旦發現品質有瑕疵，通常均原件退回。

鋼構加工時應全面放樣，並考慮空調、防災等相關管線狀況。除建築師許可外，鋼料以整體長度為佳不得續接，若須續接應以焊接方式，以高強度之材料替代低強度者接合。鋼材之畫線不得留下永久性痕跡，裁切面須用砂輪磨平至符合標準。鑽孔完成之標準孔徑須較螺栓直徑大一・五公釐，孔壁要平整垂直，雜物應予磨平，鋼材之鉚接或焊接前應依設計圖說、施工規範之規定先予組合。

鋼構製程檢測在選妥檢測對象後進行下列項目的檢查：

1. 加工品質：包括切斷、切削、放樣、開槽、鑽孔、彎曲加工、機械加工等。
2. 組合品質：包括柱、梁、構材、接頭、大組合等。
3. 焊接品質：包括焊接前、焊接中、焊接後外觀、非破壞、剪力釘植銲等。
4. 成品檢查：包括尺寸、細部尺寸、外觀、接合、韌性試驗等。
5. 塗裝品質：包括除銹、噴塗、外觀等。

外觀目視檢視不易識別的表現面坑槽、裂隙或開口，都可採用滲透液檢測。若發現品質異常，應即針對問題提出解決方案進行修補或重新製作。

肆・鋼筋混凝土

鋼筋混凝土是利用混凝土之抗壓性和鋼筋之抗拉性普遍用於營建工程中。施工中之水泥有風化結塊狀況一律不得使用，砂石料不可帶貝殼泥土或其他有機物。水不得含油、酸、鹼等成分。鋼筋直徑〇・九公釐以上用竹節，經一百八十度彎曲無折裂現象。儲存鋼筋應離地並防雨水浸蝕。鋼筋搭接長度為主筋直徑的三十倍以上，與模版距離二至六公分，若有增建計畫，鋼筋要自柱面及壁面伸出鋼筋直徑的四十倍以上，並做防磨蝕之保護。

施工中混凝土的水灰比值影響了建築工程壽命。茲將最大容許水灰比列如表 3.13，各種強度必須經坍度及圓柱試驗取得準確的砂、石、水泥配合比例。粒料最大的標準粒徑不得大於兩模版間最小淨距之五分之一，樓板厚度之三分之一，亦不得大於鋼筋與鋼筋或鋼筋與模版間最小淨距四分之三，以其中最小者為準。如採預拌混凝土，其

表 3.13　最大容許水灰比

規定 28 天抗壓強度 公斤／平方公分	一般混凝土		輸氣混凝土		備註
	每袋（50 公斤）水泥之用水量（公斤）	水灰比	每袋（50 公斤）水泥之用水量（公斤）	水灰比	適用範圍
140（2,000 磅／平方吋）	35	0.70	—	—	無筋混凝土
175（2,500 磅／平方吋）	32	0.64	27.5	0.55	一般鋼筋混凝土
210（3,000 磅／平方吋）	29	0.58	23	0.46	特別規定
245（3,500 磅／平方吋）	25.5	0.51	20	0.40	特別規定
260（3,700 磅／平方吋）	24.5	0.49	19	0.38	特別規定
280（4,000 磅／平方吋）	22	0.44	17.5	0.35	特別規定

拌合與輸送應合乎預拌混凝土規範。

所有埋設物（如套管、嵌入物等）應於澆築混凝土前安設，必要時以易取出之材料暫填孔隙以防混凝土進入。澆築混凝土時應使用經建築師核准之內外模震動機，務期混凝土與鋼筋及模版緊密接觸。樓板與梁接合處應一次搗築完成。若有接縫，應設於對結構物強度影響最小之處，接縫處必須刷洗清潔抹純水泥漿一遍方可繼續施工。澆築混凝土時須不斷檢視模版有無走動變形。拆模在一般狀況下地梁基礎最少三天，梁側板十天，柱模及牆版十四天，大梁底及樓板平台雨篷至少二十一天。混凝土灌注完成後兩週內須經常澆水並保持不受衝擊，避免日曬雨淋，以確保其強度之形成。

伍・木構造

木料之選擇應經良好乾燥、不含裂縫、節疤或影響其外表、強度及耐久性之缺點，運至工地應仔細保護，避免損壞。門窗均以檜木為上選，榫頭接合、豎立時應用斜撐以免變形，至牆壁完工後拆除。現今市場則多以木質或塑膠機製成品取代傳統的木門窗。踢腳板及牆版，企口不可見釘，顏色木紋均勻，釘妥後以刨刀修平接縫打蠟一底三度。近日亦見市場出現簡易接合不必打蠟之板材，可以DIY方式自行施工。

陸・水電裝配

水電工程應覓合格有證照之電匠施工。管線均應依建築師指定之規格採用。給水衛生部分以能通過自來水公司檢查，電氣工程以能通過電力公司之檢驗為合格。所有水管接頭若採鍍鋅鐵管，應用紅丹麻絲嵌妥，塑膠管則以膠合劑接合，均能維持8.5公斤／平方公尺之壓力達一小時以上。電線應採用有符合國家標準標記之產品。插座位置應離地面三十公分，壁上開關離地一百三十公分。接地線應通至地面下二・一公尺處之 0.32×60×60 公分銅板或 0.51×180 公分銅管上。

柒・牆面及地面

建築物隔間牆壁多以紅磚、石塊砌成，亦有採用木料或其他材料者。紅磚砌前宜用水浸透，灰漿以 1：3 水泥沙漿隨拌隨用，灰縫厚度不得超過一公分，並應使磚縫滿灰，每日砌高不得超過一・二公分，磚面力求稜角方正。牆面依位置之不同可區分為外牆面及內牆面兩種。外牆面多以粉刷、貼面磚、洗石子或斬石子方式施工。內牆多為粉刷，亦有依業主需要做特殊施工者。外牆之施工要特別注意防水功能，使用之防水劑應經建築師認可後施工。通常牆面粉刷以一底一度為原則，以 1：3 水泥砂漿刮糙打底，厚度約九公釐。乾燥後再用 1：3 水泥砂漿粉刷，厚度為約六公釐，須平直光滑，全部水泥粉刷厚度不得少於十五公釐。水泥粉刷畢後將牆面披平，刷油漆一底兩度。

牆面與地面亦多採貼面磚方式施工。面磚之選擇顏色務求均勻、吸水率低、耐磨、堅硬者，為防止滑倒，有時亦會選取毛面之材料鋪面。地面若採磨石子，其粒料顏色應經建築師核定始得施工，磨平後洗淨打蠟兩次至表面平整光滑，顏色均勻為度。洗石子外牆盡量要避免鏝刀痕，力求色澤一致。斬石子牆面有圖案者，應於施工前用馬牙型小木條分別先用純水嵌牢再粉表面，待斬毛時隨起木條，但不得損壞邊緣。

捌・安全衛生

營建工程所發生的傷害、殘廢、死亡、疾病等災害，眾所周知的，除不可抗力的災害外，絕大部分的原因，不外乎不安全衛生的設備、環境或行為造成。由於管理的疏忽以及施工人員對安全知識的不足，未養成良好的工作習慣，造成了不可彌補的損失。為減少此種損失，施工中應先將不安全的設備環境或行為設法消除，並導入正確的工作程序，以謀求營建工程施工場地及人員之安全衛生。

營建商應組成安全衛生組織，形成自動檢查體系。自動檢查體系包括營建商負責人、部門主管、基層主管（領班）、勞工、倉庫工具管理人員、安全衛生管理人員及專業的檢驗人員定期從事檢查保養設備機具。檢查的重要項目應包含不安全衛生的設備、環境及行為。

一、不安全的衛生設備環境

◆ 工作場所及通路

人員行走道路寬度、地面、施工梯、照明、事故預防標誌、顏色警示、危險地區之標記等。

◆ 機械設備

機械防護、傳動裝置安全設施、操作危險區（點）、動力安全裝置、手工具等。

◆ 特殊危險機具

安全閥、壓力錶、輸氣管、給水、排水、檢驗系統、易燃物隔絕、起重升降機、吊具等。

◆ 物料搬運及儲存

搬運系統、方式、儲存箱櫃槽、車道、軌道車輛、軌道、物料、堆放、危險品搬運及儲存等。

◆ 爆炸、火災預防

防火隔離、消除靜電、可燃性氣體洩漏、危險物隔離、化學品及設備保養、點火設備、可燃氣體、消防設備、火災報警系統、消防組織及訓練等。

◆ 墜落災害預防

開口部防護、高處作業墜落防護、移動梯子、土石崩落防止、高處墜落物體防止等。

◆ 電氣設備

開關、電纜、電線、連接器、延伸燈光接頭、保險絲、電磁開關等安全裝置、變壓器、馬達、焊接設備等。

◆ 衛生

有害氣體、塵埃、廢棄物之排除設備、噪音震動防止設施、缺氧防止、廁所、飲水設施、急救藥品、醫療設施等。

◆ 防護具

頭盔、安全眼鏡、呼吸器、防毒面具、耳塞等。

二、不安全衛生的行為

◆ 人員行爲

無經驗、屢遭意外、喜冒險、身體或心智不安全、情緒不穩、病癒、調職的人員要特別注意。

◆ 管理作業

作業方法、聯絡、協調的程序一定要依規定進行，人員配置要合理適當，各項施工作業進行前、作業中、作業後，必要予以檢視確認作業無誤，配合獎勵制度以確保安全衛生。

玖・施工機具

承包商依施工計畫中的工程性質，在施工前擬妥須用機具之型式、數量及使用時期。通常除契約規定之特種施工機具予以購置外，應考慮新購機具之獲益大於購置費時始予購買。施工機具宜以經濟使用期限（economic life of equipment）購置標準機具為宜。常見的標準施工機具：

一、曳引機（Tractor）

曳引機為推動或牽引重量之主要機具，一般分為履帶式及膠輪式兩種。膠輪式又分兩輪式與四輪式。

二、堆土機（Bulldozer）

堆土機挖土刃之位置有直推、斜推及傾斜等方式。如以行走裝置分類亦可分為履帶式及膠輪式。如以推土斗之操縱方法可分為鋼索操縱（cable control）及液壓操縱（hydraulic control）。

三、動力土鏟（Power Shovel）

動力土鏟為挖掘及裝卸土壤之機械，宜用於陡面挖掘。動力土鏟底盤有膠輪和履帶兩種。較小工程宜用調動靈活的膠輪式，較大工程、機具靈活調度相對並不重要，且履帶底盤較膠輪底盤價高，履帶對地面壓力小，故宜用履帶式。

四、拖斗挖土機（Dragline）

挖掘土壤並將土壤載於卡車、拖引車或堆集於挖土坑附近，可用拖斗挖土機。大致與動力土鏟相似，僅將動力土鏟之吊桿換為較長的吊桿，鏟斗換為拖斗（bucket）。

五、挖槽機（Trenching Machine）

挖掘自來水、瓦斯、輸油管、電纜槽、排水管、泥水管等溝槽工程常用輪式（wheel-type）挖槽機或梯式（ladder-type）挖槽機施工，具有施工迅速、整修費用小、管槽深度及寬度容易控制等優點。

六、傾卸車（Dumper）

傾卸車約可分為後面傾卸車、底卸車及邊卸車三種。視運輸物品性質選用車種。如運輸碎石宜用淺而周圍均可卸用的車；砂、卵石、較乾燥的土壤、煤等易流動的物品宜用底卸車，濕黏土或大石塊不宜。

七、空氣壓縮機（Compressor）

營建工程以壓縮空氣作為動力者日趨普遍，如小型打樁、起吊重量、鑽岩、錘擊、噴沙、壓力輸送混凝土、水力噴射等工作，均以壓縮空氣為動力，設備簡單，用途日廣。

八、鑽岩機（Drilling Equipment）

岩石挖掘前須先鑽孔，依裝炸藥、爆破、使岩石炸成碎塊等順序，再用挖掘機具挖除。鑽岩機種類眾多，須視工程大小、地形、岩石性質、需要鑽孔直徑、深度、爆破、石塊大小等因素，決定選用的鑽岩機。

九、碎石機（Crusher）

依石塊軋碎成所需要的尺度粒料的大小順序分成三級碎石機。依序由以爆破後之石塊軋碎的機具稱為一級碎石機，以一級碎石機生產之石料再軋碎的機具稱為二級碎石機，以二級碎石機生產之石料再軋碎的機具稱為三級碎石機。

十、拌合機（Mixer）

混凝土拌合機有營造（construction）拌合機、路面（paving）拌合機及車載（transit）拌合機三種。拌合機的容量是以混凝土拌合後之最大容積分級。配合輸送帶或車輛運送至施工處澆築。

十一、其他機具

營建工程中遇排除積水、降低水位或沖水噴灌工作，均要使用抽水機（pumps）。基礎下層鬆軟、地下水流入亦常使用水泥灌漿機。

第六節　室內設計

壹・室內設計的意義

室內設計是建築物內人為環境設計的一種主要作為，一種以科學為機能基礎，以藝術為形式表現，在適合的經費預算下，塑造成一個有風格（style）、舒適（comfortable），且精神與物質並重的室內生活環境而採取的理性創造活動。室內設計與室內裝潢、室內裝飾或室內布置，是同一實質的不同名詞，彼此之間並無明顯差異。嚴格的本質言，「室內裝潢」指專營窗簾、地毯、壁紙等室內工程的行業或施工內容。室內裝飾或室內布置則是西方設計歷史上長期所沿用的名詞。根據英國設計史家 George Savage 在《室內裝飾史》導論中的解釋：「室內裝飾是建築內部固定的表面裝飾和可以移動的布置所共同創造的整體效果」。傳統的室內裝飾在實際上包括兩個主要部分：⑴門窗、牆壁和天花板等建築細部的固定裝飾；⑵家具、地毯和器皿等可以移動的布置。室內裝飾是一個較為廣義的名詞，它泛指室內有關裝飾和布置兩個主要問題。室內布置則是一個較為狹義的名詞，指室內家具陳設部分的選擇與安排。

自 1940 年代現代設計運動展開以來，人為環境設計的觀念和方法已經完全擺脫了傳統的羈絆，室內設計思想領域和設計活動異常活躍，進而邁向一個嶄新的階段。在這種潮流的衝擊下，形成了一種新科技與文化緊密結合又創新的多元化新貌。室內設計概指集現代的工作生活、居住、心理、視覺各方面因素，做一種理性的創造活動，使人類在工作、生活、居住、心理和視覺各方面得到至高無上的滿足與相互間的和諧。

貳・室內設計的範圍

室內環境是一個三度空間（three dimensions, 3D），類型相當複雜。根據《新大英百科全書》的分類，室內空間可以包括「住宅室內」和「非住宅室內」兩種基本範圍。住宅室內是針對家庭的居住空間，無論是獨戶住宅或集建公寓皆歸屬在這個範疇之中。由於家庭是社會結構的一個基本單元，視居住者之喜好，其家庭生活具有特殊的性質和不同的需求，促使住宅室內設計變成一種專門性的設計活動。

住宅室內設計依其空間的屬性不同，包括：入口處（門廳）、客廳、起居室、餐廳、廚房、主人臥室、孩童臥室、客房、書房、工作間、盥洗室、浴室（廁所）、走道、儲藏室等。非住宅室內是一種非常廣義的名詞，泛指除了住宅以外的所有建築物內部空間，舉凡公共建築、工商建築，乃至於旅遊和娛樂性建築等皆屬這個範疇。各種公共建築室內的形態不同而性質亦異，必須分別給予充分的機能和適宜的形式，始能滿足個別的需要，並發揮其特殊的功能。室內設計雖然劃分為上述兩種範圍，但設計原理是相通的。只要能夠認清現代室內設計的本質，並且充分把握個別空間的特殊目的，必能創造出理想的活動環境形式。

參・室內設計的內涵

室內設計的內涵大致分成規劃、設計、施工、裝潢／布置四個項目。依據不同的業主，視工作、生活或休閒活動的不同需求，其室內空間必須符合安全、實用、美觀的原則，塑造舒適而獨特的風格。茲將各項目分述如後。

一、規劃

一個室內設計的專案應先由業主正式委託適合的設計師進行規劃。設計者應先至現場勘察測繪空間或攝影備查，業主的目標與需求必須清楚描繪與溝通，協助業主建立合理的預算概念，安排作業的人力與時間。在確實了解建築之機能後，宜蒐集相關資料與法令予以系統化的分析研究，並開始著手繪出構想草圖。構想草圖中要特別注意動線的安排、可行方案的布局、多方案之評比，以平面、立面及透視圖或模型呈現給業主。

二、設計

建築空間宜塑造業主的風格，並能符合時代背景和功能。設計時要具室內與外觀整體的概念，呈現設計的主要旨趣，利用造境、造景、造形技術搭配家具與空間之組合，形成一個富創意而生氣蓬勃的空間。對於空間之可變性和彈性要特別注意，以利日後空間的重新規劃。室內建材與色彩的選擇、細部的收頭及點綴、家具的選擇，皆能營造特殊的氣氛。草案初訂，整體空間、平面、立面及模型之效果應再檢討後送業主評估。色彩、建材、設備、預算均經業主確認，再繪製供施工及估價用之施工圖與施工說明書。這個項目應包括空間計畫、人體工學、設備、照明、建材與家具設計，缺一不可。隨著人、環境、材料、施工法、色彩造型、歷史背景、生活習性、社會背景、科技進步等的不同考慮，會影響設計工作的進行。

三、施工

依據設計師提供之經費預算，徵選優良可靠的營建商，經公開說明後進行比價、議價等手續發包完成。得標的營造商應透過設計師的協助繪製工程進度，依序施工。施工中，設計師應召集相關人員召開不定期的協調會，檢查放樣的正確、材料正常進場，要確認建材的規格與施工品質，並確實監督施工項目。工程進行中要注意場地的安全、整潔維護，施工時間的控制及完工收尾事項，並備妥初步驗收相關之文件備驗。

四、裝潢／布置

現場施工部分底定，裝潢及布置的建議案應再與業主溝通確認。依計畫清單逐一進行採購、議價、比價、進貨、驗收與布置事宜。所有裝潢材料及家具均經業主及設計師嚴格檢查無瑕疵，始可進場。裝潢與布置完成應會同業主及設計師驗收清點。經與業主會同驗收合格後，完成竣工圖，以為完工後付款之依據。任何室內設計案於完工後，施工者為保證施工品質、建立信譽，均做售後服務及保固之書面聲明。

肆・室內設計的經營管理

隨著人們生活品質的需求提升，室內設計的重視亦不斷增加。設計應以高標準、高格調的構想進行。室內設計為能符合人類的工作或生活機能，創造優質化、有效率、安全、美化而令人滿意的空間，設計師必須提供業主有前瞻眼光的研發，並將可用的資源予以整合成高品質有特色的團隊合作結果。為求保障品質水準，宜有「第一次就做好」的理念，以負責任的態度循序漸進。經營管理尤重創意與風格，至於工程成本掌握、工程利潤等成本概念，對設計師和業主而言都是十分值得關注的事。

伍・室內設計從業人員應有的素養

室內空間妥善的規劃能維持群體的結構關係和活動本質。良好的室內設計可以安排人們舒適的工作和完美的生活。室內設計的從業人員應有的素養可從認知（cognitive）、技能（psychomotor）和態度（attitude）三個領域分析。

一、認知

室內設計師應正確了解室內設計的定義、範圍、內涵和經營管理的理念。舉凡石材、金屬、木材、織品和其他特殊材質的特性，色彩的原理、人體工學數據、歷史文化和生活習慣等，都應具基本的認知。

二、技能

任何室內設計的構想均應透過圖形和文字予以表達，平面、立面、剖面、透視都是常用的方式。繪圖能力是表現設計構想的基礎。各種施工技術、電腦相關的操作、造型、材料的選擇、美的組合、高科技的融入、人際溝通的技巧，都需要精熟的專業技術才能發揮。

三、態度

空間是為人類活動而有意義，室內空間的設計應以「人本」觀念進行。內在的思維影響了外顯的行為，設計師要具備豐富的人文素養，積極進取且負責的態度，誠懇地提供業主最佳的服務。將每個作品都當成一個曠世奇作，精雕細琢。一個兼具品質和風格的室內設計，將成為室內設計師價值和尊嚴的起點。

第七節　住宅規劃

住宅是人類家居生活的所在，更是人類精神生活中最重要的依靠。它提供了個人及其家人身體與精神層面的生活空間，隨著生活水準的提高，對於住宅品質之要求亦隨之提高。在本節將要討論住宅的形態、平面規劃、單元規劃及國民住宅。

壹・住宅的形態

住宅形態大致分為個別式住宅、簇群式住宅、集合式住宅及合院式住宅等四種。

一、個別式住宅

個別式住宅多為獨幢獨戶之設計。常見的住宅形態有透天厝、別墅等。個別式住宅因其建地坪數大，所居住的家庭人數卻較少，不適用於市區。此種建築多半建於離市區有一段距離的郊區或是農業區。其住宅規劃形態擁有許多私人空間，優點為空間獨立具有隱密性。

二、簇群式住宅

所謂簇群式住宅為住宅用地之規劃採集合式發展，為1960年代後期都市計畫學界極為盛行的構想。在美國很多獨戶、雙併之規劃，捨棄傳統之排排並列，各戶保留大塊庭院私用之方式，而改為集合數戶集中興建，減少私人庭院而保留大面積共同使用之公共空間與通路，而各簇群之間由綠地圍繞，形成群集式之住宅。簇群式住宅之發展形態並不限獨戶、雙併等住宅，公寓及連幢式住宅亦可做如是規劃。保留之公共空間除作為綠地外，可利用設置休閒設施，如游泳池、兒童遊戲場，甚至高爾夫練習場等。此種住宅規劃形態之優點為：⑴使住宅區之景觀富於變化避免單調；⑵變私人小面積之庭院為大面積之公共休閒空間，使原來不可存在之休閒設施亦得以設置；⑶造成住戶接觸之機會，促進交誼。不過，此種住宅必須有良好之管理制度，始能維持社區及共同設施之環境品質。台灣之住宅較少見到簇群式之規劃，在大型整體規劃之國民住宅社區中，可尋得類似之規劃構想。

三、集合式住宅

集合式住宅的設計在提供每個家庭及其相互交往較親密的空間。如前述簇群式住宅般，亦可在其間設計公用之休閒、兒童遊戲場等空間。此種建築形式為我國最常見的住宅形態，如公寓、大廈、大樓、國民住宅等。

四、合院式住宅

合院式住宅為我國傳統獨特之住宅形態。此種住宅形態是由橫長方形住宅形態延伸而來，可分為封閉型及非封閉型。封閉型合院多半位於鄉村中，其特徵為向外不開窗，形成封閉式外觀。無論是面擴三間或五間，都具有明顯的中軸線，但因沒有圍牆，正屋與東西屋都暴露於外。合院的形態組成多半中間有一個橫體，而兩旁各有一個縱體，成為凹形。此種住宅形態適合三代或四代同堂，但我國因都市計劃規定的限制及面積較少，此種住宅已經愈來愈少了。

貳・平面規劃

住宅平面規劃不僅要求居住之安全衛生，內部空間機能、動線之設計尤應依居住者之需求妥善規劃。通常住宅內至少應包含有起居室、臥室、餐廳、廚房及浴廁等單元，視居住者的人數、職業、個人喜好增加特殊需求的空間，例如書房、音響間、庫房、車庫、衣帽間等。茲將個別式住宅、簇群式住宅、集合式住宅、合院式住宅各舉一平面規劃的例子如下。

一、個別式住宅

案例一：林姓家庭住宅

圖 3.30 外觀透視圖

圖 3.31 正向立面圖

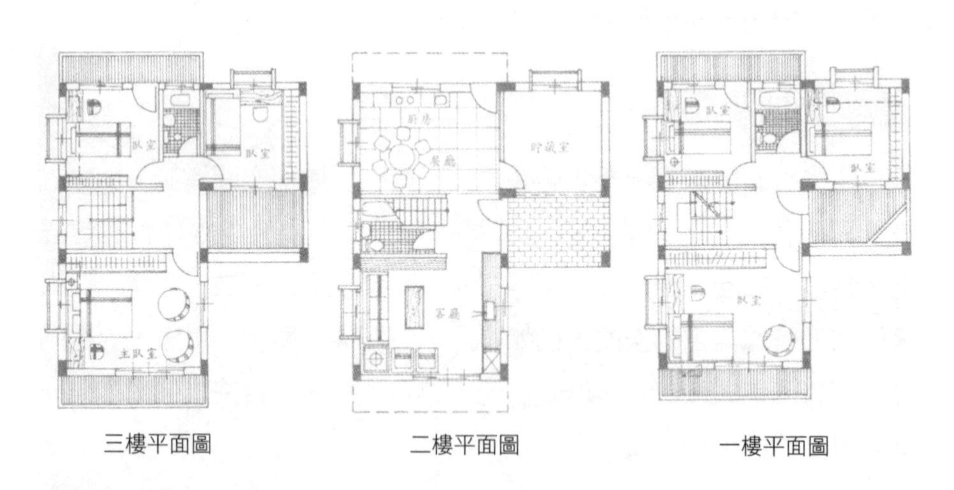

圖 3.32 林宅平面圖

● 表 3.14 ●　**林宅面積計算表**

<table>
<tr><td colspan="2">形式</td><td>三樓連幢式</td><td rowspan="12">總樓地板面積：191.32 平方公尺＝57.87 坪。
總工程造價：7,110,000 元。
家庭人口組成：三代同堂 6 至 8 人。
結構系統：鋼筋凝泥土建造。</td></tr>
<tr><td rowspan="10">面積計算</td><td>客廳</td><td>9.47</td></tr>
<tr><td>餐廳</td><td>5.82</td></tr>
<tr><td>廚房</td><td>—</td></tr>
<tr><td>臥室</td><td>19.77</td></tr>
<tr><td>浴廁</td><td>2.28</td></tr>
<tr><td>起居室</td><td>6.10</td></tr>
<tr><td>神明廳</td><td>—</td></tr>
<tr><td>儲藏室</td><td>—</td></tr>
<tr><td>室內走道</td><td>9.18</td></tr>
<tr><td>門廊</td><td>5.27</td></tr>
<tr><td colspan="2">總計</td><td>57.87 坪</td></tr>
</table>

資料來源： 行政院農業發展委員會（1984），農民住宅設計圖集。

二、簇群式住宅

案例二：台南市東門國宅社區

圖 3.33　社區配置平面圖

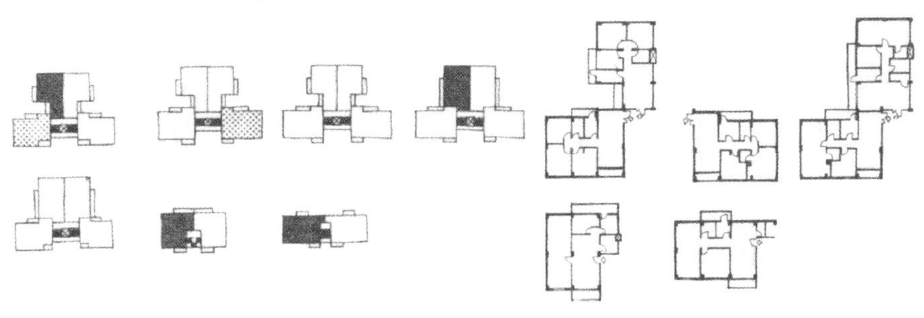

圖 3.34　住棟平面圖　　圖 3.35　各戶平面圖

資料來源：張世典（1981），台灣地區國民住宅規劃設計之研究。

三、集合式住宅

案例三：大學廣場大廈（University Plaza）

圖 3.36　大學廣場大廈

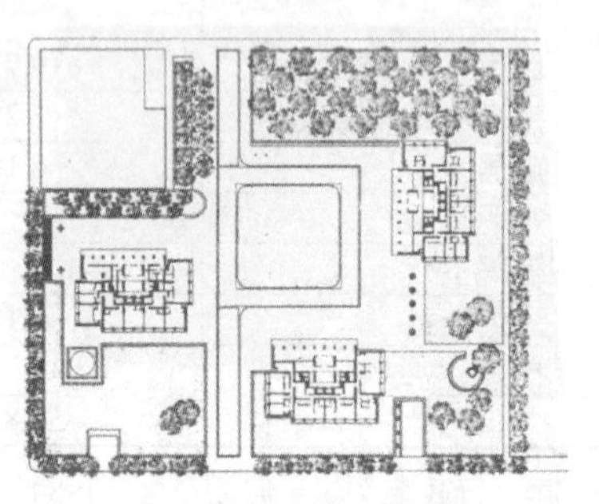

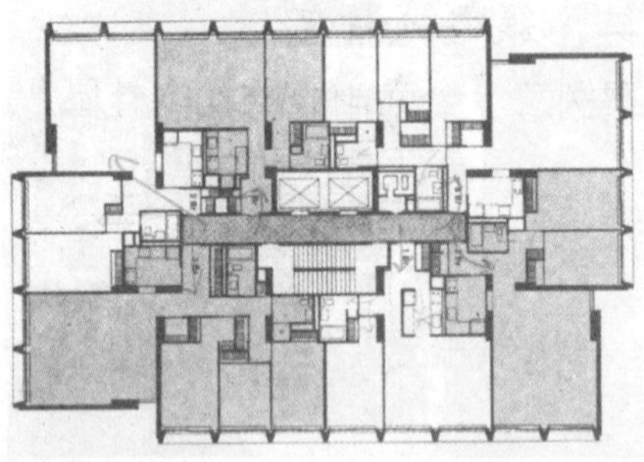

圖 3.37　地理位置（上）平面圖（下）

名稱：大學廣場大廈（University Plaza）
地點：紐約州紐約市
設計：貝聿銘建築師事務所
單位公寓數：三幢建築物共 177 戶。套房式：2 戶；單臥房式：58 戶；雙臥房式 59 戶；三臥房式 58 戶。
總樓地板面積：73,858 平方公尺。
造價：11,367,000 美元；1,538 美元／平方公尺；平均 21,407 美元／戶。
基地面積：1.97 公頃；269 戶／公頃。

資料來源：王紀鯤（1982），集合住宅之規劃與設計

四、合院式住宅

案例四：黑龍江克山鎮住宅（三合院）

圖 3.38　黑龍江克山鎮住宅外觀

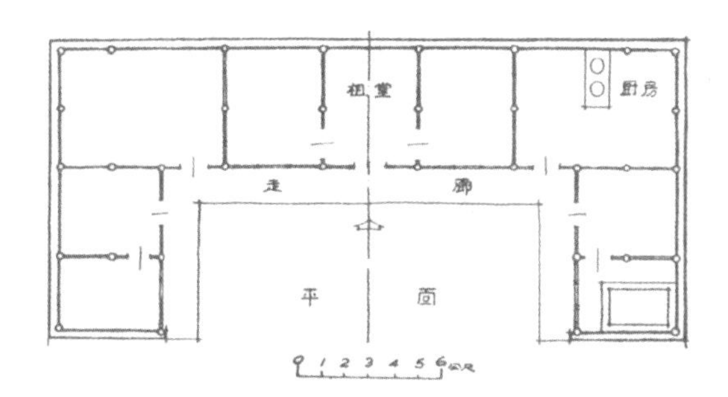

圖 3.39　黑龍江克山鎮住宅平面

案例五：上海四平路劉宅（四合院）

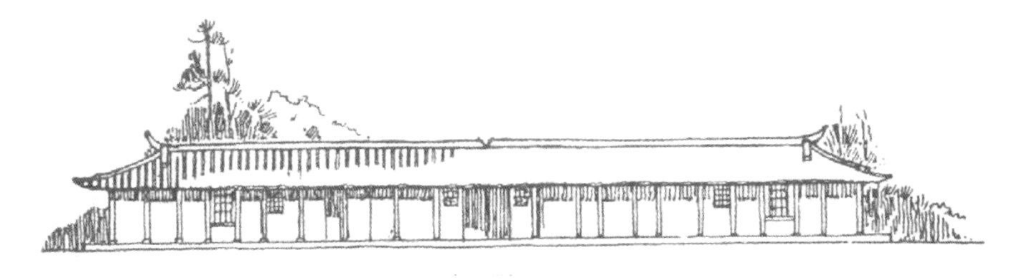

圖 3.40　上海四平路劉宅立面圖

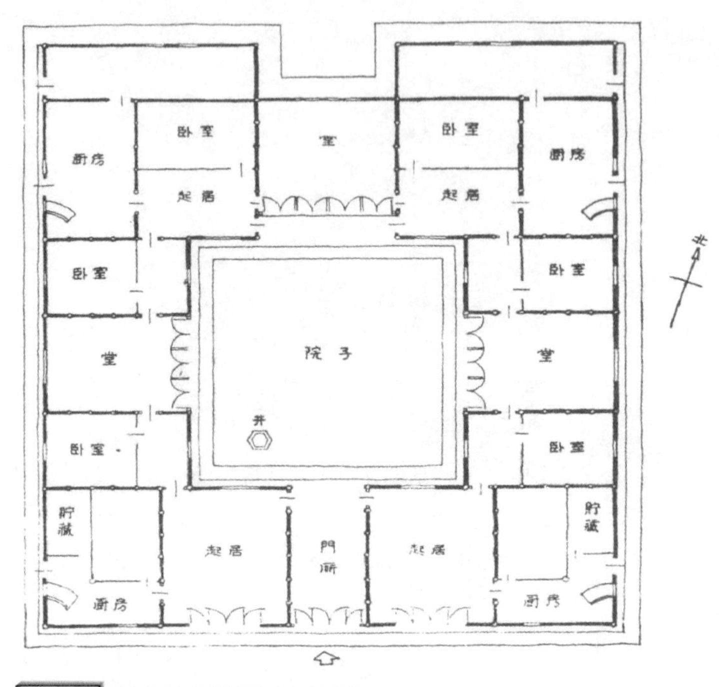

圖 3.41 上海四平路劉宅平面圖

資料來源：劉敦偵（1983），中國住宅概說。

參・單元規劃

起居室、臥室、廚房、浴廁是所有住宅中不可缺少的基本組成單元，分別描述各單元之規劃如下。

一、起居室

㈠起居室

1. 起居室的室內配置應綜合考慮面積、形狀、門窗位置、家具尺寸及使用特性……等因素。
2. 起居室宜兼具會客、用餐、睡眠、學習……等功能，平面配置應考慮不同使用活動的室內功能分區。

3. 起居室可以與戶內的過廳及交通面積相結合，允許穿套配置。

㈡起居室內主要的活動內容（如圖 3.42）。

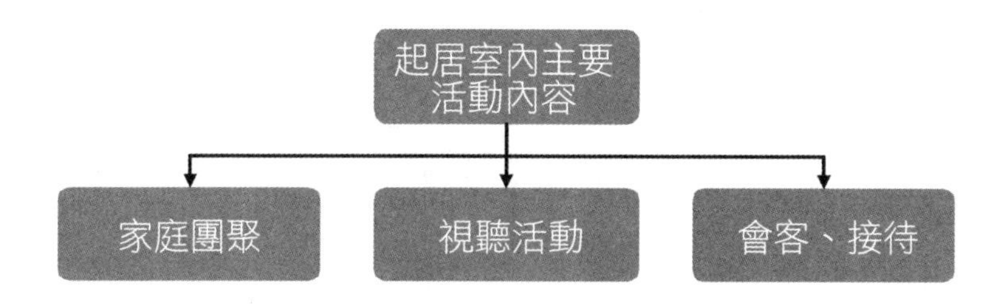

圖 3.42 起居室內主要的活動內容

㈢起居室兼具功能內容（如圖 3.43）。

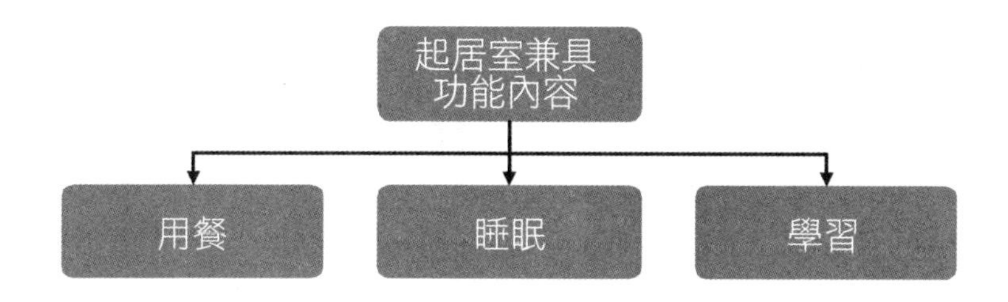

圖 3.43 起居室兼具功能內容

㈣起居室、餐室、書房典型平面配置示例（如圖 3.44-3.47）。

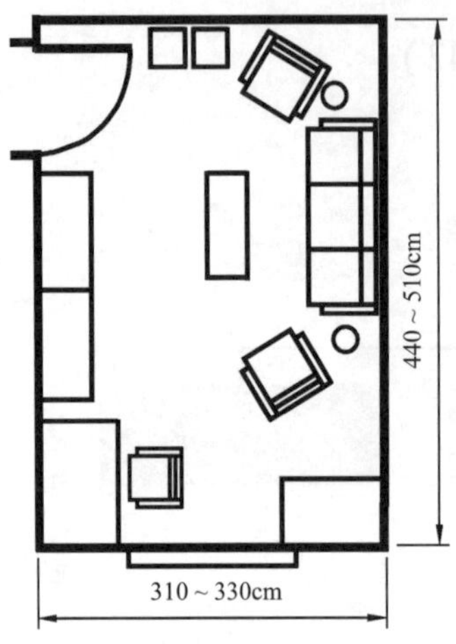

圖 3.44 中型起居室配置

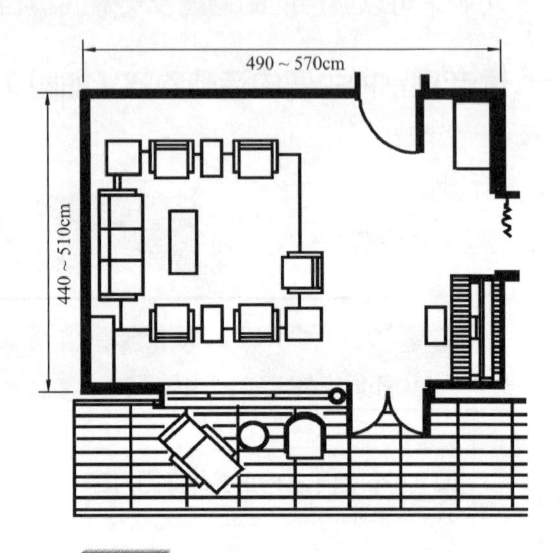

圖 3.45 大型起居室配置

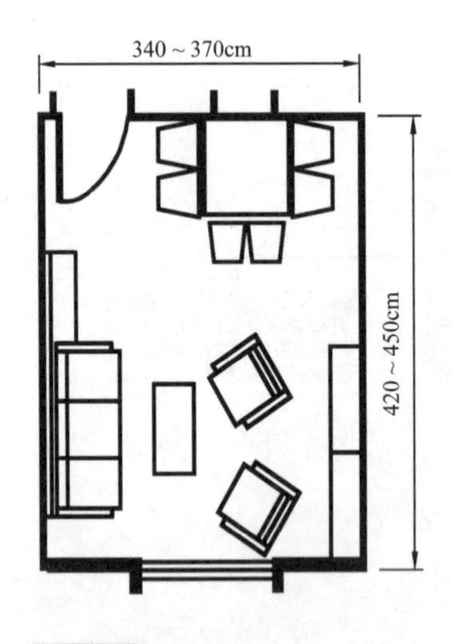

圖 3.46 起居室兼餐室配置

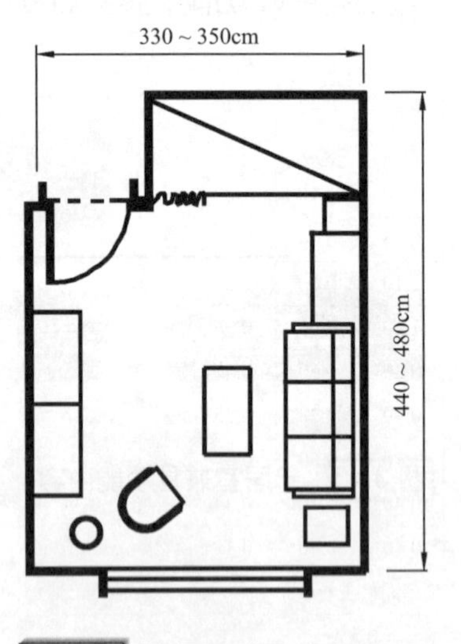

圖 3.47 起居室帶床龕配置

二、臥室配置特點

1. 配置時應綜合考慮臥室面積、形狀、門窗位置、床位配置、活動面積……等因素。
2. 為充分發揮臥室面積的使用功能，設計時應考慮床位沿內牆配置的可能性。
3. 雙人小臥室宜在八平方公尺以上，小臥室不宜設置陽台。
4. 不同家具組合與相應臥室最小面積，如表 3.15：

● 表 3.15 ● 不同家具組合與相應臥室最小面積

家具名稱	家具尺度			大臥室				中臥室				小臥室		
	長（m）	寬（m）	面積（m^2）	甲	乙	丙	丁	甲	乙	丙	丁	甲	乙	丙
雙人床	2.05	1.40	2.87	2.87			2.87	2.87		2.87	2.87	2.87		
單人床	2.05	0.90	1.84	1.84	1.84	1.84	1.84		2*1.84				1.84	1.84
餐桌	0.80	0.80	0.64	0.64	0.64	0.64	0.64	0.64						
寫字台	1.00	0.55	0.55			0.55			0.55	0.55	0.55		0.55	0.55
寫字台	1.20	0.60	0.72		0.72							0.72		
椅子	0.42	0.42	0.13		5*0.13	0.13			0.13	0.13	0.13	0.13	0.13	0.13
凳子	0.38	0.27	0.12	4*0.12		4*0.12	4*0.12	4*0.12						
沙發組	0.60	1.70	1.02		1.02	1.02					1.02			
床頭櫃	0.45	0.40	0.18	0.18	0.18	0.18	0.18	0.18						
小衣櫃	1.10	0.60	0.66			0.66		0.66	0.66				0.66	
大衣櫃	1.10	0.60	0.66	0.66	0.66		0.66				0.66			
箱子堆	0.80	0.50	0.40	0.40			0.40			0.40		0.40		0.40
書架	0.90	0.28	0.25		0.25	0.25			0.25	0.25			0.25	
躺椅	1.10	0.60	0.66				0.66							0.66
縫紉機	0.40	1.10	0.44	0.44	0.44	0.44	0.44	0.44		0.44		0.44		
音響	0.40	0.40	0.16		0.16						0.16			
家具面積 F（m^2）				7.50	6.55	6.19	6.33	5.26	5.45	4.64	5.39	4.56	3.43	3.58
F/0.5 m^2				15.0	13.10	12.38	12.66							
F/0.55 m^2								9.56	9.90	8.40	9.80	8.29	6.24	6.50
臥室最小面積 m^2				12.50-15.00				8.50-10.00				6.50-8.50		

資料來源：建築設計資料集編委會（2001）。

㈠縱向矩形臥室典型平面配置示例（如圖 3.48）。

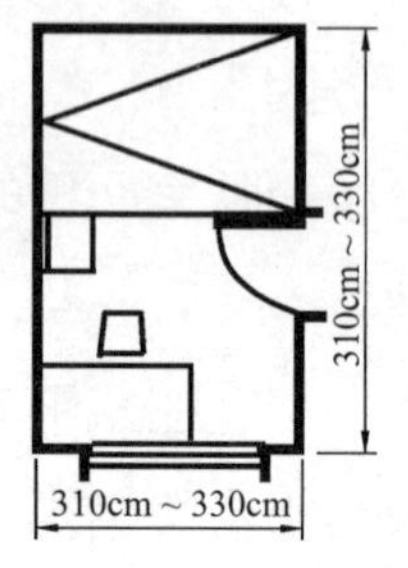

淨面積：6.50～8.40 m²

圖 3.48 縱向矩形臥室典型平面配置

㈡橫向矩形臥室典型平面配置示例（如圖 3.49）。

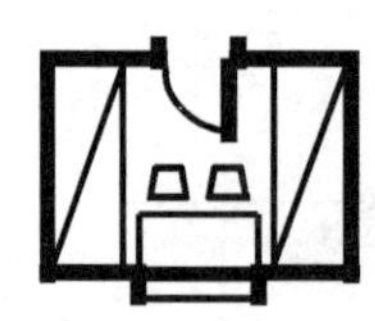

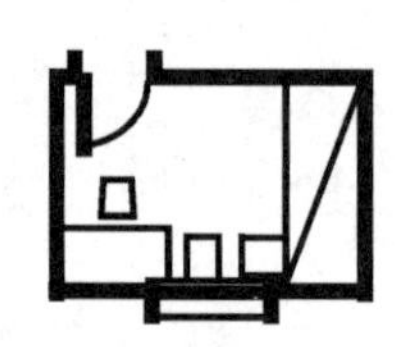

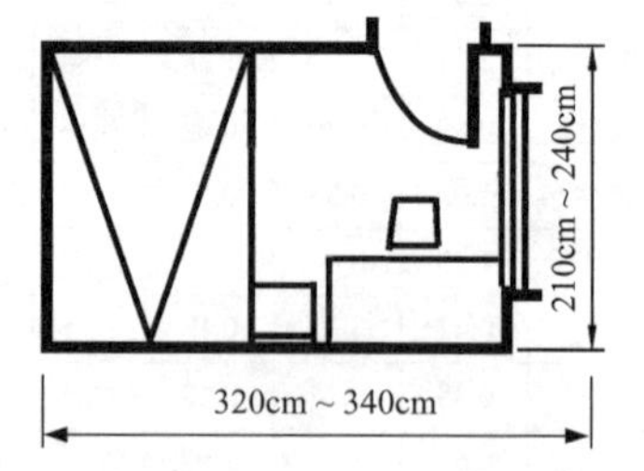

淨面積：6.70～8.20 m²

圖 3.49 橫向矩形臥室典型平面配置

㈢臥房內活動空間的圖例（如圖 3.50）。

圖 3.50 臥房內活動空間的圖例

三、廚房

㈠廚房作業的基本流程（如圖 3.51）。

圖 3.51 廚房作業基本流程

㈡廚房的最小寬度（如圖 3.52）。

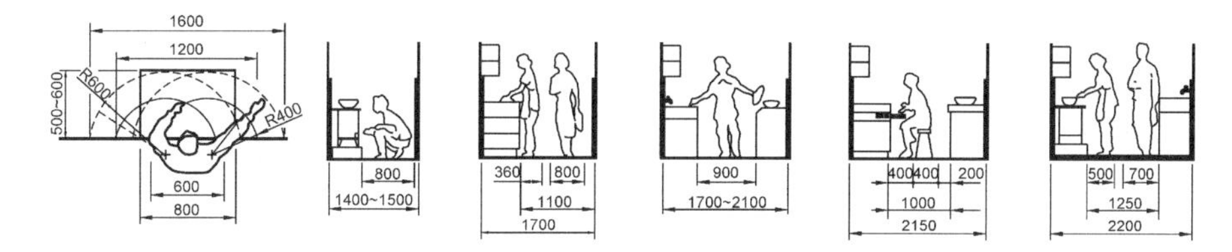

圖 3.52 廚房的最小寬度（單位：mm）

廚房之有效通風開口面積，不得小於該室樓地板面積十分之一。

四、浴廁

依據建築技術規則說明，廁所、化糞池相關規定，凡有居室之建築物，其樓地板面積達三十平方公尺以上者，應設置廁所。但同一基地內已有廁所者，不在此限。廁所應設有開向戶外可直接通風之窗戶，但沖洗式廁所，如依通風規定設有適當之通風設備者，不在此限。沖洗式廁所，除依衛生下水道法令規定將污水排至衛生下水道或集中處理場外，應附設化糞池，並排至有出口之溝渠。非沖洗式廁所之構造，應依下列規定：

1. 便器、污水管及糞池均應為耐水材料所建造，或以防水水泥砂漿等具有防水性質之材料粉刷，使成為不漏水之構造。

2. 掏糞口須有密閉裝置，並應高出地面十公公分以上，且不得直接面向道路。

3. 掏糞口前方及左右三十公分以內，應鋪設混凝土或其他耐水材料。

4. 糞池上應設有內徑十公分以上之通氣管。

五、各類空間最小空間規定

茲以我國國民住宅室內各類空間最小面積及其短邊最小尺寸（牆中心線為準）為例，如表 3.16 規定。但採無隔間設計者，不在此限。

表 3.16　國民住宅室內各類空間最小面積及其短邊最小尺寸

類別 ＼ 住宅 ＼ 最小面積及短邊最小單位		甲種住宅	乙種住宅	丙種住宅	丁種住宅
起居室		16.5 平方公尺 3.0 公尺	15.0 平方公尺 3.0 公尺	13.5 平方公尺 3.0 公尺	12.0 平方公尺 3.0 公尺
餐室		12.0 平方公尺 3.0 公尺	10.0 平方公尺 2.4 公尺	9.0 平方公尺 2.4 公尺	8.0 平方公尺 2.0 公尺
起居室、餐室合併使用（A）		24.0 平方公尺 3.0 公尺	21.6 平方公尺 3.0 公尺	20.0 平方公尺 3.0 公尺	18.0 平方公尺 3.0 公尺
起居室、餐室合併使用（B）		25.0 平方公尺 3.0 公尺	13.5 平方公尺 2.4 公尺	12.0 平方公尺 2.4 公尺	10.0 平方公尺 2.0 公尺
臥室：間數	主臥室	(1) 12.0 平方公尺 2.7 公尺	(1) 12.0 平方公尺 2.7 公尺	(1) 12.0 平方公尺 2.7 公尺	(1) 12.0 平方公尺 2.7 公尺
	次臥室	(3) 7.5 平方公尺 (2) 2.4 公尺	(2) 7.5 平方公尺 2.4 公尺	(2) 7.5 平方公尺 (1) 2.4 公尺	(1) 7.5 平方公尺 2.4 公尺
	附臥室	(1) 5.0 平方公尺 (0) 1.8 公尺	(1) 5.0 平方公尺 (0) 1.8 公尺	(1) 5.0 平方公尺 (0) 1.8 公尺	(1) 5.0 平方公尺 (0) 1.8 公尺
	面積合併	(4) 31.0 平方公尺 (0) 37.0 公尺	(3) 27.0 平方公尺 (4) 32.0 公尺	(3) 24.5 平方公尺 (3) 27.0 公尺	(2) 19.5 平方公尺 (4) 24.5 公尺
廚　房		6.3 平方公尺 1.8 公尺	5.4 平方公尺 1.8 公尺	4.3 平方公尺 1.8 公尺	4.3 平方公尺 1.8 公尺
浴廁：間數	浴室及廁所	(2) 3.6 平方公尺 (1) 1.5 公尺	(1) 3.6 平方公尺 1.5 公尺	(1) 3.0 平方公尺 1.5 公尺	(1) 3.0 平方公尺 1.5 公尺
	浴室及廁所	(1) 1.3 平方公尺 (0) 0.9 公尺	(1) 1.3 平方公尺 (0) 0.9 公尺	(1) 1.3 平方公尺 (0) 0.9 公尺	
附　記		一、臥室面積合計包括主臥室一間，臥室間數合計以表列（ ）所示之標準為限。 二、臥室內所設定衣櫥或其預留位置如計為儲藏空間，臥室之面積及短邊尺寸應扣除該項空間計算。 三、浴室及廁所得視實際需要分開設置，甲種住宅以設置一套半至兩套為準。 四、各類空間尺寸以採用 10 公分之增量為原則。			

資料來源：詹氏書局（2002），國民住宅條例及相關法規彙編。

肆・國民住宅

國民住宅係指由政府計畫，利用各種方式興建，用以出售、出租或貸款自建、自購供收入較低家庭居住之住宅。國民住宅的種類有下列四種：

1. 政府直接興建國宅：由政府取得土地、規劃設計、發包施工後配售之住宅。
2. 獎勵投資興建國宅：由民間公司組織之住宅興建業自備土地，依國民住宅條例之獎勵規定投資興建之國民住宅 。
3. 貸款人民自建國宅：由政府貸款，人民自備土地，自行興建管理維護之住宅。
4. 輔助人民貸款自購住宅：由人民向行庫貸款自行購置之住宅，其中部分貸款金額係由政府按國宅優惠貸款利率補貼利息之差額。

伍・住宅發展趨勢

依據營建與科技發展，二十一世紀的住宅將向更高的層次進化，主要有以下五項趨勢：

1. 住宅規劃社區化：新世紀的住宅規劃將以「社區」為概念，也就是按照人與自然協調共存、物質需求與精神需求相結合、交通便捷的總體要求，做到以人為本，以方便居住與生活為中心，在規劃居住區的範圍內，對住宅、市政和公共建設配套等設施進行總體優質規劃設計。
2. 住宅配置智慧化：資訊化社會中的住宅，除了滿足最基本的居住要求外，還必須滿足辦公、教育、娛樂、會客、健身、儲物、停車、安全等多項需求；由於資訊科技進步及生活需求的多樣化，住宅的配置標準將不斷提高。

3. 住宅環境園林化：居住環境不僅僅是追求單一的綠化問題，而是要解決綠化、陽光、通風、降低污染等環境生態的問題，以達到方便生活、休閒娛樂、健身、提高生活質量的目標。
4. 住宅空間功能化：住宅布局將會進化，房型更趨合理，室內功能空間分化更細緻、完善。房型的私密性更高，餐廳與客廳等起居空間更寬敞，區域相對獨立，又有共享空間。功能性的房間增加，除了目前已多見的客臥、兒童房外，還設立書房、健身房、視聽音效間、傭人房、衣帽間等，為適應日趨增多的家用電器設備，廚房、餐廳以及工作陽台的配套設計、面積更加舒適宜人。
5. 住宅管理專業化：優質房屋除了設計規劃與建設的專業性外，最重要一點是優質的管理。住宅區的管理必須由專業的管理保全公司來擔任。管理內容已不僅僅是房屋主體的維護，新世紀的管理應涉及市政設施、園林綠化、清潔保安、家政服務、社區文化等方面。

第八節　綠建築、生態建築與永續建築

聯合國於 1972 年召開斯德哥爾摩（Stockholm）的人類環境會議（human environment conference）起，開始對環境污染有了高度重視，到了 2000 年在荷蘭舉行的SB2000 會議，這期間對環境生態所召開的一連串會議，有了許許多多對於因觀念、技術和國家等有所不同的建築名詞產生，如永續建築（sustainable architecture, SA）、綠建築（green building）、生態建築（ecology architecture）等（SB2000, 2000）。而台灣營建產業目前對環境生態惡化之因應部分，正處於起步階段，急於引入各先進國家的研究與技術。對永續建築、綠建築、生態建築等之定義與關係，可從圖 3.53 看出。謹就幾個重要且有關永續課題之建築名詞說明如後，以助釐清各名詞之內涵。

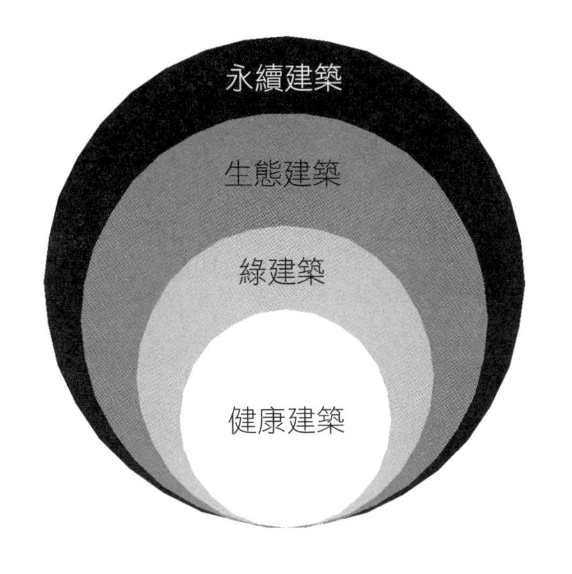

圖 3.53 永續建築、生態建築、綠建築、健康建築關聯圖

壹・綠建築

建築是相對於自然環境的人造環境，人類為了追求安全、舒適的生活空間，不斷將自然環境一一開發。隨著經濟活動的頻繁，人口亦有向城市集中的趨勢。居住於城市的居民消耗了大量的資源，各項營建工程之發展，亦應融入「永續概念」，永續性都市及全球環境的永續發展才可能實現。為配合 1997 年聯合國氣候變化委員會於日本京都召開會議簽署的降低全球二氧化碳排放量的約定——京都議定書，並推動永續發展、保護環境生態、節約能源使用，我國內政部建築研究所頒訂「綠建築推動方案」。依 2001 年 3 月 8 日行政院核定方案實施方針規定，工程造價在五千萬元以上之新建公有建築物，自 2002 年 1 月 1 日起應取得候選綠建築證書，始得申請建造（內政部營建署，2003）。完工後的綠建築則依規定於建築物主要入口處標示「綠建築

圖 3.54 綠建築標章

資料來源：內政部建築研究所（2001）。

標章」（請參閱圖 3.54）。綠建築之理念與手法若應用於校園建構上，即可稱為綠色校園。2002 年起公有建物先行實施，由建築物的耗能、耗水、排水、環保特性的掌握，訂定包含七大評估指標的綠建築環境評估指標系統（內政部營建署，2000b）：

一、基地綠化指標

綠化貢獻在於植物可吸收二氧化碳、減少溫室氣體、降低都市溫室效應、減少空調耗電量。可以利用建築基地內自然土層以及屋頂、陽台、外牆、人工地盤上之覆土層來栽種各類植物。

二、基地保水指標

基地的保水性能係指建築基地內自然土層及人工土層涵養水分及貯留雨水的能力。部分社區過度不透水化，使大地失去涵養水分的功能，遇水患只能流向低地造成水災。基地的保水性能愈佳，基地涵養雨水的能力愈好，愈能達到軟性防洪的目的。

三、日常節能指標

營建工程從建材生產、營建運輸、日常使用、維修、拆除等各階段，皆消耗不少的能源，其中尤以長期使用的空調、照明、電梯等日常耗能量佔最大部分。依據現行建築省能法規進行管制，每年至少可節省一億七千萬度的耗電量，二十年後，約可節省一座火力發電廠的電力。

四、水資源指標

台灣降雨量雖豐，但受地形及氣候影響，每年平均降雨量僅為世界平均水準的六分之一，名列聯合國第十八位缺水國。若以綠建築「水資源」指標平均節水量20%，則須針對包括廚房、浴室、水龍頭的用水效率評估，以及雨水、中水再利用予以評估。

五、二氧化碳減量指標

二氧化碳減量指標是指所有建築物軀體構造的建材（暫不包括水電、機電設備、室內裝潢以及室外工程的資材），在生產過程中所使用的能源而換算出來的二氧化碳排放量。台灣一般住宅大樓使用的建材每坪之二氧化碳排放量約九十公斤，以每戶三十五坪計算，二氧化碳的排放量相當於種植一棵喬木四十年光合作用才能吸收完畢。所以合理簡樸的設計，減少建材的使用，可減少排放二氧化碳。

六、廢棄物減量指標

建築施工及日後拆除過程所產生的工程不平衡土方、棄土、廢棄建材、逸散揚塵等，足以破壞周遭環境衛生及人體健康。營建工程應採用自動化施工法，約可減少廢棄物三成、空氣污染一成、5%的建材使用量，對地球環境有莫大的助益。建材回收再利用亦可有效減廢。

七、污水垃圾改善指標

一般垃圾中約有30%的可回收資源，應予妥善設置分類設備予以回收，以有效降低垃圾量。國內化糞池淨化能力不佳，僅為35%，且建築設計未貫徹雨水、污水分流的設計，導致污水未經淨化排入河川。應檢驗建築物生活雜排水系統，以有效改善現況。

整體而言，目前綠建築七大指標之涵蓋內容偏重於省能、環保等議題，然若要運用於一般建築時，尤其是既有的舊建築，仍須進一步針對建築空間、使用特性進行轉換。

貳・生態建築

台灣地處亞熱帶區域，地理條件形成氣候及環境之多樣，亦營造出多樣的生物生態。不同營建基地有其不同的生態系統，營建活動中如何整合自然環境，除了能提供居民居住、休憩、庇護、工作、文化傳承外，還要提供生物的多樣性。營建工程中的業主、建築師、營造商，都應了解人類的生態責任。我們必須對生態認知具有心靈上的感應，以重新建構自然與人類之間更密切的結合。較遺憾的是，大多數建築師早已忘了我國古老建築設計的至理名言「天人合一」。近代建築大師 Wright（1945）曾言：「……重要的是，我們要和自然一起運作……」與自然生態融合，是我們亟待學習的一種生活概念。

生態建築係指社區、群體活動與環境生物相調和達到平衡的狀態。內容必須涵蓋健康、節約、生態循環及場所微環境，並強調運用低科技自然手法為主的營建方式，依其重要內容包括（江哲銘，2000）：

1. 須符合綠建築綠化評估指標。
2. 確保當地生態系統之維持與保護。
3. 利用植物根系與微生物作用將污水淨化之生態污水系統。
4. 應用強制處理生化槽將固體排泄物轉化堆肥應用。
5. 確保排泄物之養分能回歸農業使用，且不具公共衛生問題之處理方式。

生態建築中的設計應將基地環境、氣候、風雨等因素考慮進去。山坡上的兩層住宅用磚瓦結構可以節省不少不必要的能源，可以種植樹木擋風，並引導風的流向。門廳、玄關，在冬天或夏天亦可設計成調節風向的功用。外牆植物、天花板的高窗，都能提供建築物內部環境的有機平衡。熱水管置於建築物下方，因熱氣向上升的自然現象，對需要暖氣系統的空間是一種健康的設計。營建材料要盡可能採用自然材料，最好是當地材料，可以減少運輸的能源消耗。主流建築應開始因應生態概念的挑戰而改變。正如Wright的專屬網頁所言：「好的建築是不會傷害地景的，而是會使地景比沒建築前更美麗。」

參・永續建築

早在1972年「羅馬俱樂部」（The Club of Rome）發表了「成長的極限」（the limits to growth），即已導引出「永續性環境」的觀念。「永續發展」（sustainable development）於1980年首次由國際自然和自然資源保護聯盟（International Union for Conservation of Nature and Natural Resources, IUCN）、聯合國環境規劃署（United Nations Environment Programmer, UNEP），及世界野生動物基金會（World Wide Fund for Nature, WWF）等三個國際保育組織，在「世界自然保育方案」報告中出現（盧誌銘，1995）。

聯合國於1983年成立了世界環境與發展委員會（The World Commission on Environment and Development, SCED）針對2000年乃至以後年代提出實現永續發展的長期環境對策；至1987年，在「我們的共同未來」（Our Common Future）專案報告中，強調人類永續發展的概念應以政策理念解決全球性的環境問題。這報告即成為1992年聯合國「環境與發展大會」（UN Conference on Environment and Development, UNCED）「二十一世紀世紀議程」（Agenda 21）的主要藍圖，也掀起永續發展的世界浪潮。永續的概念在不同發展階段國家其涵意差異甚大。已開發的國家透過技術創新提升產品品質、改變消費形態、減少資源之消耗與污染排放；未開發國家重點則在發展經濟，消除貧窮，解決糧食、人口、健康、教育等問題。台灣正邁入已開發國家之列應注意：

1. 保護自然環境，控制污染，永續觀念使用資源。
2. 鼓勵經濟成長，質量並重，研發潔淨產品，提倡理性消費。
3. 全面改善並提高生活品質，協助弱勢族群，創造平等、自由、人權的社會。

「永續性」理念近年來正廣為各行業、領域採用。國內用於建築始於何時不易考證，但永續建築一般係指建築環境的永續性而言，描述以環境為建築設計主要考慮因素的一種營建活動（Kremers, 1995）。符合生態、經濟、社會均衡發展的建築（群）稱之，其涵蓋範圍可以為一社區、學校、都市、國家，甚至全地球。建築是相對於自然環境的人造環境，人類為了追求安全、舒適的生活空間，不斷將自然環境一一開發。隨著經濟活動的頻繁，人口亦有向城市集中的趨勢。居住於城市的居民消耗了大量的資源，各項營建工程之發展亦應融入「永續」概念，永續性都市及全球的永續發展才有可能實現。

永續建築是用以描述以環境為建築設計主要考慮因素的一種營建活動。它需要永續思考的操作事項，包括：建材、建築物、都市區域的尺度大小，並考慮其中的機能性、經濟性、社會文化和生態因素。為達到永續建築環境，必須反映出不同區域性的狀態和重點，以及建構不同的模型去執行（如全球性和區域性等的模型）（SB2000, 2000）。永續建築乃針對綠色生態空間規劃部分，進行長遠之永續性、安全性與健康舒適性，同時對環境永續實行與經營做整體評估考量。

第九節 營建品質與安全

社會高度的工業發展後，人們所重視的是「效率」、「成本」、「便利」，但是卻失去了「友善環境」與「共榮共存」的感覺。友善的建築環境與共榮共存的社群意識，必須築基於良好的生活及工作環境品質、房屋安全和防災系統、無障礙空間的形成與和諧的社群氣氛塑造。建築是人類活動中重要的場所，若建築在設計之初，即以注重環境保護、節約能源及永續發展為前提，建設時抑制施工污染，則我們將會有更好的生活環境。

壹・環境品質

建築環境品質的重要性，隨著文明愈來愈發達也更形重要。從東、西方建築歷史的發展，自然演進歷程中存有對大地的崇敬與關懷，同樣皆有永續社會形態的典型例子。分析東西方社會生活形態發展的狀態，其本質與目標朝向是一致的，就是「順應自然環境」的建築形態。順應環境才能將人與環境相融合，進而創造出對應環境之建築（江哲銘，2002）。而「環境對應」的設計原則，可從東西方文化的演進來看，西方文化較為理性與重視邏輯辯證，衍生出「機能」（function）的概念；「生活機能」是一個非常廣泛的概念，包括食、衣、住、行、休閒、健康等。東方文化對應建築部分則發展出「風水」之限制，以及順應二十四節氣的氣候變化作息之生活觀。兩者皆為幾千年經驗殊途同歸。簡言之，東西方建築的共通特性為建構安全、舒適、健康且永續居住的建築形態。

建築設計的演進從考慮環境的機能性、經濟性、社會文化和生態因素中，發展出永續建築的概念。進一步以經濟與環境的角度考量有

圖 3.55 西方功能導向型的設計
資料來源：台大生物環境系統工程系，2002。

圖 3.56 台大農場示範住宅
資料來源：台大生物環境系統工程系，2002。

效率地利用有限的資源，而提出綠建築及生態建築的概念，使環境和經濟方面的關係達到一個平衡的狀態。最後延伸到室內環境的因素，外在因子的物理測量值，如溫度、濕度、通風換氣效率、噪音、光線及空氣品質等，及內在因子的布局、環境色彩、照明、空間、使用材料及工作滿意度、人際關係等向度，而發展出健康建築的概念。

基於建築環境的演進趨勢，近代建築物對於環境的影響朝向「天人合一」的境界，或者說是將其對於環境的影響減至最低。以營建品質的角度來看，建築物對於環境影響的法規，主要為環境影響評估法，是為了預防及減輕開發行為對環境造成不良影響，藉以達成環境保護之目的而制定。其環境影響評估的主管機關，在中央為行政院環境保護署，在直轄市為直轄市政府、在縣（市）為縣（市）政府之環境保護局（行政院環保署，2002）。

由於理想與現實環境的配合，文明演進的腳步應朝向營造更人性化、更優質的環境品質。從建築與環境融合的觀點，考慮「人的健康」為建築的重要功能，堅持高質量的建築與環境共同生存。以人為本，創造人與工作、生活、自然與都市相協調的活動環境。重視居住生態和環境建設。任何建築在設計、平面布局上注重多樣化，滿足多功能的需求，增加建築的活動機能。對建築的外觀、質量、安全性、耐久性及活動方便性，等應多加考量。

貳・房屋安全與防災

房屋是人類休息、避難、取暖不可或缺的場所，不論在地狹人稠的都會區，或窮鄉僻壤的鄉村，房屋安全與防災都顯得十分重要。一般說來，房屋建築牽涉許多公共安全的範圍，而政府也訂定相關的法令規章。

公共安全方面的規範，依據行政院 1993 年 5 月 31 日台 82 內字第 17229 號函核定，行政院 1997 年 4 月 15 日台 86 內字第 14602 號函修正維護公共安全方案中營建管理部分提到：「政府在加強公共安全檢查督導的方式上，中央負責督導省政府、直轄市；省政府負責督導縣（市）政府，並邀集相關機關組成督導小組，得視實際需要實地了解縣（市）政府執行情形。」公共安全檢查的主要項目及範圍有建築物防火避難設施、建築物構造及設備安全、建築物升降設備安全及建築物施工部分的安全管理與機械遊樂設施管理。另一個檢查重點範圍還包括：「危害公共安全之防火間隔（防火巷）、違建、廣告招牌取締及拆除情形、營業範圍標示圖與緊急逃生路線圖執行作業，作業計畫應訂定檢查率、複查率、合格率標準」。

政府執行建築物公共安全檢查的實施計畫，其內容包括直轄市、縣（市）（局）主管建築機關優先執行建築物公共安全的檢查工作。拆除作業方面採取委外辦理方式，並輔導建築物變更使用及合法化程序。若有不合格的建築物，則會同目的事業主管機關、警察、電力、自來水等單位執行斷電、斷水、強制拆除。安全檢查的執行單位包括警察單位、消防單位、稅捐單位等聯繫配合作業。

通常在公共安全火災方面則依據消防法（內政部消防署，2002）的規定，消防主管機關中央為內政部，在直轄市為直轄市政府，在縣（市）為縣（市）政府。房屋安全診斷時，應注意騎樓通往頂樓鐵門是否密封，以免一樓發生火災時濃煙竄往起火點以上之樓層。樓梯踏步不可過高，寬度不可過窄，梯間、走道寬度足夠，以免逃生時跌倒影響人身安全。

房屋消防設備設置與原設計圖應相符，並時常檢查以維持功能正常。房屋四周道路動線寬度要足夠，若發生火災消防車輛才能暢通。建築物材質（外牆及隔間）應使用防火材質。建築物各層用途，原使用執照核准用途不可違規使用。建築物內部隔間（防火區劃）應與原設計圖相符，房屋防火巷依規定應留設防火間隔，不可違章加蓋，地下室、樓梯間、走道不可堆積雜物（內政部消防署，2002）。注重房

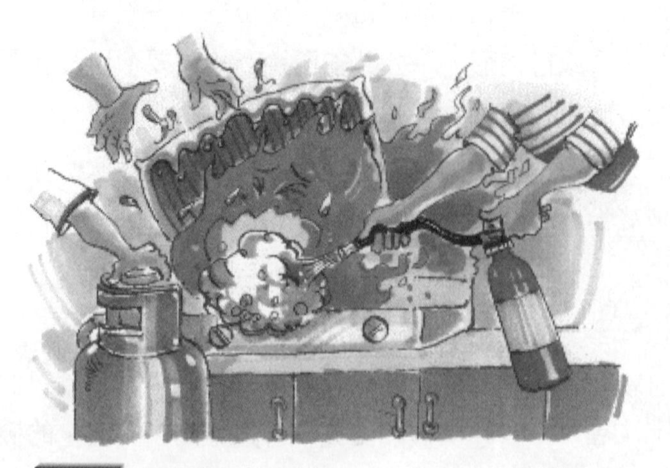

圖 3.57 具備消防常識和技能

屋安全與防災，平時就應了解消防基本常識、養成良好生活習慣，如此生活才能過得安全又自在。

參・無障礙空間

無障礙空間，應包含人行道上的導盲磚、捷運與建築物出入口的斜坡道，以及公共廁所中給身心障礙者使用設有輔助裝置的空間，甚至方便身心障礙者的低底盤公車。思考角度可從「開放」、「安全」、「便捷」、「順暢」、「連貫」深入，主要提供殘障者「可達到」、「可進入」、「可使用」的目的。硬體方面新建築物的規劃包含服務設施及公共走道。現有建築物則應考慮設施整建、改建與修復等。實際上在新建或修建建築物時，都已考量無障礙生活環境的要求，但是否符合實用、美觀、經濟的原則？仍有探討的空間。軟體方面應提供障礙人士參與一般活動的機會，一般人對於障礙人士必要時給予協助，加強身心障礙人士的輔導，使其適應學習、人際交往與生活（張蓓莉、林坤燦，1992）。

建築規劃中有關無障礙空間設施較重要的法令，有以下兩項：

一、身心障礙者保護法

其中有關公共建築物之無障礙設備、設施，改由中央目的事業主管機關主辦。1997 年 4 月訂頒「身心障礙者保護法第五十六條第三項已領建築執照之公共建築物無障礙設備與設施提具替代改善計畫作業程序及認定原則」。1998 年 9 月訂定「建築物無障礙設備與設施改善基金收支保管及運用辦法」及「勘檢執行原則」。1997 年 11 月召開「研商新建公共建築物設置身心障礙者行動與使用之設施及設備勘檢執行會議」。1998 年 7 月研擬「88 年度公共建築物無障礙生活環境督導計畫」（內政部營建署，2002b）。

二、建築技術規則

主管機關為內政部營建署，建築設計施工規範第十章部分的規定，公共建築物行動不便者使用設施對建築設施的要求，必須就：(1)室外引導通路；(2)坡道及扶手；(3)避難層出入口；(4)室內出入口；(5)廁所、浴室及各項設施中，至少設置一處，公共建築物內設有供行動不便者使用之設施者，應於明顯處所設置行動不便者使用設施之標誌，如圖 3.58。引導行動不便者進出建築物設置之延續性設施，以引導其行進方向或協助其界定通路位置或注意前行路況。建築物出入口至道路建築線間設有引導設施之通路；該通路寬度不得小於一・三公尺，以利輪椅通行。其餘詳細規定請參閱建築技術規則條文第一百六十七條至第一百七十七條。

圖 3.58 行動不便者使用設施標誌

肆・社群意識

經濟發展使傳統農業及地方產業沒落，地方的文化特質和歷史遺產不斷消失。許多高經濟報酬的就業機會集中在都市，農村人口大量移往都市，造成農村價值的瓦解，很多人覺得待在鄉下沒前途，鄉村留不住年輕人。都市的外來人口，大家心理上都存著暫時來都市討生活的過客心態，缺乏對社區的認同，只重私利，不顧公義，造成人際關係和對公共事務的冷漠。

「社區」已不再是過去的村、里、鄰形式上的行政組織，而是在於這群居民的共同意識和價值觀念（行政院文化建設委員會，2002）。日常生活可以用來凝聚居民共同意識和價值觀的活動，如地方民俗活動的開發、古蹟和建築特色的建立、街道景觀的整理、地方產業的再發展、特有演藝活動的提倡、地方文史人物主題展示館的建立、居住空間和景觀的美化、國際小型活動的舉辦等。甚至建立網路，在電腦網路上產生人與人之間的正向互動，使人因為正當的活動而結合在一起。社區的經營不只關心社區內的民眾，也關心社區外的民眾；不僅關心人群的幸福，更要關心生態環境的永續經營，這是我們未來子子孫孫永續發展的基礎。

網際網路使「人」、「個人主義」、「電腦」緊密結合，演化成一個能量強大、完全自主的「最小生存單元」（陳哲郎，2000）。個人獲得無限的自由，也形成一種退化的自由。人際之間的關係愈見孤立，使社區變成無數遊移不定的孤島集合體。社群意識即在改變個人心靈枯竭及生命力退化而演化成價值觀扭曲的社群。激發社區自主性及自發性，重建溫馨有情的居住環境，讓居民彼此照顧關懷成為「好厝邊」。居民透過共同參與的民主方式，凝聚利害與共的社區意識，關心社區生活環境，營造社區文化特色，進而重新建立人與人、人與環境的關係為「社群意識」的主要意義。

目前將社群意識具體化的政府政策，係依據行政院（2005）所提「台灣健康社區六星計畫」推動全面性的社區改造運動。透過產業發展、社福醫療、社區治安、人文教育、環保生態、環境景觀等六大面向的全面提升，打造一個安居樂業的「健康社區」。建立自主運作且永續經營之社區營造模式，強調在地人提供在地服務、創造在地就業機會。強化民眾主動參與公共事務之意識，建立由下而上的提案機制，原植族群互信基礎，以營造一個「永續成長、成果共享、責任分擔」的社會環境，讓社區健康發展、台灣安定成長。

第十節　營建資訊管理

壹・建築法規

各項營建工程的申請、建照的取得、施工，一直到完工及使用執照的核發，都須經由眾多且繁瑣的建築相關法規的規範。以下為較常使用的法規。

1. 建築法（共分為九章一百零五條）。
2. 建築技術規則（區分為總則篇、建築設計施工篇、建築構造篇、建築設備篇）。
3. 山坡地開發建築管理辦法（依建築法第九十七條之一訂定之，共分為五章二十九條條文）。
4. 都市計畫公共設施保留地臨時建築使用辦法（本辦法依都市計畫法第五十條第三項規定訂定之）。
5. 金門馬祖建築法適用地區外建築物管理辦法（本辦法依建築法第一百條規定訂定之）。
6. 實施都市計畫以外地區建築物管理辦法（為維護優良農地，確保糧食生產，特依建築法第一百條之規定，訂定本辦法）。
7. 海岸、山地及重要軍事設施管制區與禁建、限建範圍劃定、公告及管制作業規定（依國家安全法第五條及其施行細則第二十五、二十六、二十九、三十、三十三、三十四、三十六、三十七、三十八、三十九、四十、四十一、四十二、四十三及第四十八條規定訂定之）。
8. 飛航安全標準暨航空站飛行場助航設備四周禁止及限制建築辦法（本辦法依民用航空法第三十二條規定訂定之）。

9. 建築師法（共分六章五十七條）。

10. 營造業管理規則（本規則依建築法第十五條第二項之規定訂定之，共分七章四十六條）。

11. 土木包工業管理辦法（本辦法所稱土木包工業，指經營建築與土木工程而言，共分二十二條條文）。

12. 技師法（共六章五十條條文）。

13. 建築物部分使用執照核發辦法（本辦法依建築法第七十條之一規定訂定之）。

14. 消防機關辦理建築物消防安全設備審查及查驗作業基準及補充規定（為利消防機關執行消防法第十條所定建築物消防安全設備圖說之審查及建築法第七十二條、第七十六條所定建築物之竣工查驗工作，特訂定本作業基準）。

15. 綠建築（「綠建築標章」於 1999 年 9 月 1 日正式公告受理申請，標章之核給須進行綠建築七大指標評估系統之評估指標）。

上述法規 1 至 13 之詳細條文內容，請參閱相關法規條文或查詢內政部營建署網站 http://www.cpami.gov.tw/law/law/law.htm。法規 14 之詳細條文內容，請參閱相關法規條文或查詢內政部消防署網站 http://www.nfa.gov.tw/main2.html。法規 15 之詳細條文內容，請參閱相關法規條文或查詢內政部建築研究所環境控制組網站 http://www.abri.gov.tw/green/default.htm。前述各項法規中對建築設計影響最大者為「建築技術規則」，及為求永續經營人類活動環境政府所頒布的「綠建築」規定。茲簡述如後：

一、建築技術規則

建築技術規則包括總則篇、建築設計施工篇、建築構造篇、建築設備篇。建築技術規則乃規範建築物之各項施工、建造、構造及各項設備的依據，其他未於本規範內、特殊事項或地方政府權責之部分，可由地方政府加以規範，或由中央主管建築機關規範。茲將各篇摘要說明如下，各篇之條文內容請參閱內政部營建署網站http://www.cpami.gov.tw/law/law/law.htm。

㈠總則篇

本規則內容條文依建築法第九十七條規定訂之，並規範本規則之適用範圍，有關建築物之設計、施工、構造及設備，依本規則各篇規定。

㈡建築設計施工篇

本篇共分為十三章，各章之內容規範簡述如下：

第一章　用語定義

第二章　一般設計通則

包含建築基地、牆面線、建築物突出部分、建築物高度、建蔽率、容積率、地板、天花板、樓梯、欄杆、坡道、日照、採光、通風、節約能源、防音、廁所、污水處理設施、煙囪、升降及垃圾排除設備、騎樓、無遮簷人行道、停車空間等內容規範。

第三章　建築物之防火

包含適用範圍、防火區內建築物及其建築限制、防火建築物及防火構造、防火區劃、內部裝修限制等內容規範。

第四章　防火避難設施及消防設備

包含出入口、走廊、樓梯、排煙設備、緊急照明設備、緊急用升降機、緊急進口設備、防火間隔、消防設備等內容規範。

第五章　特定建築物及其限制
包含通則、戲院、電影院、歌廳、演藝場及集會、商場、餐廳、市場、學校、車庫、車輛修理場所、洗車站房、汽車出入口等內容規範。
第六章　防空避難設備
包含通則、設計及構造概要等內容規範。
第七章　雜項工作物
第八章　施工安全措施
包含通則、防護範圍、擋土設備安全措施、施工架、工作台、走道、安裝及材料之堆積等內容規範。
第九章　容積管制
第十章　公共建築殘障者使用設施
第十一章　地下建築物
包含一般設計通則、建築構造、建築物之防火、防火避難設施及消防設備、空氣調節及通風設備、環境衛生及其他等內容規範。
第十二章　高層建築物
包含一般設計通則、建築構造、防火避難設施、建築設備等內容規範。
第十三章　山坡地建築
包含山坡地基地不得開發建築認定基準、設計原則等內容規範。

㈢建築構造篇

本篇之內容共分為六章，各章之內容規範簡述如下：
第一章　基本規則

包含設計要求、施工品質、載重、風力、耐震設計等內容規範。

第二章　基礎構造

包含通則、地基調查、淺基礎、深基礎、擋土牆、基礎開挖等內容規範。

第三章　磚構造

包含通則、構材要求、牆壁設計原則、磚造建築物、混凝土空心磚造、加強磚造等內容規範。

第四章　木構造

包含通則、構材要求、設計應力、構材設計、構材接合、膠接合等內容規範。

第五章　鋼構造

包含通則、設計應力、梁之設計、構材設計、接合、塑性設計等內容規範。

第六章　混凝土構造

包含通則、品質要求、設計要求、耐震設計之特別規定、強度設計法、工作應力設計法、構件與特殊構材等內容規範。

㈣建築設備篇

本篇之內容共分為六章，各章之內容規範簡述如下：

第一章　電氣設備

包含通則、照明燈及緊急供電設備、特殊供電、緊急廣播系統、避雷設備等內容規範。

第二章　給水排水系統及衛生設備

包含給水排水系統、衛生設備等內容規範。

第三章　消防栓設備

包含消防設備、自動灑水設備、火警自動警報器設備等內容規範。

第四章 燃燒設備

包含燃氣設備、鍋爐、熱水器等內容規範。

第五章 空氣調節及通風設備

包含空氣調節及通風設備之安裝、機械通風系統及通風量、廚房排除油煙設備等內容規範。

第六章 升降設備

包含通則、升降機、自動樓梯、服務升降機、受信箱設備、電話設備等內容規範。

二、綠建築規定

綠建築（green building）係指在建築生命週期（指由建材生產到建築物規劃設計、施工、使用、管理，及拆除之一系列過程）中，消耗最少地球資源、使用最少能源及製造最少廢棄物之建築物。

㈠綠建築評估系統

綠建築係追求地球環保之永續建築設計理念，基於「綠建築就是消耗最少地球資源，製造最少廢棄物」的定義，建立了與生活體驗相近的七項評估方法，作為社會大眾有識之士共同遵循的依據。其中至少須通過水資源指標與日常節能指標，經綠建築標章審查委員會審查通過始可發給標章，評定為綠建築。

㈡綠建築推動計畫

綠建築推動計畫分為民間綠建築標章與公有建築物綠建築標章兩類，其使用手冊請參閱http://abri.gov.tw/green1/綠建築標章推動作業要點.htm。

㈢綠建築與居住環境科技計畫

自 1997 年起積極推動綠建築與居住環境科技，進行敷地生態環境、建築污染防制、建築節約能源、建築資源利用、室內環境控制及綠建築示範計畫的研究發展工作，本計畫期能提出前瞻性、整合性的政策方案，善盡建築產業對地球環境永續發展的責任，降低環境污染及負荷，創造安全、舒適及環保的居住環境（內政部建築研究所環境控制組，2002）。計畫目標：

1. 促進建築與環境共生共利，以永續經營居住環境、提高生活品質。
2. 推動建築污染防制政策，發展建築污染防制技術，確保地球生態環境平衡。
3. 落實政府建築節能政策，減緩自然能源消耗。
4. 提升資源利用技術，永續經營地球資源。
5. 提升室內環境品質及改善環境控制系統，確保居住者生理及心理健康。

貳・建築發展

一般申請建築建造之流程如圖 3.59 所示。

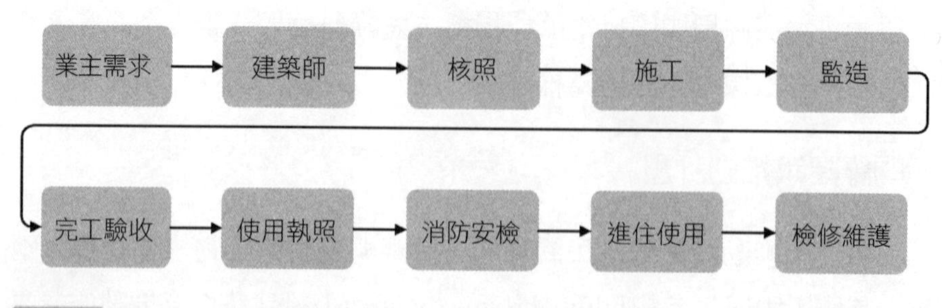

圖 3.59　一般申請建築建造之流程

依各地方政府規定，各項建築工程之申請流程皆大同小異，以下就台中市政府對於相關之建築作業程序簡略敘述，其各項作業之詳細內容請參閱台中市政府工務局建管課之網站 http://www.tccg.gov.tw/intro/institution/work/license/procedure.htm。

1. 課收發。
2. 建築師業務。
3. 建造執照核發（免建築師設計、監造及營造業承造）。
4. 建造執照核發（非供公眾使用且其總樓地板面積未達一千平方公尺者）。
5. 建造執照核發（供公眾使用，及非供公眾使用且總樓地板面積達一千平方公尺者）。
6. 建造執照核發（供公眾使用且十層樓以上者）。
7. 建造執照預審。
8. 山坡地建造執照核發（經開發許可者）。
9. 雜項執照核發（一般）。
10. 雜項執照核發（經開發許可者）。
11. 拆除執照核發。
12. 公共設施保留地臨時建築建造許可證核發。
13. 建造執照變更設計核准（免建築師設計、監造及營造業承造）。
14. 建造執照變更設計核准（非供公眾使用且其總樓地板面積未達一千平方公尺者）。
15. 建造執照變更設計核准（供公眾使用及非供公眾使用且其總樓地板面積達一千平方公尺者）。
16. 建造執照變更設計核准（供公眾使用且十層樓以上者）。
17. 變更起造人核備。
18. 變更承造人核備。

19.變更監造人核備。
20.建造執照補發（特殊原因）。
21.建造執照遺失及副本圖補發。
22.建造執照內容錯誤更正。
23.就地整建許可證核發。
24.公有畸零地合併使用證明之核辦。
25.畸零地合併使用調處。
26.整體性防火間隔變更。
27.建築師獎懲案之處理。
28.建造管理法規釋疑。
29.開工報告報備（含施工計畫書圖審查）。
30.放樣勘驗及施工中勘驗（含鄰房鑑定備查）。
31.違反施工中管制要點之查處。
32.工程進度核備。
33.開、竣工展期核准。
34.施工中建築爭議事件處理。
35.損壞鄰房現況鑑定備查。

參・建築執照之核發

營建工程之核准建造，完工後交由業主使用，必須申請建築執照和使用執照。

一、建築執照

公有建築應由起造機關將核定或決定之建築計畫、工程圖樣及說明書，向直轄市、縣（市）（局）主管建築機關請領建築執照。建築執照分下列四種：

1. 建造執照：建築物之新建、增建、改建及修建，應請領建造執照。
2. 雜項執照：雜項工作物之建築，應請領雜項執照。
3. 使用執照：建築物建造完成後之使用或變更使用，應請領使用執照。
4. 拆除執照：建築物之拆除，應請領拆除執照。

起造人領得建築執照後，如有遺失，應登報作廢，申請補發，原發照機關應於收到前項申請之日起，五日內補發，並另收取執照工本費。起造人自接到通知領取建造執照或雜項執照之日起，三個月不來領取者，主管建築機關得將該執照予以註銷。建造執照的作業流程在各縣市的情況應該都是大同小異的，本單元所舉列之建造執照作業流程圖是參照彰化縣政府為範本，建造執照作業流程圖請參閱圖 3.60 及 3.61。其他有關申請或補發簽證等相關內容及手續流程，請參照各地

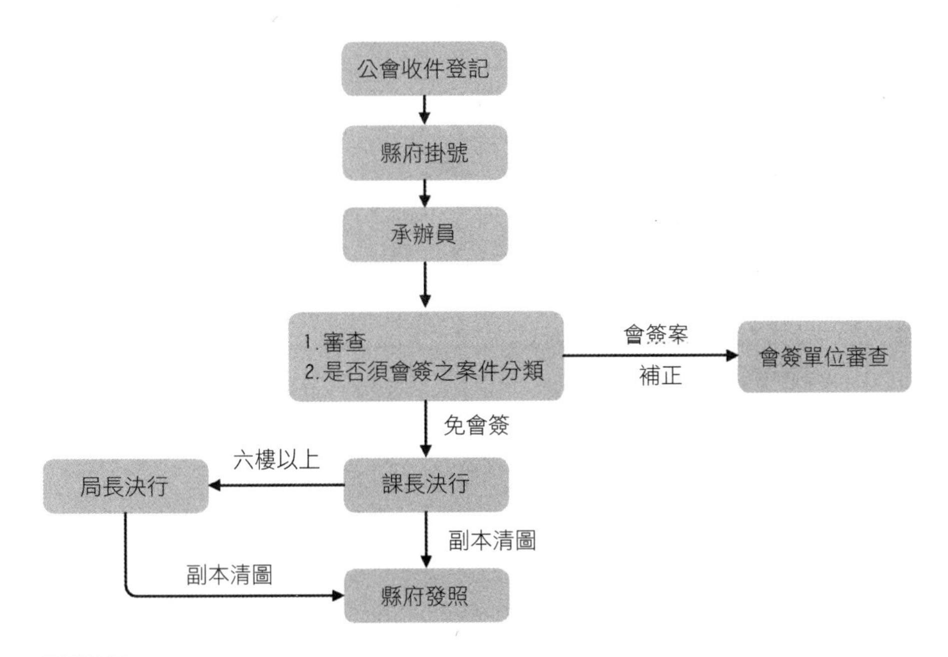

圖 3.60 彰化縣政府一般建造執照作業流程圖
資料來源：http://tla.org.tw/tltaa/flow/hwa.htm

方政府之相關規定，或參閱台灣省建築師公會彰化縣辦事處網站http://tla.org.tw/tltaa/flow/hwa.htm。

彰化縣辦事處已實施快速發照，十樓以下之案件均使用快速發照作業流程，會簽單位則包括甚多單位，須視其案件之情形而異，大致包括工商課、都計課、民政局、農業局、觀光課、水利課、土木課、環保局、國宅課、消防隊等。一般核發建造執照作業整個流程為七日至六個月。

快速核發建造執照作業流程（圖 3.61）。

1. 免會簽案件之整個流程約為三日至十日。

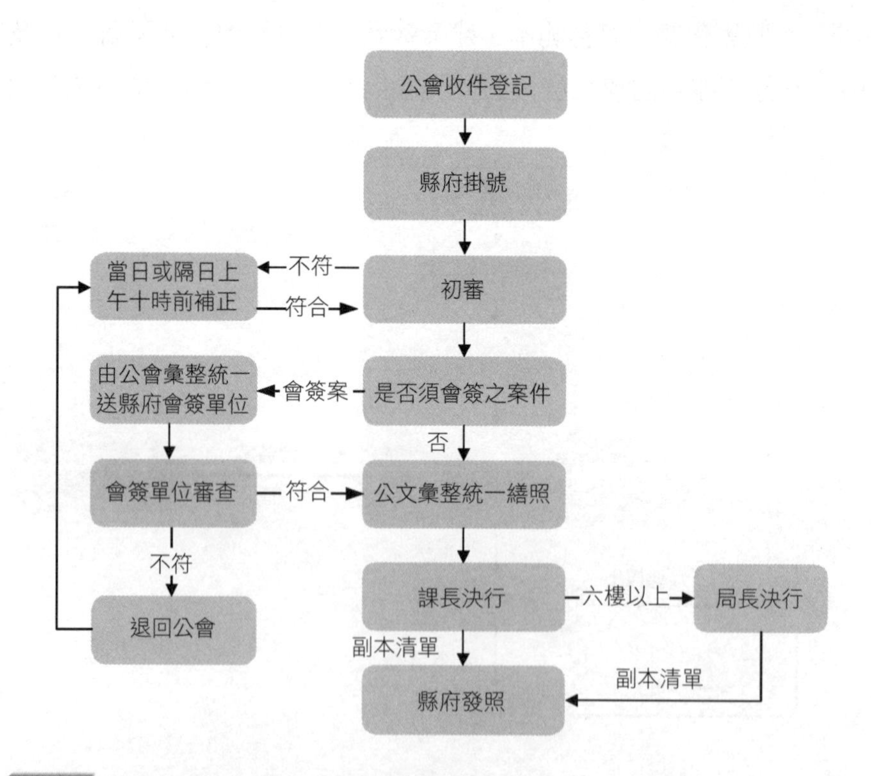

圖 3.61 彰化縣政府快速核發建造執照作業流程圖

資料來源：http://tla.org.tw/tltaa/flow/hwa.htm

2.會簽案件之整個流程約為三日至一個月。

二、建築物使用執照

建築物部分使用執照核發辦法，依建築法第七十條之一規定訂定之，共分為七條條文，以下就台中市總樓地板面積一千平方公尺以下是非供公眾使用建築物使用執照核發程序的例子，如圖 3.62。

肆・建築業之管理

建築業之管理大致區分為營造業、建築師及土木包工業的管理。以下各相關法令請參閱內政部營建署網站http://www.cpami.gov.tw/law/law/law.htm。

一、營造業

營造業係指承攬營繕工程之營造廠商，其營業項目為經營建築及土木工程，並應專業經營。依營造業管理規則規定：營造業之主管機關，在中央為內政部，在直轄市為直轄市政府工務局，在縣（市）為縣（市）政府工務局或建設局。營造業所承攬之工程，其主要部分應自行負責施工，不得轉包。但專業工程部分得分包有關之專業廠商承辦，並在施工前將分包合約副本送起造人。

營造業有下列情事之一者，分別由中央主管機關或由直轄市、縣（市）主管機關報請中央主管機關核准後廢止或撤銷其登記，並刊登公報及通知公司或商業登記主管機關廢止或撤銷其公司或商業登記：

1.申請登記不實者。

2.喪失經營業務能力者。

3.以登記證書借與他人使用或借用、冒用他人之營造業登記證書者。

4.擅自減省工料，因而發生危險者。

5.停業時，不將登記證書、承攬工程手冊繳存，或受懲戒決定，不將

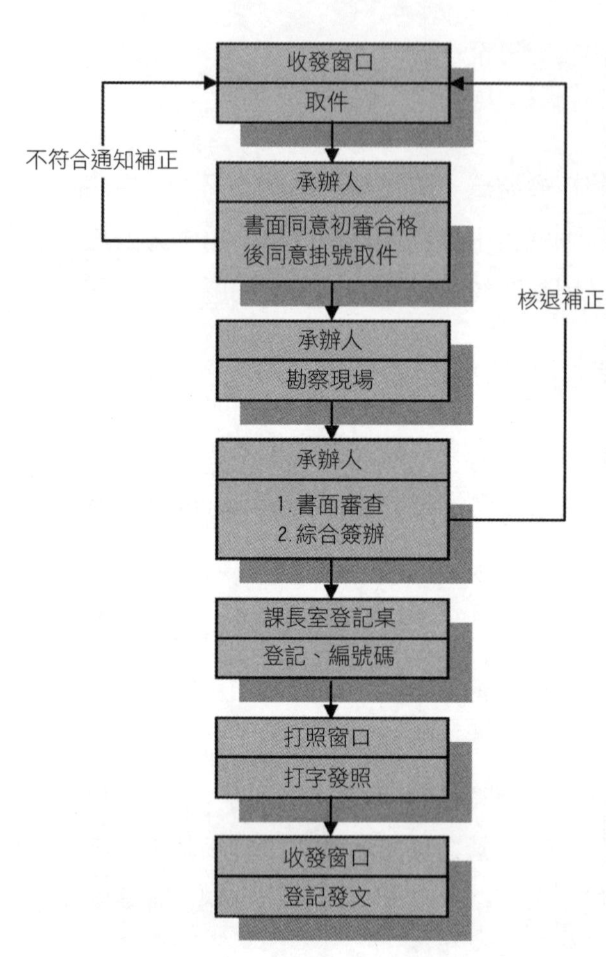

申請使用執照應檢附書件資料

一、申請書件

1. 申請書及名冊 2. 委託書 3. 竣工照片 4. 騎樓簽證表 5. 建築物概要表 6. 建照正本 7. 竣工圖說

二、證明文件

1. 門牌證明 2. 材料證明 3. 升降設備查驗證明 4. 污水設施竣工證明 5. 屋頂氯離子檢測報告 6. 損壞鄰房和解書

三、會辦單位審查證明

1. 消防設備查驗 2. 污水下水道查驗 3. 水土保持設施查驗 4. 工業區工廠查驗證明書 5. 聯合挖路許可 6. 公共設施竣工查驗證明

四、應繳規費證明文件

1. 末期空污費繳納證明 2. 公共基金 3. 公共設施維護保證金

五、竣工照片

1. 各向立面 2. 防火間隔 3. 樓梯扶手 4. 騎樓、排水溝及公共設施 5. 車道入口鐵捲門 6. 法定空地 7. 綠化 8. 天井及挑空 9. 停車空間 10. 升降設備 11. 屋頂平台及屋頂突出 12. 出入口安全門

其他注意事項

1. 申請案件書面資料將由承辦人初審合格後方才同意掛號收件。
2. 自同意掛號日起三個工作天內承辦人將至現場勘察。
3. 現場勘察及書面資料均符合規定者，本局將於七個工作天內核發使用執照。

圖 3.62 台中市建築物使用執照核發程序圖

資料來源：http://www.tccg.gov.tw/tcc/intro/institution/work/manage/uselic.doc

承攬工程手冊送繳登記，經主管機關限期催繳，逾期仍不辦理者。

6. 停業期間，仍參加投標或承攬工程者。

7. 有圍標情事者。

8. 未經請准建築許可擅自施工者。

撤銷登記之營造業，其負責人於近五年內不得重行申請營造業登記。營造業是建築業中實際參與及施工之業者，為確保工程品質，營造業之業者應本著專業施工和誠信負責的態度從事建築事業。

二、建築師

中華民國人民經建築師高等考試及格者，得擔任建築師。領有建築師證書，具有兩年以上建築工程經驗者，得申請發給開業證書。依建築師法規定：建築師之主管機關在中央為內政部；在直轄市為工務局；在縣（市）為工務局或建設局，未設工務局或建設局者，為縣（市）政府。建築師受委託人之委託，辦理建築物及其實質環境之調查、測量、設計、監造、估價、檢查、鑑定等各項業務，並得代委託人辦理申請建築許可、招商投標、擬定施工契約及其他工程上之接洽事項。建築師領得開業證書後，非加入該管省（市）建築師公會，不得執行業務；建築師公會對建築師之申請入會，不得拒絕。

建築師在建築工程實施的過程中扮演的角色相當複雜，從設計者到工程監督者再到工程之驗收者，其中每一個角色都是建築工程過程中不可或缺的重要任務，所以建築師的責任和任務應該就是整個建築工程的靈魂指揮人物，對於建築師的資格和專業上的管理更是不可馬虎的。

三、土木包工業

土木包工業之管理依土木包工業管理辦法之規定。土木包工業指經營建築與土木工程而言。土木包工業之主管機關，在中央為內政部，在直轄市為工務局，在縣（市）為建設局或工務局，未設工務局或建設局者為縣（市）政府。土木包工業非經領有登記證書，並加入土木包工業公會，不得營業。入會之申請，土木包工業公會不得拒絕。凡為土木包工業者，應於開業前，向所在地直轄市或縣（市）主管機關申請登記。申請登記為土木包工業者，應具備下列條件：

1. 資本額在新台幣六十萬元以上者。
2. 有三年以上在營造廠商或工程機關服務，確有從事建築或土木工程施工經驗者。

土木包工業不得承攬工程總價超過新台幣六百萬元之工程。起造人或監造人發現土木包工業有違反法令情事時，得報請主管機關處理之。土木包工業有下列各款情事之一者，由所在地主管機關註銷其登記證，並報中央主管機關備查。

1. 申請登記不實者。
2. 喪失營業能力者。
3. 以登記證借與他人使用或冒用、借用他人登記證者。
4. 承攬工程減省工料因而發生危險者。
5. 停業時，不將證冊繳存，或受懲戒決定，不將手冊送繳登記，經主管機關催繳三次仍不遵辦者。
6. 停業期間，仍參加投標或承包工程者。
7. 有圍標情形者。
8. 依規定應請准建築許可，在未許可前擅自施工者。
9. 連續三年內違反本辦法或其他建築法令之規定達三次以上者。
10. 設立登記之不動產或機具設備未經主管機關核准，擅自轉讓、抵押者。

土木包工業依前項規定註銷登記證者，其負責人於五年內不得重行申請土木包工業登記。土木包工業對於建築行業的整體性而言，可以化妝師的角色稱之。無論建築工程大小，在興建的過程中和結束驗收，都需要土木包工業之業者加以修整和粉飾。土木包工業與營造業者之間的區別以最簡單的方式說明，即為營業規模的大小和特定工程承攬標準的差異。土木包工業之業者對於建築工程的工作和責任亦和營造業者相同，所以需要加以規範確保工程品質和安全。

伍、e化管理

營建業之e化管理可區分為營建業之產業自動化及電子化兩方面。此兩部分的區隔主要都是要能提升營建業的產能及效率、降低人力及生產成本、促進營建產業的發達、提高營建業之產業競爭力，並且運用科技的方法來促使營建業之自動化和電子化的管理。行政院計劃推動之營建業自動化和電子化管理的範圍包含三類（行政院，2000）：

第一類：規劃、設計之業者（建築師、專業工程技師、工程顧問公司）。

第二類：綜合營造業—專業營造業（鋼構工程、擋土支撐工程、基礎工程、瀝青混凝土、鷹架工程、模板工程、屋頂工程、空調工程、鋼筋工程、門窗工程、防水工程、土方工程、石材工程、鑿井工程、泥水工程、庭園景觀工程、油漆工程、灌漿工程、營建鑽探工程）。

第三類：建築投資業。

一、營建業自動化

「自動化」的觀念由來已久，隨著時代的進步與科技的發展而與時俱進。初期自動化概念指的是機械化及而後之工業化，但自資訊科技發達後，與機械科學結合形成之製程自動化，已逐漸朝自動控制的方向發展。營建自動化的內容相當廣泛，舉凡營建相關產業為達成提高生產力、縮短工期、降低成本、確保品質之目標，利用自動化技術以提高產能及效率，均屬其範圍。

數位科技正與建築密切結合，受網路介入，已建立了完整的系統。一個營建專案的進度、施工圖的修訂、會議記錄，建築師只要post出來，客戶和營建商都能在網上看到，縮短了時空距離。工程業開始研發 Global Positioning System（GPS）技術運用在營建業中的工程測量、定位、放樣及監測上，提供了及時精確的資料（于陳明，2003）。基地測量調查可直接看到結果，對坡地（topography）複雜的基地設計大有助益。唯在設計歷程中，大都仍傾向於用徒手繪出草案，再以精準的電腦繪出圖形，並以 3D 模型呈現虛擬實體。營造商直接從建築師事務所收取了 3D 模型，經由電腦驅動機器銑切（milling）、模塑（mold），在基地澆築水泥。數位科技可估算專案成本、材料單價和總價、數量及大小。以人工智慧發展的綠建築，亦可以建立與環境自然而良好的關係。

行政院自動化執行小組指導委員會於 1990 年會議決議，將營建自動化納入產業自動化，並於 1995 年由營建署負責召集推動營建自動化工作，結合產、官、學各界力量，運用自動化技術，提升國內營建產能為目標。內政部營建署推動營建自動化工作項目如圖 3.63。有關營建業產業自動化之目標、自動化推動之架構及自動化的課題如圖 3.64。

二、營建業電子化推動計畫

面臨勞力短缺問題以及政府加入世界貿易組織後接踵而至之國際競爭壓力，營建業必須提升技術水準及生產管理效能，以減少人力需求，達到縮短工期、降低成本、提高品質的目標。就國內營造業競爭

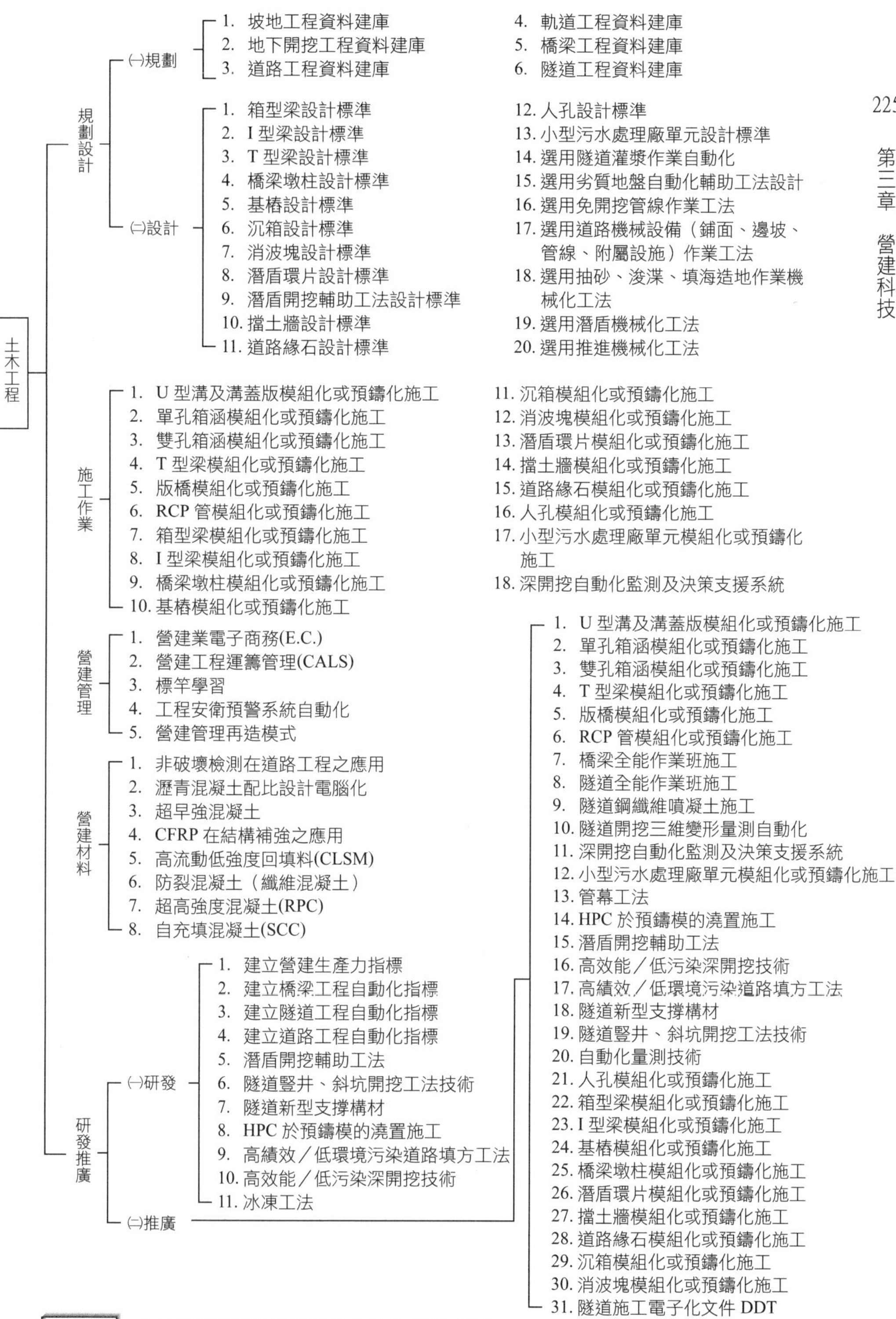

圖 3.63 內政部營建署推動營建自動化工作項目

資料來源：內政部營建署網站 http://www.cpami.gov.tw/casa/index.htm

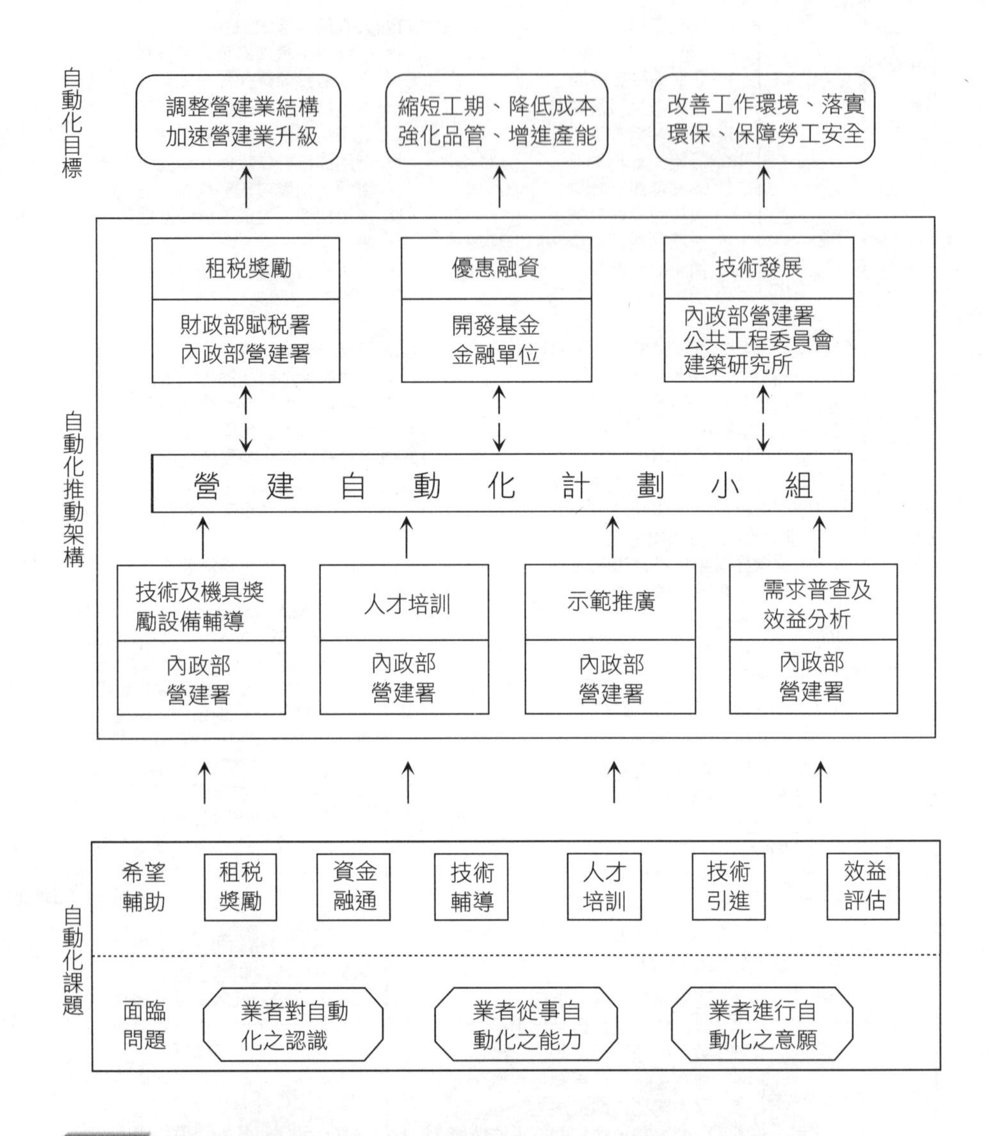

圖 3.64 營建業產業自動化之目標、自動化推動之架構及自動化的課題

資料來源：內政部營建署網站 http://www.cpami.gov.tw/casa/index.htm

力之強化，除在硬體方面之提升，包括機械施工機具之運用、自動化施工技術之落實外；在相關軟體建設之提升，亦應是國內業者為因應環境變動所帶來之衝擊及挑戰，強化本身體質之重要關鍵。

營建工程從規劃、設計、施工、營運至管理維護等，專業分工介面多且複雜，若不能有效透過電子化與標準化整合，並管理營建生命週期中之各種工程資訊，易造成工程各單位各行其是、資訊重複建置、徒增錯誤、浪費資源、降低效率，進而影響工程品質。營建業規模相對於其他產業資訊化的程度較低，內部資訊人才及設備皆不足，對資訊技術、網際網路的了解與普及程度也較低。因此，我國政府為使營建業廣為利用資訊，加強產業競爭力及提升工程品質，完整的營建業電子化系統以強化推動營建產業電子化及資訊化之能力，亟待建構。內政部營建署（2000a）已研擬營建業電子化白皮書之內容重點如下：

㈠目的

1. 宣示政府推動營建電子化政策與決心。
2. 確立營建電子化之推動方向與施政依據。
3. 研擬達成營建電子化之策略與措施。
4. 爭取民眾認同及參與。

㈡目標

1. 推廣五萬家企業、兩百個體系以上，深入應用 B to B 電子商務，提升產業競爭力，其中至少 80%為中小企業。
2. 優先完成資訊月 B to B 電子商務示範體系。
3. 針對目標產業，積極發展產、儲、運、銷模組及其整合技術，建立示範點四十處；另於五年內自製造業、商業、金融證券業、農業及營建業等產業，輔導兩千家廠商建立整體自動化之能力。

㈢分組分工

1. 製造業由經濟部工業局負責。
2. 商業由經濟部商業司負責。
3. 金融證券業由財政部負責。
4. 農業由行政院農業委員會負責。
5. 營建業由內政部營建署負責。
6. 政府採購由行政院公共工程委員會負責；國營事業由經濟部、交通部負責。

三、營建業自動化及電子化推動組織及架構

政府擬議中的營建業自動化及電子化推動組織及架構，如圖 3.65 所示。

四、營建業自動化及電子化之推動措施

行政院推動之營建業自動化及電子化措施十分具體，內容如表 3.17 所示。

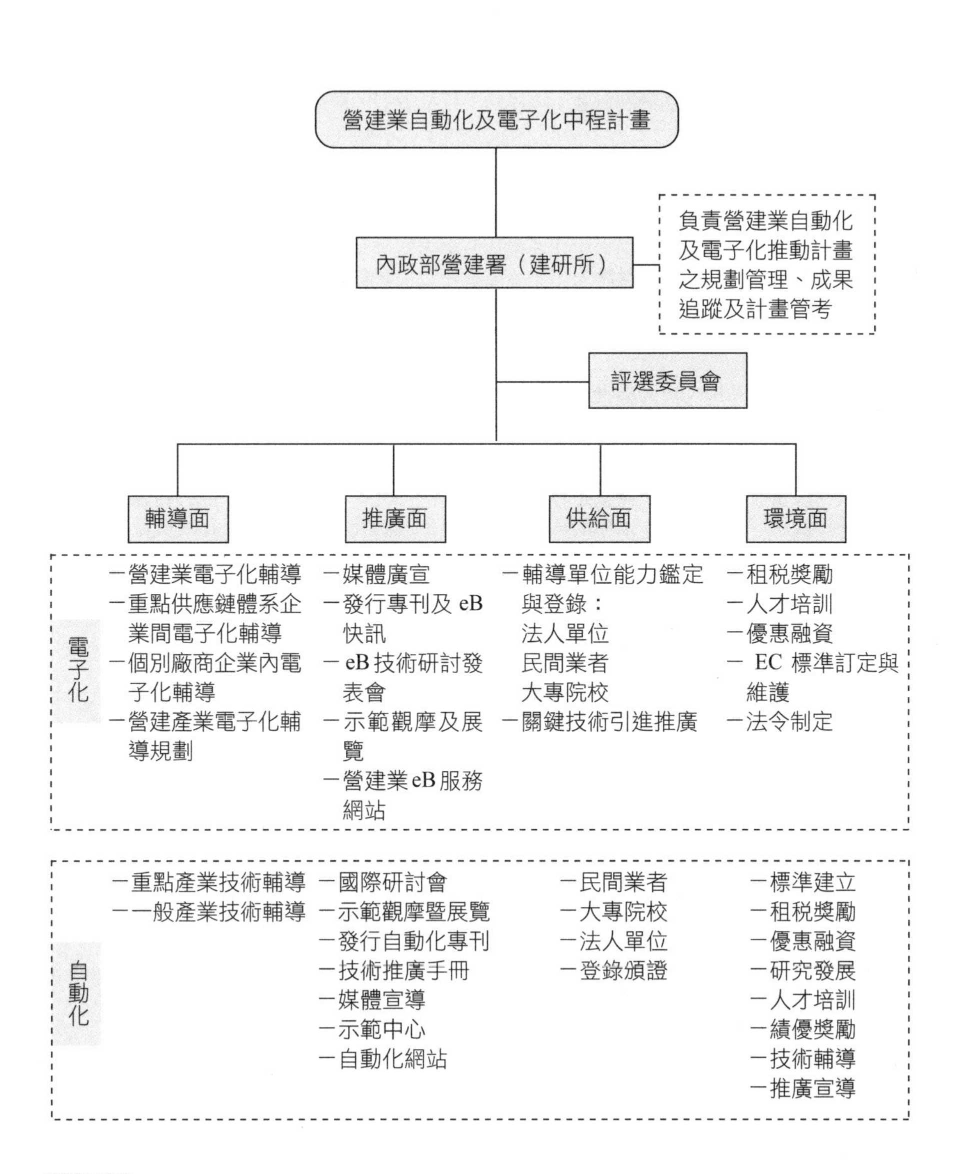

圖 3.65 營建業自動化及電子化推動組織及架構

資料來源：行政院網站 http://www.ey.gov.tw/planning_old/pg890509-2.htm

表 3.17 行政院推動之營建業自動化及電子化措施內容

<table>
<tr><th>計畫項目</th><th>重要措施</th><th>執行單位</th></tr>
<tr><td>租稅獎勵</td><td>民營營造業購置自動化設備或技術及防治污染設備或技術適用投資抵減辦法如下：
民營營造業購置自行使用之自動化設備或技術，其在同一課稅年度購置總金額達新台幣二百萬元以上者，得就購置成本按下列百分比限度內，抵減其當年度應納營利事業所得稅額；當年度應納營利事業所得稅額不足抵減者，得在以後四年度應納營利事業所得稅中抵減之。
1. 國內產製之自動化設備抵減 15%。
2. 國外產製之自動化設備抵減 5%。
3. 自動化技術抵減 5%。
適用前項第一款及第二款之自動化設備以全新者為限。
民營營造業購置自行使用之防治污染設備或技術，其在同一課稅年度購置總金額達新台幣二百萬元以上者，得就購置成本按下列百分比限度內，抵減其當年度應納營利事業所得稅額；當年度應納營利事業所得稅額不足抵減者，得在以後四年度應納營利事業所得稅中抵減之。
1. 國內產製之防治污染設備抵減 20%。
2. 國外產製之防治污染設備抵減 10%。
3. 防治污染技術抵減 5%。</td><td>營建署</td></tr>
<tr><td>優惠融資</td><td>1. 依「購置自動化機器設備優惠貸款要點」，由行政院開發基金提供部分資金配合銀行貸款辦理優惠融資，以協助廠商購置自動化機器設備及導入電子化所購置之電腦軟硬體。
2. 「購置自動化機器設備優惠貸款」（第九期）。
3. （總額度四產業為新台幣億元）每筆貸款由行政院開發基金出資四分之一，承貸銀行出資四分之三，搭配貸放，貸款利率按交通銀行公告之基本放款利率減 2.125%機動計息。</td><td>營建署
交通銀行等</td></tr>
<tr><td rowspan="2">研究發展</td><td>1. 營建業供應鏈資訊整合與應用。
2. 整體規劃營建 EDI 推動策略。
3. 規劃營建業高關聯性行業示範體系電子化有關技術開發。
4. 營建工程設計標準化、模組化及預鑄單元等規劃。
5. 營建工程自動化施工新技術、新工法及品質檢測技術發展。</td><td>營建署</td></tr>
<tr><td>1. 因應建築市場競爭及變革的需求，以建築流程再造探討自動化及資訊電子化機制，加速推動全面品質管理、介面整合及開放式建築之推廣運用。
2. 建立電子化服務體系計畫，成立電子化資源中心、研提電子化策略規劃、標準化計畫。</td><td>建研所</td></tr>
<tr><td>人才培訓</td><td>舉辦營建自動化及電子化各類研討會，推動種子培訓計畫，並舉辦高階主管講習，以培育營建業自動化及電子化專案經理及人才。</td><td>營建署
建研所</td></tr>
<tr><td rowspan="2">績優獎勵</td><td>評選優良營造廠，並給予表揚。
舉辦績優營建自動化工程暨傑出工程專業人員評選。</td><td>營建署</td></tr>
<tr><td>評選並獎勵建築工程自動化績優單位。</td><td>建研所</td></tr>
<tr><td rowspan="2">技術輔導</td><td>1. 進行營建自動化及電子化登錄，並提供相關技術諮詢與輔導。
2. 選擇營造業之供應鏈上、中、下游關聯性高之重點項目進行電子化技術輔導。
3. 針對建築投資業互動式開放建築設計及網路行銷。</td><td>營建署</td></tr>
<tr><td>對建築業自動化之需求，以諮詢服務方式協助業界解決作業瓶頸，並選擇重點個案辦理開放式建築及建築工程介面技術整合</td><td>建研所</td></tr>
<tr><td>推廣宣導</td><td>編印營建自動化技術推廣手冊，並藉由建立自動化及電子化資訊服務網站及營建自動化施工技術聯誼會，推廣觀念與相關技術。</td><td>建研所</td></tr>
</table>

資料來源：行政院網站 http://www.ey.gov.tw/planning_old/pg890509-2.htm

第十一節 營建科技的重要議題

營建科技中的建築與美學、都市、政治、社會、全球化、構造、材料、人體、感官、數位，都將充滿了討論的話題。經由建築設計創作，已透露出營建科技必然會愈來愈往兩極化發展，生態系統與數位資訊、不變與百變、永恆與瞬間，都將成為「明日建築」的主要風貌。我國營建科技在國際化的發展中，除專注於本土情境之變化外，更要加強對國際營建動向的了解。目前重要的營建議題列舉如下：

一、耐震建築規劃的重視

集集九二一地震災害中，發現國民中小學校建築崩塌或毀損的比例極高。地震力若超越支柱及牆體所能抵抗的剪斷強度時，梁雖具韌性，但柱已斷裂，建築物便嚴重受害。災區內這種強梁弱柱的破壞模式相當一致，亦即大多數學校支柱或牆體被剪裂，甚至剪斷或彎斷，梁的損壞多為輕微開裂的程度。這些學校建築多是台灣自 1965 年以後興建的標準國民中小學建築。其特徵是單邊懸臂走廊、二至四層樓的教室，垂直走廊方向由於隔間的需要而有許多磚牆或 RC 牆，但相反的，在平行走廊方向的牆壁卻付之闕如。因此，垂直走廊方向的耐震能力，遠遠超過設計當年營建技術規則的耐震要求。而平行走廊方向的耐震能力倘施工良好，最多僅達於當年規範的耐震基準，致使災區學校大部分在平行走廊方向崩塌或損壞。傳統柱梁式的結構為達耐震效果，現已多改採鋼骨鋼筋混凝土（Steel Reinforce Concrete, SRC）設計。

二、我國建築實務能力的提升

近年來，不論營建各類觀念的引進或實務作為均有停滯現象（林芳怡，2000）。專家忙著評論「直接移植」式的理論或經驗，無法適用於本地。苦思無解的同時，一樣不願意面對基礎的資料蒐集分析與研究。建築從業人員墨守早已不合時宜的法規，無法提升也無法保證營建施工品質。學術與實務的價值、專業與大眾化的藩籬時有所見。國際化聲中，我國新一代的營建從業人員尤應吸取世界先進之設計觀念、施工技術，共創全球營建新知能。

三、數位設計將為本世紀的主流

數位設計是否成為本世紀的建築設計主流，尚待觀察與驗證。除了校園內的未來建築師們躍躍欲試之外，遠東數位建築獎與新竹數位藝術中心的計畫，已迫不及待地展開。受網際網路大力帶動的網路科技，已為營建相關人員設立專業網路（如 Eztranet、Ez 等），提供了客戶、建築師、建材商、營建商，甚至包括了仲介商間完整的溝通體系。數位設計將隨資訊科技進步成為營建科技中設計的主流，影響所及，建築教育、營建產業與營建相關專業的理念和作法，都將徹底改變。

四、建築師應加強人類文明的國際社會責任

身為建築師，對於社會與人類文明應負有呈現並延續的責任。建築師應不斷思考未來，面對營建議題勇於面對，尋找創新的營建概念和作品，發揮團隊合作的強大力量，以營造舒適、進步的活動空間。台灣的營建工作者應積極參與具東方文明特色的地域性特質作品，並共同建構全球文化與品質，因為這是每位國際公民共有、共用的責任。

五、建築材料的進步與採用

近幾年，台灣建築在材料使用上的變化呈現蓬勃的發展，許多建

築大量使用鋼料、玻璃及先進材料去突破空間的界限，在許多專案中從空間設計的角度而言，也都達成了一定的效果（戴啟維，2000）。例如：宜蘭縣員山忠烈祠（圖 3.66）利用玻璃將附加牆體對主體產生最少之衝擊，另外也因玻璃之反射使空間增加幻覺的效應。台中火車站二十號倉庫（圖 3.67）是利用鋼料來支撐附加空間的結構，也同時利用鋼料的穿透性形成另一層空間系統，但卻又能維持倉庫主體。也許由於鋼料、玻璃或木料在材質的特性上需要更多的處理，過去台灣設計及營建系統中，將這些材料一直視為臨時性或室內性的建材，因

圖 3.66 宜蘭員山忠烈祠
資料來源：宜蘭縣政府（2002）。

圖 3.67 台中火車站二十號倉庫

此在許多案子裡，比較缺乏從該類材料的構造及維護角度考量進行設計工作。

六、整飭營建風氣，提升營建品質

以公共工程為例，其因具有重複性低、受環境影響多、工期長以及處理問題多，但是卻又常成為不肖政治人物覬覦之標的（廖宗盛，2000）。在政府組織中宜成立建設部或公共工程部，以整合相關職權及人力，並加強人員訓練以發揮專業功能。在法制上，應將工程生命週期內相關法令集中在一個部會，以提升行政效率。我國加入世界貿易組織後，政府對營建工程所採之設計「勞務採購」最低標，搶標造成的施工品質低落等相關法令，宜隨環境變化適時修訂。在執行面上，應讓主辦機關勇於任事，確實依規定嚴謹監造，且能發揮外部稽核功能，才能使營建風氣改善。工程費用要百分之百用在工程上，施工過程中每一步驟均能保持高水準的要求，整體營建的品質才能得以保證。

問題討論

1. 結合三位同學形成小組，除了本書所列圖片外，請在網路中尋找小組最喜歡的公共建築、宗教建築、辦公大樓、休閒建築、商店、住宅各一幢，分析喜歡的原因和待改善的建議。
2. 在你認識的人中，說出與營建相關的職業，訪問他們工作的概況，到課堂中提出報告。分析你喜歡或不喜歡他們職業的原因。
3. 請在你居住地點附近尋覓一售屋公司，蒐集該專案所在地的基地狀況，分析此基地你願意或拒絕購買的原因。
4. 同前題，蒐集該專案空間規劃、建材、色彩、結構方式、水電、其他相關設施，分析你喜歡或不喜歡的原因。
5. 尋覓一正施工中的工地，自開始上本單元起，全程早晚詳細觀察，並記載工地各項活動；於本單元結束時，彙整資料，提出自己的心得，並分享給同學。
6. 以自己現在居住之住宅、親戚或朋友的家，設法取得平面圖，分析動線是否合理？若有缺點，有何改善之道？
7. 檢查分析自己現在居住之住宅品質狀況，是否有安全的顧慮？如何防範危險？並描述社區氣氛。
8. 運用你的想像力，描述 2020 年時你所可能居住或工作的理想建築物狀況，必要時可輔以圖片說明。

參考文獻

中文部分

中正紀念堂管理處（2002），**建築特色**。取自 2002 年 1 月 3 日，於 http://www.cksmh.gov.tw/aa3.htm

中國科普博覽（2002），**現代建築萬花筒**。取自 2002 年 12 月 2 日，於 http://159.226.2.5: 89/gate/big5/www.kepu.net.cn/gb/civilization/architecture/modern/index.html

內政部建築研究所（2001），**綠建築標章**。取自 2002 年 1 月 15 日，於 http://www.abri.gov.tw/

內政部建築研究所環境控制組（2002），**綠建築**。取自 2002 年 12 月 27 日，於 http://www.abri.gov.tw/green/default.htm

內政部消防署（2002），**消防機關辦理建築物消防安全設備審查及查驗作業基準補充規定**。取自 2002 年 12 月 27 日，於 http://www.nfa.gov.tw/main2.html

內政部營建署（2000a），**營建業電子化白皮書**。http://www.cpami.gov.tw/cpamisys/cia.p1.0005.php

內政部營建署（2000b），**綠建築評估系統——綠建築七大評估指標**。取自 2002 年 1 月 20 日，於 http://www.abri.gov.tw/green/

內政部營建署（2002a），**常用專業用語**。取自 2002 年 1 月 15 日，於 http://www.cpami.gov.tw/kch/kch4/DIR.HTM

內政部營建署（2002b），**營建法令**。取自 2002 年 12 月 27 日，http://www.cpami.gov.tw/law/law/law.htm

內政部營建署（2002c），**營建業自動化及電子化**。取自 2002 年 12 月 27 日，於 http://www.cpami.gov.tw/casa/index.htm

內政部營建署（2003），**營建法令**。取自2002年1月15日，於http://www.cpami.gov.tw/law/law/law.htm

于陳明（2003），解析大地資訊及其應用介紹。**通訊雜誌，110**。2005年7月日時擷取於http://www.cqinc.com.tw/gzandsoft/cm/110/af01.htm

王建柱（1984），**室內設計學**。台北：藝風堂。

王紀鯤（1982）。**集合住宅之規劃與設計**。台北：中央圖書。

北京青年電子報（1999），1月13日第30版廣廈專題。

台大生物環境系統工程系（2002），**生態、環保、永續、節能、綠房子**。取自2002年1月15日，於http://www.bse.ntu.edu.tw/rural/rural-01.htm

台中市政府工務局使用管理課（2002），**建築物使用執照核發程序**。取自2002年12月27日，於http://www.tccg.gov.tw/tcc/intro/institution/work/manage/uselic.doc

台中市政府工務局建管課（2002）。**作業程序目錄**。取自2002年12月27日，於http://www.tccg.gov.tw/intro/institution/work/license/procedure.htm

台灣省建築師公會彰化縣辦事處（2002），**各縣市建照申請流程暨地政資料**。取自2002年12月27日，於http://tla.org.tw/tltaa/flow/hwa.htm

台灣營建研究中心（1997），**營建經營管理**。台北：台灣營建研究中心。

瓦都國際資訊股份有限公司（2002），**建築百科**。取自2002年1月3日，於http://www.wa-do.com.tw/archi/archi_ask.asp

立法院圖書資料室編（1997），**住宅問題**。台北：立法院圖書資料室 。http://www.bjyouth.com.cn/Bqb/19990113/BIG5/3763^

D0113B09.htm
江哲銘（2000），綠色校園環境規劃與安全衛生管理。**環境科學技術教育專刊**，**18**，75-81。
江哲銘（2002），**開創綠色、健康及永續的建築環境**。取自 2002 年 1 月 15 日，於 http://email.ncku.edu.tw/m50190/ncku/196/d/d01.htm
行政院（2002），**營建業自動化及電子化推動計畫**。取自 2005 年 7 月 7 日，於 http://www.ey.gov.tw/planning_old/pg890509-2.htm
行政院（2005）。台灣健康社區六星計畫。行政院 94 年 4 月 14 日院台文字第 0940014390 號函核定。擷取於 2005.7.7 自 http://www.cca.gov.tw/cforum/culture_meeting7/iframe_1.htm
行政院公共工程委員會（2002），**公共工程品質管理訓練班教材**。取自 2002 年 1 月 15 日，於 http://www.pcc.gov.tw/
行政院文化建設委員會（2002），**落實社區總體營造**。取自 2002 年 1 月 15 日，於 http://www.cca.gov.tw/intro/report/jj02-3-4.htm
行政院農業發展委員會（1984），**農民住宅設計圖集**。台北：行政院農業發展委員會。
行政院營建署（2002）。營建業電子化白皮書。http://www.cpami.gov.tw/cpamisys/c19.01_0005.php
行政院環境保護署（2002），**環保法規**。取自 2002 年 1 月 15 日，於 http://w3.epa.gov.tw/epalaw/index.htm
吳煥加（1998），**二十世紀西方建築史**。台北：田園城市文化。
沈閭（1995），**建築概論**。台中：國彰。
宜蘭縣政府（2002），**宜蘭生活月刊**。取自 2002 年 12 月 30 日，於 http://elepaper.e-land.gov.tw/elepaper/f.htm#e
林芳怡（2000），告別舊思維，邁向新世紀。**建築師**，**312**，1。
林靜娟、邱麗蓉譯（1996），**景觀建築概論**。台北：田園文化。

侯平治（1983），**現代室內設計**。台北：大陸書店。

南舜勳、辛華泉（1994），**建築構成**。台北：六和。

建築設計資料集編委會（2001），**建築設計資料集㈢居住、教育建築**。台北：建築情報季刊雜誌社。

施添福（1999），**高級中學地理（第一冊）**。台北：龍騰文化。

能源報導（2002），**來自 2010——台大農場示範住宅**。取自 2002 年 1 月 15 日，於http://203.74.203.6/07publication/energy/9109/能源與生活.htm

張世典（1981），**台灣地區國民住宅規劃設計之研究**。台北：行政院研究發展考核委員會編印。

張知本、林紀東（1993），**最新六法全書**。台北：大中國圖書。

張敬德（2002），**張敬德攝影集**。取自 2002 年 12 月 30 日，於http://www.chinesephoto.com.tw/chinesephoto/main/photolist/series/series_02.htm

張蓓莉、林坤燦（1992），**無障礙的校園環境實施手冊**。台北：國立台灣師範大學特殊教育中心。

淺野春美著，王在琪譯（1997），**起居室的創意布置**。台北：漢湘文化。

陳文豐譯（1985），**住宅布局概論**。台北：詹氏書局。

陳哲郎（2000），新世代建築師的命題與角色。**建築師**，**308**，162-163。

曾柏元、盧錫璋（1996），**施工圖繪製實務**。台北：矩陣。

賀陳詞（1989），**近代建築史**。台北：茂榮圖書。

經建會經研處（1999），**行政院經濟建設委員會九二一震災相關資料——阪神大地震與集集大地震兩國政府因應措施之比較**。取自 2002年1月15日，於 http://kbteq.ascc.net/archive/cepd/cepd30.html

經濟部中央地質調查所全球資訊網（2000），**台灣活動斷層分布圖**。取自 2005 年 9 月 26 日，於 http://www.moeacgs.gov.tw/

詹氏書局（1992），**最近建築技術規則**。台北：詹氏書局。

詹氏書局（2000），**國民住宅條例及相關法規彙編**。台北：詹氏書局。

趙國華、洪如江、王中村（1967）。基礎。**段品莊編輯之中國土木工學會出版中國工程師手冊**，土木類，19-4。

廖宗盛（2000），整飭營建風氣，提升營建品質。**建築師**，**306**，38-40。

鄭信義（1976），**給水衛生配管設計與施工**。台北：永大書局。

劉敦偵（1983），**中國住宅概說**。台北：明文書局。

劉福勳（1994），**營建管理概論**。台北：現代營建雜誌社。

盧誌銘、黃啟峰（1995）。全球永續發展的源起與發展，工業技術研究院能源與資源研究所。

戴啟維（2000），充滿生氣的台灣建築。**建築師**，**312**，133。

韓秀華（2001），**應用現代科學技術發掘建築構造設計的創造力**。取自 2002 年 12 月 2 日，於 http://cacup.tongji.edy.cn/otherpage/drin/html/2-42.htm

英文部分

Donald Reed Chandler Architect organization Architedter (n. d.). *Follow-ligwater.* Retrived Jan 1, 2002, from http://users.erols.com/donald.chandler/index.html

Echelon Corporation (2002). *Echelon's Everyday Environment Exemplifies Energy Efficiency.* Retrived Jan 1, 2002, from http://www.achrnews.com/CDA/ArticleInformation/RegionalNews_Item/1,4149,78829-

West,00.html

Illinois Institute of Technology (n.d.). *Crown Hall.* Retrived Jan 1, 2002, from http://www.iit.edu/libraries/grc/miesbldgframegarland.html

Jack A. Kremers (1995). Defining sustainable architecture. http://architronic.saed.kent.edu/v4n3/v4n3.02a.html

Jerome D. Fellmann (1996). *Introduction to Geography.* WCB/McGraw-Hill, Dubuque, IA.

Kremers, J. A. (1995). Defining sustainable architecture. http://architronic.saed.kent.edu/v4n3/v4n3.02a.htm/

SB2000 (2000). *Proceeding of Sustrainable Building Conference.* Maastricht, Netherlands.

Seelye, E. E. (1996). *Data book for civil engineers,* v1, (3rd ed.). NY: John Wiley & Sons, Inc.

Wright, F. L. (1945). *An autobiography*. London: Faber and Faber Limited.

第四章

運輸科技

王光復

本章旨在協助讀者：⑴探討運輸科技之內涵、運輸科技的特質、系統的種類、形態及運作；⑵探討運輸科技發展的背景、現況及發展趨勢；⑶分別探討運輸科技對人類生活及人類社會及環境所帶來的衝擊；⑷探討陸路運輸科技、水路運輸科技和航太運輸科技，以及這三類運輸科技之特質、發展、營運及問題研討。

第一節　概述

壹・運輸系統科技之意義——運輸科技與需求

我們都知道發展運輸科技是為了增強國家經濟生產力、提高能源使用效率，保護生態環境以期永續發展，但這是發展運輸科技的「目標」而不是「需求」。

運輸科技之發展，緣自於運輸需求。「需求」是什麼？需求起自對現況的不滿，換言之，理想狀態與現實狀態之差距，就是困難（或問題）之所在，亦即需求（needs）。

能夠精心研究現況的缺失，並能有創意而勾勒出理想願景（即能發現真正問題所在及解決之方向），則有助於發現「需求」，再針對需求來研擬對策，採取行動，才能解決問題，改善現況。

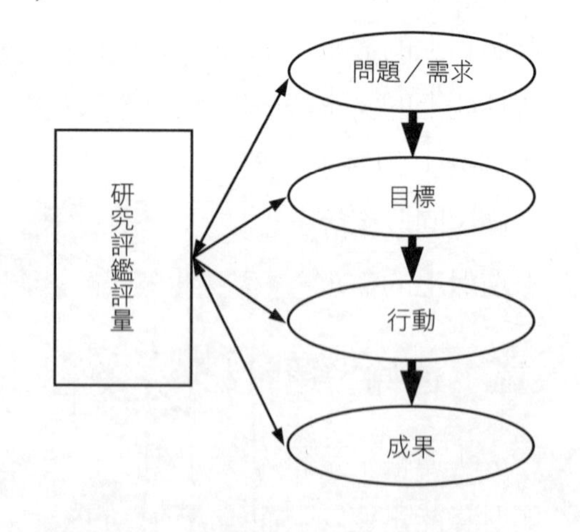

圖 4.1　由需求到成果之模式

譬如說現賺三萬元想賺五萬元，則需求為兩萬元。但是這個是量化（quantitative）的例子，太過粗淺，無法有效用於需要質化描述的場合。我們另外找一個例子：有一個情況（現況）：學生上課不感興趣，而我們的理想是：使學生熱中於學習，這時我們發現了需求：有效激勵。這個有效激勵的「需求」必須用「可量度的方式」（measurable）來記述，譬如：上課不缺席不遲到早退、能專心聽講不做別的事、能參與討論發問或發言、作業能準時交且符合要求標準（criteria or standard）等。

當人們發現了「問題」，亦即「現況」和「理想」有差距時，就想到透過各種的手段來「解決」，此時經由研究找到明確的目標，擬訂解決策略方法，並採取行動（可行的一切舉措），針對目標，務期解決問題。

由圖 4.1 可以看出來，當我們發現有了需求，確定了目標，而採取了有效行動，並借助於評量，即可確保資源得以合理而有效地運用，以及目標成果之達成。

運輸也是一樣，如果要達到運輸的目的，滿足人類運輸需求的達成，必須採行上述模式，先研究調查釐清及確定運輸之需求。

一般而言，運輸之需求可以從下列各角度來分析：

1. 服務上的需求——譬如：安全、舒適、快捷、方便、人性化等。
2. 性能上的需求——譬如：載運量、速度、可靠度等。
3. 經濟上的需求——譬如：成本（載運每位乘客每公里成本）、利潤、回收率等。
4. 環保上的需求——譬如：空氣污染、震動、噪音、景觀衝擊等。

貳、運輸、運輸科技、運輸系統的定義

「運輸」是將人或財貨的運轉行為。運輸克服空間的阻隔，使人與財貨能迅速安全而經濟地送到想送達的地方，因此，運輸能創造價值而可視為製造生產及服務的一部分。

如圖 4.2 所示，「運輸科技」則是一種系統設施及方法，目的是有效運用資源，滿足人類生存活動中運輸方面的需求。

至於運輸系統的內涵，除了包括運輸載具、道路、航道、場站、機具設備等硬體設施，也包括所有為進行運輸活動所需的法規、制度、計畫、程序、方法等軟體。

進一步探究運輸科技的意涵，我們可以列出下面幾個特點：

1. 運輸科技的發展與其他科技的發展密切相關，其他科技方法或發明，往往可以轉移應用於運輸上。
2. 運輸科技的運用會影響到人類生活各層面，如安全、舒適、生活方式、工作效能等，以及人類社會之運作，和對環境產生衝擊。
3. 當人類對運輸現況不滿時，就會採行「創造及更新」來發展更好的運輸科技。
4. 運輸企業組織成立後，就會運用行銷手法，來開拓市場，並創造人們對運輸的需求。

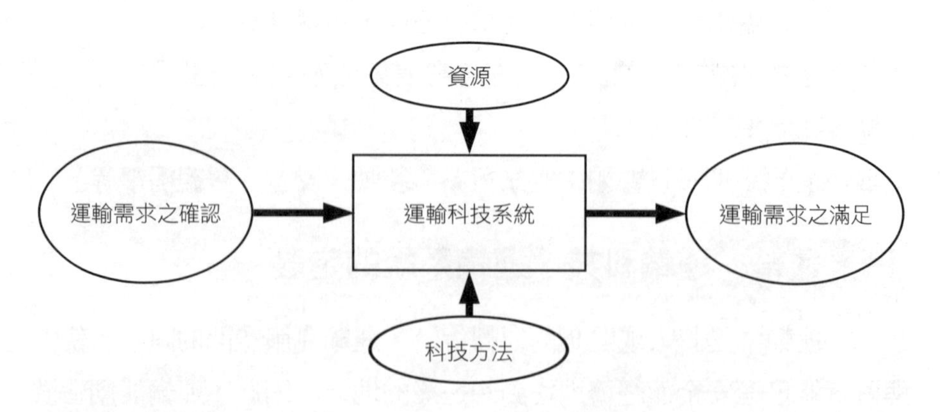

圖 4.2 運輸科技之意義

參・運輸系統之組成

我們不妨從日常生活中所接觸到的運輸科技來思考，譬如我們想出門旅行，則從計劃到完成，所運用到的一切，都是運輸科技系統的環節：

1. 要決定去哪裡：我們依賴書報網路等資訊系統來獲得旅運資訊。
2. 要安排旅運行程：我們需要旅行社、保險公司，甚至於需要政府（法規制度的保護）。
3. 要提款付款：銀行、信用卡公司替我們完成和旅運業的金錢交易。
4. 交通服務買票訂位：我們需要公路、鐵路、航空等運輸公司，來提供運輸服務。
5. 餐旅等服務：旅運活動需要餐廳、速食店、旅館、度假中心，甚至於醫院的支援。
6. 道路場站設施：道路、航道、車站、航站等設施之建設、監理、營運、維護。
7. 交通工具： 各型運輸工具之製造、銷售、維修、拖吊、廢棄處理等。

上述運輸科技系統每一個環節都很重要，任何一個環節效率不好，或運用不當，都會妨礙整個運輸科技之效益。因此，在學習或探討運輸科技時，對一般人而言，應廣泛地研習上述運輸所涉及的一切問題。換言之，學習的重點可以放在運輸方法、運輸系統及設備、運輸有關之各類支援系統、運輸對環境之衝擊，及運輸有關之行職業等。而不是像運輸工程科系的學生，去專門探究運輸科技系統的程序（如接收、固持、儲存、搬運、卸載、傳遞、評估、市場行銷、管理等），或運輸設備的結構（如結構、推進、懸吊、導引、控制、支援等子系統）。

肆・運輸方式、設施、業務的分類

運輸科技包含相當廣泛，必須先將之分類，再逐項研究。事實上，運輸可以從不同角度來檢視，而產生了種種不同的分類：

㈠運輸方式及運輸業務的分類

1. 空運（飛機運輸）。
2. 海運（船舶運輸）。
3. 貨櫃運輸。
4. 公路運輸（卡車運輸）。
5. 鐵路運輸。
6. 捷運。
7. 複合運輸。
8. 管道運輸等。

㈡常見之運輸載具的分類

1. 陸上交通：汽車、火車／電車、高鐵、貨櫃車。
2. 水上交通：客輪、遊輪、貨輪、快速船舶。
3. 空中交通空運：各型飛機、飛船、太空梭／太空船。
4. 輸送機具載具：電梯、升降機、吊車、輸送帶等。

㈢依運輸市場（服務地區範圍）的分類

1. 國際運輸。
2. 城際運輸。
3. 都市運輸。
4. 城鄉及偏遠地區運輸。

㈣依「行政」及「業務性質」的分類

1. 運輸經營管理。
2. 運輸財務（財政應用）。
3. 運輸安全。
4. 運輸科技研發。
5. 運輸環境。
6. 運輸系統建設。

㈤公路運輸法之營運分類

1. 公路汽車客運。
2. 市區汽車客運。
3. 遊覽車客運。
4. 計程車客運。
5. 小客車租賃。
6. 汽車貨運。
7. 汽車路線貨運。
8. 汽車貨櫃貨運。

伍・運輸科學、運輸工程與運輸科技

探討運輸科技，與運輸科學及運輸工程的著眼不同。

運輸科學，是研究世界上一切與運輸有關的事及物之「為什麼」，而想找出真相，擬訂出原理學說，以供解釋及預測。

運輸工程學，主要是想解決運輸有關之工程技術問題，也是採行實驗等科學方法，擬訂出解決問題的模式和原則（譬如：設計最快捷運載具，或計算如何有效配合空中之氣流節省飛機燃料），以提升系統效能。

上述科學和工程的知識和技術，當應用於解決科技問題，就會產生新的科技方法。而科技創新往往發生於：把某一類科技運用於全然不同的領域（解決性質不同的問題）。

運輸業務學，主要是研究運輸業務經營與管理，包括貨物倉儲、裝卸及對旅客的服務，其目的是研擬出最佳經營管理制度方法。

而運輸科技，則是在探討運輸科學、運輸工程、運輸營運問題之外，特別注重運輸科技和人類生活及社會的關係，亦即研究如何構建運輸系統設備以有效運用資源，滿足人類運輸方面的需求。使在追逐迅速、安全、經濟、便利的運輸之餘，並能兼顧環保、社會福利、倫理、永續發展等人類全體的福祉。

在探討運輸科技以及學習其他各類科技時，應時時以增長「科技素養」為念，換言之，應把學習的重心，放在：

1. 認識科技之本質、演進。
2. 認識科技系統及設備，熟悉常用的科技產品及工具設備；會運用還會管理。
3. 會透過設計及製作活動，來增強科技應用的能力。
4. 會解決問題（含維修、研究發展）。
5. 會評估使用科技之後果及衝擊。

陸・運輸科技與其他科技的關係

人類所發明出來的所有科技，如果說是一個科技系統，則這個科技系統可以說是由各類子系統彙集而成（諸如：能源、運輸、資訊、溝通、營建、製造、農業醫藥生物等科技系統）。各類科技密切相關，互相支援。科技的水準，取決於其中最弱的一類科技，換言之，人類要享受科技的成果，則必須每類科技都要齊頭並進。

在各類科技之中，資訊科技和運輸科技的關係最為密切，如果沒有先進的資訊科技，則運輸的效率和成果一定會大打折扣，譬如交通管制、公車調度、機場航管、無線電計程車、貨運車等之調度，都要利用到資訊科技。當然，營建科技和製造科技之良窳，也會決定運輸科技之進展和運輸的績效，因為高效能運輸工具（車、船、飛機）的製造，以及橋梁、隧道、港埠、航站等之建築，都要依賴製造科技和營建科技。運輸需要能源，能源科技之發展，其良質、廉價、穩定的能源供應，也是運輸科技運用所必需。

但是，運輸科技也直接影響到其他各類科技的應用和發展，人類所有的生存活動幾乎都離不開運輸，譬如營建、製造、能源開發、農業生產銷售等等，都需要依賴運輸。而運輸的效能，也直接關係到它們的產能、效率和成本。

柒・運輸科技與人類生活

一、運輸科技對人類生活之價值

交通運輸可以滿足食衣住行四大需求之一——行的需求，使生活、教育、工作等更方便，也使生產、銷售等更有效。運輸科技對人民生活之便利，可謂息息相關；運輸科技之良窳，直接影響工商業、經濟、社會、環境、國防等層面。

二、運輸科技其發展運用時的考量

站在使用運輸工具的角度，我們是不太在意使用哪一種運輸方式，我們比較關心的是：如何安全地運送、如何方便地使用、如何即時快捷地到達、如何得到低廉的運輸費用，以及旅運中之舒適、貼心的高品質運輸服務而已。

運輸系統之設置，到底是應該將本求利，還是應該講求社會責任？從經濟的角度來看，偏遠地區不值得設置公眾運輸服務，因為不賺錢，但是從社會福利角度來看，偏遠地區經濟弱勢人民才更需要公眾運輸服務。

三、運輸與人性及尊嚴

在運用及發展運輸科技時，如果只考量經濟及績效，而忽略人性需求，則容易造成的後果為：人被「物化」（人被當成貨物），或人得不到尊重（被逼得很緊張、很狼狽）。譬如：

1. 跨越人行道時，行人不但被逼得必須快走或奔跑，或必須提防車輛的偷襲，或時而遭受車輛進逼的威嚇，換言之，規劃不當的交通，使人喪失從容行走的自由。
2. 為了提高運輸設備的利用率，運輸業可能會採用商業手法，逼使經濟弱勢的人們去搭乘深夜的班機，或繞道很多不必要的航線。
3. 都市交通規劃時，有時會過度使用地下道及天橋，造成老弱婦孺行的不便。
4. 十字路口交通號誌的設計或優先通行之路權規定，如果有欠考量，就會造成直行者和左轉者投機取巧或「強凌弱」的現象。反而言之，在沒有左轉號誌的十字路口，如果我們明白規定，哪一輛車先到暫停線，那一輛車就可以先開，那麼其結果一定是很有秩序，絕對不會相撞，而且開起車來會變得很輕鬆。

第二節　運輸科技發展的現況及未來

壹・運輸科技之演進

一、運輸科技之發展因素

運輸科技和其他科技一樣，其發展受到很多因素的制約。

譬如圖 4.3 所示，「政府政策、經濟社會和科學工程」三大因素會決定運輸科技之發展理由是，政府的政策、法規、制度、施政，本來就會影響經濟、社會、科學及工程、教育（人力培育）等方面的發展，也會對科技的發展提供直接或間接的支持或誘因。

先說政府政策，由於大型科技研發及科技系統之建立，都要動用大量資源，如果政府不支持，就根本不可能實現。現在有一個很好的例子：六百年前，明朝鄭和七次下西洋（1405 至 1433 年），船艦多達六十多艘，甚至一百多艘，航程除了到過非洲好望角、探索過南北極附近、橫渡大西洋及太平洋，還到過更遠的地方（何筱筠等，2002），這需要多大的財力，更別說動用多少造船及航海技術人才了。等到明宣宗接任後，改變政策，不但不再鼓勵航海，反而下令實施海禁，嚴禁船隻出海航行，連遠洋帆船的建造及修繕工作也被禁止，甚至進一步銷毀有關鄭和下西洋的航海文獻官方史料，使珍貴的航海文獻付之

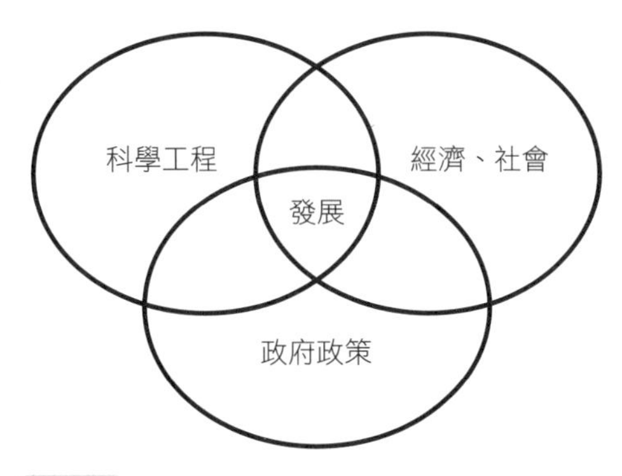

圖 4.3　與科技發展有關之因素

一炬（何筱筠等，2002），航海科技之發展當然為之扼殺。

其次說到社會及經濟以及科學及工程；科技（technology）並不是科學知識或工程技術，科技是一種方法（methodology）、一種發明（invention），和一種改良（innovation），可以說是綜合的研究發現，是系統地運用人類所有的知識和技術所產生出來為人類解決問題的工具。換言之，它是綜合科學、藝術、工程、經濟學、社會學等學科研究，加上創造力的研究結果，用來造福人類的（Scott, 1993）。

從另一個不同的角度來探討運輸科技的影響因素。我們對運輸科技的發展，還可以歸納有下列五種發展條件：

1. 能源（燃料）和資源（礦產、原物料）是否充足？
2. 人力素質（尤其是科技素養）好不好？有沒有優秀的技術人力？
3. 製造、營建、資訊等科技之工具方法是否齊備？
4. 運輸業務行政營建管理之技術好不好？
5. 運輸科技包括載具、技術等發展出來之後，有沒有市場來實際使用？

歸根到柢，除了上述客觀條件，人的需求和態度還是科技發展的原動力，如果人對某項科技的需求很殷切，態度上很重視，願意花很大的代價去獲得，則這項科技就會發展得較快。也就是說，人類的需求、意願、態度會形成文化，也會影響他們的創造思考模式和能力，最終會塑造其科技之發展。

二、運輸方式之發展沿革

人類需要取得各種資源才能生存，不論是從事農業或工業活動，都需要運輸來滿足其生活及工作之需求。早期由於運輸科技不發達，道路與交通工具非常簡陋，另外，運輸有關的配套措施如資訊、氣象、餐館、旅社、治安等之不健全，所以在運輸方面遭受很大的困苦。由於運輸不發達，資源之取得及輸配都較困難，因此當時整個地球養活的人口數不多，而且人類當時的生活水準也不高。

陸地上的高山、沙漠、泥淖、懸崖、縱谷，對早期人類是很難克服的運輸障礙，相形之下，造一條船沿著河流或海岸邊的水路運輸，就顯然較為容易多了；但是，由於輪船之發動機及測量等航行技術還不夠好，無法做到遠洋航行，所以早期水路運輸仍是以近海及河流為主。當時，除非深陷於大型內陸地形的人們，否則，對於水路運輸科技，一般是比對於陸路科技的掌握要好。一直到飛機發明之後，人類的運輸方式才由水路、陸路，擴展到空運。

總而言之，在發動機、橋梁、隧道及飛機等製造及營建科技還未發達之前，運輸科技之發展是很緩慢的。傳統上，水運（河海港埠運輸）是陸地對外聯繫之憑藉，所以對一個未開發的陸地而言，運輸的發展，由沿岸到內陸；由點和點之間的聯繫，到塊和塊；最終到達面和面之間的聯繫。陸路運輸可以區分為下列幾個階段：

1. 分散的港埠，港鎮多，腹地小。
2. 以港埠口岸為起點，開始設置一些往內陸的公路。
3. 往內陸的公路中間開始形成小站或聚落或鄉鎮，並另延伸出支線。
4. 以各鄉鎮為點，發展相互間的聯絡道路，但尚未完成網絡，有時必須繞道。
5. 各鄉鎮間的聯絡道路已經發展成為網絡，方便互通。
6. 各大都市間設立快速道路（高速公路），使大都市間的交通更為便捷。

三、運輸載具的發展沿革

雖然，運輸載具（車、船、飛機等）並不是運輸科技之全部（通訊、道路、營運管理等也佔據重要地位），但是運輸載具的發展卻最能代表運輸科技的進步。

人類對運輸載具的改進和創造從來沒有停止過。很多科技都對運輸載具（舟車船機）的發展產生貢獻。尤其是能源科技（燃料運用及發動機）的發展，更使航海及航空變成可能。

早期，運輸載具是依靠人力的（轎子、推車），隨後依賴獸力（牛車、馬車等），發明蒸汽機、電動機、引擎、渦輪機及火箭之後，開始依靠燃料（火車、汽車、電車、輪船，以及飛機、太空船）。

在乘載員額上，也是由少數人發展到一次可以載運一大批人。早期受限於人力及獸力的最大輸出動力，每輛車最多不過十數人，載貨重量不過上百公斤，無法任重負遠。但是，隨著路面、軌道、軸承、傳動及轉向機構、輪胎等的發明，車輛可以串連起來，一趟車可以載運的人和貨量就大幅增加。譬如，電車發明之前，早期城市大眾運輸是用騾子或馬來拖動在鐵軌上行走的客車（車廂可串連），一次只能載運幾十人，等到電車和火車發明以後，一串列車就可載運數百人了。

在利用水力（漂浮）、人力（划槳），和風力（風帆）為動力源的階段，船隻的航程短，效能差，也不安全。到了 1778 年，James Watt 成功地改良 Newcomen 蒸汽機，使效率提高三倍（Geocities, 2002），人類開始研究如何以蒸汽機推進船舶和車輛。早期的輪船以蒸汽機為動力源來驅動船外的轉輪，1807 年美國 Robert Fulton 建造的輪船開始正式載運旅客，由於蒸汽機之效率低，在長程航海時，必須載運大量燃料，所以載客及載貨量有限。到了 1836 年，瑞典 John Ericsson 發明了螺旋槳推進器，航速大增。到了 1884 年發明渦輪機，1894 年發明柴油引擎，1942 年發明核裂變反應爐，並先後應用於輪船和潛水艇上，才使船隻的航行效能達到較理想的境界。

比較起歷史久遠的水路及陸路運輸，航空（空運）的發展，僅有一百年（1903 年美國 Wright 兄弟飛機首航成功），算是很年輕了。人類對發行器的要求不過是要能升空（有升力）、能操控航向，及能多承載（人及貨），以及速度快、省能、噪音小、票價廉。

這一段時光裡，飛機的主要演進在於發動機、機翼和機身。由於發動機決定動力，而機翼和機身外型決定了升力和阻力以及承載容量，所以由發動機、機翼和機身的改良及創新，使飛機的性能不斷進步。

譬如：發動機由單引擎到多引擎，由引擎到渦輪機及火箭；機翼的結構也由多翼到單翼、由垂直翼到後掠及前掠翼、由固定翼到可變動翼；機身材料也由堅木及帆布改進到鋁合金及複合材料與隔熱陶瓷磚等耐高溫材料。

由於飛機製造技術及通訊等科技之進步，現在飛機航速已經由低於音速，發展到倍音速（法國協和式客機）及三倍音速（美國洛克希德戰鬥機），而載客量也由數人進步到五六百人（波音 747-400 及空中巴士 A380）。

圖 4.4　波音 747-400

四、我國運輸科技之演進

在十五世紀以前，中國的科技是領先世界各國的，英國學者 Joseph Needham（1900-1955）所著的《中國科學技術發明史》中指出，中國在科學的發展、技術的發明方面，領先西方。航空科技之研發（降落傘、熱氣球、直升機、滑翔機、火箭等），比西方早上千年。中國航海技術也是自古就領先全世界，十五世紀所造的船（Junks）為最大、最堅牢、最快捷，一直到了十九世紀才被美國超越（Encyclopedia Britannica, 2000）。

陸路運輸科技之定義較難界定，因此較難與西方比較。但由商代遺址貴族墓地內陪葬的車馬遺物，以及甲骨文使用的「車」字，可見最晚在商代（西元前 1600 年到西元前 1000 年）就有馬車，另秦漢時代全國水路交通已經形成網絡，可見陸路交通發展甚早。

明清兩朝代以來，中國科技之發展顯著落後於西方，運輸科技方面尤然。閉關鎖國被船堅砲利所打破，清朝末年，西方列強爭先恐後插足中國的運輸市場，藉提供貸款及參與設計施工，來掌握鐵路及港埠的實際控制權，或以武力獲得內河航行權及治外法權，甚至佔據重要港埠（天津、上海、青島等）為租地，直到中華民國成立，才漸漸取回運輸之主控權。

硬體科技之引入，只是皮毛。清末民初雖然可以從西方科技先進國家進口新穎的運輸工具，如輪船、汽車、飛機，但運輸系統中的其他環節如製造、維修、規劃、營運等，這類科技無法全盤購入，所以全國各地運輸發展落差極大。譬如：汽車和電車大約在民國元年（1912）問世，各國陸續採用它們為城市陸上交通提供服務，我國也在上海市引入，其有軌電車和無軌電車分別在 1908 和 1914 年先後通車，全中國最早的公共汽車服務也是在上海市，於 1927 年通車的（中國大百科全書，2002），但全國其他各地交通仍頗落後（有些地方連公路都不通，居民沒看過汽車）；1949 年中華民國政府遷台，大陸因計畫經濟及政治動亂，使運輸建設嚴重停滯，這種情形直到 1990 年代改採市場經濟及政治上改採改革開放後，才開始迅速改變，目前大陸上水路陸路航空運輸網絡已基本建立。

五、台灣交通運輸之演進

台灣與大陸一海相隔，自古依靠海運交通人貨。三國黃龍二年（230）《三國志》提及夷州（即台灣），隋大業元年（605）《隋書・東夷流求傳》中也有流求（即台灣）之記載，元至元年間（1335-1340），就曾設置澎湖巡檢司（莊永明，2004）。明朝（1368-1644）由於航海科技漸漸發展，台灣大陸交通漸趨頻繁。1646 年清兵攻入福建，八閩地區社會經濟凋萎，大量人口被迫外移（楊彥杰，1992），以及鄭成功（1661 年後）對台灣之開發，華人大量東移，而成為台灣之主要居住族群（新光人壽，2002）。

早期台灣因陸路交通不便，尤其是內陸交通每因雨季而阻礙難行，各城市間之交通仍依賴航運，即以船隻往來於各港埠間；另外，在鄭成功開發台灣期間，也積極發展航運，以利對外貿易及經濟發展，當時，遠到南洋都有台灣商人的蹤跡。劉銘傳治台，海運更形發展，曾購買輪船，以台灣為起點，經由廈門、福建或上海、香港等地，航行於新加坡、柴根、呂宋等地。同時亦有許多官船行駛於台灣各港之間（董季樺，2000）。

台灣除了航運之外，鐵路發展也滿早的，於清光緒 13 年（1887），台北基隆間首建鐵路，為當時（清朝）全中國各省鐵路運輸之先鋒。中國大陸之鐵路，雖曾在清同治十三年（1874）動工興建松滬鐵路，但因民眾阻止修築失敗，到了光緒七年（1881），李鴻章奏建的唐胥鐵路是中國鐵路的肇始（唐啟華，2003）。

清光緒21年（1895），中日甲午戰爭，清朝戰敗，台灣被清廷割讓給日本；其後的交通運輸發展里程碑有：1913年，台北市區至圓山間公共汽車開通，1928年，台北基隆間縱貫公路通車，1936年，台北到日本福岡之間的民航空運開航（林茂生，2002）。

1946年台灣由日本手中歸還我中華民國政府後，政府整軍經武，加速交通建設，先後完成多項重大交通建設，譬如：環島鐵路、東西橫貫公路、高速公路、高雄基隆台中及離島等港口、中正機場及航站設施等；另外，完成交通運輸有關配套措施，譬如：長途客運之民營化、電腦售票系統、採用最新運輸載具、交通流量管制、設置公路轉運中心、開放高速公路交流道設置招呼站等等，而使台灣之海陸空交通能夠提升效率及功能，而使運輸進入暢通發達的境界。

貳、運輸科技之發展現況及運作情形

在本章中，運輸和交通經常混合使用，理由是國人較習慣使用「交通」來表達「運輸」。但國語中之「交通」一詞，其實比「運輸」有較寬廣的意義（涵蓋運輸與通信），我國政府的交通部並兼管運輸與通信及氣象與觀光。國內運輸科技之研發，運輸有關法規制度之建立，及運輸業務行政管理，均由交通部主掌。當然，本章之研討主題還是「運輸」這項科技是什麼、如何運用、使用時之衝擊，及如何因應。

談運輸科技的發展現況，可從人類在現代已經發展出來的運輸系統組織及營運現況來討論。為求條理清晰，以下以「大綱編號」的方式呈現：

㈠運輸系統設備之相關名詞

1. 運輸可分為國際運輸與國內運輸，國內運輸又可分為城際運輸和都市運輸。
2. 內陸運輸系統：包括鐵路系統、公路系統、國內空運系統、沿海航運系統。
3. 運輸的場站設施，主要包括車站、港埠、航空站。
4. 運輸節能：汽車之節能、飛機之節能、船舶之節能、運輸管理節能。
5. 倉儲業務：保管貨物、出租倉庫等。
6. 儲運附屬業務：機械裝卸、包裝、改裝、報關、保險、代辦勞務等。
7. 運輸工具或載具常指各型陸地河海及空中交通所用的交通工具。
8. 交通運輸有關之技術包括：運輸的監控調節、人員物料的運配、暫（儲）存、傳遞；以及運輸工具的安裝檢驗操縱運用，及檢修維護。
9. 運輸工具業：包括汽車、機車及自行車之製造業，其零件之製造業，鐵路車輛及其零件製造業，船舶及其零件製造業等。

㈡國際運輸之興建及發展

1. 國際運輸系統主要包括國際港埠及海運系統、國際機場及空運系統。
2. 發展空運之運輸策略：增建、擴建國際機場，加強飛航管制計畫，健全航政及航空站經營組織管理，增強機場航站營運效率及運能，整體規劃機場城市，拓展國際航線，提升國際空運競爭力。
3. 發展海運之運輸策略：健全航政、港務、棧埠經營組織；整體規劃港市特區及聯外道路網，健全港埠費率與管理制度；增強港埠營運效率，提升國輪海運競爭力。

4. 國際運輸整體之發展重點：擴建國際機場及國際港埠的硬軟體設施，加強其經營效率及運輸能量，加強飛機、船隊之維護營運，拓展國際航線並爭取航權，加強海陸空之聯運。

㈢城際及都市（區域）運輸之興建及發展

1. 城際運輸之發展重點：環島鐵路網、高速公路網、國內空運網，加強港埠航運及離島航運。
2. 城際運輸及區域運輸系統之興建：拓建更完善之高速公路系統與普及一般公路運輸網；建立整體都市運輸系統；建立都會區捷運系統與闢建快速道路或高速鐵路；建立完善之離島運輸。

㈣運輸發展現況

1. 1990年代起，陸路、水路及航空三大類運輸各自為政之現象，逐漸消失，各國之政府也在修改法令規章及運輸有關部門之組織，使整個運輸之規劃、設計、投資、興建、營運、管理，走向「聯運系統」（intermodal transportation system）。換言之，使各類運輸能夠協調配合，以期得到運輸效益之最佳化。
2. 航空運輸是二十世紀發展最快的一類運輸，由於機場及航線之擴展，以往包括轉機要二十四小時以上的長途飛行，現在大都已經有不到十二小時的直飛班機（貨機則有綿密的運輸網）。如此一來，更使全地球恍若世界村，加快世界各國人民的交流，也使科技強國更能有效地取得全世界的資源，並把全世界每個角落都納入生產加工及銷售的範圍內。
3. 海運先天上較不吸引旅客（除了巡迴於風景區的高級郵輪之外），

因此偏重於貨運。由於貨物包裝技術之進步，以往散裝貨物也有改以貨櫃裝載，因此貨櫃輪之海運配合其陸地上的貨櫃車以及大卡車（truck）陸運，是現代貨運之主流。另外，礦砂、煤等採用散裝輪或專用輪，液化天然氣和石油當然採用專用之液化天然氣船和油輪。

4. 陸路運輸方面，系統建設有過度偏重公路汽車運輸的現象：由於鐵路建設投資較少，致使軌道運輸（火車、鐵路運輸）容量不符需求，設施維護水準低落，運輸服務品質無法滿足乘客，以致私人運具（機車及小汽車）快速增加，造成道路嚴重壅塞及環境品質降低，以及交通事故頻仍，降低人民生活福祉的現況。為今之計，實應大力發展大眾運輸，尤其是高品質之軌道運輸，譬如台北市之捷運即對都市交通貢獻至大。

5. 台灣公路運輸網及環島鐵路網已經建設完成，在鐵路部分，除了採用電氣化，並增購高級列車及通勤電聯車，推行全線電腦售票系統及增設旅客用車上行動電話。另外，還計劃興建高速鐵路。在公路

圖 4.5 台北捷運淡水線

圖 4.6 高速公路匝道建設現況

建設部分，已建成北部、中部及南部、第二高速公路、北宜高速公路、新中橫快速公路、新南橫高速公路等。除了整治國道，並改建省道及重要經濟幹線（包括港口及機場之連外道路），以及建設縣市內之公路網絡。另外，也正擴建離島運輸及沿海之城市間海運。

6. 以往，交通運輸制約了中國大陸之經濟發展，1990 年代以來，大陸交通建設開始全力發展，目前高速公路長一萬九千公里，居世界第二位，海運船隊載重噸連續多年居世界前五位（周音，2002）。鐵路營業里程達到七萬公里，八縱八橫的鐵路網絡使運輸密度達到每公里三千萬噸（趙瑋寧，2002），除西藏拉薩以外，二十八省、市、自治區都通行火車（周音，2002）；此外，上海和浦東間的磁浮列車，時速可達四百三十公里（張佑生，2003）。航空方面，2003 年底大陸之民航機隊的規模發展到六百六十四架，國際航線及國內航線總數達到一千一百五十三條，民航貨物運輸總周轉量及旅客總周轉量均已躍升到世界第五位（新浪網，2005）。

參・運輸科技之新發展

隨著資訊、製造、能源及營建等科技之進展，運輸科技也有更新的改變，這些新的運輸載具、新的運輸系統、新的運輸營運管理，使運輸的效能更高、人類得享更舒適便捷的交通、能源在運輸上的耗費更小，而且運輸對環境的衝擊破壞也更減低。以下分別介紹幾項較突出的新運輸技術：

㈠高速公路採用之電子收費系統（Automatic/Electronic Toll Collection System）

由於減少汽車停車、煞車及加速之次數，引擎效率較高，縮短行車時間，且大幅降低二氧化碳的排放。本系統之運轉成本低，對交通阻礙小，一般人工收費每小時只能通過兩百三十輛汽車，改用電子收費系統可處理四倍以上之車流量。

㈡車輛辨識

傳統行駛中的車輛無法辨識，但現代有很多技術可以做到辨識，較昂貴的是遙感技術。例如「機械視覺判別」（machine vision techniques），利用攝影的方法來拍照再辨識；較便宜的方法，則是要求每輛車帶一個身分證（即IC卡），當車子通過感測器時，這個感測器會讀取IC卡的內容，就等於讀到車籍資料，知道是哪一輛車、哪一型車（是小客車？還是大客車？視不同車型扣不同的過路費），並且可以把扣完錢的財務資訊重新記錄到IC卡上。

㈢彈性計價之「道路定價」（Road Pricing）

既然車子能夠被自動扣款，那麼就好辦了。高速公路的經營者，除了視車型大小及載重來訂不同過路費，也可以視營業時段（尖峰或離峰），訂不同的價格，收不同的道路使用費。並可視車輛對環保的破壞程度來加價（譬如較重較吵排氣污染較嚴重的，賦予較貴的價格）。如果採用的是較高級的視覺判別，能判別出是否單獨一人駕駛，則甚至於也可以對載客率較低的小客車，施以較高費率，以達到獎勵共乘的目的。

㈣衛星定位及汽車導航（Vehicle Navigation）

衛星定位系統（global positioning system, GPS）可測定汽車的絕對位置，並在汽車內部顯示裝置的電子地圖上，標示出汽車所在位置。較新的車內導航系統（In-Vehicle Navigation Systems）又增加了一些新的功能，譬如附近顯示餐館、加油站、醫院位置、停車場的空位狀態，並可做訂位等電子交易。

㈤道路交通情報系統（Vehicle Information and Communication System）

開車在高速公路上，由於車速快，就好像被關禁閉一樣，這時候最需要的就是外界資訊。傳統的作法，是等收音機的路況報導，或打無線電話（大哥大）和外界聯繫；較現代（較進步）的方法，則是透過車上電視（汽車導航系統及道路交通情報系統）來了解自己的位置，電子地圖、交通資訊（譬如那段路交通壅塞或臨時有通行管制，那兒有加油站、餐廳、旅社，停車場空位狀況，氣象變化，重要新聞等）。更進步的系統，駕駛人還能無線電上網進行資訊交換。

㈥自動定速駕駛（cruise）的行車支援系統（Assist Highway Systems, AHS）

高速公路長途駕駛，幾乎都會採用「自動定速駕駛」（cruise），也就是設定好了，便不必再踩油門，然後，不論道路上坡下坡，車子都會以所訂的速度行駛，如此可以節省駕駛人的心力。如果遇到狀況，不論必須踩煞車減速或踩油門加速，原來設定的「定速駕駛」就會消失，等狀況過去了，須重新設定，幸而設定很容易。

較進步的行車支援系統具「追撞警告」功能，能避免車輛間隔不足，即運用雷射測距感測器來檢測前方車輛是否減速而太靠近我們這部車，如果是這樣，會自動煞車減速以拉開我們和前車的間距。

目前美國在高速公路的路肩設有凹凸紋路，每當駕駛把車子不小心偏離車道時，則車子輪胎就會發出很不同的聲音，來提醒駕駛。較進步的系統，是在車內設有感測器來檢查兩側分道線上所敷設的磁性材料，如果不小心偏離車道，車內也會有警報。

(七)智慧型運輸系統（Intelligent Transportation Systems, ITS）

未來公路裝設智慧型運輸系統後，智慧型汽車（Smart Car）能隨時與此系統保持聯繫。通過電子收費站時，不用停車，可自動繳費（自動自車主的銀行帳戶轉帳）。有路況發生時，能自動減速、變換車道，甚至自己更改原訂路線，繞道前往。目前正在發展自動駕駛，希望駕駛輸入指令，車輛即能自動開往目的地。

(八)自動化的公路交通管制——避免交通壅塞（Incident Management）

目前先進的公路，採用智慧型運輸系統進行「交通管制」（traffic management）及「交通狀況訊息發佈」（information dissemination），公路上設置閉路電視監視器〔closed-circuit television（CCTV）surveillance〕及其他感測器來測量及監視交通情況，並以電腦評估交通意外及交通壅塞之可能性，能通知智慧型車輛中之駕駛人，使其盡早因應（譬如改道或改變車速）。

(九)個人捷運系統（Personal Rapid Transit）

個人捷運系統的興起，是都市高度發展，個人載具（小客車）過度濫用之必然結果。當每個人出門都想自己開車，都市交通必然壅塞，停車必然困難。所謂個人捷運系統，就是在遷就（不去改變）每人使用私家車的習性下，仿照目前的大眾捷運系統，為小客車發展軌道系統，讓小客車的驅動改為電動及自動控制。

個人捷運系統（Anderson, 1994）與目前的大眾捷運系統相比，不同的地方是：車站是離線的（off-lined），不會妨礙車流；站設得很多很密，可以每隔五百公尺設一站，對都市之運輸服務涵蓋面積增大；每趟車只容納少數人（也許一家人或一個人，好像計程車一樣），較符合人性化；乘客上了車，只要按鍵輸入目的地，則車子就會自動把人送到（不須駕駛），由於車子小，又不串連車廂，所以軌道可以做得很輕巧（每公尺軌道設施平均僅二百一十公斤重，一般火車軌道設施約每公尺三公噸重），建設成本可以下降；由於是自動駕駛，不需司機，不但免除駕駛的疲勞，也可減低運輸之人事成本。這個運輸構想，美國從 1970 年開始研究（Queijo, 1988），1981 年到現在，已經花了 150 萬美元於研究上，由於經濟因素，仍未實現。

第三節　運輸科技之衝擊及因應

壹・運輸科技之功用價值及理想境界

上節討論運輸科技之演進，本節則探討運用「運輸」時對環境生態及人類生活產生的衝擊，及其解決改善之道。

一、運輸的功用價值

人類應用運輸科技，可以安全、快速、可靠地完成人員與貨物的輸送。對一國家而言，運輸科技之良窳，直接決定該國經濟之發展、人民生活的福祉，以及國力是否富強。換言之，經濟要想發展，必須要靠強力的運輸來支持。對工業而言，運輸效能會影響生產之速率、績效和成本。對商業而言，運輸是否快捷，往往代表商品是否仍能保鮮，以及能否打敗競爭者而佔領市場。對軍事而言，運輸之效能更可能決定戰爭的勝負。

對人類社會而言，運輸幾乎可以說是一種人權，如果一個人享受運輸的權利遭受剝奪，那麼他的生存權和社會福利幾乎都會因之喪失（譬如：美國就對外來的人施以嚴格的駕照管制，使其非法打工及移動的能力降至最低，從根本上消除其落地生根的可能）。反之，有了駕照，一個人可以有效地擴展工作能力（譬如：取得更遠地方的資源，做更多的「活」，賣更多更新鮮的東西到更遠的地方，為更遠地方的人提供服務，而擴充營業範圍；若失業了，也可以到更遠的地方去謀職）。

對商品而言，運輸可視為勞務生產的一部分，商品因運輸到更需要的（價格較高）地方，使商品價值獲得增長。另外，不論人員或物資，有時必須送達某一特定地點，此時好的運輸可以爭取時效（譬如挽救一些災難），獲得時間效益。運輸使人得以自由自在地遷徙，更容易地取得他所需要的資源，也使地球受到更徹底的開發，供養更多的人類。

當社會隨著經濟發展到了富裕的階段，人類工作效率及產能提高，休假時間增多，如何休閒變成一門學問。運輸科技變成一項重要的休閒工具，有人喜歡騎車、有人開車、有人駕快艇，也有人駕飛機。

二、理想的運輸系統應達到的條件

表面看來，運輸系統只要能夠做到安全、快捷、便利（方便搭乘）就夠了，其實不然。如果我們從人類整體福祉及生存環境來考量，至少應該滿足下列條件才能達到理想的境界：

◆ 高運輸效能

理想的運輸系統應能夠很有效地達到運輸目的（包括安全、迅速、舒適、可靠等），能讓個人、企業、機構在運輸上，以很小的運輸支出（意思就是低廉的運費），卻產生很大的產能，如此對經濟發展助益極大。

◆ 能避免交通壅塞

理想的運輸系統應能夠配合運輸需求，均衡地使用各類運輸，以聯運的方式協調支援，使海陸空各類運輸系統都能充分運用，有效地達成運輸目的，不會使運輸過度集中於某一項載具，並能減少道路壅塞情形，也不會有車票（機票、船票）「一票難求」的情形。

◆ 能講求環保

理想的運輸系統應能夠採用最講求環保的運輸載具，噪音小、震動小、排放污染少，而且當載具報廢時，其材質較容易在自然界銷毀。

◆ 省能

理想的運輸系統應該是很省能的，能夠有效使用能源，使消耗燃料少，運能高。

◆ 能照顧弱勢者

理想的運輸系統應該稍稍肩負社會責任，不是以營利及競爭為唯一目的，而能夠考慮孤苦、殘障、弱勢者之處境和需求，能讓他們也容易地享受一般人所能享有的運輸服務。

◆ 投資能回收

理想的運輸系統其投資應能夠回收，不要忽略營運績效及成本效益，否則容易造成全體國民為少數運輸使用者付費，唯有良好的營收，才能使投資回收，而永續經營。

貳・運輸對社會及人類生活的衝擊及因應

食衣住行為人生四大需求，其中「行」的需求就是要靠運輸科技來滿足。但是科技的變化往往並非完全符合人意，譬如：環遊世界所需的時間愈來愈短，但下班回家所需的時間卻愈來愈長。以下簡述運輸科技對人類生活的衝擊及因應。

一、運輸對人類生活及社會的衝擊及因應

人類主要居住於陸地上，現代才集中於城市中。由於運輸之發展進步，尤其是公路運輸之發達，使人們更容易到較遠的地方去工作、採購、娛樂、受教育，及進行各種生存活動，因此產生各類大型的機關、學校、工廠、購物中心、娛樂中心、住宅區、商業區、工業區等等，造成小城鎮的萎縮，代之而起的是大都市以及綿密的公路交通網。

另外，各類交通運輸工具，當供應私人（尤其是個人）來使用時，它往往就變成了最佳的娛樂休閒工具，譬如小客車、私人遊艇、私人直升機、私人小飛機、私人潛艇等，都是一般人的最愛，雖然擴展了人類玩樂的範圍、滿足了隨心所欲的欲望，但大量消耗的能源、物質、資源，以及對環境帶來的衝擊，卻形成人類生存環境極大的負擔。

當城市因經貿發展而興起之後，吸引大量人潮及車潮，再多再寬的公路也會在尖峰時段產生交通壅塞。同時舊市區則因擴建不易，往往形成交通瓶頸。都市人口集中，土地面積有限，停車位嚴重不足，每每因停車導致紛爭或因違規而被罰款。

城市內發展大眾運輸，改善公車系統是解決交通壅塞的好辦法。

圖 4.7 捷運車站設施現況

至於目前台灣各都市之間的運輸，由於鐵路載運能量不足，一票難求，旅運容量及服務品質不佳；各城市間之長途民營客運及遊覽車，由於管理不良，服務品質欠佳，同時肇事率高，亦亟待擴充改良。

交通壅塞使人們浪費時間在道路上等待；停車位不足，使人們浪費時間在尋找停車位，甚至於因停車產生紛爭。這種時間浪費，導致生產力降低，與國外競爭力減弱，也因此降低了生活品質。

大眾運輸是由公家來出資興建、為全體大眾享用的運輸，目前世界上除了社會主義國家，一般大眾運輸都做得不好（投資不足），譬如美國到現在鄉下仍有 35%居民（Krebs, 1994）享受不到大眾運輸（幅員廣闊也是原因）；在這種情況下，窮人的活動能力（mobility）就變得更低了。

二、運輸（方式、工具等）之抉擇

由於科技對人類生活造成甚大衝突，所以人類必須透過教育，來學會如何去了解科技、選用科技、評估科技、有效駕馭科技，及運用科技來解決社會問題。在學校學習時，可能採用的學習活動，包括：應用工具材料於設計及解決問題、關鍵性思考、團隊合作、研究、實驗、調查等。

日常生活常會面臨要對「如何滿足運輸需求」做抉擇，面對各種不同的可行方案，應如何評估、如何選擇，是一種運輸科技能力。圖

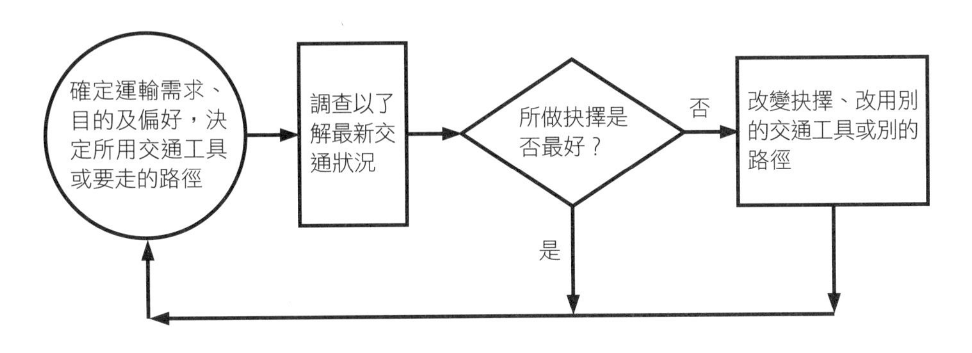

圖 4.8 對運輸所做抉擇之流程圖

4.8 就是以一個流程圖來表示面對運輸的各種可行對策，如何做抉擇之流程。

三、遇到運輸有關問題或狀況如何處置

日常生活常會遭遇到突發事件，對於其中運輸有關的問題，應如何處置、如何判斷及擬訂對策，也是一種運輸科技能力。譬如：在日常生活中，使用車輛是很平常的事，如何在遭遇車輛故障時，迅速判斷，採行有效對策，顯然是現代社會每個人必備的技能。

對於這類狀況，能有機會在事情發生之前，先思考一下，對可能採行對策（可思考的問題重點）做一番整理，也是好的思考鍛鍊。表 4.1 所示就是一個簡單實例，探討如何因應：若車子突然無法發動時，如何處置。

四、運輸科技可能的誤用

科技是中性的，唯運用的人決定它的善惡。有位作家說得好：鐵匠打鐵鑄劍，殺人的卻是手握兵權的人；義大利物理學家 Enrico Fermi 完成第一座核子反應爐，決定投原子彈的卻是美國的 Harry Truman（尤信介，2000）。運輸科技在運用中，可能對人類造成災害的有：

●表 4.1● 車輛遇故障時之判斷

要項	可能思考的問題
1.檢查，了解情況	⑴發不動了，試了幾次無效？ ⑵時間是否急迫？
2.故障診查及判斷	⑴缺油？缺電？油路、電路，還是機械故障？ ⑵是否自己能修好，有沒有時間能力？是否要自己修？
3.處置及抉擇	⑴能否有其他取代的運輸工具？ ⑵如何著手修復？ ⑶如何送修？

坦克、轟炸機、飛彈等軍事武器。

在各類運輸系統的規劃及營運上，可能因規劃錯誤而造成各類運輸彼此惡意競爭或難以銜接的現象，造成資源的浪費。為了追逐快和方便，有時就忽略了運輸載具對環境的危害，譬如過度發展小汽車、機車等，而造成環境的破壞（柴油車排放太多懸浮微粒、無鉛汽油車排放有毒的碳氫化物 Benzine），及過多生命財產因交通意外而損失。

我們人類是否應該漫無限制的發展及運用科技？科技發展愈先進的國家，不斷追逐高生活享受，對生態環境資源之掠奪愈徹底。就好像世界已經在遵行一個鐵律「你有辦法你就撈」，我們試看世界人均耗能（per-capita energy consumption）：美國每個人耗能是日本每個人的兩倍，是巴西和泰國每個人的十倍（美國 335.1，日本 171.1，巴西 33.4，泰國 33.0）（Roadracers, 2002）。在目前社會上也一樣，只要有錢就拚命揮霍，傳統的儉樸美德似乎已經一文不值。

五、理想的運輸科技

㈠改善交通號誌，方便行人

有些很簡單的科技，運用在運輸上，就可以提高人類的福祉，譬如：深夜的十字路口，有時行人為了等紅綠燈，要枯站好幾分鐘，此時如果在路口有簡單的按鈕裝置，則按一下按鈕，紅綠燈就改變，人就可盡快通行，這就是一個良好的範例，它運用了科技，因應運輸的衝擊，提高人類的福祉。事實上在先進國家，這類按鈕開關非常人性化，可以見到是手按的、腳踏的，也可以是用膝蓋去頂的（因為設計者考量你雙手可能都拿著東西）。

㈡普遍設立無障礙之交通（運輸）環境

改善人行步道及車站、停車場、港口、航空站等運輸場站設施之設計及品質，提供無障礙運輸工具，及無障礙之通行走道，並檢討修訂運輸相關規定，以輔助及方便老幼及身心障礙者，能有效地使用運輸系統。

㈢在各運輸場站增設各項服務

不論車站、碼頭、航空站等大眾彙集等待運輸的場所，應考慮人類生活的需求，視實際情況提供各類服務：

1. 餐飲服務。
2. 行李寄放（暫存）服務。
3. 住宿服務（長程旅運、觀光區，及有轉運需求時）。
4. 購物（一般商店、免稅商店、自動販賣機）。
5. 郵電商務（郵件、包裹、快遞、電話）。
6. 公眾資訊服務（設置公用資訊站，可供上網進行電子郵件或其他資訊作業）。
7. 育嬰服務（如設置洗手台、嬰兒換尿布床、飲水設備及親子座椅等）。
8. 保險（旅遊平安保險及人壽保險業務等）。

9. 金融服務（櫃台存提款等服務及自動櫃員機）。
10. 醫療急救服務。
11. 宗教服務（設置經書及祈禱室）。

㈣智慧型交通工具的理想

只要告訴車子，你想到那兒去，則一切有關交通的問題，你就不用操心了。車子自己會看交通號誌，自己會駕駛，自己會認路，會找不至於壅塞的捷徑，過收費站不用停車（有自動付費功能），遇事故自己會通報及求援，車子能隨車診斷功能，遇本身有故障、性能變差，或排放污染將違反規定，會自動提出警報。

參、運輸對環境的衝擊及因應

運輸對環境及生活所產生的衝擊，主要是生態環境會遭到破壞。由於運輸設施的興建、運輸工具之運轉，以及運輸業務的營運，造成空氣污染、水土流失（因修路）、山林受到破壞、嚴重噪音污染（市區很多住宅連睡眠都得不到清靜）、交通事故頻繁、交通嚴重壅塞，及道路沿路環境景觀也遭受破壞。

圖 4.9 火車（蒸汽機驅動）造成空氣污染

面對上述運輸對環境的衝擊，我們應該籌謀各種因應對策，例如：

一、嚴格要求限用高能源效率及低污染的交通載具

人類生存環境之污染源，以交通運輸所佔比例最大，約為 25%（陳佩伶等，2001），交通運輸之污染主要來自汽車、火車、飛機、船舶等交通工具排放的廢氣。這些廢氣累積在大氣裡，超過大氣所能自淨的量，造成空氣品質惡化、酸雨、光煙霧等災害。為了減少交通工具對環境的污染，應該立法從設計、製造、銷售、使用、監理（檢測）、銷毀等層面，嚴格要求。

二、提高車輛之排放檢驗標準，加強車輛之污染管制

可從出廠檢驗、道路上對行駛中車輛之污染偵測，及車上隨車自動排放程度儀表（隨時提醒駕駛污染狀況），這三個途徑來著手。推廣採用省能源、低污染之運輸工具。唯有切實進行道路污染偵測，才能降低排放污染。由於車子輕載時或惰速時排放（廢氣）較低，反之重載爬坡時又排放太多，通常以駕駛人輕踩油門時的狀態來檢測車輛的排放污染。高速公路之入口閘道，通常為單一車道且略帶上坡，是較適於實施排氣污染遙測的地方。

對污染較嚴重的柴油車輛則設立柴油車排煙檢測站，依據 CNS11644 無負載急加速排煙試驗及 CNS11645 全負載定轉速排煙測試，來稽查排放污染情形。

三、發展大眾捷運來取代個人小汽車的擴展

台灣地狹人稠，必須依賴大眾運輸系統（每航次平均載客至少八百人以上）來取代低運量的汽車（大客車平均不過三十人，小汽車平均不過三人）。這樣的好處，不但可降低汽機車數量、改善交通壅塞、減輕車輛排放廢氣及噪音污染、縮短行車時間、減少車禍、美化環境，又可將土地資源做更佳的利用。另外，可實施運輸需求管理，

研究有效降低私人小客車及機車的使用量。

四、改善資訊系統，發展智慧型運輸系統

改善資訊溝通（通訊傳播），譬如廣設光纖電纜及網路，發展智慧型運輸系統，藉方便的資訊來減少運輸的需求（減低運輸量），以及提高運輸系統的效能。如此，行車安全得以提高（交通事故減少），能源消耗減少，空氣污染降低，尖峰負載得以平抑，交通壅塞現象減緩（改善交通狀況），而且藉由交通（運輸）量的減少，可減低因交通對沿路環境的破壞。

五、改善環境衝擊之評估及保護

建立運輸建設對交通衝擊與環境影響之評估制度，加強土地之整體開發整體規劃。並運用新科技及改善各項運輸管理法規措施，減少交通對環境的衝擊。

六、採用遙測技術，改善環境保護

利用低軌道人造衛星及遙測技術，加強對地籍測量、地表交通狀況、環境破壞狀況等之監測，以加強土地、交通規劃及環境維護。

第四節　陸路運輸科技系統及設備

前三節曾討論運輸科技之意涵、演進及衝擊，從本節起到第六節為止，將分別從陸路、水路和空運三個角度來討論運輸科技之系統設備、發展、運作，及問題研討。

壹・陸路運輸之演進及發展現況

一、陸路運輸之演進

在陸上、水上、空中、管道等運輸方式之中，陸路運輸是最普遍應用的（但水上都市及小島嶼上的居民或許仍是以水路運輸為主）。陸路運輸的方式可區分為公路及鐵路兩大類。就道路之敷設（營建）方式來區分，則不論是公路或鐵路，都可分為地面上、架空或地下。比較起來，當然是地面上的鐵公路運輸成本最低；架空與地下相比，地面下的運輸其建設及維護成本遠比高架的高（Anderson, 1994）。

早在三千多年前的商代，就有「車馬」、「步輦」和「舟船」等交通工具之出現，秦始皇統一中國後，頒布「車同軌」法令，建成遍布全國的馳道及驛站，使交通更順暢（陳宇釗等，2002）。對外的陸路交通，始自漢朝張騫通使西域時，開通之「絲路」（陸上絲路，途經烏魯木齊、庫車、和田、酒泉等地到達西安）；隋唐時代，陸上絲路發展到了鼎盛期，貿易商旅在絲路上往來不絕，中國的絲綢、瓷器等產品得以遠銷西方。到十世紀之後，陸上絲路的貿易地位才被海上絲路所取替（有關於海上絲路詳見第五節）。

鐵公路運輸之興起，是由於人類開始使用發動機取代獸力，由於車速加快，如果不和傳統的騾馬車和行人加以區隔，則較高速的汽車或火車根本無法維持高速行駛而不傷人。因此路權的觀念產生了，而且專用道路（如快速公路及鐵路）開始出現。

鐵路（鐵軌）的出現是因為人類發現，如果傳統的車輪能夠包上鐵皮，而且在較硬的軌道上行駛，載重量可以大增，速度也可加快。當蒸汽機開始運用於火車後，載運量比傳統騾馬車大幅增高，不但速度變快，而且耐久（可運送距離大幅延伸）。早期鐵路的作用，主要是運送煤礦、礦砂、木炭、紅瓦、糙米、肥料、農產品等；鐵路的主要缺點是無法把貨物直接送到客戶的家中（送入工廠或送到商店），因此隨著公路運輸發達，鐵路無法與公路競爭，載運量愈來愈少，營運每下愈況。

由於公路運輸成本最低，所以最常見的陸路交通工具就是汽車，隨著交通需求的殷切，汽車數快速成長，公路不敷使用，經常造成交通壅塞，使人們在公路上虛耗生命及浪費能源；同時車輛的排氣也不斷污染空氣，駕駛的緊張及因車禍傷亡更造成嚴重的社會成本。因此，人類就想到一定要發展較佳的科技來改善這個現象，其中一個方法就是大眾捷運。

二、陸路運輸之發展現況

愈開發的地方，陸路運輸愈發達，除了公路網、鐵路網，另有捷運及高速鐵路提供交通服務。城際交通與市區交通已能注重配合，各模式運輸（水路、陸路、航空）也漸漸能夠統整。另外，各現代化的都市為了改善都市交通，大都已經做到：

1.鐵路在都會區段捷運化。
2.建立公車客線幹線系統。
3.擴建環狀快速公路系統。
4.改善主要幹道之瓶頸路段。
5.建立汽車客運與鐵路及捷運間之接駁轉運系統。
6.市區內鐵路地下化等。

在公路交通之管理方面，以往各國的地方公路交通監理單位、調度單位、警察單位、醫療單位、救難單位等都是各自為政，但目前先進國家已經把上述各單位完全有效整合起來，以增加對交通管理及意外事故處理之效率。有的更進一步的發展及裝設智慧型交通系統，配合智慧型車輛，全自動化進行公路交通之管理及意外事故之處理，而使公路交通更順暢。

台灣地區公路網建置完整發達，包括北部、中部及南部、第二高速公路、北宜高速公路、新中橫快速公路、新南橫高速公路等。除了整治國道，並改建省道及重要經濟幹線（包括港口及機場之連外道路），以及建設縣市內之公路網絡，綿密的鄉村產業道路。

台灣地區目前已完成環島鐵路網建置，但部分路段尚未電氣化及雙軌化，導致鐵路運輸的服務品質無法提升，如今正在全面推動鐵路雙軌化、電氣化，以期鐵路班車調度更有效率、到站時間更為準確，並提供更佳品質的運輸服務。另外，目前台灣地區正以BOT方式，由民間投資建設西部走廊高速鐵路，此高速鐵路北起台北汐止，南迄高雄左營，全長約三百四十五公里。除此之外，台北市已經建設有都市捷運系統。

貳、公路及鐵路運輸系統設備及營運

一、公路及鐵路系統組成、營運、作用及影響

公路系統的組成，其硬體設施包括車輛、道路、停車場、保養場、調度中心、工程中心、交通號誌、交通監控管制設施、運輸資訊系統等；其軟體設施則包括如交通運輸法規、運輸調度之電腦軟體、行政及人事管理軟體等。鐵路系統的組成和公路系統的組成非常類似。

公路運輸的優點是方便、直接，可以做到「不必轉運」（door to door）的境界，因此也節省人員或貨物之轉車搬運的麻煩。當然，搭長程客運仍然有時是需要轉車的（就好像搭長程飛機常須轉機一樣，都是為了匯集旅客，以降低成本）。公路運輸中的小客車（類似的還

有私人遊艇、私人直升機、私人小飛機），這類運輸載具大量充斥於世界上，對人類生活及社會的主要缺點，就是交通壅塞、空氣污染、噪音干擾，以及車禍之傷亡及財產損失。

鐵路的優點是有絕對的專用路權（不像公路有紅綠燈），又很容易串連運載（美國火車一列車大都串一百多節），所以運載量大。但鐵路網遠不如公路網來得密，因此運輸服務較有疏漏。由於受到軌道的限制，其調度任務較為艱巨（尤其是單軌地段），遇有交通事故，則常導致全段停車（除非有雙線），而公路遇事故，常能繞道而行。當然鐵路另有一個缺點，就是這個專用道路不容易進出（除非採用專用列車），而且對都市的分隔作用太大，常把市鎮切割成兩半，兩邊被阻隔，彼此不通。

如果道路運輸系統（包括鐵路及公路）規劃不當，城市運輸需求超出於道路運輸系統所能提供的時候，交通壅塞以及運輸品質之低下是必然的結果。

公共汽車本來是一項很好的大眾運輸系統，但因為投資不足，往往路線未能普及各處、班次不夠多，或太擁擠，而使民眾搭乘意願低，營收不佳。一般民眾只好自力救濟，採用較不安全較污染空氣的汽機車來代步。

為了提高都市運輸品質，使一般人都能享有較安全快捷的交通，可採行下列措施：

㈠發展大眾捷運

大眾捷運系統使用專用道路或專用軌道，沒有紅綠燈或交通壅塞的問題，速度快，班次密集，所以運輸能量大，對都市交通貢獻甚大。但是因為建設投資較高，必須都市人口夠多、住得夠密集，投資才容易回收。

㈡發展公共汽車式的大眾運輸（規劃及實施）

公共汽車投資較小，但比捷運好的地方是：它服務的面較廣，較能把市民送到想去的地方，由於公共汽車運載能量（平均載客約二十多人），顯然至少十倍於一般的計程車和私家車（平均不過兩人多），所以能有效紓解都會區內交通壅塞。它的另一個優點就是在資本主義功利社會中，較能照顧弱勢民眾，使貧苦的人仍能得享運輸之利益。

前已述及，公共汽車比有軌電車用作大眾運輸時，雖比捷運運輸速度慢，但投資較少，較易實現。其規劃及實施辦法包括：整體規劃並調整公車路線及站位配置、辦理公車專用道系統之規劃與設置、實施公車優先通行、規劃如何銜接有軌電車之捷運之轉運、整建候車亭、協助業者取得場站用地、積極推動減輕稅負及減除優待票負擔、補助車輛汰換與新購、補助實施票證電腦化、獎勵補助大眾運輸業之投資與營運、研訂大眾運輸評鑑與補貼制度及鼓勵大眾搭乘。

㈢鐵路地下化及擴展道路可用面積

早期都市中大都保留有鐵路，這個鐵路會使兩邊無法互通（亦即妨礙交通），使車輛必須繞道，或停在平交道前徒然耗費等待時間，鐵路地下化或高架化將可使都市交通更流暢。另外，鐵路地下化可沿其隧道上方興建高架或平面道路、公園綠地，亦可闢建地下停車場及地下商場，目前台北市就做得不錯。

另一個造成都市交通不順暢的原因，就是道路交叉得太嚴重，如果部分道路高架及採用匝道，也可以減少紅綠燈而使運速加快。高架道路下方可提供作為停車場以及商業用途（例如台北市的建國花市玉市），除了增加市區之停車空間，也可繁榮地方。

向河流海岸及荒郊爭地，設立海岸公路、堤外便道、都市郊外的外環道路，也是紓解都會土地面積不足而交通擁擠的辦法。

鼓勵設置立體停車場，以免昂貴的道路被私人挪為停車之用，而縮小道路實際可用面積。

獎勵車輛共乘及無線電叫計程車制度（譬如運用通行優惠等措施），以提高載具之平均載客量，間接減輕都市交通之負荷。

㈣建構完善的高速及快速公路網系統

以往高速公路設計時，受限於輿情，未能對台灣地區做全面之規劃，造成日後必須以更大的成本來彌補（當年蔣經國在當行政院長時提出十大建設，其中的中山高速公路，當時飽受批評，被認為不切實際，然而時至今日，根本不敷使用）。目前採行的公路建設措施包括：全線拓寬中山高速公路（譬如兩側以高架方式增加二至三車道），另建設第二高速公路、西部濱海快速公路及十二條東西向快速道路、北宜高速公路，以及規劃擴建國道南橫公路、中橫快速公路及國道東部公路。

㈤發展產業道路

產業道路是為了便利縣市鄉鎮村里與產業地區之間，物產及生產資材的運輸，路寬在四公尺以上且未依公路法管理之道路。如：山坡地產業道路、海埔地漁塭道路、果菜專業區產業道路。產業道路可以促進偏遠地區之開發及區域性農林漁牧業的發展，具有促進生產運輸、文化交流、社會建設、經濟發展及民眾休憩等功能；還可促進沿線資源的開發，縮短產地與市場運輸的時間。

二、公路運輸載具的種類和性能

㈠汽車的種類（依車型來分）

1. 小客車：排氣量從六百至四千西西以上都有（常見為一千二百至三千西西）。
2. 大貨車：載重量自三・五噸到三十五噸，多採手排變速。
3. 大客車：常見十五噸及二十噸兩種噸位，及二十二座、三十五座及四十五座三種載客量。
4. 曳引車（tractor）：加掛後車可成半聯結車或全聯結車。
5. 聯結車：依前輪數×後輪數來分類，譬如6×2、6×6等，靠曳引車來拖動。
6. 其他：如農耕機、營建工程車、救火車、軍事用車輛等。

㈡汽車的種類（依所用燃料來分）

1. 電動汽車（electric vehicle）：電動汽車動力來自蓄電池，無排氣污染，但因蓄電池電量有限，又很重，因此載客載貨量較少，跑的距離又短，需要充電時間很長。
2. 混用燃料的汽車（hybrid vehicle）：汽車兼含汽油引擎及電動機，當啟動換檔時採用電動，在高速公路上則採用傳統汽油引擎，

圖 4.10 油罐車

若有多餘電力可存入蓄電池以節約能源，比傳統汽車有利於環保，但低速行駛和啟動時，則照樣產生排氣污染。

3. 使用燃料電池（fuel cell）的汽車：汽車採燃料電池之電力來驅動，大量減少污染排放，燃料電池動力裝置，能源效率高，運輸安靜無噪音。

4. 採用太陽電池（solar cell, photovoltaic cell）的電動汽車：太陽電池能源效率低，需要很大面積的太陽電池板，而且對天候（陽光強度）也很依賴，所以迄今未能廣泛實際應用。

㈢汽車的理想性能

1. 省油，低風阻，馬力大。
2. 安全、多種防護。
3. 價廉物美，式樣新。
4. 操作方便。
5. 壽命長。
6. 易維護、零組件價廉。

㈣汽車的結構

汽車之結構系統一般分為引擎、底盤、車身、電氣設備四大部分。進一步細分可分為：引擎系統、轉向與傳動系統、底盤與懸吊系統、電路系統、油路系統、冷卻與潤滑系統、廢氣排放系統、煞車系統、空調系統、微電腦控制安全保護系統等。

㈤汽車的維護

平常維護首重防銹，要經常檢查水、液、機油、胎壓（維持標準容量或標準值）。以往送廠維修時，大都依賴修車師傅之經驗，現多依賴儀表檢驗，更進步的是採用運用線上檢修手冊（ITEM），技工運用它上網以獲取重要資訊來進行檢修。這種交談式電子技令手冊，提供互動的線上維修，幫助維修技術人員檢測與維修，並節省因翻閱繁雜文件所導致的誤判。

㈥汽車的新型儀表板顯示器

汽車新型儀表板是採用不必低頭查看型（head-up display, HUD）顯示器，能把數字及符號打上擋風玻璃，字體亮度高（亮度可調整），能清楚辨識，靠蓄電池驅動。

㈦電動汽車的電池性能要求

對於電動汽車之車用電池，美國電池公會（US Advanced Battery Consortium, USABC） 要求應能具備續航力：不用空調時九十九英里，使用空調時八十英里。

㈧汽車新車年份認定準則

汽車之年份認定各國不同，譬如我國及韓國以生產日期為準，美國車自 9 月以後生產的車為次年新車，以車身代號左起第十字代表年份。

㈨汽車工業的影響

汽車工業向來有「火車頭工業」之稱；它屬於技術密集、資本密集的產業，又有較大的產業關聯效果，汽車生產所需之各類零組件需求，可以帶動機械、電子、塑膠、石化、玻璃及油漆等工業的全面發展。

三、鐵路運輸載具的種類和性能

㈠火車（軌道載具、鐵路載具）之種類

火車種類有蒸汽機車、柴油客車、柴電機車、電力機車、客運列車、客貨車輛、高速火車。

㈡台鐵之發展沿革

台鐵在日據及光復初期之列車動力為蒸汽機車，1954 年開始以柴油車驅駛飛快車（最高時速九十五公里），1961 年起以柴電機車牽引行駛觀光號，1966 年開駛光華號，1970 年開駛莒光號，到了 1979 年開始行駛電力車自強號（最高時速一百二十公里）。

㈢蒸汽機車之優缺點

1. 優點：初置成本低、構造簡單、操作維修容易、使用壽命長。
2. 缺點：車體重量大，對軌道衝擊破壞大、煤煙及煤屑之污染、燃煤效率低，補充燃料耗時而降低軌道載運容量。

㈣電動機車之優缺點

1. 優點：低污染（不因使用燃料而排放廢氣），故障率較小，維護較易，運轉時噪音震動較小，故較寧靜，不需要機油，所以較乾淨。
2. 缺點：各類控制系統很複雜，可能不相容（如 NEC 和 Union Pacific）。

㈤鐵軌之結構

鐵路之鐵軌（鋼軌）是鋪設在枕木（軌枕）上，而枕木則是敷設

在壓實良好的路基上（路基的上層是厚層的石礫），鋼軌是用軌道扣件固定在軌枕上。

長軌之好處包括：鋼軌無接頭，軌道結構得以強化，低震動噪音（乘坐舒適），減免接頭配件之使用，延長鋼軌壽年，減省養路作業，減少阻力，增加軌枕壽年。

㈥路線保養之機械化

採用碴道車進行軌道養護工作，其軋道長度增加為每小時七百至八百公尺，且可同時做起道、水平矯正、高低整正、方向撥正、碴道等作業，對於發揮養路功能、提高軌道品質、增進行車穩定性等助益極大。

㈦鐵路交通之管制

鐵路行車要依據號誌之指示進行，以確保安全，以往是由各段之車站來控制。後來採用集中控制（centralized traffic control），就是把原來由各站操控之所有電氣號誌設備，集中於調度中心來控制，如此不但可增加路線運輸能量、提高運輸績效，又可促進行車安全。

行駛中之列車司機員，和車站及行控中心，均採行動無線電話機直接通話。台鐵站車無線電話，計分車上台、車站用基地台、車站用手提電話機等多種。

㈧鐵路電力系統

台鐵在北部及中部各有電力調配中心，用來遙控各變電站供電系統，各變電站把 69KV（六萬九千伏特）高壓供電線路，以特種變壓器變成 25KV，來供電給電力機車。

圖 4.11 電力機驅火車（鐵路電氣化）

四、捷運系統

捷運系統是指服務於一都市內及其鄰近衛星市鎮之都市客運運輸系統，比較起一般交通工具，捷運列車享有專用路權（行駛於專用軌道或道路，不受地面交通紅綠燈干擾），有固定班次、速度快、班次密、載運容量大，準點、舒適而安全的大量快速輸運都會區人群。捷運（rapid transit）有很多別名，最早興建捷運系統的英國稱捷運為“Underground"，其餘歐洲國家則多稱為“Metro"，美洲國家則多以“Subway”稱之，亞洲國家稱之為「地鐵（或地下鐵）」，而台北採用「都市捷運」（metro rapid transit, MRT）。捷運造價昂貴，平均造價建設成本比較：捷運工程，其地下段平均建造費用：日本每公里九十二・五億元，香港五十七・〇七億元，台北為五十七・五一億元，新加坡二十二・二五億元（高雄捷運，2001）。

不論鐵路系統或捷運系統都可視地區環境狀況，而採地下、高架、地面等不同方式來構建。以下分項來討論：

㈠捷運系統依載具之不同來分類

1. 重軌式捷運系統（鋼輪鋼軌），又稱高運量鐵路捷運（Rail Rapid Trausit, RRT）：採鋼輪鋼軌式，載客量每小時單方向約五萬人次；

如台北捷運淡水線、高雄捷運、新加坡捷運等。

2. 輕軌捷運（light rail rapid transit, LRRT）： 採鋼輪鋼軌式之較小型鐵路車輛，載客量較少，載客量每小時約兩三萬人次（僅中運量），例如吉隆坡捷運系統。
3. 輪胎式（膠輪式）捷運（rubber-tired rapid tranit, RTRT）：與鐵路捷運相似，將鋼輪改為橡膠輪胎，台北捷運木柵線使用這種系統。
4. 單軌捷運系統（monorail system）：有跨坐軌道上與懸掛鐵軌道下兩種類別，屬中運量系統，主要使用於遊樂場所，例如美國迪士尼樂園採用這種系統運輸遊客。
5. 自動導引捷運系統（automatic guided transit, AGT）：以自動化運轉的導引式線性馬達中運量捷運系統，如溫哥華捷運系統，機場旅客運輸亦常使用這種系統。
6. 區域鐵路（regional rail, RGR）：由電力或柴油引擎牽引。
7. 連續移動系統（continuously moving system）。
8. 雙模式運輸系統（dual-model system）。

㈡捷運依運量大小之分類

1. 高運量（單方向每小時兩萬人以上），包括捷運鐵路系統、區域鐵路系統、輪胎式捷運系統、單軌捷運。
2. 中等運量（單方向每小時運送五千人至兩萬人），包括半捷運公車系統（semirapid bus system）、輕軌運輸系統，及自動導引運輸系統（automatic guided transit）。
3. 低運量（單方向每小時五千人以下），一般公車系統。

㈢選擇捷運系統型式時可考量之因素

1. 各路線尖峰小時運量。

2. 包含成長餘裕之成長量。
3. 捷運路線之特性。
4. 可靠及公認之技術。
5. 非獨佔或專利之技術。
6. 投資及營運成本。

㈣捷運系統之設備及營運

1. 捷運一般最大時速每小時八十公里，高運量大都掛六節車廂（共載約三百六十八人），中運量大都掛四節車廂（共載約一百一十四人），
2. 由行控中心全程控制列車之運行，即全自動無人駕駛方式運行（必要時可改採人工手動方式駕駛）。
3. 車輪為鋼輪（配合鋼軌）或膠輪（配合鋼筋混凝土路面），車軌則視區段不同敷設於地面、地下，或採高架。
4. 列車停靠月台站時間約為十八秒，月台設計採用側式月台或島式月台，月台邊緣與列車間有約三公分，部分地區設有月台門。
5. 捷運車站採現代化的建築，通風採光隔音均佳，另設自動扶梯及升降機以利通行。
6. 安全設備包括緊急呼救電話（對講機）、緊急把手、緊急停車按鈕、緊急逃生門、軌道邊避難空間、月台警戒線、列車進站指示燈、排煙閘門手動開關裝置、夾到異物或自動開啟的電動車門、滅火器等。

五、高速鐵路（高速火車）

依據國際鐵路聯盟（UIC）的定義：高速鐵路係指最高速度以每小時兩百公里以上營運之路線。一般的高速鐵路行駛速度可以高達每

小時三百公里以上，要達到高速度行駛，那麼能夠設立的站就不能像一般鐵路那樣密集。傳統的高速火車以鐵輪在鐵軌上行駛，受到技術上的限制，最高時速大約在三百五十公里，而若改採新型的磁浮火車，則時速可以達到五、六百公里。目前世界各國之高速火車發展現況如下：

1. 德國、法國、日本等國都是高速鐵路先進國家，世界較有名之高鐵系統：法國TGV、德國ICE、西班牙AVE、義大利ETR、日本新幹線。
2. 德國高鐵 ICE： 德國 2000 年 ICE 高速列車商業運轉最高營運速度每小時可達三百公里。目前正積極新建或改善原有鐵路路線，並研發新車種，以擴大高速鐵路之營運路網及提高速度。
3. 法國高鐵 TGV：法國於 1981 年興建完成巴黎里昂間歐洲第一條高速鐵路，其最高營運速度每小時二百七十公里。其後，TGV 大西洋線、北線及網絡連接線等亦陸續完成，最高營運速度亦提升至每小時三百公里。目前全世界商業營運平均時速，仍以每小時三百公里的法國 TGV 高速火車最快。
4. 日本新幹線：日本於 1964 年東京大阪間新幹線開始，以最高營運時速二百一十公里，成為世界上第一個高速鐵路系統，之後日本又於 1985 年陸續完成山陽、東北等新幹線之興建，最高營運速度升至每小時二百七十五公里，1997 年通車之 500 系列車最高時速每小時三百公里。
5. 義大利高鐵 ETR：義大利於 1988 年以採用「傾斜」（tilting）車體技術之 ETR450 列車，在半徑較小之曲線路段轉彎時時速二百五十公里，仍不致使乘客感覺不適。目前正在製造、測試最高營運速度達每小時二百七十五公里之新型列車 ETR500。
6. 西班牙高鐵 AVE：西班牙於 1992 年開始商業運轉，最高營運時速

圖 4.12 高速鐵路載具

訂為三百公里。

7. 瑞典於 1990 年製成 X2000 高速火車，最高速度是每小時二百七十五公里，具備的「強制鐘擺式」設計，能克服高速火車轉彎時的離心問題，不必因為轉彎減速，車內乘客也不會感到頭暈。
8. 利用空氣動力學之工程設計測試及電腦輔助模擬，以及鋁合金和碳纖等新材料之應用，可提高車速。

六、磁浮列車

磁浮列車又稱為磁懸浮列車（magnetic levitation trains），其優點包括：速度快、噪音小、振動小、運行平穩、又節省能源。磁浮列車比一般高速火車速度快，這種運輸系統對都市社會生活形態會產生衝擊，由於部分原來習慣搭飛機及高速火車的旅客，會選擇改搭磁浮列車，因此它也會影響航空工業和傳統高速車製造業。

磁懸浮列車分為常導型、電磁型，或常導電磁吸引型（electro magnetic system, EMS；或 electromagnetic attractive）和超導型、動力型，或稱超導磁斥型（electrodynamic system, EDS 或 superconducting repulsive）兩大類。各有優缺點和不同的經濟技術指標。德國主要發展常導型，日本主要發展超導型。

常導型車上裝電磁鐵，軌道上裝導磁體，懸浮的氣隙較小，一般為一公分左右，設有備用車輪，懸浮和推進所需動力約每公噸一千瓦，但車體較重。超導型磁浮列車，車上設超導電磁線圈，軌道上短路鋁環以感應磁力而生推斥力，時速約八十公里以上時才會浮起約十公分高，因此不怕軌道上之少量積雪。

磁浮列車能浮起來所利用的運轉原理如下：磁性物會同極相斥，異極相吸。由於人造磁鐵的磁性不容易製作得很大（但電磁鐵可以），因此沈重的磁浮列車車廂，必須採用電磁鐵來產生強大的磁力。磁浮列車的前進原理是利用線性馬達。線性馬達將原來普通馬達轉動的力量轉換為直線移動的力量。同樣利用磁力的排斥力與吸引力，使得浮在軌道上的列車能向前加速或減速，由於車體與軌道間沒有摩擦力（車輪和軌道不會磨損），能量不會因此而消耗，所以效率很高。

磁浮列車和軌道相對部位，都有電磁鐵線圈，當磁浮列車要前進時，線圈通電產生磁力，使車身受到吸力和斥力，推動車身前進（如圖 4.13 ）。另外線圈通電時，也會因磁力吸引對車廂產生懸吊的作用

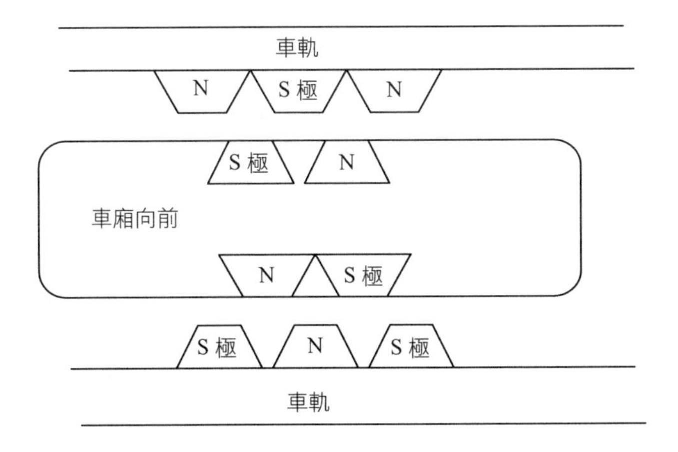

圖 4.13 軌道對磁浮列車產生吸力和斥力使其向前

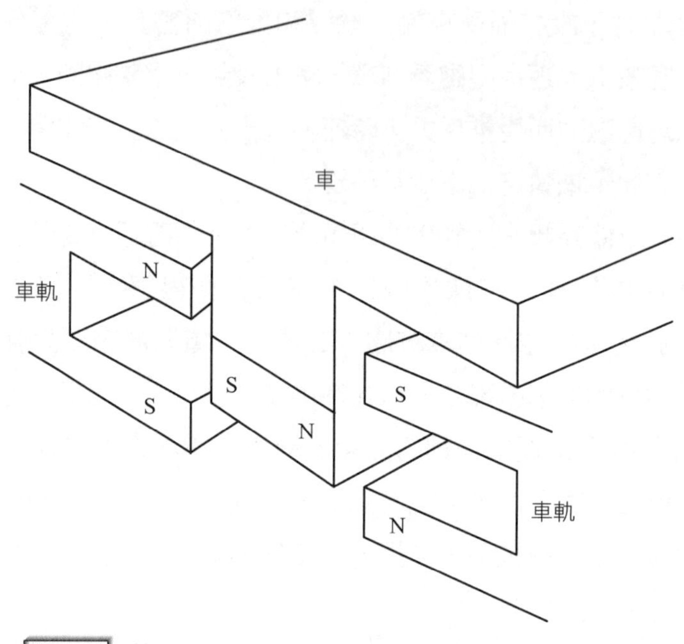

圖 4.14 軌道對磁浮列車產生上推的作用力

力（如圖 4.14）。

參、陸路運輸科技之發展問題研討及展望

交通運輸之規劃作業，要能兼顧自然環境保護與國家長期交通建設。運輸系統之規劃必須尊重專業，如果政府太過政治考量，則運輸建設往往淪為都市建設施政成就的標誌，而不是為了產生交通樞紐的運輸效能。

現代各國，無論都會內或城市間之運輸，大都依賴公路運輸系統（但仍有部分國家地區主要依賴鐵路），部分理由是人類本來就喜歡自己一人開車到處去逛，部分理由是汽車工業必須極度擴大市場才能獲得較大利潤（才有競爭力），為了市場而對各國政府施壓，而各國政府正好為負擔沉重的鐵路投資所苦，所以順水推舟也跟著制訂政策來發展公路運輸。

公路系統若太過度發展，大量使用車輛，容易造成交通阻塞，空氣污染，同時也會消耗太多石油能源。展望未來，解決之道在於發展捷運，提高載具效率，及提倡能源多元化，發展替代運輸能源（alternative transportation fuels, ATFs）及替代能源車輛（alternative fuel vehicles, AFVs）。

在都市發展鐵路系統，會對市區公路交通產生衝擊。事實上，公路客運與鐵路客運是互相競爭的，利益是彼此衝突的。若鐵路客運服務不好（譬如一票難求），則大家會轉搭公路客運；若公路客運效率不佳、交通常壅塞、常出車禍，則大家就會轉搭火車。火車若增加班次，就會因平交道使全市市區道路更擁擠，旅客就會更愛搭火車。如果所有鐵路平交道都改地下化或高架化，則雖仍然會妨礙都市商圈之形成，但卻能更有效使都市中心和外界（別的都市）進行交通聯繫，會加快都市商圈之發展。

附帶一提的，運輸載具（如車輛、船、飛機）製造產業對產業之關聯性大，若運輸載具及其零組件製造工業發達，則可帶動其他產業，如金屬材料及非金屬材料產業（如鋁合金、隔熱材料等）、電子電機產業等，也因此會帶動經濟發展。

前已述及，過去陸路運輸建設偏重公路系統，致軌道運輸（鐵路運輸）容量不足，設施維護水準低落，間接鼓勵小汽車使用之快速成長。未來可供公路建設的土地將愈來愈難取得。展望未來陸路運輸，應將發展重點轉移至高運能、高品質之軌道運輸（鐵路運輸），並以銜接之公路來輔助，才可能提供較準確（準點）、省能源、污染較低、載運量較大、較有效率之陸路運輸。

第五節　水路運輸科技系統及設備

本小節將探討水路運輸科技的演進、發展現況、系統設備（載具）、各類子系統之運作，以及水路運輸科技之發展問題研討及展望。水路運輸一向是國家的生命線，因為所有資源如：食物、燃料、原材、人員、武器等，都得依靠海運來運送。

壹・水路運輸（河海運輸）之演進及發展現況

一、海運之演進

㈠海運之歷史

自古中國的航海技術領先歐美，中國的古籍早就有翔實精確的海圖及遠航紀錄，譬如：《漢書・地理志》載有中國最早的印度洋航路，《新唐書・地理志》所記唐代「廣州通海夷道」，航路已遠達非洲東海岸。此外，中國古代就有指南針的發明，北宋時又有人工磁鐵的製造，稱為指南魚和指南龜（1044 年所撰《武經總要》，就有製法說明），這些都廣泛用於航海術。由於造船及航海技術之發達，海上絲路早在唐朝已經出現。

宋統一了十國之後，國內形成一個統一市場，商品經濟開始發達，對外貿易也顯著增加。揚州、杭州、泉州、廣州等港口充斥著從波斯及阿拉伯世界來的船舶，「海上絲綢之路」益趨成形（張信剛，1998）。但直到元朝和明朝時，海上絲路的貿易量才開始超越陸上絲路。

英國歷史學者 Gavin Menzies 在所著的《鄭和環球論》指出，在

1428年出現的第一張世界航海圖，已經清晰出現美洲大陸、南美洲、澳洲、紐西蘭，而他推論能繪製出這種航海圖的人，是擁有遠洋船隻、航海知識和航海紀錄的人，最可能的就是中國人鄭和（Grice, 2002）。理由是當代世界上，只有鄭和的艦隊（最大規模時超出兩百艘），擁有各型功能的船隻（除主力艦，另有馬船、糧船、水船、戰船、櫓船、座船、大八櫓船、二八櫓船、六櫓船等輔助船隻），靠羅盤、重錘、牽星板、天盤等地文和天文導航設備及技術，能使船隊在茫茫大洋中，準確定位及航行方向，縱橫七海。另外，有一些考古文物及西方史料也發現早期中國商船之蹤跡：1434年一份威尼斯商人的航運日記，寫到他在海外曾乘坐一艘中國船到澳洲，及1459年的西方航海投影圖及航海筆記，夾有一艘中國大帆船的圖畫等史料。

事實上，中國自古水運發達，周朝已有大規模的內河船於黃河、長江和珠江行駛。隋朝時完成了貫穿南北、規模龐大的大運河工程。漢朝時更發展出不同的船艦。而櫓、舵和布帆等發明和應用，亦表現了漢代船舶技術的進步（陳宇釗等，2002），可惜到了明初開始實施海禁及鎖國政策，嚴重斲傷海運之發展。

二、海運與港埠之發展現況

㈠台灣發展海運的先天背景條件

由於台灣地區缺乏天然資源，四面環海，對外經濟以貿易為主，屬典型海島型經濟體系，進出口貨物99%以上皆須仰賴海運承載。運輸與貿易之間關係密切（海運為貨品進出口的主要運輸途徑），海運業在我國經濟發展上扮演相當重要的角色。由於運輸與貿易密不可分，因此海運業的榮枯深受全球經濟景氣的影響（譬如之前受亞洲金融風暴的衝擊，使亞洲海運市場貨載量劇減）。

㈡台灣之海運發展具有的特性

1. 提供貨櫃及大宗貨物運輸服務為主的國際海運。
2. 自沿海運送大宗物資為主的環島海運。
3. 為本島與離島間提供客貨運輸服務的海運。

㈢海上運輸之現況

由於港埠發展與地區開發未能適度配合，聯外道路與軌道運輸不足，加上港埠裝卸作業效率低，故競爭力不強。1996 年亞洲金融風暴以來，我國出口成長趨緩，海運業漸趨黯淡，市場縮小，運價下跌，航商獲利減少。台灣三大港口中，基隆港持續衰退，高雄港及台中港均呈成長趨勢。

㈣境外航運中心現況

目前已有兩岸十二家航商申請獲准。兩岸權宜輪並已於 1997 年 4 月正式開始運作，由高雄港直接往來大陸福州、廈門兩港口間。

㈤環島航線現況

開拓環島航線可紓解內陸運輸壓力。1995 年貨運量二千六百五十七萬噸，貨櫃承載量二・九萬 TEU，分擔 2.5%內陸運輸量，有助港際運輸整合。

㈥大陸遠洋運輸業之現況

大陸遠洋運輸業於 1981 年已能承載其 60%以上的外貿量，大陸遠洋運輸船隊中，有油輪、散裝船、雜貨船，其中以雜貨船所佔比重較高，油輪較低。就船型與船齡而言，以雜貨船隊較接近世界水準，而油輪與散裝船方面，顯得較老較小。大陸船隊其船隻的使用效率並不高。

三、海運之作用及影響

㈠海運與經濟發展的關係

與空運相比，海運之載運量大，運費成本較低，因此成為貨品進出口的主要工具。海運業的榮枯深受全球經濟景氣的影響，而海運之科技發達及營運績效高，不但降低貿易成本，兼可促進經濟發展。

㈡海上運輸業

台灣地區缺乏天然資源，原物料能源均須進口。由於海運運輸載貨容量大運費又較低，因此成為台灣貨品進出口的主要運輸方式。由於運輸與貿易以及製造銷售都密不可分，因此海運業的榮枯深受經濟景氣的影響。

㈢陸上貨櫃運輸與海運的關係

陸上貨櫃運輸是貨櫃海運業的下游工業，其業務量之盛衰與經濟景氣密切相關，近年來，由於我國傳統產業外移，導致進出口貨櫃成長趨緩；加入世界貿易組織後，由於內陸運輸業務開放給外人經營，陸上貨櫃運輸市場的競爭將更趨激烈。

貳・海運與港埠運輸系統設備及營運

港埠系統設備除了提供貨物裝卸，兼能支援船舶之維修及補給，港埠設施以及港埠附設之海運有關企業（如海運業、倉儲業、報關行），對完成海運成效關係甚大。當然，背後的政府及所制訂的海運運輸法規、制度，及實施情形，也是影響至巨。

港埠對海運的重要性遠大於車站對陸路運輸的重要性，目前台灣地區較重要的港口（國際港）有基隆、高雄、花蓮、台中和蘇澳。以下介紹港埠系統設備組成及營運。

一、海運與港埠系統設備組成及營運

㈠港口原料裝卸及運搬系統設備之種類

1. 軌道式貨櫃換載機。
2. 堆取料機。
3. 貨櫃起重機。
4. 碼頭輸送系統。
5. 裝卸載機（如：連續式卸煤機）。
6. 其他特殊運搬系統。

㈡海運港埠的配合措施

1. 整建及擴充港埠碼頭及裝卸設施。
2. 強化港埠裝卸與聯外運輸能量的配合，結合港埠與地方發展，提升海運功能與發展。
3. 改善碼頭裝卸設施，加強轉口儲運能力。

㈢港埠運輸容量（單位：千公噸）之描述

裝卸量、卸貨量、吞吐量（進港，出港）、進港輪船（進港輪船艘次，總噸位）、貨櫃運輸（進港貨物，出港貨物）、國輪承運貨物量（進港，出港）、外輪承運貨物量（進港，出港）。

㈣世界的主要貨櫃運輸大港

貨櫃裝卸容量較大的港埠，依大到小（容量單位為 TEU）排名為：香港（一千四百五十萬 TEU）、新加坡（一千四百一十二萬 TEU）、高雄（五百六十九萬 TEU）、鹿特丹（五百三十四萬 TEU）、釜山（五百二十三萬 TEU）。

亞洲地區貨櫃港之營運成長最快的為印尼之丹絨不祿及中國大陸之上海。北美洲前三大貨櫃港口為美國的長堤港、洛杉磯港及紐約港。歐洲有名的港口：荷蘭的鹿特丹（世界排名第四）、德國的漢堡（世界排名第七），和比利時的安特威普港（它是歐洲地區成長最快的港口，世界排名第八）。

二、水路運輸載具（船舶）的種類和性能

海運或水運（河海運輸）所用的船隻，主要的有貨櫃輪、散裝輪、汽艇、貨船、漁船、客輪（郵輪）、交通船、特殊船、作業船、油輪、高速飛彈快艇、水翼船、氣墊船、高速飛翼船等。今簡介如下：

1. 汽艇：汽艇又稱快艇，通常採玻璃纖維強化塑膠（FRP）等輕質材料所製成，並配有小型強力的發動機（引擎），可供滑水衝浪等休閒之用。遊艇也可因用途之不同，而有不同的名字，如巡邏艇、捕魚艇（fisher man）、競賽用汽艇、屋型遊艇（house boat）等。
2. 貨船：貨船內部有較寬廣的貨艙，貨艙上設有裝卸貨物的艙口。發動機也較大，設

圖 4.15 最快的遊艇（Tecno55：船速 60 節、售價 50 萬美元）

於船尾。駕駛倉（操舵室、無線電室）常設在貨船的頂部。

3. 客輪（郵輪）：郵輪（豪華客輪）專供觀光旅遊，巡航於世界各大港口及旅遊勝地，船內設施如同豪華旅社，除了旅遊娛樂休閒健身等設施，也有圖書館、教會、醫院等。

4. 作業船：作業船或工程船是在河海中作業的特殊船舶，船上作業機器裝備，可做淺海或深海的作業，如：挖泥、打撈、挖設隧道、挖掘海底油田、鋪設送油管線等。

5. 特殊作業船：特殊作業船專供科學實驗、技術訓練、氣象或水文或深海探測調查。

6. 水翼船（hydrofoils）：水翼船較一般船快一倍以上，航行時船體抬高到水面之上，僅水翼仍在水下，常用做海峽間之快速渡輪。

7. 氣墊船（hovercraft）：氣墊船比水翼船還要快一倍以上，航行時船體抬高到水面之上，靠高壓氣流吹襲水面而上浮（船底有邊裙、橡膠簾幕使氣流集中於船底），不但可行走於水面，也可隨時走上陸地。

8. 飛　翼　船（wing-in-ground, WIG）：又名翼船（Wing-ship）或空氣動力翼地效應船（aerodynamic ground ef-

圖 4.16　最大的郵輪（排水量 11 萬噸）

圖 4.17　水翼船

fect craft, AGEC），兼具高速度和高酬載的性能。當離水掠飛時，其船體及船翼與水面之間之表面效應產生一種高壓的「動態氣墊」，而飛行於水面之上。飛翼船不怕海浪，因前進時阻力小，故省燃料，運輸效率高；而且可在水面上地面上及低空飛行。

圖 4.18 飛翼船

圖 4.19 世界最大潛水艇——沙魚號，排水量 5 萬噸

9. 航空母艦：軍艦種類繁多，僅擇其中之航空母艦簡介，現代超級航空母艦結構精密複雜，所運載機群往往比一些小國的空軍還要強大，採核子反應爐為動力源（繞行地球數周而不須添加燃料），它是最強力海上長程武力投射及部署據點。
10. 潛水艇：能潛入海面下作業，須解決大量科技難題，譬如：水密、浮沉、平衡、潛望、定位、導航、通訊、偵測、新鮮空氣供應、電池充電、食物等補給、航速、武器、靜音、匿蹤、長期潛航等。

三、貨櫃輪運輸

貨櫃輪運輸是指採用國際化標準的大型密閉容器（貨櫃）來裝運各類零星貨物，到目的地貨主手中之前，中途不必多次裝卸，除了可節省包裝及裝卸之費用，減少破損；另可減少船舶滯港時間及增進港口碼頭使用效率。貨櫃海運多與鐵公路運輸結合成一貫作業，形成定期航線，提供較可靠的運輸服務。

㈠貨櫃運輸發展沿革

貨櫃運輸概念肇始於第二次大戰期間美軍使用之「軍品快運箱」（CONEX），戰後貨櫃運輸開始被應用於海運，由於貨物處理採用標準化，縮短運送作業時間，降低處理成本，提升處理績效。並且海運方式也改為從「由港及港」變成「由戶及戶」。因此，對碼頭裝卸、倉儲作業以及鐵公路聯運作業方式都發生重大變革。未來國際貿易對貨櫃運輸之倚賴將有增無減。

㈡貨櫃運輸之優點

貨櫃運輸的優點包括：採用機械自動化裝卸、減低包裝費用、減少貨物破損、提高碼頭裝卸效能、配合內陸貨櫃運輸可直接送到用戶手中，比傳統散裝運輸效率高且對貨品的保護較佳等。貨櫃運輸是目前海運的主流。

㈢貨櫃整體運輸之規劃

貨櫃整體運輸之環節包括船舶、港埠、鐵路、公路、內陸貨櫃集散場。其研究發展含調查、需求預測、研擬發展策略及配合措施。

㈣貨櫃運輸之特性需求

由於貨櫃運輸於國際間必須在統一標準及規範下始可進行，因此，各國貨櫃運輸有關法規及行政管理制度實施辦法（譬如海關之作業方式、電腦連線），都必須參考國際公約來修訂。貨櫃雖有大小不同幾種規格（如二十呎、四十呎），但可以採用統一單位來折算，即TEU（twenty -foot equivalent unit，折合二十呎貨櫃當量數）。貨櫃輪之大小規格也可用 TEU 來描述，如三千五百 TEU、一千二百 TEU 等貨櫃輪。

㈤貨櫃與併裝貨櫃

簡單的說，CY 表示整櫃運送，CFS 表示併櫃運送。整裝貨櫃（full container load，F.C.L.，簡稱 CY 櫃），是指貨主把貨櫃裝滿了再交運（運交特定的一人）的交運方式。而併裝貨櫃（less than container load，L.C.L.，簡稱CFS櫃），是指幾個貨主共用一個貨櫃（幾人的貨物拼湊裝滿一只貨櫃），等送到目的地，再開櫃分送給當地幾個受貨人的交運方式。

㈥鐵路貨櫃運輸與公路貨櫃運輸

陸上貨櫃運輸市場競爭激烈，長距離運送時，鐵路運送貨櫃成本較低；短距離運輸時，公路貨櫃運輸則較方便（吊上卸下的作業次數較少）。

㈦貨櫃倉儲業之設施及營業內容

1. 貨櫃存儲場：電腦化倉儲作業管理，最高作業量一千二百 TEU ／日。
2. 冷凍貨櫃存儲服務。
3. 貨櫃拆併裝貨物作業。
4. 貨櫃貨物倉儲服務：出口倉作業能力五十 TEU ／日，進口倉作業能力三十 TEU ／日，保稅倉供儲放進口貨物。
5. 大宗倉儲放合板及大宗雜糧為主，備有鏟斗機、改包裝機及相關機具配合作業，新建倉庫具備控溫、防塵等功能。
6. 空櫃儲放與維修作業：最高儲量四千五百 TEU 至五千 TEU。最高作業櫃量七百零八 TEU／日。空櫃修洗最大作業能量五十只／日。空櫃場臨近各貨櫃中心，對船邊作業速度有極大幫助，並配備有七層高側載堆高機二部，可堆置八呎半貨櫃八層高。

7. 運輸服務：擁有曳引車及板台車，配合船邊作業服務、CY 貨櫃交領櫃服務、散裝貨物運送服務。
8. 進出口貿易業務。

四、散裝船運輸

對於無法特別包裝，容量龐大之大宗物資或原料，如穀物、煤炭、礦砂、木材、水泥等，大都採用散裝船來運送。散裝船運輸的運費較定期貨櫃便宜。由於散裝貨品大都是民生物資及工業基本原料，其需求及供應都容易受到全球景氣、天災、戰爭及國內需求等因素之影響，因此散裝船運輸業務是較不固定的，波動大，營運風險也較大。它不像貨櫃運輸有定期航班，散裝船運輸大都是不定期的，而且是單向運輸的。

㈠散裝輪的種類及等級

散裝輪依其噸位大小、載貨噸別及港口裝卸設備等，可分為海岬型（capesize）、巴拿馬型（Paramax）以及適宜船（handy size）等三種，海岬型的載重在八萬噸以上，吃水深約十二至十四公尺，以載運煤礦、鐵礦為主；巴拿馬型的載重在五萬噸至八萬噸之間，吃水約七至八公尺，以能通過巴拿馬運河的寬度為定義，主要用於運送穀物、礦砂、煤等；適宜船用於載運較輕型的貨物，其載重在五萬噸以下，吃水深約五公尺，以運載近海貿易貨物為主。

㈡常見之國造（中國造船公司）

常見的散裝貨輪其大小規格約為十六萬噸散裝貨輪、礦砂船或載礦砂／煤兩用船，及約三十萬噸礦砂／油兩用船。

參・水路運輸科技之發展問題研討及展望

一、航運策略、法規及實施情況

㈠發展海運之運輸策略

1. 提升國際海運競爭力。
2. 預謀因應國際環境變遷。
3. 健全航政、港務、棧埠經營組織整體規劃港口特定區。
4. 健全港埠費率與管理制度。
5. 增強港埠營運效率。
6. 擴充國際港埠運能。
7. 加強與各國海運關係提升國輪競爭力。

㈡海運服務之信念原則

1. 團隊合作（船上岸上同仁通力協調合作），海運服務自攬貨、裝貨、航行、轉運至交貨，環環相扣，各環節都要做好。
2. 講求品質，隨時發掘問題追根究柢，研究可行對策，認真執行，以求標本兼治。
3. 講求創新，時時尋求改善及突破，改善服務流程及態度，不停地追求進步成長。
4. 講求安全，力求人安（人員安全）、船安（船舶機具安全）、貨安

（貨物安全）。

5. 講求環保，採取措施，確保海洋環境不受污染。

㈢有關海運之法規

包括「商港法」、「航業法」、「船舶法」，及相關行政命令及行政措施。另外有關貨櫃運輸之法規：中華民國憲法第十九條（0361225）、關稅法第四條（0800722）、關稅法第三十條（0800722）、海關管理貨櫃辦法第十六條。

㈣方便海運的措施

1. 建立進出港簽證連線系統，簡化進出港手續。
2. 建立通關自動化系統，縮短通關時間。
3. 簡化聯檢作業，減少船舶檢查量，縮減檢查時間。
4. 放寬兩岸人民關係條例第三十條之對兩岸航運限制，以利海運轉運之發展。
5. 放寬外資比例為二分之一，以增強自由化、國際化之經營環境。

㈤政府對於海運之施政要項

1. 辦理各商港港區及聯外道路工程。
2. 船舶交通管理系統。
3. 港區污染整治與環境保護，港區綠美化工程。
4. 港區建設之後續發展規劃。
5. 充實及更新各商港棧埠設備，加強港埠業務自動化作業，建立各港埠資訊連線作業，建設貨櫃儲運中心。
6. 推動港埠企業化經營，加強簡政便民及敦親睦鄰措施。
7. 輔導碼頭工人僱傭制度合理化，提升裝卸效率及服務品質。

二、航運發展之問題研討

㈠國內海運與港埠系統運作現況檢討

1. 台灣地區對外貿易主要依賴海運，海運進口貨物比率逾九成。
2. 對內之海運，由於未能有效完成海陸聯運，故無法與公路、鐵路貨運競爭。
3. 進出港埠貨物量龐大，由於貨櫃運輸之大量「南櫃北運」及「北櫃南運」，造成道路沉重負荷，加上港區欠缺聯外專用公路與鐵路運輸系統，造成港區及其周邊道路交通壅塞。
4. 港埠設施方面，港深不足因應大型船舶、貨櫃碼頭不夠、港埠設備老舊、作業能量不足（蔡勳雄，2001），碼頭裝卸工人管理欠佳，機具維護管理欠佳，港埠費率計算欠合理，造成船舶滯港時間長，費用高。港埠裝卸作業效率有待加強。

㈡兩岸直航分析——航運（海運）

兩岸直航可使海運及空運之營運成本降低。兩岸港口通航的效益最明顯是在於時間及營運成本的降低。就運輸成本的節省而言，直航後對於貨櫃航運業者平均每個貨櫃可節省成本五十美元，以陽明海運為例，在大陸地區的攬貨量十．八萬TEU，以匯率新台幣三十三元／美元來計算，運輸成本可節省一．七八億元（張功達，2001）。另外，陽明海運每年往來大陸地區之貨櫃量約十八萬個二十呎櫃，未來兩岸三通後，船公司將可享有貨物儲運、人員派出及轉口費用節省（成本降低）及運輸時間縮減等好處（寶來投顧，2002）。

除了直航之省時及降低成本，嘉惠台灣之進出口及搶佔大陸市場外，更重要的是，可以提升高雄或基隆港的航運地位，有助於承攬歐美等地貨櫃的轉運。

㈢間接直航、境外轉運與兩岸直航之比較

兩岸直航將是航運未來的利基，只有兩岸直航才能有利於我國海運業的發展；不論是兩岸間接直航或是境外轉運，都不能取代兩岸直航。因為間接直航即是兩岸所屬的權宜輪可經由第三地運送兩岸貨物而不需要卸貨、換船；境外轉運則是兩岸所屬的權宜輪可以直航兩岸港口，但是只能運送國際貨物。

㈣加入世界貿易組織對海運業的影響

加入世界貿易組織後，不得不開放國內航運等市場及經營權，譬如：開放外人來台經營內陸運輸三大業務（允許外國人經營小客車租賃、汽車貨櫃貨運、汽車貨運業），另外，外人亦可進一步申請海陸或陸空聯運之經營。

三、水路運輸展望

㈠航運（海運）發展之展望

目前國際海運供過於求，展望未來，若國內經濟未能好轉，工商外移，進口不振，進出口貨載嚴重失衡，船隻營運調度益形困難；另外，大陸與東南亞國家之貨櫃碼頭相繼完工、遠洋貨櫃運費調漲、亞洲進口貨量下降，以及散裝船閒置，將使我國海運遭遇更大的競爭挑戰。

㈡台灣陸上貨櫃運輸之展望

陸上貨櫃運輸主要服務內陸，為高雄、基隆、台中各港區碼頭與

貨櫃場間，以及貨主倉庫與貨櫃場間，進行貨櫃之託運服務。由於未來國際貿易之貨載仍將以貨櫃運輸為主，陸上貨櫃運輸之需求仍將持續，若兩岸能全面直航及兩岸進行產業分工，則轉口貨櫃可望增加。

㈢環島海運之發展

台灣四周環海，極具發展海運之潛力。南北兩端都市間之交通，如果採用海運（譬如採用快速船舶，如飛翼船等），將可紓解部分之陸運及空運的沉重負擔。

㈣我國發展海運與港埠系統（對國際運輸）之重點與方向

1. 整合資源，發展高雄港為海運轉運中心，以及台中港與基隆港為轉運中心之輔助港。
2. 推動高雄港為海運轉運中心計畫，擴建基隆、台中兩港，增進其國際海運能力，成為海運轉運中心之輔助港。積極擴建深水港及擴充港埠場站設施。
3. 拓展國際航線，加速汰換國輪船隊。

第六節　航太運輸科技系統及設備

人類能夠克服地心引力而自由地在空中翱翔，實在是一項了不起的突破。事實上，人類能夠運用陸路及水路運輸至少已經有上萬年的歷史了，但能夠飛行（運用航空運輸）僅有一百年。比起傳統的陸路及水路運輸，航太運輸由於速度相對較快，更能縮短時空距離，造成天涯若比鄰的情勢。

人類為什麼要向太空探險？有一種說法是了解太空，可以使人類更進一步地深入了解地球。另一種說法，是基於高科技國家想擴大地盤及避免被競爭對手超越的心理，您的看法呢？事實上，太空探險的確在軍事、政治、經濟等方面帶來很大的利益。

本小節將探討航空及太空運輸科技的演進、系統設備（載具）、其應用，以及其影響。

壹・航太運輸之演進及發展現況

一、航太運輸的演進

中國自古就有飛行類的玩具，例如竹蜻蜓、風箏、孔明燈，和火箭等，對飛航器具之研發提供良好的環境。古書《墨子・魯問》上就有魯班製的飛行器飛行三日不落地之記載，另外還有偵察機的記載（《渚宮舊事》記載「嘗為木鳶，乘之以窺宋城」）。《淮南子・齊俗訓》：「魯班、墨子以木為鳶而飛之，三日不集」，惜科技教育不發達，很多國人視「創作發明」及「動手做」為不入流的「奇技淫巧」，所以因創造力差而科技難以發展。換言之，航太科技在三種運輸科技中，我們是最落後的，其演進史完全在西方。

比較起歷史久遠的水路及陸路運輸，航空（空運）的發展僅有一百年（1903 年美國 Wright 兄弟飛機首航成功），所以說，算是很年輕。在發明飛機之前，人類仍是從「紙飛機、竹蜻蜓、風箏和火箭等」得到基礎科技。慢慢地發明製造出氣球、飛艇，然後才是飛機，最近才進步到太空載具。

早期飛機製作科技之改良包括：機翼結構設計、引擎動力、起落架可以收放、自動駕駛、除冰系統等，不斷改良之累積，才能使飛機飛得更快、更高、更遠。

飛機的主要組成部件有發動機、機翼、副翼、尾翼、機身、起落架、飛機操縱系統、機載設備，和通訊導航設備等。機翼和機身外型都會影響升力和阻力，尤其是機翼，影響更大。由於升力與阻力和航速的平方成正比，飛兩倍快，則阻力與升力變四倍大（盛天予，1979），因此飛得愈快的飛機，機翼愈小。為了滿足在高低速時不同的操控要求，機翼的結構也由多翼到單翼，由垂直翼到後掠及前掠翼、由固定翼到可變動翼，譬如美國F-14雄貓式戰鬥機和蘇俄的Tu-26逆火式轟炸機，為了得到高升力以及良好的操縱性，搖翼機在低速時，機翼平伸，與機身垂直，而在高速飛行時，機翼則向後斜收。

早期機身多由堅木及帆布來製造，等到發動機性能增強後，機身及機翼改由金屬製造，譬如偵察機機身以鋁合金外皮敷以可吸收雷達材料（RAM），以逃避敵人雷達及紅外線之偵測。為了從事太空探勘，飛機（太空梭）機身又採用隔熱陶瓷磚，得以抵抗攝氏一千二百六十度之高溫。

目前常見的飛機可分為噴射飛機（含渦輪噴氣飛機、渦輪風扇飛機、衝壓發動機飛機和火箭飛機）以及螺旋槳飛機（含活塞式引擎及渦輪式）。

法國協和式客機速度可達二馬赫，但起飛與著陸時噪音太大。螺旋槳飛機速度慢，每小時只能飛六百至八百公里，採用渦輪噴射發動機的噴射機則可達二至三倍音速。美國的洛克希德F104斯他派特戰鬥機的速度更為驚人，是二・八馬赫。

圖 4.20 空中巴士 A-380

噴氣式飛機的波音 747-400 可載客五百二十四名，續航力為八千四百英里（一萬三千五百一十八公里）。空中巴士 A-380 超大（Superjumbo）型飛機，可載客五百五十五名，續航力為一萬四千八百公里，是目前世界上最大的客機，比波音 747-400 更省油且噪音較小（Bong, 2002）。

台灣早期的航太工業以維修軍機為主，對軍機之設計、製造組裝及測試等較有經驗。近年來，才開始加強對大型民用飛機進行維修、測試及研發。由於航太工業附加價值高、產業關聯大，行政院於 1990 年頒布「航太工業發展方案」，開始發展航太及其零組件工業，目前航太零組件已經獲得國外認證。

二、航太運輸之發展現況

人類首度發射成功人造衛星於 1957 年（蘇聯），首度成功派人進入太空於 1961 年（蘇聯），首度成功進行太空漫步於 1965 年（蘇聯），首度成功將探測船登上月球於 1966 年（蘇聯），首度有人踏上月球於 1969 年（美國）。詳情如下：

人類於 1957 年首次成功發射了人造衛星，開展太空旅運之端。那年俄國首先發射了第一枚載物人造衛星（名為 Sputnik 1）。美國也繼起直追，先後進行多次太空探險：單人太空船水星計畫（1961 至 1963 年，六次）、雙人太空船雙子星計畫（1965 至 1966 年，六次）、三人太空船阿波羅計畫（1968 至 1972 年，十一次）、登月成功六次〔第一艘載人飛行的太空梭——美國的「哥倫比亞號」於 1981 年發射成功。前後使用的太空梭有：哥倫比亞號（Columbia, 1981-）、挑戰者號（Challenger, 1983-1986）、發現號（Discovery, 1984-）、亞特蘭提斯號（Atlantis, 1985-）、奮進號（Endeavour, 1992-）〕。

◆ 台灣太空運輸科技之發展

在 1999 年初，中華衛星一號在美國佛羅里達卡拉維爾角升空後成功發射，這顆人造衛星——「中華衛星一號」（華衛一號）是通訊衛星兼科學衛星，在高度六百公里、傾角三十五度之軌道上運行；約九十七分鐘繞行地球一周。每日繞地十四・九圈。衛星每日約有六次可與台灣聯絡，每次聯絡時間約七分鐘（劉振榮，1999）。

◆ 大陸太空運輸科技之發展

1970 年 4 月，中國大陸成功發射了第一顆人造衛星——「東方紅一號」，成為當時世界上第五個能研製和發射人造衛星的國家；1971 到 1984 年，中國大陸進行太空技術之開發，完成返回式衛星、第一代通信衛星的研製和飛行試驗術。1985 年迄今為中國大陸太空運輸（運載火箭）技術之發展應用階段，成功地發展了資源衛星、氣象衛星、通信廣播衛星、導航定位衛星，和科學與技術試驗衛星（中國新聞網，2002）。1990 年 4 月成功發射亞洲衛星一號，開始進入國際發射市場（林蔚然、何繼偉、潘堅，2000）。到現在，已經先後發射約五十顆不同類型的人造衛星，在軌道飛行工作的衛星約十顆（中國新聞網，2002）。

貳・航空及太空運輸系統設備及營運

一、航空及太空運輸系統設備性能、營運及影響

航空和太空運輸器具（載具）之不同在於：前者在大氣層中飛行，後者還能在大氣層之外飛行。航空運輸器具除了飛機之外，另有直升機、熱氣球、飛艇。而太空運輸器具則有火箭、人造衛星、載人太空船、太空梭、太空站、無人探測器、太空望遠鏡等。

航空業（航空公司）主要提供營業性飛航，為各界提供航空旅運服務。對象很廣，包括：工、商、農、林、漁、礦等，方便各業進行測量、攝影、狩捕、消防、搜救、教練、拖吊、遊覽等活動；另外，

業務範圍也包括公共交通、通訊及航空器材、機場規劃等。

目前世界航太工業之兩大巨頭為波音及空中巴士。

飛機製造公司為求降低成本，提高產量，提高市場之佔有率，已經採行資源重新整合，譬如部門之合併或重整及公司之策略結盟；並採取各種發展策略，如市場導向專業化經營、國際合作、共同開發、策略聯盟、併購及整合等（歐嘉瑞，2000）。我國航太廠商雖研發不足、技術層次不夠，但因成本相對較低，仍爭取轉包、代工製造、專業維修廠或航空公司聯盟，以便在製造維修營運過程中學習，以「做中學」的方式來促進研發。

㈠太空運輸科技之用途

1. 太空運輸科技在通訊方面之應用：太空運輸科技把人造衛星送上太空，在通訊方面，比傳統依賴較重的微波通訊技術成本低且效果大，譬如：要解決內蒙古自治區之電視收視問題，必須以五至八年的時間，花費十幾億元人民幣來架設微波中繼線路，而改採衛星通訊，只要兩年時光，包括衛星發射及地面衛星接站設施，花費不到一千萬元人民幣（林蔚然、何繼偉、潘堅，2000），經濟效益不可謂不宏大。除了經濟效益，衛星通訊更可用於全國大範圍的廣播、遠距教學、公眾電話網路通訊金融、軍事等用途。
2. 太空運輸科技在導航等方面之應用：衛星在地球軌道上，除了通訊，另可做遙測、定位、導航，以及氣象、探勘、偵察，及空間研究等應用。這類功能，對地球上的交通運輸、海洋資源、農林畜牧、環保、土壤流失之監測、地

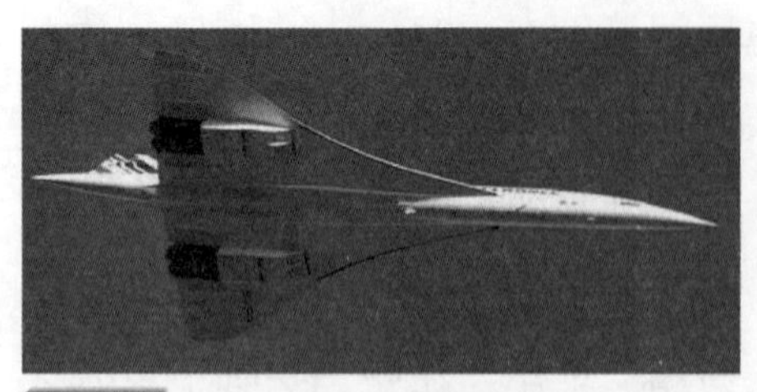

圖 4.21 協和號超音速客機

震監測、國土普查、煤層探勘、森林植被調查、農產預估、考古等都很重要。

3. 太空運輸科技在生物科技方面之應用：把種子運送到太空進行空間育種或進行其他基因改造，由於太空的重力低、真空度高、潔淨、輻射強、晝夜溫差大，能使種子產生人類所需求的遺傳變易（譬如高產量、早熟、耐候、耐病蟲害）。

㈡太空運輸科技之系統設備

太空運輸主要動力採用火箭，其發射成本非常高。

為了降低成本，所以必須研究如何將可用的設備反覆使用。太空滑翔機和太空梭就是這種背景下的產物。在太空梭發展出來以前，從1966 到 1975 年間，美國太空總署分別測試了 M-2、HL-10、X-24 等三種不同的太空航具（主要藉機身形狀來產生升力），這些測試所得到的數據對研發太空梭的設計幫助很大。在 1970 年美國設計出太空梭的原形——「企業號」太空梭，用來試驗太空載具如何飛行、著陸，和其他各種操控試驗。

太空運輸載具的種類很多，諸如：火箭、人造衛星、載人太空船、太空梭、太空站、無人探測器、太空望遠鏡等。不論是哪一種太空載具，本身都必須要有動力（也必須帶有燃料），利用機身上的推動器（對外伸出噴嘴）噴出氣體，再以反作用力，來修正自己的運行方向和軌道。

這些在太空運行的航具，當它要脫離地球時，亦即發射升空時，必須借助於火箭，等到快要到了既定的軌道，

圖 4.22 M-2、HL-10、X-24 三種太空航具

才發動自身的推進器，或靠別的飛行器（如太空梭），把它放入軌道。太空航運所用的燃料，目前主要採用液態氫與液態氧。

◆ 人造衛星的性能

人造衛星種類有通訊衛星、導航衛星、氣象衛星、地球資源衛星、偵察衛星、預警衛星等。除了繞行地球同步軌道外，另採用高低不同的軌道，其速度是愈高愈慢。同步衛星繞地球一圈的時間為二十四小時，剛好地球自轉一圈，因此從地球上看它就好像靜止不動一樣。

各種不同的衛星軌道高度不同，譬如：同步通信衛星距離地球表面約三萬六千公里，我國中華一號衛星距離地球表面六百公里，蘇俄和平號太空站距離地球表面三百九十公里（國際太空站距地約四百公里），太空梭一般距地三百公里，而一般噴射客機飛行高度約距地十公里。各類衛星壽命不一樣，一般同步衛星壽命可達到十至十五年，而低軌衛星的壽命只有幾年。

◆ 太空站之發展

太空站停留在太空中，通常有太空人駐守，可長時間執行太空任務（如科學實驗、操縱、維修等）。較有名的太空站有：天空實驗室（Skylab 1, 2, 3, 4, 1973-1974）、和平號（Mir, 1986-2001）、國際太空站（ISS, 1998-2004）。

◆ 無人太空探測器

無人太空探測器為無人太空船，藉遙控技術來執行探測任務，通常為向遠距離的星球前進。較有名的無人太空探測器有：水手號（1962至1975年探測金星、火星）、先鋒十一號（1973年探測木星、土星）、旅行家二號（1977年探測木星、土星、天王星、海王星）、伽利略號（1989至1995年探測木星）、卡西尼－惠更斯號（1997至2004年探測土星）。

◆ 太空梭的性能

太空梭 1981 年發展成功，能載客七人，載貨三十噸，可反覆使用（約一百次）進出大氣層。火箭總推力三千噸，由兩具助推火箭（固態燃料）及外燃料箱及太空梭本體組成。本體之主推進火箭採液氫及液氧為燃料，助推火箭可回收用約二十次。最大飛行高度約一千一百公里，一般把衛星送至三萬五千八百公里高的軌道上。返回大氣層時滑翔時速約三百二十公里，並以逆噴火箭減速。

◆ 太空梭的任務

太空梭的任務是執行天文研究、將衛星送上軌道、建造國際太空站、重繪地球地圖、氣象預報、找尋石油及重要資源、製造新的藥物、尋找失落的古城、支援高科技軍事計畫。

蘇俄、美國太空梭有所不同。美國太空梭有人駕駛，進入地球大氣層後，僅能滑翔降落；而蘇俄太空梭為無人駕駛，但有動力，能遙控操縱其飛行再降落。

太空梭的構造從外觀來看，太空梭主要可以分為機身（梭體）、兩個固態燃料助推器和一個外部燃料箱。其中只有梭體本身以及兩個助推器，可以重複使用，外部燃料箱在升空中途燃料用完了，會先拋棄，而因高速穿越大氣層而焚毀。太空梭的梭體總重量約為一百噸（結構重約七十噸，僅能載貨約三十噸），外部燃料箱重約七白噸，兩個固體火箭助推器共重約一千噸。由此可見，太空梭這個航具的效率還是很低的，很像早期的輪船，長距離航行時，大部分的載重都是燃料。

◆ 太空梭的操縱

太空航具之操控技術包括：姿控、變軌、熱控、電源、結構、測控、回收及載荷技術。太空梭之能源，除了燃料電池，另裝設可接收太陽能的「太陽能電池板」。

在太空航行時，太空梭本身有發動機（推進器），可以改變其飛行軌道，可以做一般飛機一樣的上下俯仰、左右偏轉以及機身自水平方向改為左右側彎等動作，所以太空梭也可以像飛機一樣滑翔降落於跑道。

降落於跑道滑翔時，可以採用各種方法來減速，譬如利用太空梭機身之垂直尾翼來減速（兩片垂直尾翼分開，產生類似一般飛機減速板的作用），或利用降落傘。

◆ 太空梭的運用

發射人造衛星或太空梭的費用都很昂貴，發射搭載三十噸重物的太空梭，費用約需兩千萬美元（約新台幣七億元），而採用火箭來發射三至四噸的人造衛星，所需費用也要二千五百萬美元（約新台幣九億元）。太空梭由於可以回收反覆使用，所以運用之成本反倒比發射人造衛星還要低。何況，太空梭運作之功能更廣，還可以用來回收太空中失效故障的人造衛星，以及為太空站做人員或物料之補給。各國載運火箭之營運價格比較如表 4.2：

表 4.2　各國載運火箭之營運價格比較

美國宇宙神火箭	美國德耳它火箭	法國阿里安火箭	中國長征三號火箭
4400 萬美元	3900 萬美元	3000 萬美元	2500 萬美元

資料來源：林蔚然、何繼偉、潘堅（2000）。

◆ 熱氣球

熱氣球可應用於空中勘測、攝影、廣告、救難、救火，以及航空運動，戰時則可用於軍事偵察、砲火定位、海岸巡視等。熱氣球沒有舵和帆，操縱不便，很難控制航行方向，速度甚慢，頗易受天候風力影響，目標明顯較難匿跡；但熱氣球也有優點：可垂直起降、可長時間滯留空中（滯留空中時不必消耗燃料）、噪音小、污染小、運轉成本低。

◆ 飛艇

飛艇由熱氣球改良而來，加裝了舵、帆和推進器（發動機和螺旋槳葉）之後，飛艇比熱氣球操縱方便多了（可任意轉向），但速度仍不夠快（遠比直升機慢），也仍會受天候風力影響，目標明顯較難匿跡；但飛艇也有優點：可垂直起降，可長時間滯留空中（滯留空中時不必消耗燃料）、噪音小、污染小、運轉成本低。飛艇可應用於空中勘測、攝影、廣告、救難、救火，以及航空運動，戰時則可用於軍事偵察、砲火定位、海岸巡視等。

圖 4.23 熱氣球

自從飛艇採用氦氣來填充，比充填氫氣時，安全多了。飛艇的載重量特別大，用飛艇運送一噸貨物的費用，要比飛機少 68%，比直升機少 94%，比火車少 50%（中科院，2001）。

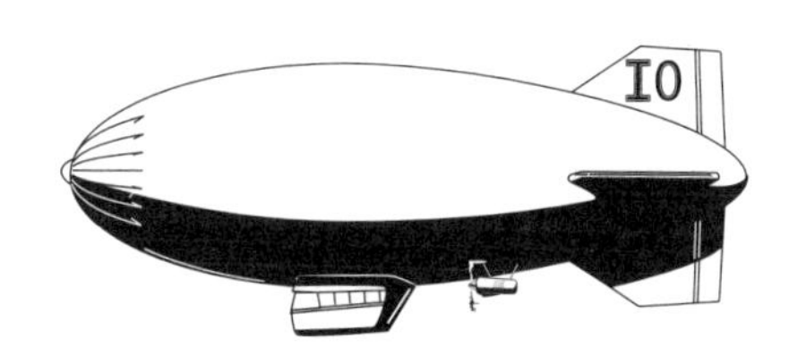

圖 4.24 飛艇

◆ 直昇機

直升機起落都不需跑道，又可滯留空中及倒飛，是其特點，可用於特殊作業，譬如噴撒農藥、探勘、傷患運送、偵察、森林救火、建造輸電塔和拉線工程等工作。

◆ 滑翔機

最早期的飛機型式，機翼長，提供很大的升力，大部分的飛行時間也可以靠氣流及滑翔。1903 年萊特兄弟所製造的滑翔機，是採用十二馬力的活塞式發動機和螺旋槳來驅動的，當時才飛了二百六十公尺，滯空一分鐘不到，但卻開啟了人類航空時代。

㈢太空載具及投射器

太空載具包括投射器及人造衛星，投射器俗稱火箭。火箭就是長程導彈。事實上，很多洲際導彈待命發射久了（美國1962年就安裝好了地下洲際彈道飛彈，隨時待命，一分鐘就可完成發射），常被翻新然後用來發射氣象和通訊衛星（王重舒，2002）。

1950年代美俄太空競賽，源自於美國擔心前蘇聯的投射能力大到能把核彈投射到美國，理由是前蘇聯能成功地發射人造衛星，因此美國全力發展太空技術，包括太空載具、投射器及洲際飛彈。

㈣航站設施

機場航站及飛航有關之設施以及太空發射站及監控通訊設施，對航空及太空運輸極其重要。事實上，其重要性遠遠超過車站及碼頭之於汽車及船。航站場址之選擇、設計、興建、管理、營運、維護等，

圖4.25 機場之規劃

對航太運輸之效能，關係重大。而每個人對於航站之結構，譬如航站閘口（terminals and gate）之排列位置、交通車（shuttle bus or train）的路線，如能有相當認識，也有助於享用航空服務。

參・航太運輸科技之發展問題研討及展望

㈠航太運輸發展之未來遠景、目標與方向

1. 積極發展航空貨物轉運中心與航空旅客轉運中心，以及中正國際機場及周邊地區發展為航空城。
2. 擴增國際港埠與機場軟硬體設施，提高作業效率與服務水準，降低轉運成本，發展台灣成為亞太地區航空轉運中心。
3. 推動中正國際機場為航空轉運中心計畫，加強與各國交換航權，規劃或改善南部機場為航空轉運中心之輔助機場。

㈡航太運輸發展之問題研討及展望

航太運輸科技是各類運輸科技之尖端科技，尖端科技強則表示國力強，同時國際地位就高。人民愈有錢，則搭飛機的愈多，一般而言，航空運旅量之成長率與國民生產毛額之成長率呈兩倍成長的正比例關係，亦即國民生產毛額每成長一個百分點，航空運旅量將成長兩個百分點（歐嘉瑞，2000）。

㈢我國航太人力的培育

國內有待大力培育航太技術人力，以促進國內航太運輸科技之長足發展。目前國內高職專科階段技術人力之培育不足，而大學階段航太科系大都紙上談兵，如何建立一完整且連貫的技職和工程科學教育及訓練體，允為重要課題。

㈣未來的太空探險或開拓

從發射太空梭，到設立太空站，由太空站到設立太空城，從月球基地到火星殖民地，從小行星帶的開礦，到外太陽系衛星的開發，以至於跨太陽系之星際飛行，人類開拓未知領域（對外擴展的企圖），似乎永不滿足。科技朝向這個方向發展，以及這種不斷對外擴展的作為，是不是符合人類生存發展的最大利益呢？

㈤未來的航太運輸對能源的需求

由於要做非常長距離的旅行，太空航具之推進器必須能源效率非常高，否則就會為了必須攜帶大量的燃料而降低其載重〔酬載（payload）〕。目前擬出的對策包括：

1. 發展高效能的推進器（如離子引擎以氙氣為燃料，或陽光飛帆來靠光壓推進）。
2. 發展百分之百能回收再度使用的太空梭（如美國研究中之 X-34 型太空梭）。
3. 在目的地的星球（譬如火星）建設燃料工廠，利用當地的材料來提煉燃料，供回程之用。
4. 在超高速飛行時，吸收空氣中的氧氣來當作助燃劑，以減少必須攜帶之氧氣量。

問題討論

1. 試簡述運輸之需求為何。
2. 運輸、運輸科技、運輸系統三者之意涵有何不同？
3. 運輸系統只是由運輸工具（載具）和道路（航道）兩者所組成嗎？如果不是，還有哪些？
4. 運輸科技與其他科技有何關係？
5. 有哪些條件會影響運輸科技之發展？
6. 智慧型運輸系統有何特別功能？
7. 理想的運輸系統能達到什麼樣的境界？
8. 運輸對產業及經濟可帶來什麼影響？
9. 試分析比較現代運輸與古代運輸，在演進上有何明顯變化。
10. 試簡述電動車及燃料電池汽車發展之現況及困難。
11. 要選擇捷運系統的型式時，應考慮哪些因素？又為何應該發展大眾運輸系統？
12. 試上網找到並列印出要開車前往某一特定城市地點之的旅運計畫，應列明：起訖點、路線、里程、轉換路線之匝道名及編號、行車大約時間，及沿途可能的加油食宿地點等細節，並估算出時間及金錢之可能消費。
13. 試簡述都市在改善交通運輸時，常採用哪些手段方法。
14. 試簡述為了減輕運輸工具之空氣污染，常採用哪些手段方法。
15. 試比較高速鐵路系統和普通火車系統各適用於哪些情況。
16. 試比較鐵路運輸和公路運輸之優劣。
17. 試簡單說明為何要發展聯運（Intermodal Transportation）。以及應採行哪些重點工作。
18. 試蒐集資料完成一實際可行的國內旅運計畫（可假設為一系列對象

之參訪或數日之旅遊），應列明：行程航班（或車次）及沿途可能的食宿安排等細節以及成本估算，並簡釋所擇載具之理由。

19.試分析十七世紀起，海運科技領先全世界的中國為何被西方所超越。

20.試比較海運與空運之優劣。

21.試簡述要發展海運可採行哪些策略。

22.試簡述港埠設施的作用為何，又如何提升港埠對海運的效能。

23.試簡列發展潛水艇時須克服哪些科技或技術難題。

24.試述貨櫃運輸之運作情形。

25.試比較貨櫃運輸與散裝輪運輸之優劣。

26.試蒐集資料，描述如何到某一特定的國際機場，完成在各航空站（Terminals & Gates）間之轉機。

27.試蒐集資料，描述目前機票之種類及其規定之不同類別限制。

28.試比較航空及太空運輸載具有何不同。

29.試分析太空運輸科技在通訊、導航、生物科技等方面有何應用。

30.試申論若運輸科技發展不當，對人類生活、社會、經濟、政治等會產生哪些不良影響。

參考文獻

中文部分

中央社（2002），朱鎔基與施若德聯袂為上海磁浮列車剪綵。中央社 2002 年 12 月 31 日，http://tw.news.yahoo.com/2002/12/31/twoshore/cna/3731918.html

中科院（2001），中國科普博覽——航空博覽。中國科學院計算機網路資訊中心，http://159.226.2.5:89/gate/big5/www.kepu.net.cn/gb/beyond/aviation/history/his005.html

王重舒（2002），美國行腳：泰坦導彈博物館。http://www.geocities.co.jp/SilkRoad-Desert/2526/Titan.html

中國大百科全書（2002）。**中國大百科全書**，中國大百科出版社。

中國新聞網（2002），中新社北京四月十三日電（記者孫自法）——中國衛星水平。中國新聞網 2002 年 4 月 14 日。

何筱筠、楊潔思、趙慧雯（2002），航海先鋒鄭和。http://www.chinapress.com.my/topic/series/default01.asp？sec=zhengho&art=0320zhengho.txt

周音（2002），中國交通「瓶頸」得到改善。中新專欄：走近十六大：中國交通「瓶頸」得到改善，2002 年 9 月 27 日，http://202.106.184.141:89/gate/big5/www.chinanews.com.cn/2002-09-27/ 26/227047.html

東部鐵路電氣化。http://www.ciche.org.tw/semimonth/vol4/4-10.asp

林蔚然、何繼偉和潘堅（2000），我國航天技術的直接經濟效益。**中國航天**，2000 年第 6 期。

建網小組（1998），建網背景：國科會專題計畫「網路科技對高級中學社會科教學的影響」，建網日期：1998 年 6 月至 2000 年 7 月科學大觀園（2002），**瓦特**。科學名人堂 15。中華少年成長文教基金會。

唐啟華（2003），中國外交史課程大綱。http://archms1.sinica.edu.tw/foreign/paper/mh3400-01.pdf.

高速鐵路（2001），高速鐵路運輸。http://www.hsr.gov.tw/homepage.nsf/hsrplan？OpenFrameset

高雄捷運（2001），http://www.kcg.gov.tw/tbu/home.htm

孫曉萍（1999），日本智慧型運輸系統。**天下雜誌**，214 期。

莊永明（2004），莊永明的台灣味，歷史上的今天。http://www.readiagtimes. com.tw/folk/taiwan/chrono/chrono_mo5a.htm

盛天予（1979），八十年來機翼的發展（上）。**科學月刊**，120 期。http://210.60.107.3/science/content/1979/00120120/0003.htm

張功達（2001），2609 陽明海運。http://www.nettrade.com.tw/stock/a/01-04-06a.htm

陳宇釗等（2002），中國古代交通——文化驛站。www.mfbmclct.edu.hk/lwong/6s/chan%20yu%20chiu/5.html

張佑生（2003），上海磁浮鐵路通車，綜合報導，民生報 A3 版，2003 年 1 月 1 日。

陳佩伶、徐慈鴻、李貽華（2001），粒狀污染物與農作物。**藥毒所專題報導**，第 62 期。行政院農委會農業藥物毒物實驗所。

張信剛（1998），從活字版到萬維網。**靈機**，第 174 期。香港城市大學。

新浪網（2005），中國民航總局，財經縱橫新浪網。http://china.sina.com.tw/finance/eadership/crz/20050531/18271642152.shtml.

楊國民（2001），百年民航：從無到有　比翼齊飛。**人民日報**，2001 年 1 月 2 日。http://www.peopledaily.edu.cn/BIG5/channel3/22/2000

1228/365772.html

經濟日報（2002），我國民航運輸周轉量躍居世界第六位。經濟日報 2002 年 10 月 17 日。http://www.tdctrade.com/airnews/0210171010607.htm

趙瑋寧（2002），中國加速：交通事業突飛猛進。央視國際，2002 年 9 月 26 日。http://202.108.249.200/news/china/20020926/100481.shtml

劉振榮（1999），人造衛星的發展與展望。http://msl.csrsr.ncu.edu.tw/popular/sat/sat.htm

歐嘉瑞（2000），台灣航太產業技術發展與進出口趨勢之研究。產業論壇，工研院。http://www.itis.org.tw/forum/content2/99if45b.htm

編輯部（2000），**新世紀太空百科全書**。台北：貓頭鷹。

蔡勳雄（2001），航運省思與未來挑戰。永續發展組，國政研究報告，2001 年 7 月 10 日。http://www.npf.org.tw/PUBLICATION/SD/090/SD-R-090-018.htm

寶來投顧（2002），台股分析。寶來證券 2002 年 12 月 20。http://tw.gogofund.com/twstock/taiwan_issue_.asp？ID=7914

英文部分

Andcrson J. E. (1994). "Safety Desian of Personal Rapid Transit Systems". *Journal of Advanced Transporttion*, V01. 28, No.1.

Blake, S. (2002). Super cruiser will be largest ever at Port Canaveral. Florida Today, May 3, 2002. http://www.portcanaveral.org/news/stories/0503 02.htm

Bong, D. (2002). Airbus A380. Vision Engineer. http://www.visionengineer.com/aero/a380.shtml

Grice, E. (2002). Evidence Chinese First to Circumnavigate World. http://

www.100megsfree4.com/farshores/amchin.htm

Encyclopedia Britannica (2000). Technology Education-Transportation. http://www.geocities.com/tech_ed_2000/industrial/transportation/transportation.htm

Geocities (2002). Watt Engine Animation. http://www.geocities.com/Athens/Acropolis/6914/wvae.htm

Krebs, R. D. (1994). Toward a National Intermodal Transportation System-Final Report-NCIT. http://ntl.bts.gov/DOCS/325TAN.html

McCullough, D. (1992). Truman. A Touchstone Book, Published by Simon & Schuster.

Queijo, J. (1988). "Making Tracks: Will Taxi 2000 be the Rapid Transit of the Future?" *Bostonia Magazine,* January 1988, Boston University Publication.

Roadracers (2002). The environment and pollution: Are we really screwing up? http://www.roadracers.co.uk/environment.htm

Scott, A. M. (1993). What is technology? 2020 Visions: Technology Education in the 21st Century. *Millennium WAVE Technologies.* http://www.igs.net/ascott/2020.htm#whtech

第五章

能源與動力

陳長振

自從第一次工業革命以後，使用大量機器來從事製造物品，節省許多勞力，也大大改善人類的生活，各種營建器械的發明與使用，帶給人們更舒適的住家，日新月異的交通工具更帶來行動的方便，再加上資訊的便捷，讓地球村的夢想早日實現。現代化的生活離不開使用電力，各種能源是產生電力的主要根源，各式交通工具若是沒有了能源的支援，則形同一堆廢鐵；動力機械是依靠各種能源來運轉，由於它們的使用，讓人們不管是工作或是居家生活均能省時省力，現代人能享受更多的休閒時間，實在是拜其所賜。

本章在能源方面簡要介紹石油、煤、天然氣、核燃料等四種非再生能源，以及太陽能、風能、水力、海洋能、地熱能、生質能、氫能等七種再生能源，進而探討其使用後對環境所造成的影響。在動力部分，則介紹各種內燃機與外燃機、電動機，與主要的動力傳導裝置。節約能源在消極方面，是盡量減少使用它；而善用能源與提高動力機械的使用效率，更具有積極的意義，也是在不影響生活品質與考慮環境保護的前提下最佳的選擇。

第一節　能源科技概述

能源是最重要的經濟資源之一，其帶動人類的各項生產活動，更是國家經濟成長的原動力，以往人們以為能源是無窮的，直到 1950 年代，科學家才提出能源有限性的理論（Lawrenz, 1985），但是卻未能引起世人的危機意識；直到 1970 年代的兩次能源危機衝擊，才終於喚醒大家，化石能源是有限的，唯有節約使用並提高使用效率，再加上開發各種再生能源，才可讓能源的使用生生不息，使我們後代子孫永不匱乏能源。

近年來，世界各先進國家紛紛投入大量的人力與資金，研究提高能源效率與發展新能源，省電燈泡的發明對節約能源功不可沒，各種再生能源的開發與實用化，如太陽能、風能、海洋能、地熱能的發展，更建立了大家使用這些再生能源的信心。

台灣近三十年來經濟建設成果輝煌，但相對的進口各種化石能源的數量，也是水漲船高，至 2004 年為止，進口能源比例已超過 97%（經濟部能源委員會，2004），因此台灣的能源供需結構是相當脆弱的，只要國際油價一有調漲，大部分的產業也會直接受到衝擊。

近年來，由於環境保護意識抬頭，核能廢料又無法妥善處理，因此歐美各國紛紛捨棄新建核能發電計畫；台灣的核四興建案也曾因此一度遭政府宣告停建，不論未來是否會有改變，最少也必須經由朝野的折衝與媒體的大量報導，讓民眾了解核能發電絕不是解決用電問題的萬靈丹，而反思再生能源的利用價值與可能性。

再生能源在台灣最有發展潛力者，首推太陽能，太陽能的利用主要是使用其光和熱，太陽能電池直接將太陽光轉變為電能，然而其效率僅約 15%（三種主要太陽能電池之平均值）；比起太陽能熱水效率可達 70%以上，實無法相比，因此太陽能熱水器早在數十年前商品化，並一直為環保人士所樂用。根據國內太陽能熱水器使用調查（呂錫民，1997），安裝率僅有 2.7%，相對於日本的 11%及以色列的 80%，仍有很大的成長空間。以台灣的緯度優勢，其日照量遠超過日本，為何安裝率僅及日本的四分之一？最重要的關鍵在於政府的宣導、獎助及對民眾的教育，唯有使人民知道太陽能熱水器的原理與安裝的好處，才能建立其信心，進而普遍裝設，才不至於白白糟蹋隨手可得的綠色能源。

壹・能源世界

當汽車沒有油、城市沒有電的時候，你會突然覺得世界文明倒退了不只一百年；因為這是一個高度依賴能源的世界，在尚未發生缺電與限電事件之前，大家認為方便用電是一件理所當然的事。可是在1999年7月發生的台南縣高壓電塔倒塌，原來依賴南電北送的大動脈遭截斷，造成北部地區大停電事件之後，人們才體會到缺電所造成的不便與電能的重要性。不論是農業、工業或商業，都離不開能源的支持，因此，能源的重要性不言而喻，也可以說這是一個處處必須依賴能源的世界。

貳、能源演進的歷史

大約一萬年前的史前時代，人類已會使用鑽木取火的方式來取得火種，並以木材作為燃料，用來取暖和烤熟食物。由於火的發現，人類文明逐漸由石器時代進化到青銅器時代，接著由於對加熱方法的改進，更推進到鐵器時代；人類學會了掌控熱源的方法後，居住的區域大為擴充，直至以前人跡罕至的寒帶。

在幾千年前的上古時期，人類開始會使用自然界的風力與水力來輔助人力與獸力，巴比倫人曾經利用風車取水灌溉農田，羅馬人則會利用風車及水車來帶動鋸木廠和磨坊的機器。

到了中古時期末葉，地底下的煤炭開始被發現和使用，接著在十八、十九世紀，石油與天然氣也逐步加入人類使用能源的名單；1710年蒸汽機利用煤炭為熱源並應用於工業上，大大改進工業生產的效率，並促成人類首次的工業革命；至1890年代人類開始使用電力，是促進現代化生活的一大貢獻，約在相同時期，內燃機也開始被使用在各式交通工具上，帶給人們行的方便；近年來航空交通的方便性，以前船運時代需時數月的航程，已縮短成數小時即可到達，更因此而促成「地球村」的概念。

1950年代核能開始被研發為和平的用途，世界各先進國家相繼建造核能發電廠，利用核分裂所產生的巨量熱能來加熱水成為高壓蒸氣，用來推動汽輪機發電，以提供人類所最迫切需求的電力。但因核廢料之處理相當困難，以及核能發電廠的安全性，因兩次國外核電廠爐心融毀及爆炸事件的發生，而受到很多民眾的質疑，也是造成國內興建核四發電廠，幾經抗爭與波折的最大原因。

參・能量轉換的方式

依照物理學上的分類方式，能量可分為動能、位能、熱能、電能、化學能、光能及核能等多種形態。大部分的能量之間，均可利用各種裝置加以轉換，可惜轉換效率無法達到 100%的程度，有些甚至只有 30%左右，未及轉換的能量通常就以熱能的方式散逸至空氣中，物理學雖然有「能量不滅定律」的原理，可是空氣中的熱能卻無法重新蒐集起來再行利用，非常可惜。

為了使用能源的方便性，通常將石油、煤炭、天然氣，或核燃料等之化學能及核能，先轉換成熱能，再以熱機（如內燃機、汽輪機等）將其轉換成動能，最後再經過發電機轉變成電能。前述的石油等燃料被稱之為「初級能源」，而電能非常便於輸送、轉換與使用，則稱之為「次級能源」。以各種熱機將初級能源轉換成次級能源的效率大約 30%至 60%之間，並不很高，數十年來，科學家極力想提高其效率，但改進的情形相當緩慢。

一般的汽、機車就具備有大多數能量轉換的裝置，如燃料箱中所儲存的汽油或柴油，是以化學能的形態存在，它流到引擎內經燃燒之後就轉變成熱能，汽缸內被加熱的燃燒氣體其壓力急速上升，推動活塞移動即轉換成動能，經傳動裝置就能轉動輪子成為行駛的動力；引擎轉動的動能一部分經過發電機後，就轉換成電能，可方便提供行駛所需的燈光、喇叭、馬達，以及對蓄電池充電所需要的電力。燈光亮了之後，電能又轉變成光能與熱能，喇叭響了、馬達轉動了，又轉換成動能與少量的熱能；至於充電過的蓄電池，則再次將電能以化學能的形態儲存起來，作為再次發動引擎之所需。

肆・能源的分類

非再生能源（nonrenewable energy / exhaustible energy）係指在短期間（大約數百年）之內就會被耗盡的能源，像石油、煤、天然氣等化石燃料，以及鈾等核燃料。再生能源（renewable energy / inexhaustible energy）則是可供人類使用億萬年的能源，或是即使用完了，卻可以在短時間內再生，而不虞匱乏的能源；前者如太陽能、海洋能、地熱能、風能、水力，與核融合（可惜到現在為止僅能作為氫彈等武器，還無法用來發電），後者為生質能與氫能。非再生能源不但可用的數量有限，更會造成嚴重的環境污染；再生能源可供人類世世代代永續利用，對自然環境的傷害非常輕微，因此又稱為綠色能源。

第二節　非再生能源

現代人極端依賴石油、煤、天然氣等化石燃料，雖然明知其使用後對生態及環境的傷害，能夠再提供開採的時間也非常有限，可能在短短的數十年到二、三百年內，就會開發殆盡而且無法再生；但是一時之間，又無法取得如此巨大能量的替代能源，因此，極力開發與使用再生能源，並盡量提高能源使用效率，才是解決此問題的良方，也才不至於耗盡我們後代子孫賴以活命的珍貴資源。

壹・石油

石油是幾百萬年前的動植物遺骸，經過地層掩埋而形成的物質，所以是一種化石燃料。原油是由地面或海上油井由數百到數千公尺深的原油礦中抽出，這些原油的顏色因產地的不同，從暗綠色到暗褐色到黑色都有，因為原油除了可提煉各種燃料之外，更是石油化學工業的重要原料，因此稱之為「黑金」並不為過。石油除了得自原油之外，油頁岩與瀝青砂也可提煉出石油，但因提煉成本過高，暫時還未被大量開採。

因為經過一百多年來的大量開採使用，地底下蘊藏的原油大約只能再提供人類使用不到五十年，因此現在各大汽車廠都在積極研發不必使用汽油或柴油的汽車，如電動汽車、燃氣汽車，以及燃料電池汽車等，除了可以減少對石油的依賴，更能減少對環境的傷害。

數十年來，由於對石油的依賴日深，當石油價格大幅調整或是供需量無法平衡時，均會造成經濟上的恐慌，甚至產生經濟衰退的現象。在 1973 年因中東戰爭，阿拉伯國家採取石油禁運，油價在短期內由每桶二・九美元飛漲至十一・六美元，各工業先進國家之經濟均受到嚴重的影響，普遍造成物價上漲、工廠倒閉，並引起嚴重的失業問題，為歷年來所罕見，此事件後來被稱之為「第一次能源危機」。於 1979 至 1980 年，伊朗政變，扣押美國使館人員，兩伊戰爭興起，油價更由每桶十三美元漲至三十五美元，讓好不容易復甦的經濟，又再度陷入愁雲慘霧中，因此被稱之為「第二次能源危機」。綜觀此二次能源危機均是戰亂所引起，因此唯有保持世界和平，才能確保石油的供需正常。

為了增加石油的產量，通常有兩種途徑：加強海上探勘與新技術抽油。由於陸地上的油田已經日漸難尋，所以各國探勘油井的重點，已逐漸從陸地上轉向較難探勘與開採的海洋。近年來，海上鑽油已大有斬獲，如英國的北海油田以及美國在墨西哥灣的海上油井，均有極為可觀的油產量；另外，我國也在新竹外海鑽得油氣井，現在仍在順利生產中。

使用一般的方法從油井中抽取原油，因原油極為黏稠，大概僅能汲取地下儲存量的30%左右，必須靠特殊的方法將剩餘的原油再多汲取一些。例如，將水或氣體從另設管路強灌入油井中，把原油擠出油井；或是將高溫水蒸氣灌入油井中，有助於原油的流動性，便於將更多的油抽出；另外，就是將化學品或溶劑注入油井中，也可增加原油的流動性，來增加產油比例。上述的新技術取油法，雖然可將汲取率提高到大約60%，但是都會大為提高原油的生產成本，以目前的油價情形，仍缺少使用新技術取油法的誘因；所以現在的油田，在產出量漸少且已達無法得到利潤時，通常將油井暫時封閉，以待石油價格高漲時再行處理。

貳・天然氣

天然氣是一種碳氫化合物，主要的成分是甲烷，蘊藏天然氣的岩層結構和石油一樣，所以天然氣產生的途徑與石油類似。按照它的蘊藏狀態，一般可分為構造性天然氣、水溶性天然氣與煤礦性天然氣等三種；而構造性天然氣又可分為濕性天然氣與乾性天然氣兩種，前者伴隨原油一同產出，後者產出時不含任何液體成分。在十九世紀開採石油時，為了怕從油井伴隨而出的天然氣發生爆炸，均將天然氣另以管路導出再將之燒掉，殊屬可惜。二十世紀初，人類開始認識天然氣的用途，它除了是優良的燃料之外，更是各種工業產品的重要原料。

天然氣的成分會因產地不同而有差異，一般而言，除了主要部分是甲烷（含量70%以上），還含有乙烷、丙烷、丁烷以及其他雜質，如水分、二氧化碳和硫化氫等。硫化氫具毒性且有強腐蝕性，在燃燒之後也會生成有毒的二氧化硫造成污染，因此使用前要先將其去除；二氧化碳和水共存時，也會變成酸性而腐蝕輸送管線，因此也要一併去除。天然氣係以高壓輸送，若其中含有過多水分，容易凝結而堵塞管線，或與天然氣結合成為雪狀氣水合物造成輸送障礙，因此也必須事先排除。所以，原產的天然氣經過這些處理步驟後，就只剩下純度相當高的甲烷，燃燒之後所產生的污染物非常少，是最潔淨的化石燃料。

台灣天然氣的產區主要在苗栗、新竹一帶，以及新竹外海之天然氣井，因國內使用天然氣的量一直在增加，早已不敷使用，因此於高雄縣永安鄉建設天然氣接收站，專門儲運從國外購回的液化天然氣（liquefied nature gas, LNG），經由專用卸載碼頭將 LNG 送入隔熱之地下儲存槽，以備氣化並加壓後，經由輸氣管線送到全省各地使用。管線依使用壓力大小可分為高壓、中壓及低壓輸送管線。

台灣目前的天然氣長途輸送管線是沿著現有道路埋設，主要是考慮路權取得容易、高經濟性、高安全性，以及施工維護方便。為配合供氣與安全的需求，沿線另設有配氣站、隔離站及開關站等；配氣站是依據地區用氣需求狀況而設立。此外，為避免因意外事故造成災害及便於緊急搶修，在人口密集地區、主要河川和活動地層的地區都設有隔離站和開關站；配氣站和隔離站另設有排放塔，以作為緊急時安全排放天然氣之用。

因天然氣所佔體積過於龐大，除了在陸地上以管路運輸之外，越洋運輸通常須借助於專用的天然氣冷凍運輸船，在船運之前先將天然氣壓縮及冷凍，使體積縮小為原來氣態的六百分之一，溫度也下降為攝氏零下一百六十二度的液態天然氣，如此就可大為減少天然氣的儲運空間，以增加運送的效率。

天然氣是三種化石燃料中污染程度最低者，近年來國內已有數座火力發電廠改以天然氣為燃料，雖然增加了燃料成本，但是減少對環境污染的程度及提高發電效率，卻是無庸置疑的。因為一般燃燒煤與石油的火力發電廠效率約 30%至 40%，而天然氣可以利用燃氣複循環方式發電，效率約 50%至 60%，燃氣複循環方式發電的基本原理，就是利用天然氣燃燒時產生的熱氣，推動燃氣渦輪機先發一次電，再利用排出的餘熱來加熱鍋爐中的水成為蒸汽，高壓水蒸汽就可推動蒸汽渦輪機再發一次電，其效率自然比傳統只發一次電，就將熱能散掉的要高出許多。另外天然氣使用於公車，可以比傳統使用柴油引擎者減少 70%的污染量（陳芃，1999）。天然氣雖然污染量是三種化石燃料裡面最少的，但是價格也是最貴的，而且一般推估其存量僅夠再用六、七十年，我們還是應該珍惜地使用。

參・煤

煤是古生代的植物被埋在地底下，經細菌分解及地層的高溫高壓碳化而成；煤的主要成分是碳，另外還含有氫、氧、少量的氮、硫及無機礦物質，以生成的年代及碳化的程度，可區分成泥煤、褐煤、煙煤和無煙煤等四種。無煙煤含碳量在 90%以上，是最高級的煤炭，泥煤是最低級的煤，含碳量僅約 50%，有一半是水以及其他揮發成分。

煤的主要用途是作為能源，燃燒時會放出大量的熱，是火力發電廠用來發電及工廠製程的重要燃料，煤炭使用會產生大量的污染氣體，如一氧化碳、硫氧化合物、氮氧化合物，以及造成地球溫室效應的二氧化碳；其污染量為化石燃料之冠，但因價格最廉，蘊藏量可再使用兩百年以上，因此仍為火力發電所倚重的燃料之一。另外，煤炭也大量用於煉鋼，以及作為各種化學製品的重要原料來源。台灣於十九世紀末開始開採煤礦，並於 1964 年時，產銷突破五百萬噸，是為最高峰期；但因煤層薄又深入地底，無法以大規模機械開採，導致成本過高，不敵進口煤炭，現已完全停止採煤（林佳靜，2000）。

鑑於燃燒煤炭所產生的污染量太大，曾有環保人士提議將煤炭液化或氣化，以取代現有的石油與天然氣，同時可減少直接燃燒時的污染量。此種提議在技術上並沒有問題，但是成本頗高，缺少經濟上的誘因；除非石油或天然氣的價格高漲，否則此構想很難實現。

肆・核能

核能發電是利用鈾 235 等放射線元素作為燃料，在分裂反應時所產生的熱能，用來加熱水成為高壓蒸氣，再以蒸氣推動汽輪機與發電機來發電。現在世界上有數百部核能發電機組都是利用此一原理來發電，其中直接將核能反應器壓力槽裡的蒸氣引到汽輪機的，稱為「沸水式反應器」，如圖 5.1 所示，我國核一、核二廠及核四廠就是採用這種機型；如果將反應器裡的高溫熱水通到另外一個蒸氣產生器，將產生器裡的水加熱成蒸氣，再把蒸氣引入汽輪機發電的，稱為「壓水式反應器」，如圖 5.2 所示，在墾丁的核三廠就是使用壓水式反應器。

兩種型式的反應器各有優點，壓水式者在蒸氣產生過程採用兩套

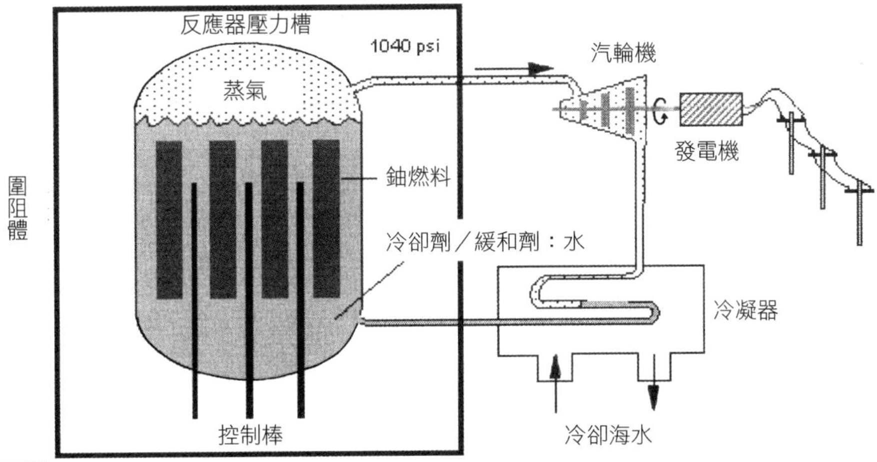

圖 5.1 沸水式反應器

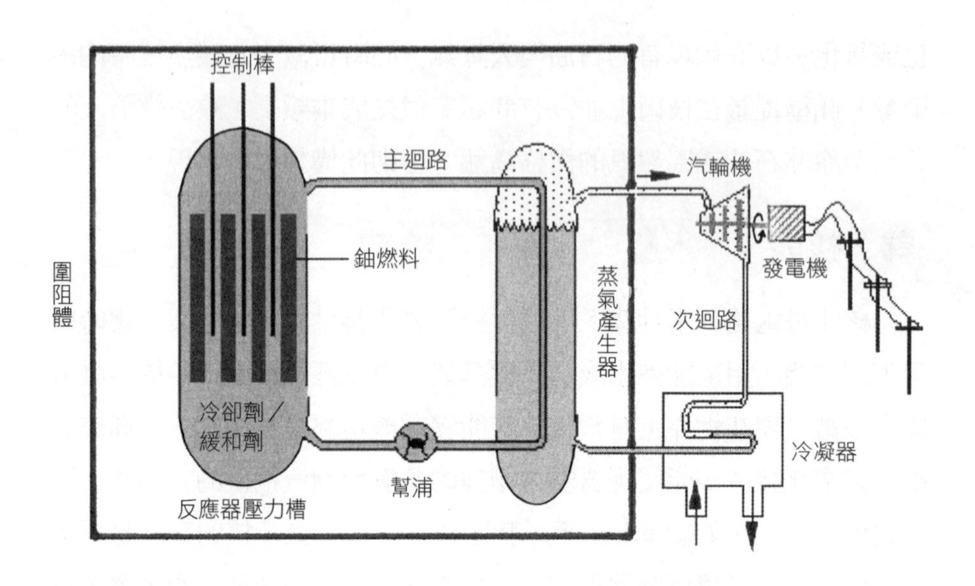

圖 5.2 壓水式反應器

迴路，「主迴路」裡的冷水被加熱後在壓力槽內形成高壓熱水，並不會變成蒸氣，熱水被送到「蒸氣產生器」中將熱能傳給「次迴路」的水後再回爐心，而次迴路的水則會被加熱成高壓蒸氣去推動汽輪機，用過的蒸氣再經海水或河水冷卻後重複使用。此種設計可以確保通過汽輪機的蒸氣絕無核分裂反應所產生的放射性物質，但因系統較為複雜，所以運轉與維護也較沸水式反應器費事；但是，壓水式反應器的控制棒設於壓力槽上方，由上向下抽插控制，比起沸水反應器由下向上的設計，在運作與保養上又較為方便。

目前被大量使用的核燃料為鈾 235，其蘊藏量有限，雖然其分裂反應之後可孳生作為再次分裂反應的燃料鈽 239，其能延長核燃料的使用年限也不過區區數百年而已，因此均屬於非再生能源；除非使用重氫為燃料的核融合發電能早日成功，否則核燃料的使用年限也將步化石燃料之後塵而隨之耗盡。核能發電雖有輻射外洩之隱憂以及核廢料處理的難題，但是它不會直接排放二氧化碳的特性，卻是一般火力發電廠所無法達成的。

第三節　再生能源

太陽能、海洋能、地熱能、風能、水力、生質能與氫能等這幾種能源，有些是所具有的能量無窮大，可供人類使用的時間也幾乎無限；有些則是生生不息，今天用了，明日還會再生，只要供需保持平衡，就不用擔心有用完的一天，生質能諸多項目中的森林與農作物就是最好的例證。

壹・太陽能

太陽所發出的光和熱一向是地球上萬物賴以生存的根源，太陽也間接提供了其他形式的能源，如化石燃料原本是埋在地底下的動植物遺骸；這些動植物當初也必須吸收太陽的能量才能生長，燃燒化石燃料時，原本蘊藏的能量就轉變成熱。另外，再生能源中的風能、海洋能、水力、生質能等，也是直接或間接得自太陽能。

一、平面板集熱器

除了農業上使用光合作用來生產糧食之外，可利用太陽熱能來加熱水，作為家庭及工業等用途，「太陽能熱水器」是利用集熱板來蒐集陽光中的熱能。集熱板的原理乃是利用外表製成黑色的金屬板或金屬管，將照射陽光轉變為熱能來加熱管內的水；為了避免熱能輻射或傳導回大氣中，集熱板上罩雙層玻璃，以形成溫室效應，四周與底部均有絕熱材料，作為保溫措施防止熱能散逸。

台灣地處亞熱帶，日照充足，尤其是中南部地區是使用太陽能熱水器的絕佳環境，但截至目前為止，使用太陽能熱水器的普及率卻不到3%，大概僅及地處溫帶之日本（11%）的四分之一；假如民眾能多多使用太陽能，不但可得到廉價的能源，還可以少建火力發電廠，對保護環境生態一定大有助益。

二、反射聚焦集熱器

太陽能熱水器除了可提供家庭熱水之外，加以適當的聚焦後，甚至可將水加熱成為高壓蒸氣，作為推動汽輪機發電之用。中央集熱式太陽能發電廠就是將數千片的平面鏡圍繞安置於地面，所有的平面鏡均裝有陽光照射感測器，能感測到陽光照射的方向，其底座有伺服馬達，在收到感測器信號後隨之轉動，可經常調整平面鏡的角度，永遠將反射的陽光照射在中央高塔上的鍋爐表面，將鍋爐中的油加熱到攝氏四百度左右的高溫，再將高溫的油導入熱交換器，將交換器內的水加熱至攝氏三百度以上，並形成高壓蒸氣，接著再由蒸氣推動汽輪機發電，從熱交換器流出而降低溫度的油，則再度回到高塔鍋爐中被繼續加熱。世界第一座中央集熱式太陽能發電廠，建於美國新墨西哥州，地上平面鏡的總面積高達三萬平方公尺，在天氣晴朗的時候，可以發出二十四千瓦的電力，雖然單位發電成本比起一般火力發電廠高出甚多，但是卻不會產生污染氣體。

另外在法國的歐地羅，則是將數千片能追蹤陽光的平面鏡安置在山坡上，先將陽光初步聚集在山坡對面一座高十層樓的大凹面鏡上，陽光經凹面鏡再次聚焦後，焦點落在其前方所架設的高塔上，焦點溫度可高達攝氏數千度，可用來熔解各種金屬。

小型的反射聚焦也可用來作為家庭烹飪的熱源，由於人口不斷增加，以前唾手可得的生質燃料（如木材等）也必須用金錢去購買，某些發展中國家的人民，甚至必須花費四分之一的所得來買燃料，因此貧者愈貧；有鑑於此，聯合國教科文組織特別派遣專家遠赴非洲，教導當地居民利用簡單的材料製作輕便太陽爐，以當地強烈的陽光，就可輕易地用來烹煮食物，確實造福了不少民眾（請參閱 http://solarcooking.org/）。台灣地處亞熱帶，陽光資源非常豐沛，只要利用簡單的紙箱、鋁箔紙及保鮮膜，花費數十元即可製成一個好用的太陽能烹飪器（爐），主要是利用雙層紙箱構成爐體，可兼具保溫效用，保鮮膜或玻璃板可產生溫室效應，使陽光進入但是所產生的熱能不致逸出，鋁箔紙則用來反射更多的陽光進入爐體以增加熱能，如圖 5.3 與 5.4 所示的簡易太陽能烹飪器。在正午陽光下半公升的水在一小時內即可沸騰，並可煮熟米飯與雞蛋。

圖 5.3 簡易箱型太陽能烹飪器

圖 5.4 六角錐型太陽能烹飪器（可摺收式）

三、太陽能電池

至於太陽光能早在數十年前即已被用來作為太陽能電池發電的來源，除了用在衛星通訊外，現在更大量被用在小電量電器及偏遠地區，前者如裝備太陽能電池之手錶、計算機，後者如電力供應不便之氣象站與住家用電。太陽能電池基本上是一種不會造成污染的發電機，在保護環境的觀點上是最佳的能源，目前有廠商將太陽能電池與屋頂材料組合，形成太陽能屋頂建材模組，施工相當方便，可惜目前價格偏高、能源利用效率偏低，又受天候、夜晚的使用限制，無法被大量採用，殊屬可惜，不過因科技的進步神速，價格與效率的問題在不久的將來應可迎刃而解。

每兩年在澳洲舉辦一次的世界太陽能車競賽總是吸引大家的注

意，它的動力完全得自太陽能電池所產生的電力，雖然這些競賽車與普通房車的構造仍有很大的差異，但是卻能引起世人思考太陽能運用在動力上的可能性。

四、人造衛星太陽能發電計畫

由於反射聚焦與太陽能電池發電都需要廣大的面積來蒐集陽光，才能產生相當於一般傳統發電廠所發出的電力，只有沙漠地區才有足夠的土地可供使用，如果設於一般可耕地上，則將與糧食生產有所衝突，再加上地面上除去陰雨、晨昏、夜晚等，得有強烈陽光照射時段實在有限。因此，曾有科學家構想人造衛星發電計畫，來解決上述的難題；此計畫是把人造衛星發射放置於距地面六萬公里的太空中，在這一軌道高度上，它與地球的相對位置是固定的，這與負責全球通訊的同步通訊衛星是相類似的軌道，再利用太空梭數十趟來回運送太陽能電池模組，並將其安裝於衛星上，預計總受光面積可達十平方公里。

此發電衛星運作的方式，是將照射在太陽能電池上的陽光轉變成電力，然後再轉換成微波，隔空定向送回地面的接收站，接收站在接收微波的同時，立即再將其轉變為電力供當地使用。因為發電衛星位於大氣層上方，不受天候變化之影響，且不像在地面上的陽光強度會受到大氣層之篩濾，因此其照射強度將是地球表面同面積的十五倍。

貳・風能

由於太陽熱能及地球自轉的影響，地球表面經常存在不同方向及速度的空氣流動，也就是俗稱的「風」。風的能量是隨著它的速度大小而增減，能夠在適當的地點裝設風車，以取得能源的方法，是很實際的構想。典型的風車是由多葉片固定在水平軸或垂直軸上所構成。

當風所造成的壓力差促使葉片轉動時，即可帶動轉軸而使水車、穀類研磨機或發電機運轉。

在開發再生能源的範疇中，許多國家都看好風力發電的發展；荷蘭地處低窪地帶，數百年來必須不停地與海爭地，所憑藉的就是利用風車來推動抽水機不停的抽出海水。風能具有很多優點，只要風速足夠（每小時十四公里以上）且能長期穩定的地方即可設立，其建造費用較為低廉，不需使用任何燃料即可產生電力與動力；建造完成後，除了檢查與保養之外，幾乎不需要其他費用。在重視環境保護的今天，不會污染環境的風力發電在美國、德國等已被大量採用。台灣有部分地區風力資源豐沛，台灣電力公司曾在1980年代於澎湖七美島設立先導型風力發電機，證實其可行性，並於2001年再於澎湖中屯完成四部中型風力發電機開始發電；另外，台塑公司接受政府補助，也已於2000年11月在麥寮石化工業區成功建造四部六百六十千瓦風力機，並順利提供珍貴的電力。新竹與恒春半島風力充沛，近年來也陸續有中型風力發電機建造完成使用。

參・水力

水力是人類在很早就會使用的能源，在電力還未被大量應用之前，水力被用來作為紡織廠與製材廠等的主要動力來源，在二十一世紀的今天，水力發電更是被倚重的再生能源。水力發電是利用河川、湖泊等位於高處具有位能的水流至低處，將其中所含的位能轉換成推動水輪機的動能，再藉水輪機為原動機，推動發電機來產生電能。

水力發電依照開發功能及運轉形式，可分為慣常水力發電與抽蓄水力發電兩種。慣常水力發電就是一般利用大自然水力所具有的動能來發電，發電後的水並不加以收回。至於抽蓄水力發電的目的乃在用來平衡尖峰與離峰電力，當夜晚處於離峰用電時間，電力需求較低，可是核能電廠與大型火力發電廠的發電量卻無法急劇減少，而多出的電力若不加以利用的話，也將白白浪費掉；因此抽蓄水力發電廠就利用夜間過剩的電力，帶動馬達將下池的水抽往地勢較高的上池，待白天用電尖峰時段，再將上池的水洩放經水輪機流往下池，就可用來發電補助尖峰時段不足的電力。台灣的明潭及明湖抽蓄水力發電廠，就是利用日月潭為上池，另於水里溪河谷興建下池，上下池之間約有三百八十公尺的落差，裝置容量分別為一千六百MW及一千MW，對於夏天尖峰電力的挹注，有很大的貢獻。

中國大陸目前即將興建完成的長江三峽發電廠預計發電量可達一千八百萬千瓦，是有史以來最大的水力發電裝置，建成後對華南一帶的用電有極大的幫助。雖然各國因火力發電廠的大量興建，使得水力所佔的發電比例相對降低，但對於水力資源充沛的國家而言，不管是現在或是未來，仍是極其重要的能源。

為建造水庫來發電，應注意其上游森林的保護，以免因大量土石被沖刷流進水庫，那是會大為降低其使用壽命；此外，也要特別注意生態保育，因洄游性魚類有回到河流上游產卵的習性，如果貿然興建堤壩，將阻斷其洄游之路而導致物種滅絕。因此，先進國家在興建水庫時，均會在堤壩邊另外築設「魚道」或「魚梯」，提供魚類逆流游回上游的通道，台灣近年來在建設水壩時，已有做此周詳的考量來保護生態。

肆・海洋能

海洋面積佔地球表面積70%，可提供無窮的資源與能量，海洋能可應用在潮汐發電、海水溫差發電，與海浪、海流發電等。

一、潮汐發電

因太陽、月球與地球之相對位置改變，產生對海水的引力變化，使得水位高低有週期性之變化，而造成潮汐現象。潮汐發電是利用海水高低潮之位能，讓海水流過水輪機發電的方法，通常在潮差（高潮與低潮之水位落差）較大的海灣或河口地區，圍築堤壩以作為蓄水池，在圍堤適當地點另築供海水流通之可控制閘門，並於閘門處設置水輪發電機，漲潮時海水經由閘門流進並推動水輪機發電，退潮時蓄水池內的海水也會再次流經閘門推動水輪機發電，此雙向流發電裝置是潮汐發電的主要應用方式。至目前為止，已有一些潮汐發電達成商業運轉，如美國緬因州的帕薩瑪哥地灣，以及法國北部侖斯河口等潮汐發電廠，均已成功運轉了二、三十年，提供廉價又無污染的電力，但受到地理條件的限制，全球只有少數地區適合潮汐發電。

二、海水溫差發電

海水溫差發電的工作原理與目前使用的火力和核能發電原理相似，只是所使用的熱源不同。海水溫差發電是利用表層較高溫的海水來加熱低蒸發溫度的工作流體，如氨、丙烷或氟利昂等，使其氣化用以推動渦輪發電機發電，然後利用深層冷海水冷卻工作流體成液態，降低工作流體之壓力以形成有效的壓力差，然後再次加熱、蒸發、推動渦輪機、冷卻等周而復始的動作。台灣東部海域海底地形陡峻，在離岸不遠處水深即深達八百公尺，海底水溫約攝氏五度；而海面因有黑潮流通過，表層水溫約達攝氏二十五度，以攝氏二十度的溫差實具開發溫差發電的優良條件。由於目前溫差發電技術尚未達到完全成熟之階段，應積極參與國外先進國家（如美國、日本等）相關技術的研發，才能有效利用此一天然資源。

三、海浪發電

海浪發電就是以波浪發電裝置將海浪動能轉換成電能，其運轉形式是依據波浪之上下振動特性而設計，利用穩定運動機制擷取波浪動能，用來轉動發電機。雖然海浪發電具有無污染及不用耗費燃料的優點，但是波浪的不穩定性，以及發電設備須固定於海床上，必須承受海水腐蝕與浪潮侵襲之破壞。此外，發電效率不夠顯著、施工及維修成本過高等問題，均限制了目前海浪發電的發展，使得海浪發電系統研究開發成長速度趨緩。

四、海流發電

海流發電就是利用海洋中海流的動力推動水輪機發電，一般是選擇海流速度較高的海底，安置具發電系統之沉箱「機組」（package），此沉箱機組包含水輪機與發電機等構件，並可視需要增設多個機組，然後再利用海底電纜將電力引至陸地使用；不過每個機組之間必須預留適當間隔，以避免紊流互相干擾而降低發電效率。

伍・地熱能

一、地熱的形成與特性

地熱能是地球內部的自然熱能，由於地球核心部分溫度極高，使地表岩石受熱變成熱岩，遇地下水則變成熱蒸氣及熱水。高溫的水蒸氣或熱水自然的從地下湧出，或經由人工鑽取地熱井導出後，可用來推動蒸氣渦輪機發電或作為其他用途。取用的地熱溫度愈高，功效就愈大，其所含的熱能與溫度、壓力、流量成正比；在實際利用時，攝氏一百四十度以上的熱蒸氣常用來發電，或適用於農林漁牧產品的乾燥，及工業製程的加熱；攝氏一百度以上的蒸氣則用來作為糖、鹽的精鍊、製蒸餾水、建材之乾燥等，攝氏八十以上的熱水常用於建築物內取暖、農漁牧產品的乾燥或解凍；攝氏三十以上的熱水則用於魚類或動植物養殖，溫室及溫水游泳池或家庭使用。

二、地熱的種類

地熱因其呈現的狀態不同可分為乾蒸氣、濕蒸氣（氣與水混合）、乾熱岩、高壓熱水四種。當地下水層靠近地表，熱水因壓力減小而蒸發，因此形成乾蒸氣，這種地殼分布較稀少；大部分的情況是地下熱水層流往地面時，因壓力降低部分蒸發，產生蒸氣與熱水的混合物（其中熱水佔 90%）。所謂乾熱岩是指地下約六千公尺深處，溫度約攝氏兩百度的熱岩層，高壓熱水則是地層深處接近攝氏三百度的熱水。

乾蒸氣地熱可直接連接低壓汽輪機用來發電，濕蒸氣型地熱則須先經氣、水分離等技術，再行將蒸氣導往汽輪機發電，至於乾熱岩與高壓熱水因距地面太深，其鑽取技術仍在研發階段。

三、地熱發電

由於地熱介質包含熱水與熱蒸氣，而溫度與壓力又有很大的差異，因此發電的方式也隨地熱性質而異。對於高溫地熱水，一般均採用「閃化蒸氣處理」，亦即使地熱水因降壓而迅速蒸發，再導入低壓蒸氣渦輪機，產生動力進行發電。發電後的高溫蒸氣，往往先經過冷卻器予以冷凝後，再排入河川或注入地下。很多地熱具有腐蝕性或容易使管路中積垢的物質，因此必須採行間接式發電，就是先把地熱能經熱交換器轉移給工作介質（如潔淨的水蒸氣、三甲基甲烷等），使其成為高壓高溫蒸氣，再輸入高壓汽渦輪機以產生電力。

目前美國、義大利、紐西蘭、日本等國皆已開發出地熱發電廠，台灣地區曾於二十年前在宜蘭的清水與土場兩地開發地熱發電實驗，證實台灣擁有豐沛的地熱資源可用以發電。地熱除了用來發電之外，從地下湧出的熱水更是農、工業及養殖業可用的熱資源，溫泉也是觀光休閒行業很重要的資產。

陸・生質能

生質（biomass）是指所有行光合作用的生物物質，生質能則是指運用各種轉化程序，從生質中提取有用的能源。簡單的說，生質能就是把各種農林漁牧的產品或廢料，包括人類生活產生的有機廢棄物（垃圾、污水）予以轉化，使變成有用的燃料、化工原料及熱能。

生質能也是幾世紀來被廣泛應用的能源，以木材及乾草當作燃料來烹煮食物，仍然是發展中國家農村常見的景象。生質能除了上述的薪柴之外，還可利用牲畜的糞便、農作物殘渣（如玉米、稻、麥、甘蔗渣）、城市垃圾、水生植物（如布袋蓮、浮萍、巨型海帶）等來轉化成有用的能源。常見的轉化方法有「熱解」和「發酵」。所謂熱解，是利用高溫或高壓使生質之分子破裂再重新組合產生可燃性物體，而發酵則是指利用微生物使生質分解轉化變成甲烷、醇類、氫、碳氧化物及有機酸等。表 5.1 列舉說明生質能的各種轉化法。

表 5.1 生質能的各種轉化法

轉換過程	能量形式
燃燒	熱水、蒸汽、電力
有氧發酵（轉化醣類和澱粉）	乙醇
厭氧分解（轉化糞便、雜草及其他廢棄物）	甲烷
氣化	熱水、蒸氣、電力、甲烷、甲醇、氨氣
化學還原	油料
加水氣化	甲烷、乙烷、焦炭
熱分解	瓦斯、焦炭

一、使用生質能的優點與限制

就優點方面有以下四項：

1. 能舒緩能源危機，減少對化石燃料的依賴，同時增加自產能源，有助於能源自給。
2. 生質能的原料可以說是取之不盡，用之不竭，而且隨處都是。
3. 開發生質能即減少廢棄物對自然環境的污染，同時減輕垃圾污水及公害問題。
4. 開發生質能可以有效利用資源，加強廢物利用，等於增進資源運用的效率。

雖然能量供應來自生質能是十分可觀的，據估計，生質能約佔全世界能源總消費量的20%，若將所有水力發電轉變為熱能，則只能供應由燃燒農村廢料所得熱量的十六分之一而已，但廢料的蒐集、運輸及轉變為燃料，這一連串的過程，其費用則要比現在石油產品時價還要高幾倍，因此要完全利用這些能源，還是受到一些限制。

二、沼氣發電

沼氣的產生主要是藉由細菌將有機物經分解所得到之可燃性氣體，主要成分為甲烷、二氧化碳及少量硫化氫氣體。分解有機物之細菌可分為「好氣菌」與「厭氣菌」兩類，當氧氣充足時好氣菌佔優勢，會將有機物分解，所產生氣體大都為二氧化碳，稱之為好氣發酵；相反地，若在缺氧狀態時則厭氣菌佔優勢，將有機物分解產生沼氣，稱之為厭氣發酵。沼氣是垃圾掩埋場掩埋的有機物腐化發酵的過程中自然產生，是「強效」的溫室氣體，排入大氣中會助長溫室效應，導致地球溫暖化。但它是很好的燃料，燃燒發電之後，沼氣就變成二氧化碳和水，所以是清潔乾淨的能源。

台灣地區目前在台北市福德坑與山豬窟、高雄市西青埔、台中市文山等四座掩埋場，設置沼氣發電廠。垃圾所產生的沼氣經過氣化處理後，再進行發電，截至2001年9月底止，累計處理的沼氣量七千七百七十萬立方公尺，累計產生的綠色能源電力已高達一億一千八百八十四萬度。目前所完成四座沼氣發電廠，除了規模堪稱世界十大之外，對溫室氣體甲烷的減量貢獻可長達二十年。就溫室效應而言，約相當於減少砍伐森林面積十四萬公頃，相當於減少八十萬輛汽車行駛一萬公里所排放的總二氧化碳量。

除了大型的垃圾掩埋場可用沼氣產生可觀的電力之外，因沼氣量多寡、經濟效益等因素的限制，以致現行利用方式大都為下列數種：

1. 直接燃燒——作為家庭式爐具、照明等用途（屬於小型沼氣量的用法）。
2. 產生電力——經由內燃機帶動發電機產生電力（屬於中型沼氣量的用法）。
3. 管線氣——經純化後產製管線氣（Pipe-Line Gas），品質與天然氣類似，作為城鎮居民或工廠燃料等用途（屬於大型沼氣量的用法）。

三、生質柴油

植物油經適當處理後，可作為柴油引擎的燃料，謂之生質柴油。依國外之使用經驗及現況，生質柴油可直接使用作為柴油之替代燃料，或以不同比例羼配於市售柴油中（一般建議羼配20%）。若羼配20%於市售柴油中可降低約20%二氧化碳之排放量，由於生質柴油中約含11%之氧，故在燃燒中會改善燃燒，諸多文獻顯示，純生質柴油或添加生物柴油之柴油油料，對柴油引擎可大幅降低黑煙及碳氫化合物、一氧化碳等之排放。

依黃豆油協會之統計，國內每年所消耗之動植物油脂約為七十七萬噸，使用於食用油如依 20%之計算，國內每年約可產生約十五至二十萬噸之廢食用油。如能推廣將廢食用油轉化成生質柴油，則每年約可產生十五萬噸之生質柴油，可望替代國內運輸用柴油 3%以上。

四、其他生質能的應用

其他液體的生質能如甲醇、酒精等，更被視為替代汽油的綠色能源。巴西因為大量種植甘蔗，於產量過剩時，將其提煉成酒精，直接可作為汽油引擎汽車的燃料，或是以任何比例與汽油混合後使用，不但能達成減用汽油的目的，還能達到減少空氣污染的效果。此外，可燃燒的都市垃圾經焚化之後可用來發電，也是生質能近年來所發展出來的新用途，國內幾座運轉中的垃圾焚化爐都具備有這樣的功能。

廢棄物衍生燃料（Refuse Derived Fuel, RDF）技術，係將可燃廢棄物經不同處理程序製成燃料的技術，其中固態廢棄物衍生燃料係將廢棄物破碎、分選、乾燥、混合添加劑及成形等過程製成的燃料，其主要特性為顆粒大小相同、熱值均勻（約為煤的三分之二）、易於運輸及儲存，在常溫下可儲存六十二個月而不會腐化，因此十分便於利用。可將其直接應用於機械床式的鍋爐，流體化床鍋爐及發電鍋爐等，作為主要燃料或與煤炭混燒。

柒・氫能

歷史上記載氫氣的發現始於十六世紀，瑞士煉金術士 Paracelsus 以酸和某些金屬反應製備出氫氣；至於氫（hydrogen）這個名稱是 1781 年由法國化學家 A. L. Lavoisier 所提出。用氫充填氣球始於 1783 年，雖然使用氦氣充填載客飛艇具有不可燃的優點，但氫氣飛船至少沿用到第二次世界大戰前才被淘汰。

氫氣被認為是未來取代天然氣的最佳燃料，雖然它的成本較高，但是在燃燒後無污染是其最大的好處，而且可利用夜間過剩的電力電解水來製造。氫氣更可以取代汽油作為汽車燃料，對於都市空氣污染的改善大有助益。

燃料電池（Fuel Cell）是一種綠色環保發電機，它可以將化學能連續的直接轉換成電能，而不須經由一般的燃燒過程；燃料電池是利用氫與氧為燃料，經過觸媒的作用合成水，在合成過程中會產生電力，所以是一種最乾淨的發電機，未來有可能用在電動車、設於都市內的發電廠，以及發展成可攜帶式的電源供應器。當未來燃料電池技術成熟且商業化後，將會有很多零污染的燃料電池電動車行駛於街上，取代現有的引擎車，解決都市的空氣污染問題；接著，以氫氣為燃料的燃料電池發電廠及發電機，將會逐漸取代現有的發電與輸配電系統，大樓或用戶可以運用燃料電池發電機自行發電，電線桿或地下電纜線將會成為過去式。因此，把氫能稱為「明日能源」頗為恰當。

第四節　使用能源與其影響

壹・能源與社會

人力、獸力、風力、水力等，是人類在工業革命之前所使用的能源，在發明蒸汽機之後，煤炭的使用量日增，也急速提高了生產力。由於燃煤所產生的動力，使得用機器大量生產的方式，成為工業發展的新方向，它改變傳統純手工單件製作的技藝，改採團隊合作生產的模式，家庭式的工作坊漸漸消失，大部分的人走入中大型工廠就業，人類的生活與工作形態隨著使用能源的改變，而有很大的差別。

內燃機的發明帶來各種交通工具的方便性，二十世紀開始，隨著汽車的使用日益普及，航空事業也在1940年代以後開始蓬勃發展，國際貿易的興盛更促成海上船運的往返，在海陸空三種主要的交通工具，都必須依賴石油作為其燃料，因此二十世紀的石油可稱為能源的主角。由於煤與石油大量的開採與使用的結果，人類與生物所賴以生存的環境也日益惡化，促使人類反思濫用化石燃料所付出的代價。

一般而言，提高生活素質是現代社會所追求的目標，但是國民生活素質的高低和該國所擁有的資源、能源以及國民智慧成正比，和人口數成反比；在人口數目既成現實的狀況下，要提高人民生活素質，除了要加強教育以提高人民的知識之外，就是要掌握與開發能源與資源，因此，知識經濟與能源議題逐漸形成各國重視的焦點。

回顧1950與1960年代，因為石油價格非常低廉，供應量也非常充足，各國經濟都呈現繁盛榮景，大家都認為能得到充足的供油，是一件理所當然的事，很少人會想到石油的儲存量還有多少，以及供應上會不會發生問題。可是在1974年第一次能源危機發生後，所導致的經濟衰退、物價上漲、失業率提高和社會動盪不安，終於驚醒了大家的美夢，開始有較多的人了解到石油等化石燃料的有限性，與供需不平衡所帶來可怕的後果。為了使經濟繼續穩定成長，且免於能源危機的再次衝擊，我們必須設法提高能源的使用效率，這樣就可以達成節約能源的功效。此外，還要盡量設法使用再生能源，以達到可以永續經營及生存的大環境。

台灣地區能源蘊藏量非常有限，因此絕大部分能源均須仰賴國外進口，由於近年來國民所得和生活水準日益提升，促使能源的消費量也跟著水漲船高，為了維持高國民所得和經濟發展，又要兼顧生態環境的維護，看起來似乎很難，但是歐美各先進國家正努力從事並已稍有成就，實在值得我們借鏡。

貳・能源與環境

要求使用大量能源來過舒適的生活，又要不污染環境，是很難辦到的事，尤其是使用傳統的化石能源；比較起來，再生能源的污染就小多了，況且有些再生能源如太陽能與風能等幾乎是零污染。能源在開採、運送、提煉、使用過程之中，都會產生不同程度的污染，這些污染分別是空氣、水源、廢熱，及放射線污染；另外，有些能源的使用會影響到自然生態。

一、空氣污染

大部分的空氣污染是由燃燒所造成，雖然以地球整體觀之，發源於大自然界污染物的數量，如火山爆發、森林火災、微生物分解有機物所形成的氣體等，超過人類活動所產生的污染量，但人為污染的排放量已漸漸趕上自然界的排放量。尤其在人口或工業集中區域，人為污染物的排放量已遠超過大自然污染物排放量的平均值。

空氣污染是目前最被重視的焦點，各種化石燃料的使用是為罪魁禍首，其中包括碳氫化合物、氮氧化合物、硫氧化合物、一氧化碳、鉛等氣體及微粒，都對人體健康有極大的傷害性；這些污染氣體可以藉由法令及科技來減少其排放量，如制定更嚴格的廢氣排放標準、研發更先進的車輛觸媒轉化器，或是積極研發推廣使用電動車等。二氧化碳雖然無毒，但累積所形成的地球溫室效應，卻會對整個地球造成大浩劫，因此各先進國家已於 1997 年訂定「京都議定書」來限制二氧化碳的排放量，我國也應積極配合減少使用化石燃料，以盡捍衛地球的一份責任。

二、水污染

煤炭在開採後清洗過程中會嚴重污染水源，海上鑽油與油輪意外事件，對海洋生態的破壞更令人怵目驚心，化石燃料燃燒之後產生的氮氧化合物、硫氧化合物，在與空氣中的水蒸氣結合後，立刻變成酸性，降下的雨也成為酸雨。酸雨不但會破壞森林與植物、會讓湖泊內的魚蝦絕跡，即使堅硬的石造建築與雕像也會被腐蝕而毀損，在被酸雨嚴重摧殘的原野，動植物也深受其害，即使應該是生意盎然的春天，也聽不到蟲鳴鳥叫，變成名副其實的「寂靜的春天」。

三、熱污染

各種能源在燃燒或轉化為動力後都會變為廢熱，這些廢熱已然無法再回收利用，更為全球溫暖化的問題雪上加霜，要改善這種問題，唯有少用化石能源並以再生能源替代之。核能電廠的運轉雖然幾乎沒有空氣污染，但是所排出的溫排水，有可能會嚴重破壞水域及海洋生態。墾丁國家公園的南灣水域內珊瑚白化死亡，經證實與核三廠的溫排水有關，現在台電公司正積極補救，降低溫排水的溫度，數年來已見成效。

四、放射線污染

核能發電所潛在的放射線污染，一直是新建核能電廠最大的障礙，也是反核人士所持最有力的理由；在正常運轉中的核能電廠，所洩漏出的輻射線微乎其微，但是誰也無法保證它絕對不會出事。1979年美國三哩島核電廠爐心熔毀事件，雖然無人傷亡，但受此事件影響，美國二十餘年來未曾再新建任何一座核電廠；1986年車諾比爾核電廠嚴重爆炸，死亡數十人，傷者無數，因輻射線大量外洩，所造成的生態浩劫、農業損失，以及人心驚恐，更是無法估計。即使核電運作正常，其所產生的高、低階輻射性廢料，如何妥善地永久處置，仍然是一件棘手問題。台灣在興建核四廠過程幾經波折，雖經很慎重地於2000年舉辦核四再評估委員會，歷經四個月的冗長討論，仍然甚少具體共識，其關鍵也在於此。

參‧節約能源的實踐

要解決能源日益短缺的問題，除了開源就是節流，開發新能源方面有賴於科技人員的努力，但是節約能源卻是人人都做得到，只要有珍惜資源的想法以及了解一些節約能源的實際作法，相信「節約能源」絕不再只是一句口號而已。

一、建築物節能

在建造建築物時，要考慮使用耐用的建材，盡量使用自然的採光與通風，並減少建築物在使用上的負荷，也就是使用較少的能源，也能達到居住的品質要求。

二、善用隔熱設施

為了減輕冷氣設備的負荷，建築物應該採用優良的隔熱材料，以防止熱氣由屋外侵入而降低冷房的效果，不論是木造或是混凝土建造的建物，都應注意屋頂、天花板、牆壁以及門窗的隔熱。

三、空調設施

要選購較高能源效率的空調設備，可以有效降低所使用的電力；另外，在日光會直射的房間要掛上窗簾，冷氣機室外機組應裝設在日光照射不到且通風良好之處，假如室外機組有陽光直射，則其上方要加上遮陽篷；室內機組的空氣過濾網必須定期清洗，室外機組也要經常檢查散熱面是否被樹葉或塵污所附著，並注意隨即加以清理，以保持冷氣的應有效能。

四、照明設備

日光燈消耗電力只有一般電燈泡的三分之一，如果要求較柔和而暖和的光線，可以考慮使用省電燈泡，其耗電量與日光燈相當，但壽命卻是一般燈泡的好幾倍，足可彌補價格較高的缺點，值得推廣使用。在玄關、通道等不需長時間照明之處，最好裝設自動點滅器，不但可以省掉經常開關的麻煩，更可節省電力。燈具上容易積聚灰塵影響其亮度，也應定期擦拭與清理。

五、節約用水

家庭所用的自來水，除了在自來水廠須耗費大量的能源來處理與加壓配送之外，為了方便使用，一般還需要再利用抽水機將其送至樓頂水塔備用，如果能節約用水，也就間接達到節約能源的目的。一般可利用省水水龍頭、省水馬桶等設備，此外養成淋浴的習慣也可省水，因為淋浴所使用的水量可比盆浴節省一半以上。

六、家庭電器

家庭電器帶給我們日常生活的方便與舒適，但是累積起來用電量也非常可觀，如果能多加留意節能之道，也能集腋成裘。

1. 電冰箱要視家庭人數來選擇適當的容量（大約每人三十公升），要放在通風良好之處，並避免陽光直射和靠近爐灶等熱源，使用時要盡量減少開門的次數，冰箱內的食物不可裝滿超過八成以上，否則不但冷藏效果不好，還會多耗電。
2. 液晶螢幕電視機比傳統陰極射線管電視機省電數倍，更可減少輻射線的感染，此外也可節省很多空間。
3. 使用洗衣機時，應先將附著於衣物表面的灰塵和污物先予清除，並將衣物分類洗滌，過量的洗潔劑不但會影響洗衣機的轉動，也會增加水量與電費的消耗。
4. 電風扇要定期清理扇葉與護罩上的灰塵，馬達轉軸與軸承也需要定期潤滑，可達省電之效。

5. 吸塵器集塵箱應適時清理，如果積塵過多，不但吸不乾淨，馬達容易受損，耗電量也會直線上升。

第五節　熱機與電力系統

大自然所產生的動力如風力、水力、潮汐與地熱等，可為人類帶來豐沛的天然能源，但是大自然的動力並不是在任何地點或任何時間都可以方便取用；而且在取用這些動力來源時，通常必須動用非常大型或複雜的設備，如大型的風車、水輪機、汽輪機以及熱交換器等。因此，為了能夠方便取得小型的動力，各式的動力裝置與器械就應運而生。首先登場的就是蒸汽機等外燃機，接著汽油引擎、柴油引擎等內燃機也被發明與使用，隨後噴射引擎也被大量用在航空飛行器上。電力的運用更促進人類的文明，各式電動器械大大節省勞力，也改善人們的生活，其原動力——馬達厥功甚偉，各種直流、交流馬達被普遍用在各種場所與用具上，小自電動刮鬍刀，大至用在工廠能產生數千馬力的交流馬達。另外，為了能將各式引擎與電動機所產生的旋轉動力，取來為我們做各樣的工作，各種動力傳導裝置，包括機械、液壓、氣壓傳導裝置，能將其做更多的控制與調整，而能更方便靈活的運用原來的動力。

壹・熱機

利用物質所含的化學能，經由燃燒過程轉變成熱能，可將熱能轉化成機械動能的裝置或器械就稱為熱機（heat engine），熱機依燃料燃燒位置的差異又可分為外燃機（external combustion engine）與內燃機（internal combustion engine）兩種。

燃料在汽缸外的鍋爐中燃燒，將鍋爐內的水加熱成為高壓的水蒸氣，再將蒸氣導入汽缸中，使蒸氣的能量產生機械動力的機器，稱為外燃機，如蒸汽機、蒸汽渦輪機（steam turbine engine）等，如圖 5.5 所示就是傳統的活塞式蒸汽機。

如果燃料直接導入汽缸中燃燒，將燃燒後所形成的膨脹氣壓，用來推動活塞，使膨脹所產生的壓力轉變成機械動力者，就稱為內燃機，如汽油引擎、柴油引擎及燃氣渦輪機（gas turbine engine）等，圖 5.6 所示就是一般的活塞式內燃機的示意圖。

貳・電力系統與應用

電力是現代人日常生活中不可缺少的能源，更是經濟發展的命脈。1878 年 Thomas Edison 開始投入與電燈發明有關的工作，此時電力系統規劃與設計的觀念，只有局限於電力站供電給環繞於四周地區的照明設施；後來電力使用者日增，隨著負載的增加，輸電距離愈

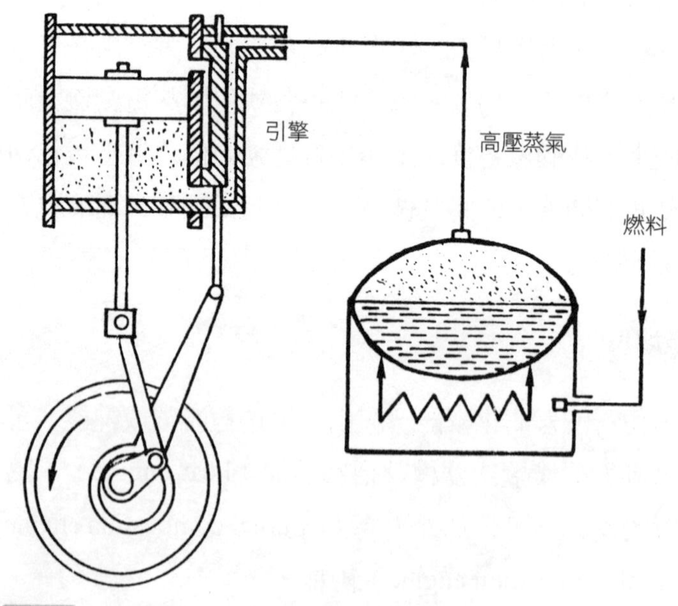

圖 5.5 外燃機的一種：活塞式蒸汽機

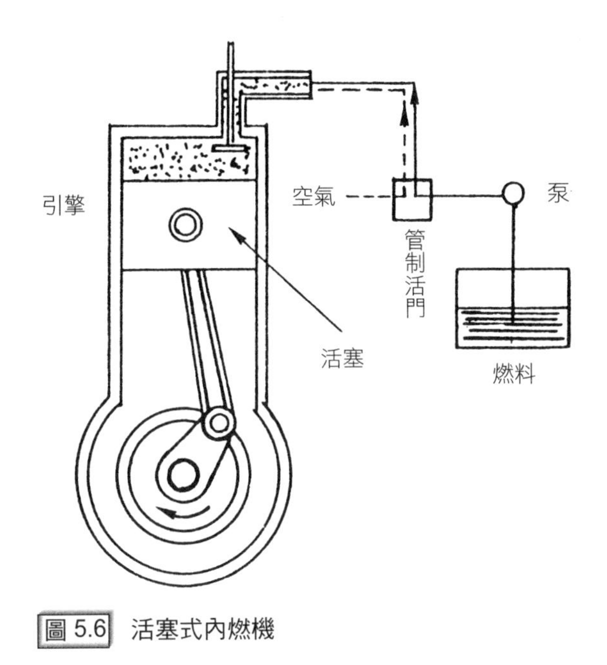

圖 5.6 活塞式內燃機

遠，就產生了明顯的電能損耗以及電壓降低等問題。直到 1885 年 William Stanley 發展出實際的商用變壓器後，這些遠距離輸電問題才獲得解決。圖 5.7 表示一個簡單的電力系統單線圖，發電廠所發出的交流電先經過升壓變壓器提高電壓，如此就可以較小的電流來傳輸原來的電能；因為減少電流，就減少傳輸時的電能損耗，待輸送至用戶前的配電系統再經由降壓變壓器將電壓降低，同時轉換成較大的電流。

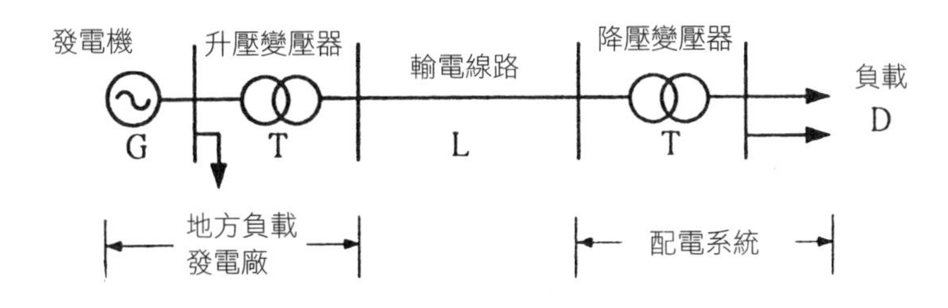

圖 5.7 電力系統單線圖

實際的電力系統必須安全、可靠、經濟，而且對環境的影響要為社會所能接受，為了讓電力能順利送達用戶，電力系統按功能目的，可區分為五個子系統：

◆ 發電（Generation）

發電機是電能的源頭，它是一種能量的轉換裝置，能將非電形態的能量轉換成電能，各種發電廠所發出的電力均可作為電力系統的來源，但是大體上是以火力發電、水力發電、核能發電為主，有少數地區更可採取風力發電、潮汐發電、地熱發電、生質能發電等，來作為主要或輔助的電力來源。

◆ 一次輸電（Transmission）

由發電廠最先輸出的大量電力，係由一次輸電系統送出，系統線路可經由架空和地下埋設，電壓從 115KV 至 765KV，輸送距離通常在一百公里以上，一次輸電路必須有許多迴路，以增加傳輸大量電力的可靠性，使輸電系統不會因為幾條線路故障而完全癱瘓。連接兩個輸電系統之間的輸電線稱為聯絡線，它可依經濟調度的要求做彼此能量的雙性交流，可在事故發生情況下增加系統運作的可靠性。

◆ 二次輸電（Subtransmission）

輸送距離較短是二次輸電系統的特點，通常不超過數十公里，並且輸送容量也小，設有較多的變電所將電壓調降，二次輸電線的電壓一般是 12KV 至 69KV 之間。

◆ 配電（Distribution）

二次輸電線將電力送到二次變電所（Substation），在此電壓被調降到 12KV 至 2.4KV 之間，由二次變電所至用戶所在地，通常是幾條街的距離；配電系統可以依用戶用電量的需求，提供不同的電壓等級的電力，小型工商用戶接受 4.16KV 至 34.5KV 電壓，一般用戶通常接受 120/240V 的單相交流電。

◆ 用戶（User）

由發電廠所送出的電能，除了一部分在傳輸與分配過程中的損耗之外，最後都供給了用戶。依用戶特性的不同，通常分為住宅用電、工業用電，和商業用電等。

台灣地區的電力系統架構與流程，如圖 5.8 所示（圖中 345/161 所代表的意義是、將 345KV 降壓為 161KV），是以超高壓輸電，藉各變電所降壓至 161KV、69 KV、22.8 KV 及 11.4KV 等供電至不同類型的大型用戶；再經「桿上變壓器」（有些是裝置在人行道的地面上）降壓至 220V 或 110V，提供小型工廠、商店，及一般住宅使用（陳壽孫等，1998）。

一般家庭使用的電源是由「桿上變壓器」引出的電線，連到瓦時

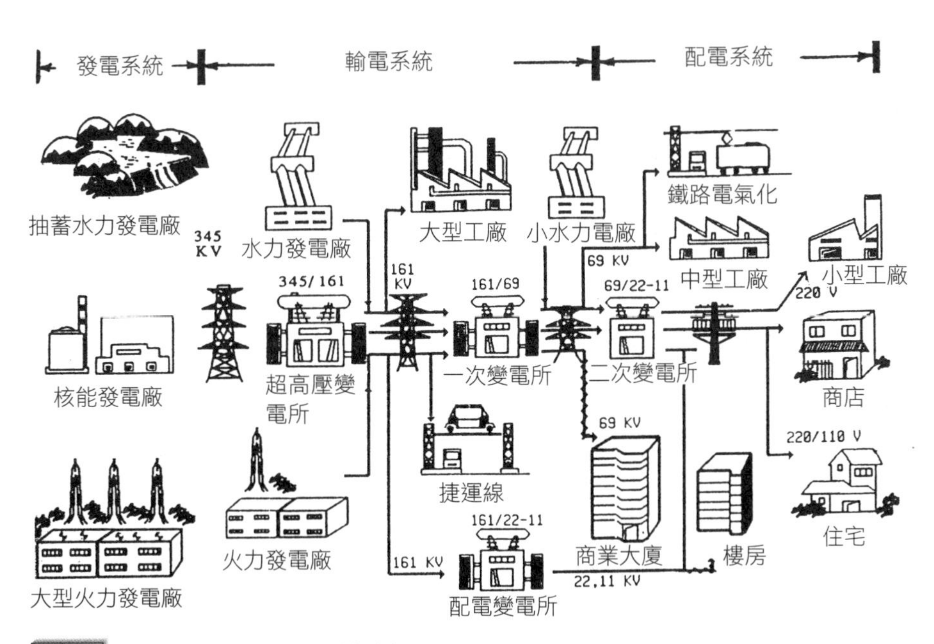

圖 5.8 台灣電力公司電力系統流程圖

資料來源：台電公司。

計（就是俗稱的電表），再經由分電盤上的線路斷路器（現在都使用無熔絲開關），以並聯的方式連接組成各分路電路。所使用的單相110/220V三線式電源，其中一條是接地線，另兩條則為火線，保險絲或無熔絲開關是電路中的安全裝置，當電路中的電流量超過額定的電流時，則保險絲會熔斷、無熔絲開關會自動跳開，使電路中斷，以保護電路上的設施及確保生命財產的安全。使用無熔絲開關的好處是，當自動跳開後，只要問題排除，重新關掉開關一次再行上掀打開，即可恢復供電，使用上較為方便。

參・外燃機

外燃機的燃料在汽缸外燃燒，需要鍋爐或其他加熱設備，將水加熱成水蒸氣，才能推動外燃機產生動力，所以在設備上較為龐大，比較不適於小型動力的需求；但是在火力發電、核能發電，及地熱發電等大動力的運用，則必須依賴蒸汽渦輪機，才能順利將熱能轉變為動能。此外，外燃機的燃料可以有多重的選擇，在化石燃料日益枯竭的未來，可能比內燃機還具有競爭之優勢。

一、活塞式蒸汽機

高壓蒸氣藉著滑動閥的作用，先後推動汽缸裡活塞的兩側，使其在汽缸內往復運動，如果是用來打樁或鍛鐵的汽鎚，此種動力形態就可直接應用；如果需要轉動車輪、螺旋槳，或是發電機，則必須再經由連桿、曲軸與飛輪的連結，才能順利地以轉動的能量輸出。早期的蒸汽火車頭以及工廠內的機械，都是由活塞式蒸汽機來帶動，但隨著電動機的普及使用，也被迫走入了歷史，現在要看真正的活塞式蒸汽機，也只有到博物館去看了。

二、蒸汽渦輪機

蒸汽渦輪機運作的方式與電風扇正好相反，電風扇是轉動扇葉鼓動空氣而產生氣流，而蒸汽渦輪機則是讓快速流動的蒸氣作用在渦輪葉片上，讓渦輪產生旋轉的動力。蒸氣渦輪機有兩種型式：衝擊式（Impulse）與反衝式（Reaction）。蒸氣通過噴嘴將蒸氣的壓力轉變成高速流動的蒸氣，將具有動能的蒸氣直接噴向輪上的葉片，使輪葉因蒸氣衝力而運轉，是為「衝擊式渦輪機」；另一型則是將輪葉製作成流線型，讓大量的蒸氣經由輪葉間空隙噴出，輪葉會因蒸氣的反作用力而運轉，謂之「反衝式渦輪機」。衝擊式可得較快之轉速，反衝式渦輪機運用效率較高，兩者各有所長，要看實際需要來做選擇。

三、史特靈引擎

史特靈（Stirling）引擎係由蘇格蘭人 Robert Stirling 於 1816 年所發明，其原理為在汽缸外重複的加熱與冷卻汽缸，則汽缸內的氣體就會反覆地膨脹與收縮，將之作用在汽缸內的活塞，就會促使活塞做往復運動而輸出動力。為了提高效率，通常設計兩個活塞，讓汽缸頂部的氣體可以經過冷卻器到達兩活塞之間的空間，然後在汽缸頂部持續加熱，就可驅使活塞運轉不停。在 1970 年代，史特靈引擎曾被發展成功並裝在汽車上，其性能與內燃機相當，但因構造複雜且造價昂貴，始終無法發展成商用車；不過因其可使用任何燃料來加熱，可能在未來石油短缺時，將有很大的競爭力。

第六節　內燃機

內燃機一般又稱為引擎（engine），引擎要將熱能轉變成機械的動力，必須經過連續不斷的工作程序，稱為引擎循環（engine cycle）。德國科學家 N. A. Otto 於 1876 年發表引擎循環的基本理論，製成實際汽油引擎，並獲得英、美、德、法等國的專利權，隨後在 1878 年巴黎世界博覽會中展出第一具汽油引擎，為表揚他的貢獻，後人就把基本汽油引擎循環稱為奧圖循環（Otto cycle）。其所提出的基本循環步驟，可分為四個過程：⑴進氣過程——將適當比例的燃料與空氣混合成可燃燒的氣體，吸入汽缸；⑵壓縮過程—— 將可燃氣體經由活塞壓縮，使其容易著火，並能產生更大的能量；⑶動力過程——利用火花點燃可燃氣體，使其爆發（快速燃燒），進而產生高壓推動活塞；⑷排氣過程——將燃燒後的廢氣從汽缸中排出，準備做下一次的新循環。

柴油引擎是由德國人 Rudolf Diesel 於 1893 年所發明，其使用柴油為燃料，燃燒方式也與汽油引擎大不相同，事先將空氣吸入汽缸，再將空氣壓縮到高溫，接著噴進柴油到高溫的空氣中引燃使之產生動力，這種柴油引擎的基本循環步驟，被稱為狄塞爾循環（Diesel cycle）。

壹・汽油引擎

汽油引擎較柴油引擎來得輕便，因此常被使用在中小型的車輛或動力上，如休旅車、轎車、機車，以及模型車、模型船、模型飛機上，或是手推式割草機、除雪機、伐木用的鏈鋸等。

汽油引擎是利用汽油與空氣的混合氣在汽缸中燃燒，產生巨大推力，推動活塞於汽缸內往復運動，再藉由連桿、曲軸等機件，將往復運動轉變成旋轉運動，最後再由傳動軸將動力輸出。

一、往復式汽油引擎的機件

◆ 汽缸體

汽缸體是引擎裡面最大的零件，通常是以鑄鐵或鋁合金製成，其中可容納活塞、連桿等零件；為了協助引擎散熱，氣缸周圍有水套包圍，若是氣冷式引擎，則以散熱片代之。

◆ 汽缸

汽缸是汽缸體內的筒狀圓洞，內部與活塞密接，汽缸內壁相當光滑，可承受活塞在汽缸內上下運動。有些引擎在汽缸內側裝入耐磨損的合金鋼汽缸套，現在有些引擎在汽缸壁附上薄層陶瓷材料，可以大為延長汽缸的使用壽命。

◆ 汽缸蓋

汽缸蓋通常由鋁合金製成，易於導熱，水冷式者內部有水套協助冷卻，氣冷式者外側有散熱片。汽缸蓋是用螺栓固定在汽缸體上，上有火星塞孔以裝置火星塞。

◆ 曲軸箱

曲軸箱內可裝置曲軸及曲軸軸承，底部可以裝機油及機油幫浦，用來潤滑引擎。

◆ 活塞與連桿

燃料在引擎內快速燃燒時產生的壓力，推動了活塞，活塞銷連接了連桿與活塞，使活塞的動能傳遞到連桿，連桿下方接曲軸，能將往復運動變成旋轉運動；活塞上有數個壓力環及油環，可以協助防止燃燒室內的氣體進入曲軸箱，以及曲軸箱內的機油進入燃燒室被燒掉。

◆ 曲軸與飛輪

曲軸是由曲軸頸、曲軸臂、曲軸銷及配重等部分組成，曲軸頸在曲軸軸承內旋轉，曲軸臂是用來連接曲軸頸與曲軸銷，曲軸銷則連接連桿下端且圍繞曲軸頸轉動，配重是用來平衡曲軸，可以避免運轉時的震動。飛輪裝在區軸的末端，是用來儲存動力行程中輸出的動能，以提供其他三個行程運作中之所需；由於飛輪的轉動慣性大，能吸收震動，也能穩定引擎的轉速。

◆ 氣門

四行程引擎的每個汽缸都有進氣門與排氣門，進氣門使燃料與空氣進入汽缸，排氣門則用來管制燃燒後的廢氣排出；但是二行程汽油引擎並沒有氣門，它是以進排氣口配合活塞的上下運動來管制進排氣。現代引擎設計在每個汽缸上裝置兩個進氣門與兩個排氣門，這樣可以使進排氣更順暢，有效提高引擎馬力與效率。

◆ 凸輪軸

凸輪的功能恰與曲軸相反，它是將旋轉運動變為往復運動，因為氣門的動作是往復動作，所以必須靠凸輪來完成。凸輪軸上有數個凸輪，它是由曲軸來帶動，不過轉速正好是曲軸的一半，以配合四行程引擎在一次循環曲軸轉動兩圈，而進氣與排氣門僅各須開閉一次。

二、汽油引擎的運轉原理

汽油引擎又分為四行程汽油引擎與二行程汽油引擎，二行程的引擎構造較簡單，零件較少也較便宜，通常用在輕型機車上，但是較耗油，排氣污染量也較大，則是它的缺點。

㈠四行程汽油引擎

四行程汽油引擎主要是依奧圖循環的原理來運轉，如圖5-9所示，它在完成進氣、壓縮、動力，與排氣等四個行程後，就完成一次循環，以下是每個行程的運作情形：

◆ 進氣行程

進氣門首先開啟，引擎飛輪轉動慣性驅使活塞下行，使汽缸內產生部分真空（也就是低於一大氣壓），將汽油與空氣的混合氣吸入汽缸；也可利用渦輪增壓的方式，將混合氣強行灌入汽缸中，完成進氣行程。

◆ 壓縮行程

進氣門在進氣行程後關閉，此時汽缸形成密閉空間，活塞由曲軸帶動上行，強制壓縮混合氣使壓力上升，壓力上升的程度因引擎所設計的壓縮比（氣體壓縮前後體積比）大小而不同，壓縮行程接近終了時，火星塞適時點火。

◆ 動力行程

進、排氣門繼續保持關閉的狀態，被火星塞點燃的混合氣快速燃燒，形成爆發氣體快速向周圍膨脹，氣缸中的溫度及壓力瞬間增高，此壓力將活塞向下推，活塞的運動經連桿傳到曲軸，迫使曲軸旋轉而輸出動力，也同時將一部分動能儲存在轉動的飛輪中；在活塞接近行

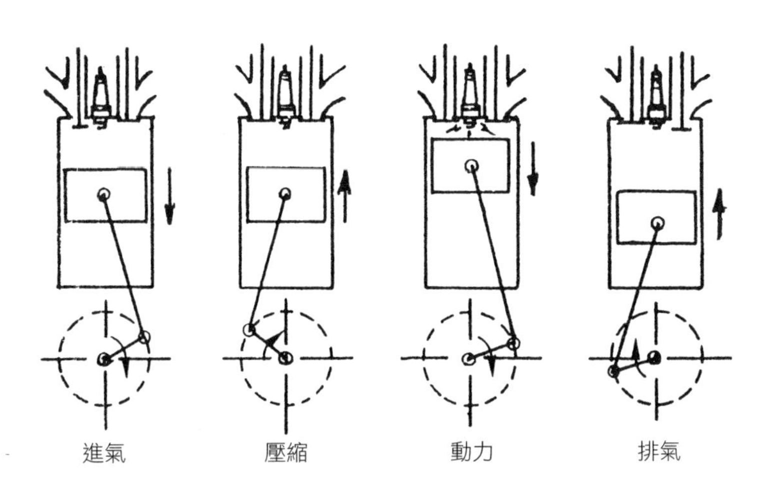

圖 5.9　四行程引擎的工作原理

程終點時，排氣門適時打開，先將燃燒過的廢氣部分排出汽缸外。

◆ 排氣行程

排氣門繼續打開，活塞再次由曲軸帶動上行，形成大於一大氣壓的環境，強制將滯留於汽缸內的廢氣驅出，完成排氣行程。

㈡二行程汽油引擎

二行程引擎將進氣與排氣合併在動力行程的末端進行，實際上只有壓縮及動力兩個行程，但是仍然具備引擎運轉所需要經過的過程。二行程引擎並沒有進、排氣門，它是靠汽缸壁上的進、排氣口與活塞的相對位置來控制進氣與排氣的動作。

如圖 5.10 所示，左圖為掃氣的動作，當活塞下行至接近末端時，右側的排氣口（A）首先開放，燃燒過的廢氣部分先行離開汽缸，活塞再下行時掃氣口（B）接著開放，曲軸箱中儲存的混合氣就湧入汽缸中，在充滿汽缸的同時，也將汽缸中殘餘的廢氣一併掃地出門。中圖為壓縮行程，活塞在抵達行程末端後，受曲軸之牽引再度上行，當上行通過掃氣口與排氣口後，汽缸形成密閉空間，活塞繼續上行就開

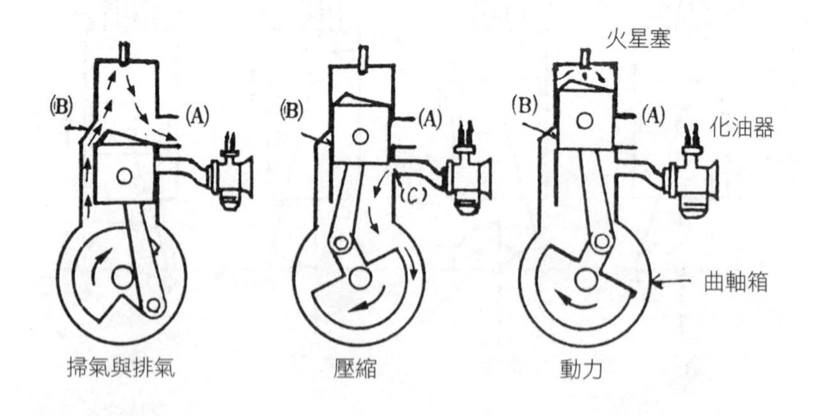

圖 5.10　二行程汽油引擎的工作原理

始壓縮行程，直至活塞到達頂端為止。當活塞在接近頂端前，右側接有化油器的進氣口（C）開放，曲軸箱內因活塞上行所造成的低壓環境，會將右側的空氣與汽油之混合氣吸引進曲軸箱儲存。右圖為動力行程，火星塞點燃混合氣後產生爆發壓力，迫使活塞下行輸出動力，並在活塞通過進氣口並將之封閉後，對曲軸箱中的混合氣施以「預壓」，也就是讓混合氣高於一大氣壓，以作為掃氣時所需之動力。

三、燃料系統

汽油引擎的燃料必須先和一定比例的空氣互相混合，再送入汽缸內，因此必須借助化油器來完成，化油器能將空氣與汽油以大約 15：1（重量比）的比例充分混合，其主要的零件與功用如下：

◆ 空氣濾清器

位於空氣進入化油器的前端，主要在濾除空氣中的灰塵，使乾淨的空氣進入化油器以便與汽油混合，濾芯材質有紙質、海綿、鋼絲絨等。其中紙質濾芯過濾效果最好，但是無法清洗，過髒時會阻塞空氣的流通，必須適時更換。

◆ 阻風門

位於空氣進入處，阻風門可以阻擋部分的空氣進入，使得混合氣變濃（含有較多的汽油），可以幫助引擎在冷車狀態，讓火星塞能順利點燃混合氣，待引擎達到工作溫度後再逐漸打開阻風門，以恢復正常的混合氣。現在大部分的引擎都裝設自動阻風門，可以利用引擎的溫度來自動調節阻風門開啟的大小；另有一些引擎是用起動油路來代替阻風門，冷車時由起動油路提供較多的汽油與空氣混合，也能使混合氣變濃，來達成幫助冷車起動的目的。

◆ 浮筒室

浮筒室是化油器內的小儲油室，利用浮筒的作用，能自動調整浮筒室油面高度在一定的位置，而不會受到油箱存油量多寡的影響，才能確保汽油與空氣混合比例的正確。

◆ 文氏管

文氏管是在化油器空氣通道縮小的部分，利用伯努利定理，空氣經過文氏管時速度會增快，而壓力會減小，利用低壓的特性將浮筒室內的汽油從噴嘴吸出，與高速流動的空氣混合，準備進入汽缸。

◆ 節氣門

又稱為節流閥，俗稱「油門」，它是在於混合氣將離開化油器前的位置，利用節氣門開度的大小，可以管制進入氣缸中混合氣的數量；當加足「油門」時，進入氣缸中的混合氣數量大增，引擎轉速自然就提高了。

利用化油器來混合空氣與燃料，無法做得非常精確，混合比不正確時，直接影響引擎的效率，也增加排氣的污染量。因此近年來，汽車引擎「汽油噴射系統」的使用愈來愈普遍，幾乎已經取代了化油器的地位。它是將噴油嘴裝設在進氣管中，並於適當的位置裝設各式感測器，能感測節氣門開度大小、引擎溫度、轉速的變化等，經微電腦自動計算後，將適當的油量在適當的時間經噴油嘴噴到進氣管，因此引擎在任何情況下，都可以得到最適當比例的混合氣，以提高性能。

四、點火系統

點火系統主要是由點火線圈提供點火所需的高壓電，經過分電器在適當的時間，將高壓電分送到各汽缸的火星塞，然後由火星塞來點燃汽缸中的混合氣，點火系統主要的零件如下：

◆ 點火線圈

點火線圈是利用電磁感應作用，將低電壓變成高電壓，在鐵心上同時繞有低壓線圈與高壓線圈，利用低壓線圈通過十二伏特的低壓電流，讓鐵心建立磁場，在需要點火時，突然將電流切斷，磁場很快消退；由於磁通量的迅速變化，就會在高壓線圈上感應產生高達一萬伏特以上的高壓電。

◆ 分電器

分電器內有斷電器，可以隨著引擎轉動的狀況在適當的時間，將點火線圈中低壓線圈的電流截斷以產生高壓電，當引擎轉速變快時，需要提早一些時間點火，以適應較短暫的容許燃燒時間，分電器內的離心力提前點火機構就可以幫忙達成；隨著分電器轉動的分火頭，能將從點火線圈送來的高壓電依序分送到各汽缸的火星塞上。

◆ 火星塞

火星塞主要由中心電極、瓷質絕緣體、外螺紋，與接地電極組成。瓷質絕緣體是用來隔離中心電極與接地電極，外螺紋可方便火星塞固定於汽缸蓋上，火星塞的末端（裝在汽缸內的部分）兩個電極之間有〇・八公釐至一公釐的間隙，當中心電極有高壓電時，電子會跳過此間隙產生火花，以便引燃汽缸內的混合氣。火星塞被製成各種不同的尺寸大小，以適應不同的引擎，即使是同樣的尺寸，還有分不同等級的冷型火星塞及熱型火星塞，分別適應在高轉速和低轉速的引擎。當使用不當等級的火星塞時，將發生火星塞積碳或點火失常的嚴重後果，選用火星塞時不可不慎。

五、潤滑與冷卻系統

潤滑系統提供引擎零件互相滑動或轉動接觸部分所需的潤滑油，潤滑油可以減少零件間的摩擦，以降低磨損，也能夠協助冷卻引擎。潤滑系統分為濕式與乾式兩種，濕式者是將潤滑油直接貯存在曲軸箱底部的油槽內，再利用油泵將其送到需要潤滑的部位，潤滑後會再流回曲軸箱，因此耗損量極為有限，只要定期檢查與更換即可，一般四行程引擎都是使用這種潤滑方式。二行程引擎因為曲軸箱是作為儲氣之用，無法再行容納潤滑油，因此就採用乾式潤滑，它是將潤滑油貯存在另外獨立的機油箱內，潤滑油會隨著汽油與空氣混合，成為含有潤滑油成分的混合氣進入曲軸箱與汽缸，而達到潤滑的效果。當然，其中的潤滑油會隨同混合氣被燃燒掉，這也是造成二行程引擎排氣較髒的主要原因之一。

當混合氣在汽缸內燃燒時，溫度會達到攝氏兩千度左右，在如此高的溫度下，如果沒有冷卻系統來降低引擎的溫度，有些機件必然會被燃燒氣體的高熱所燒壞。引擎因構造形式的不同，通常採用的冷卻方式有兩種，即水冷式與氣冷式。水冷式是利用水流過汽缸外的水套，將汽缸所產生的多餘熱量帶走，再循環到汽缸外的散熱器，利用風扇將水吹涼後再流回水套內繼續吸熱；這種構造較複雜，但是冷卻效果很好，絕大部分的汽車都是利用水冷式系統。氣冷式的引擎就是在汽缸與汽缸蓋上製成凸起的散熱片，利用散熱片增大汽缸表面與空氣的接觸面積，再使用風扇來協助散熱；散熱效果較水冷式差，但構造簡單且造價便宜，因此常使用於輕型機車上。

貳・柴油引擎

柴油引擎主要用在重負荷工作所需，大貨車、大客車、工程車輛、農用牽引機、船舶、小型發電站等，都是以柴油引擎為動力；柴油引擎除了使用的燃料與汽油引擎不同之外，它在燃料的點燃方式上也有很大的差異。汽油引擎是由火星塞產生火花來點燃汽油，而柴油引擎則是靠「壓縮點火」的方式來點燃柴油，主要的原理是迅速壓縮汽缸內的空氣，提高空氣的溫度達到柴油的自行燃燒溫度以上，然後再將柴油噴入汽缸，高溫的空氣就引燃柴油快速燃燒，以產生動力。

高「壓縮比」也是柴油引擎的特色，大部分的汽油引擎的壓縮比在 8：1 至 10：1 之間，然而柴油引擎則在 15：1 至 22：1 之間，四行程柴油引擎的四個主要動作過程，大體上與四行程汽油引擎類似，但是有些部分顯然不同。首先在進氣行程，進氣門打開，活塞向下方移動，柴油引擎進的是純空氣；接著進氣門關閉，活塞上行開始壓縮行程，以高壓縮比壓縮汽缸內的空氣達到高溫。在同時，裝在汽缸頂上的噴油嘴朝向汽缸內噴射霧狀的柴油，柴油遇到高溫空氣後，與空氣混合自動引燃並持續燃燒，直到柴油噴射終了為止，此時汽缸內的燃燒溫度可高達攝氏二千四百八十度，而空氣壓力則會達到每平方公分一百零五公斤。若要控制柴油引擎的轉速，則可以改變柴油噴射所持續的時間，噴射時間愈長，則轉速愈快，通常活塞在動力行程下行至一半行程時，噴油即告終止。最後的排氣行程與汽油引擎一樣，是先打開排氣門，把汽缸內燃燒過的廢氣，藉著活塞再度上行將其排出汽缸外，圖 5.11 就是柴油引擎四個行程的作用原理。

柴油引擎具有較高的熱效率（轉換熱能成為機械能的比例），又能使用較低廉的柴油為燃料，容易保養且耐用性佳，因此為農、工業所最倚重的動力來源。但是因為引擎的工作溫度較高，容易排出較多

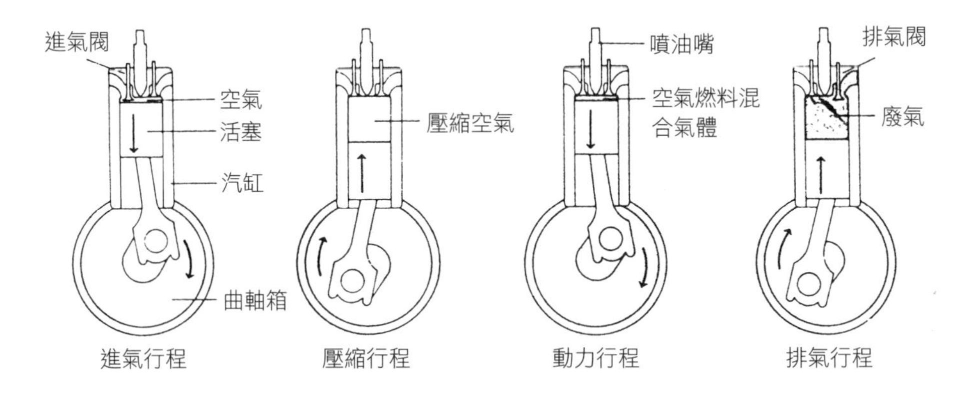

圖 5.11 柴油引擎工作原理

的氮氧化合物；而且柴油的含硫量遠較汽油為高，燃燒後排出較多的硫氧化合物。硫氧化合物除了有明顯的臭味之外，也是造成酸雨的元凶之一，近年來國內外的煉油廠致力於降低柴油的含硫量，已獲得非常顯著的效果。

二行程柴油引擎主要只有壓縮及動力兩個行程，其進氣與排氣的動作是在動力行程終了，活塞在下行快抵終點前，再以短暫的時間同時引入空氣並驅出廢氣，因為進排氣未臻完全，引擎運轉效率較四行程柴油引擎差，因此較不常被採用。

參・噴射引擎

噴射引擎（Jet Engine）是一般的稱呼，它的正式名稱是「燃氣渦輪引擎」（Gas-Turbine Engine）。如圖 5.12 所示，大量的空氣自左側引入進氣管，隨即進入壓縮器內將空氣壓縮後送入燃燒室；燃燒室前端設有噴油嘴，其所噴出的燃油與空氣混合成為混合氣，火星塞一經點燃混合氣，只要混合氣一直送入，燃燒也就持續進行而不間斷。燃燒後的氣體急速膨脹後往尾管（tailpipe）方向流出，在燃氣進入尾管前，先經過位於燃燒室右側的渦輪，高速燃氣衝擊渦輪並驅使渦輪旋

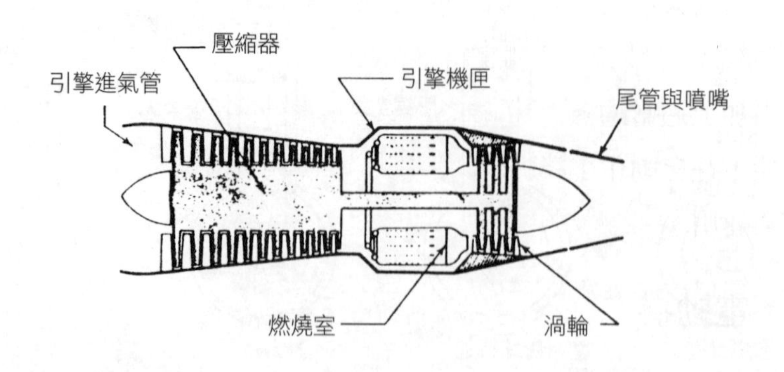

圖 5.12 噴射引擎剖面圖

轉。渦輪與壓縮器是以同一主軸連接，只要渦輪轉動，前方的壓縮器也會跟著旋轉；燃氣通過渦輪之後，急速從尾管與噴嘴向右方噴出，因為反作用力的關係，整個噴射引擎受到向左的推力，利用此推力就可帶動飛行器前進。

第七節　電動機與動力傳導裝置

電的發現及應用，帶來各種行業設備、家用器具，與通訊器材使用上的方便，電動機械也節省了無數的勞力，提高了生活品質。電動機械的動力來源得自於電動機，也就是俗稱的馬達（motor），各式的馬達如直流馬達、交流馬達與脈衝馬達等，各有不同的構造與特性，也用在不同的電動機械上。

內燃機、外燃機、馬達等裝置所產生的動力，必須依賴各種傳導裝置來傳遞動力，以便完成預期的工作；機械傳導裝置應用機構（mechanism）來傳導動力，通常使用的機件（machine part）（組成機構的零件）有齒輪、帶輪、皮帶、鏈輪、鏈條、凸輪、連桿等。有了這些機件的協助，除了能將動力傳遞出去之外，還能調整其速度、方向、扭力大小，以及動作的方式等。流體動力的傳導裝置則分為液壓及氣壓傳導裝置，主要乃是利用空氣與液壓油作為傳遞動力的媒介，再加上適當的機件，同樣可以作為傳遞動力以及調整速度與方向等功能，在自動化工業的迅速發展下，液壓及氣壓傳導裝置日益受到重視與運用。

壹・電動機

電動機是將電能轉變成機械能的裝置，它的作用恰好與發電機相反。馬達小者如驅動電鬍刀，大者如帶動上千噸沖壓機的巨大馬達；

幾乎在各種需要電能來操作機器的場合，都得用到它。所有馬達運轉上都是基於以下三原理：⑴電流流經導體時，會在導體周圍產生感應磁場，當導體製成線圈狀時即成為電磁鐵；⑵磁鐵的同性極互相排斥，異性極互相吸引；⑶電流的方向決定電磁鐵的極性。利用馬達上轉子（轉動的部分）與定子（固定的部分）之間極性的變化，就能產生持續的推力來轉動轉子。

一、直流馬達

一般的直流馬達包含周圍磁場繞組（也就是定子，小型馬達則以永久磁鐵代替）、轉子、電刷、整流子等元件構成，電刷將直流電經整流子傳遞到轉子線圈，並適時地改變轉子線圈的電流方向，所產生的磁場與定子磁場互相斥引後，能驅使轉子朝相同方向持續旋轉。

直流馬達的優點是容易調整速度以及起動扭力較大，只要調整輸入電流的大小就可很方便地變化轉速。汽、機車上的「起動馬達」也是利用直流馬達起動扭力大的優點，可以用來順利地發動引擎。

傳統的直流馬達上的電刷與整流子，在運轉時需要接觸傳送電流，因此使用日久會被磨損而減弱其性能，因此最近已有廠商研發成功「無刷型直流馬達」，使用於電動車上，普受歡迎。直流馬達被廣泛應用於消費電子產品上，如電鬍刀、錄影機、玩具車、電子鐘等；而大功率的直流馬達則使用於電車，以及快速升降電梯等需要經常改變速度的載具。

二、交流馬達

交流電的電壓和電流會隨時間而變動，所以交流電通過馬達的定子線圈時，所產生的磁場也是變動的磁場。交流馬達中，定子線圈與轉子線圈之間沒有電流連接關係，定子線圈所產生的磁場，隨著交流電的每一次交變而擴張或收縮，使其內部的轉子感應產生交流電壓，同時也產生另一磁場；由於這兩個磁場互相作用，使轉子受到推力而持續轉動，這就是感應式交流馬達的基本原理。

一般說來，交流馬達多用於恒速運轉的場合，而直流馬達則常用於轉速須能控制的機具；交流馬達的構造較直流馬達簡單，因此故障率非常低，所以被廣泛地用在各種機械，以及家庭電器如洗衣機、吸塵器、電風扇等。

三、脈衝馬達

以數位電路的控制，可以把直流電源透過數位積體電路的處理，將其變成脈衝電流，用來控制馬達；脈衝馬達係以事先所規劃的順序，把脈波電流通至周圍定子磁場線圈，則中心之轉子受到磁場的變化，就以精確的角度旋轉，只要適當的下達指令，轉子就能依指定的轉速旋轉至特定的角度位置。

步進馬達（stepping motor）是脈衝馬達中的一種，例如有一種步進馬達，其將圓周分成兩百步（step），每一步為一・八度，如果將二十個脈衝電流送至磁場線圈，則轉子將旋轉二十步，也就是圓周角的三十六度，因此可以做精密旋轉角度的控制。如果將步進馬達連結導螺桿，就能精確地控制直線位移，將工作件移動至指定的位置，作為自動化生產中數值控制的重要設備。現在各式脈衝馬達除了用在工業生產上，它已進入辦公室被廣泛的使用，各種事務機器如影印機、印表機、掃描機、磁碟機等，都可發現它的蹤影。

貳・機械傳導裝置

古老的打字機主要靠連桿來傳遞動力，將手指尖的力量傳遞到字模上，然後將字體敲擊印在紙上；機械式的鐘錶依靠齒輪的傳動，能把發條所釋出的能量，輾轉傳遞到迴轉的指針；嬰兒學步車上的鈴鐺以及汽車引擎的氣門，都是以凸輪來作為傳導裝置。以下舉出數種較常用的機械傳導裝置元件。

一、槓桿與連桿

槓桿就是一根剛硬的桿件，在機械結構中，槓桿與連桿都是屬於剛體（受力後不變形的物體），槓桿可分成三類：⑴支點在施力點與抗力點之間；⑵抗力點在中間；⑶施力點在中間。第一種槓桿主要用在需要改變施力方向的地方，如拔釘器等；第二種槓桿是為省力裝置，如開罐器與手推車，是以移動較大距離來換取較大力量；第三種槓桿比較費力，通常用在不需很大力量但可以省時的器械，如鑷子和筷子。

數件槓桿或連桿可以銷軸來樞接，以便組成連桿組，可以設計製成特定用途，如汽車上的雨刷傳動、前輪轉向等裝置，都是使用連桿組，懸臂式萬能繪圖儀也是應用連桿組製成的。

二、皮帶與帶輪

主動件和從動件之間的轉軸距離太遠時，使用柔軟的連接物，稱為「撓性連接」。皮帶是一種撓性傳導方式，一般的皮帶可分為扁平帶、三角帶、圓形帶等，材質通常使用人造纖維與橡膠製成。以皮帶來傳動有四項優點：⑴傳動兩軸間距離大；⑵裝置簡單且成本低廉；⑶皮帶在運動中可隨意移動，使用上較方便；⑷超載時僅發生滑動，不會損壞機械。至於缺點方面也有：⑴皮帶與帶輪之間的滑動導致動力損耗；⑵轉速比不正確；⑶不能傳送大動力；⑷使用壽命較短。

但是有一種內側附有鈍齒的皮帶，稱為確動帶或附齒帶，配合有外齒的帶輪運轉，則沒有上述轉速比不正確的缺點，現代汽車上常用來作為傳動氣門凸輪軸之用，稱為「正時皮帶」。

三、鏈條與鏈輪

用金屬板或圓桿製成小環片後，使用相互勾接或用軸針連接成為柔順狀的條狀物，稱為鏈條；與鏈條齧合傳動的輪子，稱為鏈輪。鏈輪外緣具有比齒輪尖削的齒形，鏈輪齒的上半部為漸開線，下半部為圓形，以配合鏈條的契合與脫離。

鏈條依使用的目的，可分為起重鏈、搬運鏈，與動力鏈。起重鏈用來吊掛或曳引重物，需要有足夠的強度以承受拉力；用於搬運或輸送物品的鏈條稱為搬運鏈，可用於直線或轉彎位置的輸送；動力鏈是用來傳送動力，其傳送速度遠較前兩種為高，腳踏車上的鏈條就是屬於此類。

以鏈條來傳導動力的優點是：⑴傳送距離彈性大，且不會發生滑動現象；⑵可傳送較大動力，軸承受力小，故不易損壞；⑶不受冷熱潮濕的影響，可在惡劣的環境中使用。但是使用時有以下的缺點：⑴速度高時容易產生擺動與噪音；⑵成本較高，裝卸與維護較為困難；⑶鏈條用久會拉長，拉長程度達 2.5%就無法繼續使用。

四、齒輪

齒輪除了用於傳遞動力的功能之外，也能作為改變速度與改變轉向之用，速度改變之後扭力也會隨之變化，各型變速箱都是利用不同的齒輪搭配組合，來達到這樣的功用。汽車的排檔與變速箱就應用了齒輪組，來適應不同的車速與路面坡度的變化。

使用齒輪傳送動力的優點有：變速比例正確，且可以傳送較大的動力，多個齒輪可以裝配成輪系，以作為較大變速比或軸距較大時之傳動。

參・液壓傳導裝置

液壓是液體壓力的簡稱，利用液體壓力以達到做「功」目的之裝置，稱為液壓傳動機構。作為液壓的介質有水與油兩種，前者稱為水壓，後者謂之油壓，目前絕大部分的液壓傳動機構都以油為介質，所以也稱為「油壓」。裝備有油壓機構的器械已經普遍使用於工業界與日常生活中，而且其應用範圍日益擴大。交通工具中，車、船、飛機所用的動力與煞車系統，工廠中的油壓床、鑄造機、塑膠射出成形機等，搬運機械中的堆高機與油壓千斤頂等，均裝備有油壓機構；甚至美容院與醫院內的專用座椅，也是利用油壓裝置來升降。

液壓機構主要是應用巴斯卡原理（Pascal's principle）來運作，其原理為在密閉容器內之液體，當其一部分受到外力作用時，立即向各方面傳遞而達流體各部分，且其壓力相等；因此只要改變施力與受力活塞的面積比例，就能將壓力變大，這也就是利用手動的油壓千斤頂能夠輕易舉起一輛汽車的原理。此外，利用高壓油壓管路，也可以將工作力道與速度安全地傳遞到相當的距離。

「油泵」是油壓系統的心臟，負責將油壓油送出，經油壓管路送至各「液壓缸」產生動力，為了讓液壓缸達成所希望的動作，必須先經過「控制閥」，以調整油壓油的壓力、流量或改變其方向。一般液壓裝置的優點有：⑴體積小，出力大；⑵無段變速且動作圓滑平穩；⑶易於正確調整出力且耐久性高；⑷可遙控並可做連續或間歇運動。但其缺點為：⑴液壓油易受溫度變化而影響機械運作速度；⑵當配管不當外漏液壓油，會污染環境與引起火災。

肆・氣壓傳導裝置

氣壓（pneumatics）係將空氣經由壓縮，使壓縮空氣的能量轉變為機械能的裝置。早期的風車與帆船就是利用自然界的氣壓，後來人類在 1860 年貫穿歐洲大陸的阿爾卑斯山隧道興建時，第一次大規模的應用氣壓裝置；巴黎於 1880 年建造一座中央系統壓縮空氣廠，以便將壓縮空氣輸送至地區工廠中，這是第一次將氣壓大規模地應用在機械工業上。

在流體動力系統中，氣壓與液壓配合電磁控制，已在自動化機械中被廣泛應用。氣壓傳導裝置的優點為：⑴空氣不虞匱乏，且易於壓縮儲存；⑵空氣壓縮機構造簡單，配置空氣管路也容易；⑶清潔且能獲得高速動作，即使超載或洩漏也無危險。缺點則為：⑴效率較低，且動作之確動性隨負載而變化；⑵排氣的噪音較大，也無法輸出大動力。

氣壓傳導裝置除了空氣壓縮機是動力的來源外，通常使用「氣壓缸」來產生直線運動，用於自動進料或自動門的啟閉；像用在攪拌機與氣動工具者，就必須靠「氣動馬達」來產生旋轉動力。除此之外，必須有除濕器與濾清器來除去空氣中的水分與雜質，潤滑器可提供氣壓缸所需的潤滑劑，消音器則可將排氣的噪音降低。

總結本章，能源提供了科技世界發展所需的動力，讓人類過更舒適的生活，但是在使用能源的同時，也造成了難以彌補的環境污染，以及化石能源的耗竭；假如大家不能共同體認這個事實，還繼續揮霍下去，不但我們的子孫會生活在比我們更惡劣的環境，自己也會深受其害。為了不讓這種悲劇發生，唯有依靠節約能源、少用化石燃料與積極開發再生能源；目前除了水力能源之外，大部分的再生能源都沒有被充分利用，有些是應用之科技不夠成熟，有些是成本過高，相信靠人類的努力研發新方法與新材料，未來科技與成本的問題應可一一迎刃而解。

各種動力機械隨著工業革命之後相繼登場，由最早的蒸汽機、內燃機，至電動機與核能動力，所產生的動力大大提高生產力，也帶來了交通的方便性；電力的產生、傳輸與應用，更提高了工作效率與改善了生活；各式電動機的使用並配合機械、液壓、氣壓傳導裝置，使得動力的用途發揮到淋漓盡致的境界，也促成各種產業自動化的發展，各種自動化動力器械也走入了辦公室、走入了家庭，成為人人的好幫手。每個人都應該了解這些器械的運作原理，才能正確使用與保養它，以帶給我們真正的方便。

問題討論

1. 太陽能可用在哪些方面？目前太陽能無法被大量用在發電上，其原因何在？
2. 核能發電備受爭議，有人擁核有人反核，他們為什麼擁核？而反核的原因又是什麼？
3. 風能既然是非常乾淨的再生能源，為什麼台灣地區還很少使用它？
4. 海洋能是非常豐沛的能源，它尚未被廣泛使用的原因何在？
5. 水力發電不會產生污染，但是水力的開發對生態與環境會造成什麼影響？
6. 如果未來科技解決了燃煤的所有污染問題，但是卻大為提高發電成本，你認為是否值得採用？
7. 目前因為汽車的大量使用造成嚴重的空氣污染，你認為未來的汽車應該採用哪種動力才能解決此問題？
8. 一部汽車上用到了很多動力傳導裝置，你知道哪些地方用了哪些傳導裝置嗎？
9. 汽車上、下長途的陡坡為何需要排低速檔？長途下坡不用動力，為了省油，是否可排空檔或乾脆熄火？

參考文獻

中文部分

呂錫民（1997），國內太陽能熱水器使用狀況調查分析。**能源季刊**，1997 年 7 月。

林佳靜（2000），平溪煤礦的最後終曲——新平溪煤礦場。**能源報導**，1997 年 7 月。

陳　芃（1999），不要再叫我烏賊——躍躍欲試的台北市天然氣公車。**能源報導**，1999 年 2 月。

陳壽孫、羅靜儀、石金福、楊金石、蒲冠志（1998），**輸配電學——電力系統分析**。台北：文京。

經濟部能源委員會（2004），**能源供給**。http://www.moeaec.gov.tw。

英文部分

Lawrenz, F. P. (1985). An evaluation of effect of two different lengths of in-service training on teacher attitudes. *Journal of Research in Science Teaching, 21*(5), 497-506.

第六章

傳播科技

游光昭
宗靜萍

人類每天日常生活中與傳播科技（communication technology）產品的接觸，可說是相當頻繁，舉凡電話、電視、電腦、手機、衛星等，均是生活中不可或缺的科技用品。因此，研究傳播科技在社會中的運用與互動關係，便逐漸成為一項重要的社會議題。然而，了解傳播科技並不只是就其對社會的貢獻及影響來分析，美國傳播科技教育學者 Mark Sanders （1991a）便曾指出，了解傳播科技必須從三方面探討它：傳播的內涵及系統的了解（在本章第一節中敘述）、傳播科技的演進與發展趨勢（在本章第二、三節中敘述），及傳播科技對社會之衝擊（在本章第四節中敘述）。從這三個觀點來透視傳播科技，可以幫助我們更明白傳播科技到底為何。例如，了解傳播系統可以釐清傳播系統的模式、種類及傳播的概念（concept）等；從傳播科技的演進與發展過程中，可以幫助理解人類如何從石器時代到今日資訊社會的傳播方式，更進而預測明日的社會將會是如何應用傳播科技；從衝擊面來探討，則可以幫助了解傳播科技對人類的社會、政治、經濟、文化，甚至道德等方面的影響。

第一節　傳播科技的內涵

壹・傳播科技的定義

談傳播科技，首先應從「傳播」二字的概念說起。傳播的意義基本上係指經由符號，將訊息、意念、態度或情感，從個人（或團體）傳送到另一個人（或團體）的活動（Theodorson & Theodorson, 1968）。換言之，傳播最簡單的說法，可以說是把資訊從一個地方傳到另一個地方，因此，傳播的過程基本上是應該具有起點及終點，而訊息流通則是這個過程中的主要目的。依據李茂政（1992）的歸納，傳播的意義是在一個情境架構中，由一個人或更多的人發出訊息，再由一個或更多的人接收到含有噪音阻擾（或曲解）的訊息，並產生一些效果。顯然的，傳播在過程中除了起點及終點之外，訊息流通的過程亦須經由某種形式的調整，例如，將訊息經由編碼、傳遞、接收、解碼及回饋等過程，來傳達思想、知識、資訊、感覺及動作等。所以，概括來說，傳播需要包含一個傳送者（sender）、一個通道（channel）、一個訊息（message）、一個接收者（receiver）、一個傳送者與接收者間的關係（relationship）、一個效果（effect），以及一個傳播發生時所在的環境（context）和訊息所指的一個範圍（楊志弘與莫季雍譯，1992）。

至於傳播科技，狹義的說法應是研究傳播過程中的技術方法（Sanders, 1991b），及了解此技術方法的前置輸入與輸出結果的整體過程。它主要是在研究傳播是如何的工作（work），換言之，是在研究如何利用傳播工具將訊息精確的傳送與接收，也就是在研究如何運用科技工具協助人類溝通、分享，及處理訊息的技術方法。就廣義的範圍來說，傳播科技則不只是對傳播工具的硬體技術及工具來探討而已，它的範圍應包含有關訊息傳遞過程中有關的工具、技術、知識、選擇，及決定（Brusic, 1990）。我們經常因為硬體工具較易凸顯，就把科技誤以為只有硬體。傳播科技也不應被認為只是一些如電腦、電視、衛星等硬體工具而已，而應包含與這些工具及技術有關的知識，以作為消費者需要做選擇與決定時的依據，同時也可以作為判斷科技對社會的價值與影響的參考。正如李茂政（1992）所言，所謂的傳播科技是硬體設備、軟體結構，與社會價值，而個人可藉以蒐集及轉送資訊或與他人交換資訊。

此外，我們也可以從科技系統觀（system）的角度，來進一步了解傳播科技的真實涵意及其運作方式。什麼是系統的概念呢？以人為例，人的身體結構是由很多系統所組成，如循環系統、消化系統、神經系統等，而這些系統各自或相互影響地在執行工作，並且構成人類生存的大系統——生命系統。同樣的，傳播也是利用一種系統在運作而達到溝通的功能。通常，我們把傳播科技系統分為輸入（input）、處理（process）、輸出（output），及回饋（feedback）等項目（如圖6.1），而這些系統項目再依各自功能來完成對系統的運作，如：

輸入：用來創造一個訊息，這些輸入可以是人、工具、材料、資訊或資料等。

處理：將輸入的訊息做形式上的轉化或轉換（如編碼與解碼），譬如說，寫電腦程式、講電話、錄製影片等均是在做處理。

輸出：訊息的產生即是一種輸出，通常訊息從建立，經由密碼傳出到接收，所得到的便是經過處理後的訊息。

回饋：回饋的產生是對輸出結果所做之評鑑，因此，如果輸入及處理的過程有不妥之處，便可經由回饋來改善。

以電腦的運作來做系統分析的例子，電腦經由鍵盤或磁碟片的資料「輸入」，再經過中央處理器（CPU）的資料「處理」，結果便是在螢幕上或印表機上得到「輸出」的結果。但是，使用者在使用過程中漸漸發現：鍵盤設計不符人體功能、磁碟片容量過小、CPU處理速

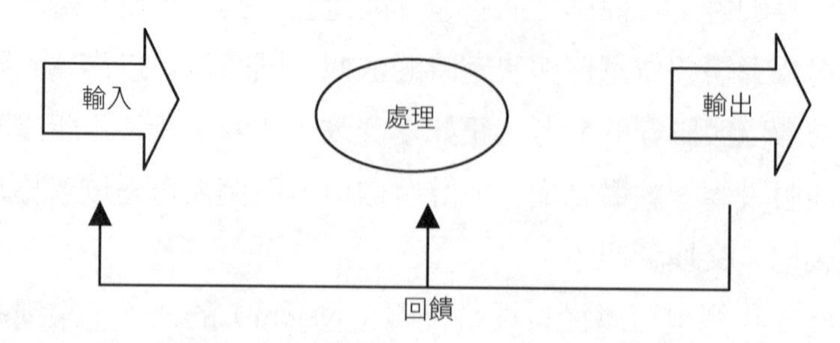

圖 6.1 科技的系統分析

度太慢、印表機印出之成品色彩不佳、螢幕容易傷害視力等，並將這些意見「回饋」給電腦製造商。因此，廠商便可依此「回饋」的意見去發展出更適用的鍵盤、儲存量更大的磁碟機、體積變小但處理速度愈快的CPU、色彩解析度更高的雷射及彩色印表機、減少刺激眼睛的螢幕濾光護目鏡及液晶螢幕等，而這整個過程便是建構在輸入－處理－輸出－回饋的系統上。基本上，從系統觀的角度來看傳播科技時，較容易引導讀者思考傳播科技的廣度，由於它將整個傳播科技分成四個步驟（輸入、處理、輸出、回饋）來探討，會讓我們在判斷傳播的內涵時，更容易區分訊息是如何透過科技工具在做處理與產出。

再從傳播活動的角度來看，傳播科技活動的進行形式可分為：人與人、人與機器，以及機器與機器等三種，而所傳遞訊息的表現形式，則可大致分為：文字（符碼）、影像（動態視訊與靜態圖像），以及聲音等訊息的表現形式。在很早之前，傳播活動必須依靠人力或自然物來完成（如聲音、火、樹枝等）；而在印刷發明之後，人類則充分利用報紙及雜誌來傳遞訊息，但又發現他們受限於空間因素而無法長距離的傳送訊息；直到電的發現及電磁波的運用，使人類得以克服遠距離傳送的困擾，並使得訊息的接收更為精確，而這些都是拜電子傳播科技發展之故。

貳、傳播科技技術的發展模式

探討傳播科技也可以利用傳播模式來作為思考的方向，並以此解釋傳播的技術結構及演變。因為傳播既然是將訊息從起點傳送到終點，那麼這傳送的技術模式如何，以及科技工具是如何介入傳播的過程，便是一值得研究的重點。首先介紹的是 Shannon 與 Weaver（1949）的模式（如圖 6.2），在 Shannon 與 Weaver 的模式中，訊息來源是從各訊息中選擇一個所要傳遞的訊息；傳送工具則是將此訊息

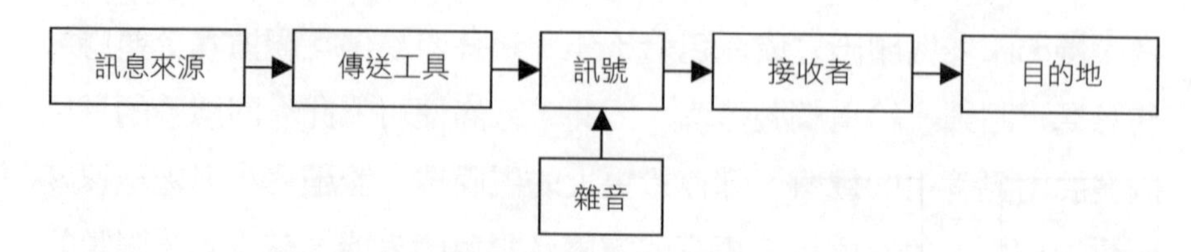

圖 6.2 Shannon 與 Weaver 的傳播模式

轉換成訊號以利通道傳輸；噪音是指非訊息來源所要的一些被附加之訊號。最後，訊號被傳至接收者，並將訊號再轉換為可接收的訊息至目的地。他們兩位認為在訊號的傳送過程中，訊號如何被轉換以利接收，是傳送過程中一重大的考慮，因為從 1844 年 Samuel Morse 發明電報開始，傳播的訊號傳遞方式已開始應用科技，並大大改變原本單純的傳播模式。但是，Shannon 與 Weaver 的模式中，卻因其模式的線性（linearity）取向而遭受批評，其主要的癥結在於缺少接收者與原始訊息之間的回饋與互動。而 DeFleur（1966）所提出的傳播模式則修正了此一缺失。

「回饋」在傳播技術模式的重要性，早在 1970 年代初期便為傳播學者所重視。DeFleur 就認為回饋是使傳統的傳播模式由線性走向轉型的一個重要過程，DeFleur 修正了 Shannon 與 Weaver 的傳播模式，以加入另一組過程來顯示整個模式中「回饋」的角色（楊志弘與莫季雍譯，1992）（如圖 6.3）。

「回饋」的加入，事實上可使傳播過程更具有雙向性，傳送者可以隨時注意他所獲得的回饋，來修正他的訊息。因此，在這種模式下，傳送者與接收者互動的角色便表現了幾乎同樣的功能。Schramm（1954）的傳播模式即表現出這種特性（如圖 6.4）。

在 Schramm 的傳播模式中，訊息的傳輸係由傳送者將訊息編碼後，使之成為訊號，再為對方所接收，並將其還原成原來的符號（解

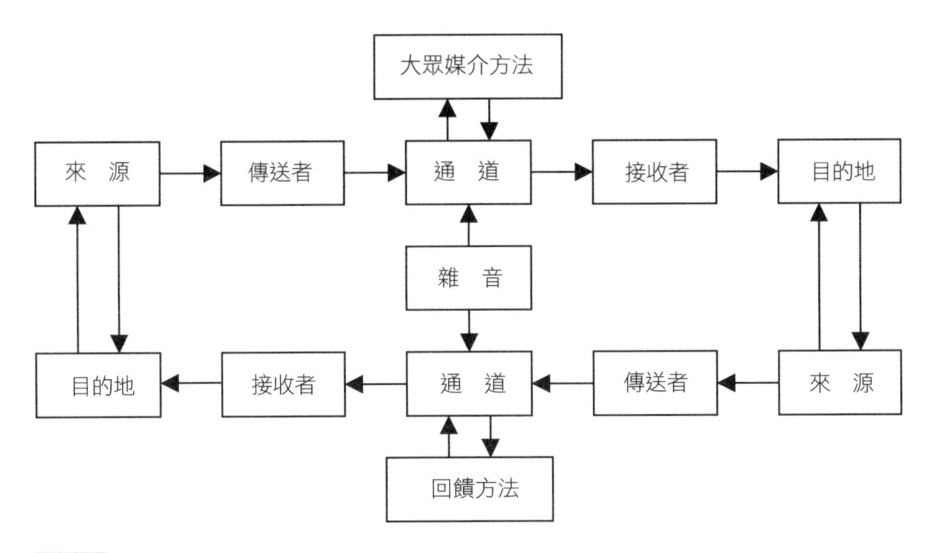

圖 6.3 DeFleur 的傳播模式

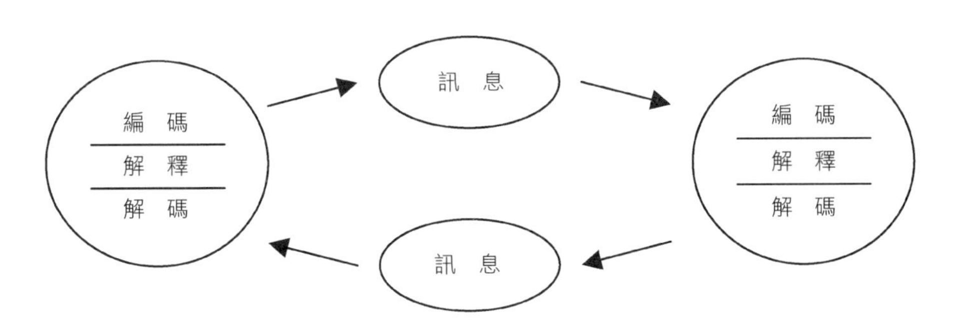

圖 6.4 Schramm 的傳播模式

碼）後，才到達目的地。Schramm 模式的編碼及解碼觀念對往後的傳播科技發展發揮了很大的影響，尤其是訊號形態的轉換（編碼及解碼）造就了電子科技的蓬勃發展。之後，Snyder 與 Hales（1981）在解釋傳播技術的模式中，以 DeFleur 及 Schramm 兩種模式為主體，來分析傳播過程中各要項之位置（如圖 6.5）。Snyder與Hales的傳播模

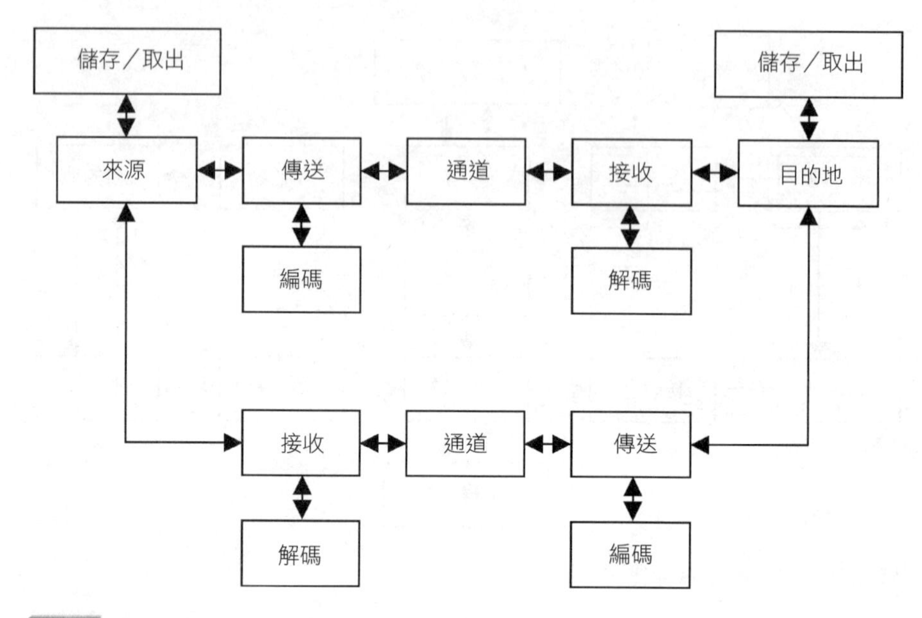

圖 6.5 Snyder 與 Hales 的傳播模式

式主要是將訊息傳送時加以編碼，而在接收時將其解碼。此外，訊息在起點或終點時則各有儲存的空間，而不像其他模式，訊息在接收後或傳送前並無適當的位置給予存放，而這也是傳播科技日後在儲存媒介上的發展基礎。

與 Snyder 及 Hales 傳播模式相似的另一種模式為 Hendricks 與 Sterry（1989）所發展的模式，基本上，Snyder 與 Hales 的傳播模式及 Hendricks 與 Sterry 的傳播模式較著重於過程中訊息的處理（process）部分，而 Hendricks 與 Sterry 的模式則更注重儲存（storing）及取出（retrieving）的角色（如圖 6.6）。從圖 6.6 的模式來看，Hendricks 與 Sterry 將傳播科技的訊息處理細分成傳送（訊息）、（訊息）編碼、接收（訊息）、儲存（訊息）、（訊息）解碼，及取出（訊息）。換言之，這六個動作（看起來就像是六個動詞）架構了整個傳播科技的

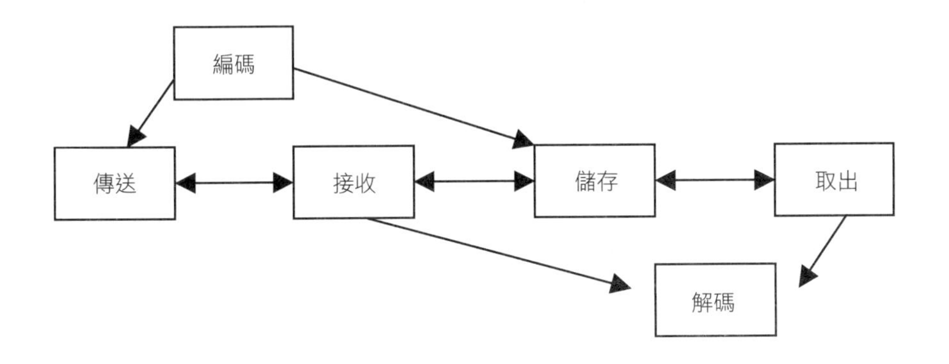

圖 6.6 Hendricks 與 Sterry 的傳播模式

技術層面。而今日所研發的各項高科技性的傳播科技產品，其技術內涵也都是屬於這六個範圍之內。

Hendricks 與 Sterry 對這六個傳播步驟內的技術內涵有如下的解釋：

1. 編碼（Encoding）：將訊息記錄或修正成所要的形式以便傳遞或儲存的一種技術方法，這包括：
   (1)設計（designing）。
   (2)轉換聲能成電能（converting acoustical to electrical energy）。
   (3)轉換光能成電能（converting light to electrical energy）。
   (4)轉換光能成潛在性化學影像（converting light to latent chemical image）。
   (5)轉換機械能成電能（converting mechanical to electrical energy）。
   (6)轉換熱能成電能（converting heat to electrical energy）。
2. 傳送（Transmitting）：將訊息從一地傳輸至另一地的一種技術方法，這包括：
   (1)調變（modulating）。
   (2)放大（amplifying）。

⑶多工（multiplexing）。

⑷雙工（duplexing）。

⑸頻率選擇（frequency selecting）。

⑹傳送（propagating）。

⑺訊號狀態化（signal conditioning）。

⑻交換（switching）。

3. 接收（Receiving）：傳遞來的訊息加以辨別及接收的一種技術方法，這包括：

⑴蒐集（collecting）。

⑵連接（connecting）。

⑶放大（amplifying）。

⑷調解（demodulating）。

4. 儲存（Storing）：將訊息記錄及整理彙集以便後用的一種技術方法，這包括：

⑴分割（separating）。

⑵塗布（coating）。

⑶調質（conditioning）。

5. 取出（Retrieving）：將訊息從儲存處取出的一種技術方法，這包括：

⑴抽取（abstracting）。

⑵索引（indexing）。

⑶存取（accessing）。

⑷控制（controlling）。

6. 解碼（Decoding）：將已記錄或修正過的訊息轉換成可用之形式的一種技術方法，這包括：

⑴轉變電能成聲能（converting electrical to acoustical energy）。

⑵轉變電能成光能（converting electrical to light energy）。

⑶轉變電能成機械能（converting electrical to mechanical energy）。

⑷投影（projecting）。

⑸反射（reflecting）。

因此，從傳播科技的技術發展模式來看，傳播科技逐漸偏向訊息傳送過程中訊號處理的技術發展過程。這個技術方法顯然代表著不只是硬體而已，就如同傳播科技並不只應用傳播產品的知識而已，而是科技在傳播過程中的應用。這個應用正如在描述傳播中所指的傳送至接收的過程中所含之各種必要步驟，這些步驟依據分析可以分為編碼、傳送、接收、儲存、取出及解碼等六大類。而在針對這六種傳播步驟的分析之中，其實是以 Hauenstien 與 Bachmeyer（1974）的概念模式為最早，他們將傳播分為編碼（含理解、認知、象徵、組織及價值）、傳送（含態度、觸摸、談話、寫作及畫圖）、接收（含視、聽、讀、觸、嗅及味覺）、儲存（含分類及記憶）、取回（含恢復與重述），及解碼（含認知、解釋、綜合及回應）。但這種分類模式所涵蓋的傳播概念，比較注重於人與人間溝通的一般行為，而缺乏傳播技術的應用（Hendricks, 1986）。因此，若從科技的角度來看，顯然 Hendricks 與 Sterry（1989）的傳播概念模式較能解釋傳播科技之技術內涵。

因此，若以圖 6.1 的系統觀來考量 Hendricks 與 Sterry 的六個傳播步驟，傳播科技系統可說是一系列的訊息操控過程，以各種不同的技術資源（如材料、設備、動力能源、知識、資料等）為「輸入」基礎，利用傳送、編碼、接收、儲存、解碼，及取出等技術，來「處理」各種不同來源的訊息，並將訊息轉換成或轉移到目的端成可「輸出」的狀態（如文字／符號、圖形、影像、聲音，及多媒體），以便達成傳播的目的（如圖 6.7）。

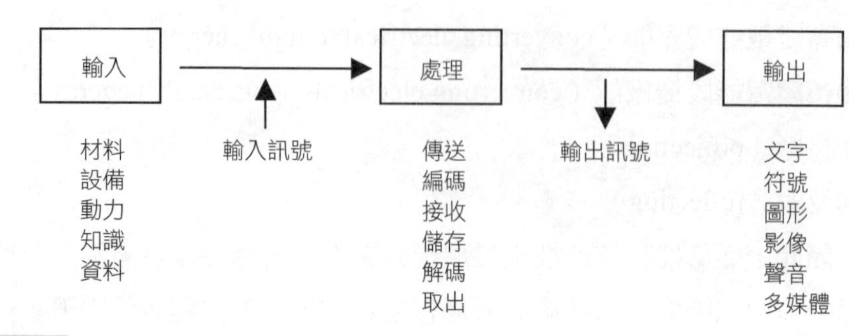

圖 6.7 傳播科技系統

第二節　傳播科技的演進與發展

從有人類開始，傳播的應用便是人類的基本行為之一。在人類傳播的演進發展中，口頭傳播、手寫傳播，及印刷傳播一直是三個重要的階段。但由於近百年來科技發展的快速，使人類傳播的方式有了很大的改變。Williams （1982）在其所著之 *The Communications Revolution* 一書中，曾將人類傳播方式的演變濃縮成二十四時來加以探討。在這一天之中，黃昏以前，傳播科技仍未真正開始。埃及象形文字出現在晚上八點三十分，英文字母出現在九點二十八分，Gutenberg的聖經雕版於十點三十分問世，而所有較新的傳播科技都是在午夜前幾分鐘才誕生（祝基瀅，1986）。從 Williams 的分析來看，人類早期的傳播方式是以口頭傳播及手寫傳播為主，而在印刷術發明後，才得以運用科技來改變人類的傳播方式。但是，人類開始運用新的科技於傳播，則在整個人類發展史中居於很後面的階段，因為直至十九世紀初發現電流與磁場的關係，使科學家得以運用電磁波快速的傳送，開始長距離的通訊，並正式進入了電子時代（Bitter, 1985）。

依據彭芸（1991）的分類，人類傳播發展階段可分為五個階段：

第一階段為語言的運用，第二階段為文字的使用，第三階段為印刷的發明，第四階段為電訊傳播的誕生與發展，第五階段則為電腦與電訊傳播科技的結合。另外，在Rogers（1986）所劃分的人類傳播表中，人類傳播科技的演進則分為書寫階段（西元前4000年至今）、印刷階段（1456年至今）、電訊傳播（1844年至今），及互動傳播（1946年至今）。其中，書寫傳播的主要傳播方式以抄寫為主，當時重要的經典都是由人一字一畫所刻印出來；印刷傳播時代則應用印刷技術，大量印製書籍文件，使得人類文明得以再生；電訊傳播則屬於電子技術發展後的傳播技術大革命，但在這個時代的傳播科技是單項且為一對多點的溝通，較少電子媒介中所強調的互動；互動傳播則是以電腦為工具，作為媒介雙向溝通之主要管道，互動傳播的出現，主要是新的傳播科技使得編碼、傳輸及解碼等方式有所不同（Rice, 1984）。在往後傳播科技發展中，這些新的傳播科技通常會牽涉到電腦的運算功能，因為電腦可以提供使用者對資訊的互動與控制。

本節所要敘述的傳播科技演進，將參考上述對傳播科技演進的分類方式，分成印刷技術與電訊傳播兩大類來探討。

壹・印刷技術的發展沿革

在人類文化傳承的歷史中，印刷術的發明加速了人類文明進展的腳步，即使在今日各種傳播科技發達的時代，印刷科技仍結合科學、技術與藝術不斷推陳出新，並廣泛應用於文化教育、商業、工業等各領域。以下將就印刷的發展史中，從中國印刷術傳至歐洲的歷程、機械式到物理化學的學理、電子雷射等當代高科技的應用、電腦科技的發展對印刷科技的影響，及未來印刷科技的發展方向等，做綜合性的探討。

一、手工印刷時代

印刷依版式可分為凸版印刷、平版印刷、凹版印刷與網版印刷（隨科技的發展有學者將靜電、雷射、噴墨定義為無版印刷），每種印刷版式都有其特性及應用於各種需求的印刷品。

㈠凸版印刷

凸版印刷的概念早在戰國時代的印璽即已開始，印璽通稱「圖章」或「戳子」，被用來作為識別真偽及取信的標識，所以又叫「印信」。晉朝道士們也曾用棗心木刻符印，來驅趕猛虎及水怪。之後，由於筆、墨、紙張等的發展及反紋印刷的應用，加上在印章、碑刻、木板寫字刻字、印封泥、印紙等的經驗，到唐朝逐漸發展到真正的凸版印刷。到了宋朝因為實行重文輕武政策，政府重視教育獎勵生產，使得宋朝的印刷技術達到前所未有的盛況。當時的學生人數眾多，自然需要大量的課本及參考書，故宋朝的官刻及私刻書相當盛行，為凸版印刷史上的黃金時代。同時間，宋朝人不但利用各種木板、銅版做印刷用版材，並且用蠟來印刷。

凸版印刷是在雕好一部書版之後，便可用來印出幾百以至上千部同樣的書，這比起早先的手抄寫方式方便了許多。但是雕版印刷仍然有缺點，因為印一頁就得雕一塊版，雕刻一部書更需要不少刻工及佔據大量的儲存空間，在人力、物力和時間上都不經濟。直到北宋仁宗年間，畢昇發明膠泥活字印才稍稍克服了上述的困難，雖然它的結構相當原始及簡單，但原理和現在的鉛字排印是相同的。蒙古西征時將活版印刷傳至歐洲，百年後德人 Gutenberg 又發明鉛合金活字，並用釀酒機製造印刷機。當時正值歐洲文藝復興時期，歐洲各地設廠印書的人逐漸增多，書籍的流通量也大幅增加，這在知識的傳播上扮演非常重要的角色。

㈡凹版印刷

在文藝復興時期，義大利金飾雕刻技師Finniguerra不小心將油誤滴落於所刻之金屬版，次日發現凹紋處所塗色料竟移附在蠟膜上。他改塗彩色油墨於雕版上，擦去平面無凹紋部分油墨，並以紙覆版重壓，竟得精美印刷品，於是發明雕刻凹版印刷。凹版印刷的特色為複製不易，至今仍為有價證券（如股票、鈔票等）的主要印刷方式。

㈢平版印刷

德國慕尼黑附近盛產石灰石，1766 年德國作曲家 Senefeldr 偶然把含有蠟脂和油煙的油墨，記事在他已經研磨乾淨之石灰石石版上，因而發明了利用水墨不混合原理之平版印刷的方式。因石版印刷以石版為版材基較為笨重，直至 1886 年英人 Johnston 發明直接輪轉機，並改用鋅版代替石版，平版印刷才由石版而進步為金屬平版印刷。

㈣網版印刷

網版印刷又稱孔版印刷，其原理是在一張布滿細密小孔的網子，用膠質物質（如感光膠或阿拉伯膠），將非圖文區的孔塞住，再將印墨塗布在網上加壓刮拭。如此網上沒有被塞住的圖文區，便會有印墨流出吸附在承印物上，而被塞住的非圖文區則維持空白。網版印刷的用途相當廣泛，可應用在各種布料、紙張、塑膠、金屬、陶瓷、木材、皮革等材料，是一種適合少量多種的印刷方式。

二、照相術運用於印刷技術

工業革命的同時，化學工業也發展甚速，照相術在當時多位科學家的努力研究下，也有長足的進步。1840 年 Ponton 發現混有重鉻酸鉀的蛋白液，塗布乾燥受光後成為不溶性，這個發現為後來照相製版奠定了良好的基礎。美國人 Levey 則發明雕刻網目屏，他在玻璃版的每吋距離內均勻刻上六十至四百條，並塗以不透明塗料，當兩版刻線垂直相對黏合並構成透明網孔，照相時因各層次所射入之光線強弱不同，經過網屏半影原理便產生大小不一的網點。網點所佔的面積多為深色，網點小為淺色，產生如同照片一般層次的變化，這便是印刷表現層次的網點原理。1869 年英人 Hauron 利用色彩學減色法原理，發明以藍（Cyan）、紅（Magenta）、黃（Yellow）三色油墨重疊套印，顏料混合愈多，光反射愈少，即可得彩色印刷品。此時期的彩色印刷品因油墨的品質不佳，加上分色與修色等步驟過程繁雜，作業時間長且條件難控制等原因，非受長時間的訓練，否則不易勝任印刷的工作。

三、掃描與雷射運用於印刷技術

二十世紀發明了真空管、光電管等應用於電視機與照片傳真等之後，在 1960 年代，先進國家都爭先研發新型掃描機。掃描系統的作用是掃描原稿，用光束照射原稿並將原稿的濃、淡轉變成光量的強、弱，經三稜鏡分成三股光束，每一股光束各自通過相對濾色鏡成了單純的色光，再經過光電管將強弱光量轉變成電流信號。而其內部的控制系統有四組處理單元，分別處理三原色與黑色資料。當掃描所得資料轉換成電流信號送入控制系統後，控制系統各自將電流分別整理，並與操作者設定的綜合資料予以修正調整，再各自輸送到記錄系統。之後，記錄系統將這些大小不同的電流變回強弱互異的雷射光，在照相分色軟片上分別露光，就成了印刷所需底片。此時期的電子分色雖然仍傳送類比式的訊號，但已使分色作業操作精確完美、效率高、節省材料，是印刷技術的一大突破。

四、電腦科技運用於印刷科技

電腦是二十世紀最偉大的發明之一，它改變了人類傳播方式與生活形態，而印刷科技也不例外地受到電腦的影響而產生了革命性的變化。印刷科技應用了許多尖端電腦科技及設備，並在電腦設備成本大幅下降、功能大幅提升的條件下，使得傳統印刷作業流程全部改觀。例如，前述電子分色機省略記錄系統，即可在控制系統處理完畢後直接存為「0與1」的數位訊號之電子稿件，並可在電腦上做分色後的影像處理工作。也就是利用影像處理軟體做影像的修整、色調調整或特殊效果處理，並配合向量繪圖軟體製作插畫與組頁排版軟體將圖文整合，然後經過輸出系統輸出成網片或直接製成印版，這些應用使得過去的照相製版生產方式從此走入歷史。其次，電腦應用在印刷機的操作上，亦使得印墨的控制更精準，送紙與收紙更為流暢，並大幅提升了印刷的速度與精美，過去要憑員工作業經驗來調整機器的時代均成歷史。以下列出一些印刷科技的新應用與新突破：

◆ 網點改變

印刷品以網點的大小表現濃度的深淺，現在正發展以網點大小相同疏密不同，所謂FM網點（或稱水晶網點）來表現，可以減少網花或斜紋撞網的困擾，使印刷品更加精緻。

◆ 多色印刷

彩色印刷原則上四色即可表現彩色，但多色印刷可以提高印刷品的濃度、層次更豐富、色域亦延伸，使印刷品由有顏色即可，提升至高傳真的品質。

◆ 直接輸出製版

由於網片與印版都是感光材料，以前技術先將網片輸出，再複製於印版上。現今的技術可以直接在印版上露光，不僅省時、省力、省材料，且更環保，目前已有許多大廠採用此技術生產。

◆ 直接上機製版

是將製版與印刷形成一體的設備，這可節省製版的設備與裝版校車時間，唯目前仍有許多缺點有待克服。

◆ 數位式直接印刷

此種印刷方式的印版為可變印紋，可以靜電來吸著帶電的顏色粉末，因為不需印版，故亦稱無版印刷。但速度慢、材料昂貴是其缺點，適合少量多樣印刷。

◆ 全像複製

是利用雷射光束記錄平面的圖像使之有立體感的新技術，這種技術因無法複製，已應用於信用卡、提款卡、護照、有價證券或商品等的防偽功能上。

◆ 網路的應用

印刷可利用電腦來處理數位資料，並在公司內應用區域網路以提升工作效率，更可使用網際網路傳輸資料，與客戶溝通。同時，印刷科技使用的數位資料，可與多媒體、影視、網際網路、電子出版、圖書館之數位典藏等做多元重複的使用。

貳、電訊傳播的發展沿革

電訊傳播（telecommunication）的誕生與發展始於十九世紀。在此之前，人類資訊的傳輸受限於距離因素，僅能應用印刷式的媒體來輔助人類傳達訊息。電訊傳播以其可跨越空間的特性，使人類在傳播的過程中，向前邁進了另一紀元。但是，在1946年電腦出現之前，電訊傳播基本上係以單向、一對一，或一對多點式的大眾傳播，而缺乏傳送者與接收者間的互動性。因此，以數位化及互動性為主要特性的互動式電訊傳播，在1946年電腦出現之後，便成為一新的傳播紀元。以下主要即在分析探討這兩個重要的傳播紀元（電訊傳播及互動式電訊傳播）的發展及演進。

一、電訊傳播的發展

電子傳播技術之第一步始於1844年Samuel Morse所做的第一部電報機實驗，當Morse自華盛頓拍出第一封電報至巴爾的摩時，雖然電報的訊息僅在實驗性的鐵線上傳遞了四十英里，但卻開啟了整個傳播技術革命的先河。Morse的電報機構造其實很簡單，它在發送端陸續的送出直流訊號，而後在接收端檢測電流之有無而完成了通信之目的。後來的幾項技術性革命使電報又有了很大的改進，如1855年Hughes成功地設計出電傳電報，這台電報機是當發報員在發報機的鍵盤上打入資料後，字跡便會清楚地出現在接收機上。在經過初期艱苦的發展之後，電報終於為工商業及其他團體所接受，細長的電線很快地連到許多重要的人口中心。1866年，Cyrus Field更首次將電線橫渡海洋，他克服了經濟及技術上的困難，鋪設了橫越大西洋的電纜，這使海底電纜得以連接世界主要都會，成為重要的傳播工具；及至1876年Alexander Bell申請電話專利，他更創立了著名的貝爾電話公司，使人類首次得以透過電線傳送人的聲音，這也使傳播的速度日益加快。

電話和電報發明的同時，許多科學家仍努力去探討電的特質，以求能以更有效的方式去控制電力。1873年蘇格蘭物理學家James Maxwell最早研究無線電波，其後在1888年德國人Hertz證實了電磁波的存在，並建造了一套能檢驗及產生電磁波的設備。這項發明使義大利人Guglielm Marconi開始嘗試將電波送到遠距離外，並在1896年

Marconi 獲得了無線電報機的專利，這個利用 Morse 點畫電碼發送及接收Hertz電波的裝置，使人類的傳播距離得以擴大且速度得以加快。1906 年 Reginald Fressenden 研製無線電話成功，他準備了一部儀器能傳送比 Morse 以點畫電碼音調更為複雜的信號，使得人類首次能從無線電波中收聽到人的聲音，這個發明也造就日後收音機的快速發展。

二十世紀的初期，法國人 Perlsyi 首次將傳播圖樣的實驗取名為電視，而開始了電視傳播的發展。1906 年 Lee de Forest 發明了三極真空管（triode）來產生電波，並將電波調變、放大及接收。這個廣播技術之突破對往後電視機上的映像管有很重大的影響。三年後，英國人 Baird 完成了電視圖像的分解、組合與發射，1931 年 Zworykin 再發明了電子掃描器取代了過去所用的機械式掃描盤。此後，這掃描器所取用的掃描開始成為世界各國電視發展下主要的競爭因素。另在電視的發展過程中，數位電視（Digital Television, DTV）則是邁向高品味電視的第一階段。西德 ITT 公司於 1983 年，發展出第一台數位電視機，它是利用晶片處理影像及聲音訊號而完成。數位電視與傳播電視的不同，主要是數位電視有其特殊的裝置，可將類比訊號轉為數位訊號，並將其做數位訊號之處理後，可藉由其他裝置來控制訊號之傳輸及儲存。

1949 年之後，電視之發展已相當普遍，但位於深山之社區或距離電台較遠之小鎮，則深受收視不良之苦。為解決此種困難，於是電台在高地上豎立大型天線中繼站，並把電波加強後，再用電線將視訊號送到各家庭用戶的電視機上，這也就成了有線電視的先驅。有線電視基本上是利用電纜來接收視訊的一種方法，它是一種經由同軸電纜，將廣播、電視訊號由中心傳送至定點，這個系統包含了三個主要部分：設備頭端（headend）、傳輸網路（distribution network）及訂戶接收站（subscriber drop）。頭端是線纜傳播系統的心臟，它將各種訊號來源在此經過接收及整合，而後轉到傳輸的網路向外發送；傳輸網路則是運用線纜，將頭端節目訊號經由空中架設或地下埋設的方式，經過各街巷而形成的社區服務網；訂戶接收站包括由傳輸網路拉線進入訂戶家中的電視接收器或其他特別設備。

從電報到電視，記錄了整個基本電訊傳播的發展過程，人類得以利用這些科技克服距離上的障礙，接收到聲音、文字、影像等以往不易獲得的訊息。同時，訊息記錄及儲存的方式，也得以透過除了文件之外的錄音帶及錄影帶，來保存訊息的完整性。

二、互動式電訊傳播的發展

互動式的傳播主要在於改良以往傳播的單向性，因為傳播既然是傳達者與接收者間的互動關係，如何使傳播過程相互溝通以產生立即回饋，便成為電訊傳播的主要課題。而其間的變革，電腦扮演著十分重要的角色。1946 年賓州大學發明第一部電腦主機 ENIAC（Electronic Numerical Integrator and Calculator）後，電腦就變成了雙向媒體間相互溝通的主要工具。可是初期的電腦大量使用真空管，使電腦的體積龐大亦產生大量的熱，同時耗用相當可觀的電力。其後，1948 年 Williams Shockley、John Bardeen 以及 Walter Brattain 共同發明了電晶體，這種能使電子訊息放大且只需一點電流的小儀器，使得電腦的發展有了重大的改革。除電晶體外，微處理機亦是使微電子工業邁進新世紀。1971 年 Ted Hoff 發明的微處理機是一片半導體晶片，它裝置了中央處理單位（CPU）來控制電腦。1980 年代以後，由於半導體工業的快速發展，且其小型化的趨勢，使得微電腦得以普遍為大眾所接受，這也使得電腦很容易成為互動式傳播中的要角。

電腦成為傳播的主要工具，主要在其能建立一個電腦傳播的架構，讓眾多的資訊能為大家所共享。因為使用者加入分時系統，並使一座主機能分出線路，以便能同時執行一種以上的工作，如此讓很多使用者共同工作，而這種資源共用的概念，也造就了電腦網路的發展。電腦網路的形成係以多個分別於不同場所的個人電腦，由通訊網路連結，以高效率且系統化地加以利用之資訊通信網。在此系統內，所有的資訊可以共同被所有的終端機或電腦利用，以做雙向通信來達到高效率的傳達或處理。電腦的另一貢獻則是在網際網路上的應用，網際網路源於美國國防部的一個計畫，當時的目的主要是用於軍事用途。1975 年後，它始開放其 ARPAnet 作為學術用之網路。之後，由於區域網路之日益成熟，加以通訊協定之標準化，使得各區域之大型網路紛紛加入 ARPAnet，而形成今日全球性的網路。

此外，在數位化技術漸漸成熟之後，新的通信技術亦接二連三的出現，這其中包括了電子傳真（facsimile）及電傳會議（teleconference）。電子傳真係利用傳真機，在發送端以掃描方式將原本的圖像資料轉變為電子信號後，再經由電話線或其他線路送到另一接收端，而後接收端再以相反程序將電子信號還原於圖像資料。電傳會議則是利用通訊方式來連接不同地點的資訊，如互相傳送影像、圖表、數據及文字等訊息，使相關人員能夠在本地的會議室與遠方會議室的人員進行開會討論。

與電腦傳播亦有息息相關的另一重大發展是衛星。由於人類欲達到互動傳播的理想，卻常因為地球地形的限制，使傳播功能常有達不到或訊號衰弱的感覺，因此，借助衛星來傳遞訊息的想法便應運而生。1945 年，英國人 Arthur Clarke 首先提出了衛星傳播的構想，他在討論有關長距離傳送廣播與電視訊號的技術困難時，建議將人造衛星射入離地球表面約三萬六千公里的太空，並停留在與地球自轉速度同步的軌道上，那麼衛星上的電子裝置就可以直接收到地面上傳送的訊號，並將這些訊號轉送至其他可涵蓋範圍內之區域。但是，Clarke 的構想，直到 1957 年蘇俄發射了第一枚由人類發射到太空的衛星「史普特尼」（Sputnik）後，才得以實現。以後的數年間，衛星的發射成了太空競賽，並導致了更多更具威力的太空衛星發射器。1974 年，美國發射了第一枚傳播衛星，1984 年，日本更發射了世界第一枚直接播放衛星。這些衛星不僅幫助傳送電視廣播，也用於長途電話的呼叫等，促使人類生活空間愈來愈緊密。

衛星傳播技術的不斷進步，使得電話、電腦等通訊也大量地使用衛星來進行傳輸，且這種技術比傳統的微波傳送與同軸電纜傳送都來得更為方便。近年來，直播衛星發展更是一日千里，直播衛星的節目由地面電台送至衛星之某一頻道，再經其轉送訊號到地面的接收碟盤來接收。雖然，一個直播衛星可能只提供區區數個頻道，然其接收能力甚強，這些頻道可將訊號直接傳送到屋頂上的碟盤，再經衛星訊號轉接為一般正常電視的接收頻率，更甚而利用電線或電纜以至電視機（彭芸，1991）。如今的電視，透過衛星、電纜等傳送之輔助，使得傳統單向式的電視漸漸變成雙向互動式的電視，電視可以結合鍵盤及頭端的電腦功能，處理許多自動化的設備。

「互動」在傳播科技的發展過程中，是一個非常重要的功能。尤其是針對不同個人的個別需求而言，如何在同一時間內滿足不同個人的需求，就成了傳播科技發展過程中相當關鍵的因素。以有線電視業者來說，目前主要的服務除了頻道的提供、節目的製作、寬頻上網外，其重點是希望未來能透過有線電視傳送系統，達到雙向互動的服務。換言之，未來有線電視的發展可以根據閱聽眾個人的需求，選擇自己想看的電視節目，或是利用有線電視系統進行電子交易、線上查詢等工作。嚴格說來，在科技的演進過程中，有線電視已朝向跨媒體的方式發展。有線電視可以結合電話、電腦，將它們融合在一起，成為一個多媒體的形態來呈現。1993年，美國聯邦傳播委員會授權認可「個人通訊網路」，就是一種新形式的無線電話服務網。這種服務是把網路經由無線電話（成本低、便利性高）和行動式無線電相結合，藉由這樣的方式，可以把個人通訊與網路相互聯結。所以，現在的有線電視業者可以進入電話產業當中，而有線電視的訂戶除可收看原先的電視節目外，更可以利用有線電視上網。

從上面所引用的人類傳播發展階段來看，運用科技於傳播的頻率有愈來愈頻密的趨勢，例如，人類由語言傳播到文字傳播，當中花了三萬年的時間。但是，由印刷到廣播卻只不過是八百多年，而廣播到電視更縮短到了二十餘年（汪琪、鍾蔚文，1988）。此外，若從某種傳播的發現到該產品的應用與生產之間來看，時間的距離也愈來愈短，舉例來說，照相術由發明到生產期間經過了一百年，而電晶體由發明到生產之間卻只經過五年（DuVall, Maughan, & Berger, 1981）（如圖 6.8 所示）。由這樣的情勢看來，未來科技的發明到生產所經歷的時間將愈來愈短。相對的，人類適應科技的能力亦會配合科技的腳步而加快，如收音機經過了三十八年才達到五千萬的使用人數，而網路卻只花了四年的時間即達到同樣的使用人數（林以舜譯，2000）（如圖 6.9 所示）。因此我們推估，未來科技的使用將愈來愈普及，也可以預見科技從發明到產生的間隔將愈來愈短，科技的普及性也會愈來愈快，而科技環境更將是日新月異的變化。但是，在傳播發展的過程中，傳播技術的

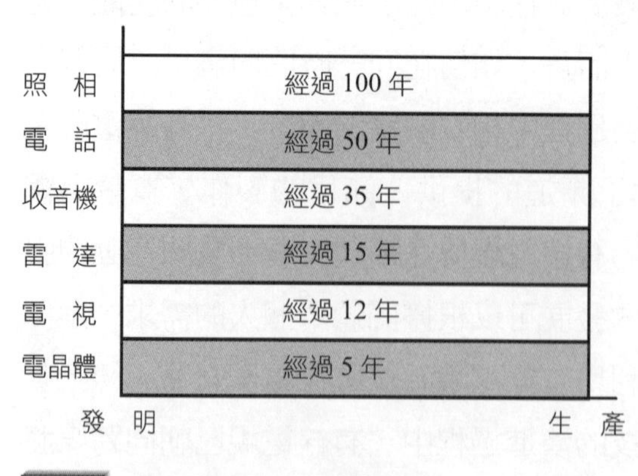

圖 6.8　傳播科技發展的變遷速度

累積是一個重要的角色，正如莊克仁（1992）所說的，每一個後來的科技並未能取代先前的傳播媒體，因此傳播歷史乃是「更多」的歷史，每一種新的媒體可能改變舊的媒體的功能，但是舊媒體並不會因此而消失。

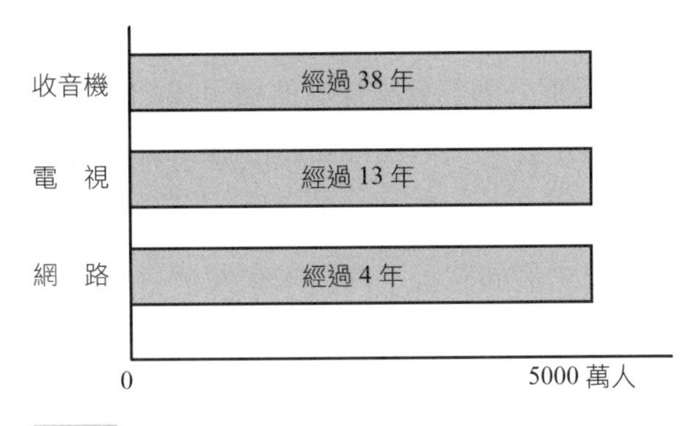

圖 6.9 傳播科技發展的變遷速度

第三節　傳播科技的應用與未來趨勢

人類傳播的歷史在經歷口語、手寫、印刷、電子傳播等時期之後，訊息在傳遞與接收之間變得愈來愈便利與迅速。例如，1844 年 Morse 使用電報連接華盛頓與巴爾的摩兩地，電報技術的發展使得地理上的距離無形中自然消除，資訊能夠即時傳輸，這也是第一次交通運輸與遠距傳播有了區別。由於時代不斷演進，科技發明一再改變傳播媒介的面貌，傳統的印刷媒介隨著網路的出現，亦使昔日的書籍、報紙演變為電子書（e-book）、電子報。這距 1600 年第一份報紙在德國、法國、比利時出現後已四百年，距 1456 年德國人 Gutenberg 發明印刷術前後又過了五百多年。此外，電子媒介中的廣播由 1895 年 Marconi 首度透過收音機傳遞訊息，到 1920 年美國匹茲堡 KDKA 電台開始播放定期廣播節目，廣播硬體設備的發展也由先前的調幅廣播，進化到調頻廣播，以至目前的數位音訊廣播。而今日生活中與我們接觸最頻繁的電視，則由早期頻道數有限的無線電視，演進到現在可收視到近百個頻道，與收視品質不受到地理因素影響的有線電視及跨越國界的衛星電視。

以下分兩部分來探討傳播科技的應用及其未來的趨勢。在應用方面，舉了許多目前傳播科技的應用實例，俾使讀者更了解傳播科技在今日資訊社會中的角色與重要性。同時，在趨勢的分析下，也藉由過去的歷史發展狀況，探討未來傳播科技的走向，以作為因應社會變化的準備。

壹、傳播科技的應用

一、遠距教學

電腦及通訊網路的發達使得教育的理念與實作呈現了新的風格，透過網路的傳輸，使得教育理念中的終生學習、因材施教、彈性進度、合作學習、資源共享等，得以落實（孫春在，1995）。遠距教學便是利用這種高速率的傳輸網路，使學生能在不同地點，透過教學網路和不同的資源提供者進行學習活動。以我國為例，近來所規劃的遠距教學方式主要有下列三種形式：

㈠即時群播

即時群播的遠距教學系統主要是打破時空之限制，使在不同地點的師生，以即時互動的教學方式達到教學成效。即時群播系統的架構主要為一間主播教室與若干遙端教室，教室之間則以網路傳輸相互溝通。而網路的傳輸則因速率的不同，可分為窄頻與寬頻的即時群播。窄頻的即時群播以整合服務數位網路（Integrated Service Digital Network, ISDN）為主，然因其速度較慢，教學品質受到較多的限制；而寬頻的即時群播則以非同步傳輸模式（Asynchronous Transfer Mode,

ATM）交換技術為主，其功能可達到如下的應用：

1. 即時、互動、全動態及具多媒體的視訊傳輸。
2. 提供多點即時交談的功能。
3. 可將教師用之補助教材直接傳送至遙端教室。
4. 可結合網路，將電子布告欄（BBS）、電子郵件（E-mail）、全球資訊網（WWW）等應用於現場教學。

㈡虛擬教室

此系統是在電腦網路上利用電腦軟體設計出一套教學管理系統，以便學生在任何時間均可透過通訊網路模擬教室上課的情境（如討論、發問、考試等）。虛擬教室教學的實施，基本上需要建立三個系統：

1. 學習系統：須製作多媒體教材以便提供學生進行互動學習。
2. 教材伺服器：須有足夠的伺服器存放所有的教材，以便提供學生資料的提取及查詢。
3. 學習管理系統：在學習教材伺服器上加上學習管理系統，可使遠距教學成為一個具有虛擬功能的遠距虛擬教室。學習管理系統可以記錄學生學習進度、提供適切程度的教學材料、處理學生問題及回答等，充分扮演監督者的角色。

㈢課程隨選

課程隨選（Video on Demand, VOD）是一種應用交談式視訊點播技術，來達到完全雙向交談視訊服務的遠距教學。學習者可以利用自己的電腦或是裝有控制盒的電視，透過高速網路取得所需之多媒體教材。因此，學習者可以視個人時間安排來選取不同教材，並可完全控制整個教材的播放過程，就如同錄影機的操作一般。雖然課程隨選的應用潛力十分看好，但目前除在學校和企業界中實施尚具可行性外，若要深入家庭，則因費用關係，短期內可能無法完全普及。

以上這些在教育上的應用都充分顯示，網路科技在今日教育中的重要性。在資訊化社會中，網路延燒全球，網路使用及普及性更成為衡量一國競爭力的重要指標。根據蕃薯藤「2004 年台灣網路使用調查」的結果發現，台灣地區民眾在網路應用服務上，使用全球資訊網和收發電子郵件在近年來均名列前茅，緊接在後的是使用即時通訊軟體的人數的快速成長。隨著寬頻網路技術的成熟及普及化，解決以往傳輸速度及品質的問題，撥打網路電話、進行線上遊戲、收看線上電視節目以及網路購物，已經成為台灣地區民眾重要的網路使用行為。這些資料除了顯示台灣網路的運用已日趨成熟，更傳達出在資訊化社會下成長的台灣新新人類對網路有極高的接受度，而網路化教育也必然會是呼應未來新新人類工作需求上一項新的學習方式與期望的工具。

二、電腦科技

電腦是近半個世紀才出現的產物，而且正快速全面地影響人類的生活，舉凡各項食、衣、住、行、育、樂等方面，都可發現到電腦的應用。它可結合通訊技術，應用於電話，讓人們可以隨時隨地取得想要的資訊或聯繫朋友，或結合電子控制技術遙控各種機器，在預定的程序和進度之下完成工作。電腦科技已跳脫傳統計算器單一功能的象徵，進一步成為消費性的電子產品，諸如玩具、隨身聽，以及家電等日常生活用品。因此，為了達到完整的電腦應用，電腦科技將繼續發展下列技術：

㈠多媒體

多媒體是指能同時處理文字、數據、影像、圖案、聲音、動畫，以及視訊資訊的技術，多媒體化的產品，可以讓資訊呈現的方式更多樣化，豐富資訊傳播的內容。虛擬實境是多媒體應用的趨勢之一，它利用電腦處理多媒體資訊的特性，產生人造的視、聽、嗅、味與觸覺環境，營造一個虛擬的環境，讓人有身歷其境的錯覺。目前虛擬實境的技術，主要應用在模擬高危險、高難度的工作環境，作為該環境下之專業技能的訓練工具，如：飛行模擬系統、地底探勘模擬系統；也有些娛樂事業應用虛擬實境的技術，製作一些電腦遊戲或冒險活動，如動感電影等。

㈡電腦網路

隨著網際網路在全球掀起風潮，網路的應用便從資料傳輸與資源共享等原本簡單的目的，演化出電子交易、視訊會議、遠端控制、網路資料庫等多項應用，成為電腦科技發展最快的一環。依照電腦網路分布的範圍，可分為區域網路與廣域網路兩種：

1. 區域網路：使用集線器將多部電腦組合而成的小型網路。例如學校的電腦教室，即是區域網路應用的一種。
2. 廣域網路：由兩個以上的區域網路所組合而成的大型網路。廣域網路利用橋接器，將兩個相同的區域網路相連，或用路由器將兩個不同的區域網路相連結，使多個區域網路可以相互連線。目前，全球規模最大、最複雜的廣域網路，即是結合全球所有網路使用者的網際網路。

㈢人工智慧

人工智慧是指具有人類知識和行為的電腦系統，它具備：⑴學習；⑵推理、判斷與解決問題；⑶儲存記憶知識；以及⑷了解人類自然語言等四種能力的電腦系統。目前人工智慧的應用大致可分為下面七個領域：

1. 類神經網路：讓電腦模仿人類腦神經處理資訊的能力，以便學習及處理一些複雜的問題。
2. 專家系統：讓電腦系統擁有像專家的智慧，並在特定場合代替專家解決問題。
3. 基因演算法：目前大都應用在電腦輔助設計、投資分析、司法審判及光纖網路設計等方面。
4. 機器學習：讓電腦從經驗、範例或說明中學習，可應用在生產排程控制、產品研發、財務預測，以及流程自動化上。
5. 模糊邏輯：讓電腦學習以非絕對的黑白或對錯來判斷事物。目前在控制、決策分析及推理等方面應用廣泛。
6. 辨識影像：模仿人類的視覺，讓電腦也能分辨它所「看」到的東西。
7. 了解自然語言：讓電腦了解「看」到的文字和「聽」到的話語。

三、遠距醫療

利用電腦網路來提升醫療服務的品質是遠距醫療的最主要目的。它可以使醫療人員共享醫療資源，縮小城鄉醫療資訊的差距，並且提供偏遠地區民眾高品質的醫療服務。運用高傳輸速率的網路，遠距醫療系統可以傳輸如：病歷摘要、檢驗報告、X 光攝影、電腦斷層攝影、超音波影像等資料，以提供遠方的醫療人員做最佳的判斷與診治。除此，亦可利用視訊及語音功能，提供偏遠地區醫師及護理人員的教育與進修訓練，或進行會診。我國目前遠距醫療的系統架構，是以醫學中心現有的醫院資訊系統及醫學影像儲傳系統為中心，醫事人員利用多媒體個人電腦，可將各種資料藉由電腦網路傳至另一端。除此，電腦尚可具有視訊會議及同步閱片的功能，以方便雙方醫師直接討論病情。

四、視訊會議

1980 年代初期，某些大企業即有實驗性的視訊會議系統，其系統架構是會議室點對點（point to point）的方式，亦即在甲乙兩地各設置一間會議室，並安裝同一套視訊會議系統以專線傳達。目前的視訊會議系統亦沿用此種技術，以 ISDN、國際網路建立通訊管道，來傳送即時性的動態畫面和聲音。視訊會議系統可以提供許多不同的視訊及語音介面，做各類多媒體的傳輸，如：錄放影機、傳真機、電話、文件提示機等，以延伸視聽周邊設備的功能。

近年來由於資料壓縮技術的突破發展，如MPEG等相關技術的成熟，使得視訊會議系統（尤其是桌上型系統）得以更低廉的價位和網際網路相連。近來使用的視訊會議系統多數採用各供應商專屬的標準，故而不同廠牌的產品便無法相互連接使用。造成此種不便之主要因素，在於共同標準形成緩慢，因此，基於未來的發展，標準化之產品應是各廠商的共識。在應用上，視訊會議系統的特點包括有：即時性、雙向的溝通、資料文件的互傳、經濟性，及會議內容易於存證等效益；除此，它亦從早期單純的點對點開會，延伸至各種教育訓練、醫學研究、技術研討、軍事指揮，及危機處理等應用。

五、電子報

由於網際網路的迅速發展及使用人口的增加，連帶造成傳統報業跨足網路媒介出版電子報。電子報是一種在電腦網路上刊行並定期更新資料的新聞性資訊服務，其主要的表現類型可分成純文字形式及多媒體形式兩種，前者主要刊行於電子布告欄系統或地鼠系統（Gopher），後者則多是在全球資訊網上發行。從發行的系統來看，電子報與傳統印刷報紙最大的不同在於傳送的通道，電子報主要的傳送通道是電腦網路，而傳統印刷報紙傳送的通道則為一般的派報系統及零售。

電子報如果依照新聞產製的來源可以分為三大類：第一類是網路原生報，這是以純粹的網路公司形態自行聘僱記者產製新聞，這類型的電子報是以單一媒體的營收來支撐所有新聞的產量，所需成本與下述兩類電子報相較是較高的一類；第二類是原先就已用傳統印刷方式存在的平面或電子媒體，但為了因應網路時代的來臨，將原有的新聞內容電子化或架設新聞網站，例如中時電子報、聯合新聞網；最後一類則是本身不生產新聞，僅利用其他新聞供給者所提供之新聞，這一類以入口網站新聞頻道為主，網路使用者透過此一網站的超鏈結，可以閱讀或收看到來自許多不同媒體的新聞內容，例如奇摩新聞。基本上，電子報與傳統的報紙相較具有下列特色：

1. 沒有截稿時間的限制：由於電子報不需要經過印刷程序，無形中就不會受到截稿時間的限制，記者將新聞處理完成，經過內部一定的層核過程後，就可以成為電子報的內容，並且可以隨時更新新聞內容。
2. 縮短訊息傳送的時間：以往新聞事件發生後，經由記者撰寫、編輯編排、校對印刷後，尚須透過運送的過程才會到達閱聽眾的手上，從事件發生到閱聽眾看到時已過了數個小時，而電子報透過網路傳送則可以縮短媒體傳送新聞的時間。
3. 根據閱聽眾的喜好選擇新聞內容：傳統的報紙新聞內容是固定的，

閱聽眾訂閱時無從選擇新聞內容。閱聽眾訂閱電子報時，可事先依照自己的需要及興趣選擇個人化的新聞內容。

4. 發行範圍不再受限於地理環境：傳統的印刷媒體，主要的閱聽眾是以國內為主，為了吸引居住在國外的閱聽眾，通常會發行海外版或是航空版，但是卻無法達到即時傳送的效果。電子報透過網路傳送，不僅快速，更無國界的限制。

5. 便於與閱聽眾進行互動：與其他媒體相較，網路的特性之一就是互動。電子報在規劃時，為了方便與閱聽眾進行互動，都會考慮到閱聽眾的需求，例如聯合新聞網在每一則新聞之後，都設有評分表供閱聽眾評分。

6. 便於資訊傳輸、存取及搜尋：電子報的資料因為都已經過數位化的方式處理，因此無論是在文字或是圖片的傳輸、保存及查詢上，均較傳統印刷媒體方便。

六、數位音訊廣播

隨著人類走進二十一世紀，數位化的科技與日常生活的關係更形密切。與我們日常生活息息相關的傳播媒介——廣播，從十九世紀末 Marconi 利用無線電波經由天線發射入天空，增加人類訊息傳送的距離，迄今又過了一百年。在面對通訊全面數位化的風潮後，傳統類比系統的調幅（AM）及調頻（FM）廣播也面臨極大的挑戰與衝擊，其中以數位音訊廣播的來勢最凶，甚至被稱為未來的聲音——第三代廣播。未來數位音訊廣播，除了可以聆聽具有 CD 般品質的聲音外，如果再加裝顯示幕，更可以接收到多媒體的資訊服務，如氣象預報時可同時顯示天氣圖，路況報導時會出現地理位置圖，以及金融證券行情等。鑑於上述優點，有些國家已決定在 2007 年終止現有的調幅（AM）、調頻（FM）廣播，以數位音訊廣播取而代之。

數位音訊廣播（Digital Audio Broadcasting, DAB），亦稱 Digital Radio，是一種利用數位方式將播音訊號傳輸出去的系統，因為它是以數位形態傳輸，所以稱之為數位音訊廣播。原始的無線電波是類比形式（analog），在經過濾波器（filters）、混波器（mixers）及調變器（modulators）處理後，可以變成位元 0 與 1 的數位訊號（digital signal），這種數位化（digitalize）的處理（processing）可以把聲音、文字、圖形、影像轉化為一連串的位元。而位元化的資訊因為可以輕易被混合在一起，同時這些資訊亦具有可壓縮、錯誤偵測及回復原型的特色（程予誠，1999）。數位音訊廣播因採數位傳輸，亦同時具備數位化的多項優點：

1. 價格便宜：數位式服務可以節省成本。
2. 傳送更安全：光電傳送較電波傳送在過程中更易於編碼（scramble），並且不易被偷盜及偽造 。
3. 訊息更清楚：訊息品質清晰，失真程度低。
4. 更易於處理：訊息容易混合、創作，尤其在影視媒體上的電腦動畫。
5. 訊號形式統一：不論是任何電子媒體，聲音、文字、影像皆可變成數位化，而方便於不同傳輸模式傳送。

由於數位音訊廣播是透過數位傳輸，其頻道可以壓縮，這無形中增加現有頻寬的使用效率。以調頻廣播為例，目前一個頻道需要六兆赫（MHz），數位音訊廣播只需一兆赫（MHz）。亦即，使用數位音訊廣播可以同時播送六個 CD 品質的立體聲節目，不僅頻道數增加，節目內容更多元化，傳送更廣泛的數據資訊。基本上，數位音訊廣播被稱為是繼調幅（AM）、調頻（FM）廣播之後的第三代廣播，除了音質較傳統的廣播佳之外，競爭優勢如下：

1. 具備數位訊號傳輸的優點，抗雜訊、干擾。聲音品質達到 CD 唱片的水準。數位廣播在訊號的傳遞上是採用數位方式進行，不同於以往是以類比訊號傳輸，以致經常會造成累積的雜訊，進而影響廣播聲音的品質。

2. 能同時傳播數據信號，未來可應用範圍如呼叫（paging）、廣告、天氣預報、節目報導、尋人尋物等。

3. 已成為世界各國發展的趨勢。

七、電信通訊

通訊是以交換雙方訊息為目的，提供人與人在任何時間和地點，交換語音、文字、數據、影像和視訊等服務，生活中常見的通信系統有下列幾種：

1. 公眾服務電話網（Public Service Telephone Network）：大部分家庭或辦公室所使用的有線電話，即屬於公眾電話服務網系統，它提供通話、傳真、撥接上網等多項功能，但因為是以普通的電話線傳輸資料，線路的頻寬只有 4kHz，所以通信的速度和容量較小。

2. 整合服務數位網路（Integrated Service Digital Network）：一個 ISDN 門號通常有兩條資料傳輸線路（B-channel）以及一條控制線路（D-channel），每個 B-channel 的傳輸速率為 64 Kbps，可以使用一線當作一般電話，另一線同時傳遞資料，或合併兩線 B-channel 使傳輸速率達到 128 Kbps。

3. 蜂巢式行動通信系統（Cellular Mobile Communication System）：俗稱大哥大，是利用超高頻無線電波來傳遞訊號，並採用蜂巢式細胞概念建構的通訊系統，可提供無線語音與數據服務。從第一代 AMPS 類比式行動通訊系統（即俗稱黑金剛的 090 行動電話），到第二代 GSM 數位式的全球行動通訊系統，採用數位式的傳送方式，有安全性較高與通話品質良好等優點。隨著網際網路的發展與行動通訊的需求量大增，於是第二・五代 GPRS 和 CDMA 與第三代行動通訊系統（3G）相繼推出。根據國際電信聯盟（ITU）的定義，只要是傳輸速率於高速移動（100 km/hr）達 110 Kbps、慢速移動（60 km/hr）達 384 Kbps 與靜止達 2 Mbps 的系統，均可稱為 3G。結合 WAP 和藍芽技術的 3G 系統，可透過事先架設的攝影機，將前方的道路狀況顯示在行動電話上，或者將相機拍到的畫面，馬上傳送給遠方的朋友，也可以進行遊戲連線對打或視訊會議。

4. 衛星通信系統（Satellite Communication System）：即透過通訊衛星作為訊號轉換台的通信系統。目前，衛星有電視轉播、軍事通信、民間電信、氣象、導航和科學研究等多種用途，若從空中分布的位置來看，可分為靜止軌道（GEO）、中軌道（MEO）、低軌道（LEO）三種衛星。其中，通信用的衛星以低軌道為主，因為低軌道衛星較接近地表，訊號來回距離與時間較短，較不會有延滯的現象。

八、衛星電視

衛星對人類的影響，原本僅限於以一般通信為主的功能，然而基於政治、經濟及社會的因素，各國競相發展衛星通信，使得衛星成為目前世界各國電視媒介的重要通路。正因如此，衛星不但成為目前世界各國電視媒介的重要通路，更是大多數人接近電視媒介的主要管道。

衛星電視的特性是其電波涵蓋範圍廣且具高時效性，由於衛星的電視訊號是來自約三萬六千公里的外太空，因此不受任何地形障礙，且可同時傳送電視訊號到世界各地。除此之外，由於涵蓋範圍大及傳輸容量高的特性，對於多山、小島林立等無法透過有線電視系統傳送電視訊號的偏遠地區而言，以衛星傳送電視節目訊號是最方便且經濟的方式。基本上，衛星傳播的特色可包括：

1. 訊號傳送範圍廣：最適合應用於幅員遼闊的國家，如中國大陸、俄羅斯、美國、加拿大等國。一般來說，衛星傳播通常應用於國際之間的傳播，但是在幅員遼闊的國家中，為了加速國內各區域間的傳播效率，通常也會採用衛星傳播，並可縮短城鄉間的差異。
2. 突破地理環境的限制：小島林立與地形較為複雜的國家，如印尼、日本、台灣等地，架設地面無線電視轉播站不但費時且需龐大的資金，為了增強訊號的傳送，還須建立中繼站，但是不容易解決收視不良的問題。如果透過衛星傳送訊號，這些問題皆可迎刃而解。
3. 訊號品質一致：由於衛星傳送訊號的轉繼皆來自於外太空，加上衛星電視訊號與 VHF 或 UHF 電視相較之下，多出近五倍的頻寬，因此其訊號傳送的品質遠高於地面的無線電視台。
4. 抗災害性強：衛星電視在地面上僅須設置上下鏈站即可，不像無線電視台需要透過轉播站傳送訊號給使用者。因此，當地面發生天然災害如強風或是地震時，訊號傳輸之持續性皆不受影響。
5. 同步傳送：衛星電視訊號的傳播，因來自於同一衛星電視的轉頻器，所以不會產生訊號延遲的現象，且可在同一時間內將相同的訊號傳送出去。
6. 頻道數量增加：衛星電視經由數位壓縮技術，可將單一頻道切割成多頻道播送。此外，亦可藉由極性的規劃及衛星極化分離方式，將同一頻道在同一時段採水平及垂直方式，分別以不同系統或不同語言發射至各個不同的區域。
7. 訊號傳送通路的設定具有彈性：衛星電視訊號傳送可藉由不同的地面接收站，同時接收訊號後再傳輸，因而在傳輸通路中資訊量及時間的變動性較具彈性。
8. 通信網路的建構較省時省力：衛星電視可短時間之內完成整體網路

的架設及運作，不像地面無線電視台，須花費相當多的時間及經費興建各地轉播站。

9. 節省成本：由於衛星電視傳送訊號不需地面轉播站的設置，因此，可節省龐大的地面設施架設及維修經費。

10. 擁有較高的頻率及較寬的頻帶範圍：衛星電視的傳送是使用較高頻率及較寬頻帶，所以能夠傳送較大量的訊號。例如高畫質電視的傳輸，就必須透過衛星傳送。

11. 縮小接收不良的範圍：對於崇山峻嶺或是小島遍布的複雜地形，以及城市中因超高建築所造成的收視不良現象，均可藉由衛星的傳送大幅縮小收視不良地區。

貳・傳播科技的未來趨勢

在傳播科技發展趨勢中，數位化（digitization）的應用大概是最重要的因素了，因為在目前各類傳播技術（如印刷、衛星、電視等）均有將數據（data）數位化的趨勢。唯有如此，方能將某一傳播技術的數據資料轉換成另一傳播技術的有用資料，亦即，傳播技術間的數據資料可以互通有無。例如，視聽媒體中的影像或聲音資料轉變成數位化數據後，即可為電腦所應用，並加以儲存或修正。從印刷或製圖中所得之圖文資料亦可加以數位化後，再經由電腦加以應用處理。事實上，這樣的整合是有跡可尋的，傳播學者 Negroponte 在 1978 年即描述三個主要的傳播科技，印刷及出版（printing & publishing）、計算（computing），及廣播（broadcasting）間有愈來愈緊密的關係（如圖 6.10）（Brand, 1987）。

事實上，Negroponte 的預測到 2000 年時，這三個傳播科技便幾乎完全整合在一起，而無法再將其加以細分了。例如，我們到處可見的印刷（printing），事實上已經與其他傳播科技有了相當密切的關係，

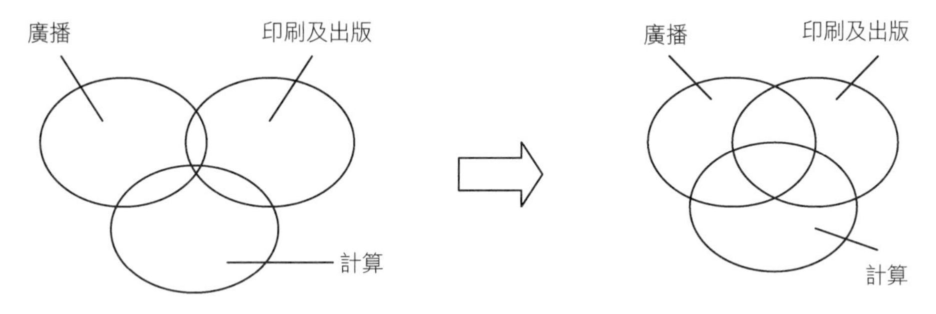

圖 6.10 Negroponte 的傳播整合之演變

如印表機被用來傳送及接收各種通訊資料，數位化的彩色編輯系統亦可做到與專業印刷工業相同程度的產品。雖然 1978 年 Negroponte 的說法造成了傳播技術電腦化（computerization）的趨勢，但是以今日科技整合速度之快來看，早就超過他預言的年限。再從 Naisbitt（1982）所宣稱的資訊時代（information age）的來臨，我們更預期電腦將成為一個重要的整合工具。事實上，依據 Sanders（1991a）的分類，數據傳播系統（data communication system）——亦即電腦——將包含其他主要的傳播科技：光學系統（optic systems）、技術性設計系統（technical design system）、廣播系統（broadcasting system），及圖文製作系統（graphic production systems）（如圖 6-11）。因此，從整合性的觀點來看，我們有必要在傳播科技中加強各傳播技術間的聯繫。換句話說，應加強各傳播技術間傳播方法的整合。因此，印刷傳播可能不再是傳播科技裡重要的一環，重要的是，如何使印刷傳播與其他如光學系統、廣播系統等做整合性的連結。

由於電子及電腦科技快速發展，其對現代傳播系統影響逐日增加。根據美國科技評估小組（Office of Technology Assessment）在 1985 年所做研究顯示，傳播科技如此發達的主要原因，應在於人類在微電子及軟體發展上的努力。因此，毫無疑問地，電腦化是影響新傳

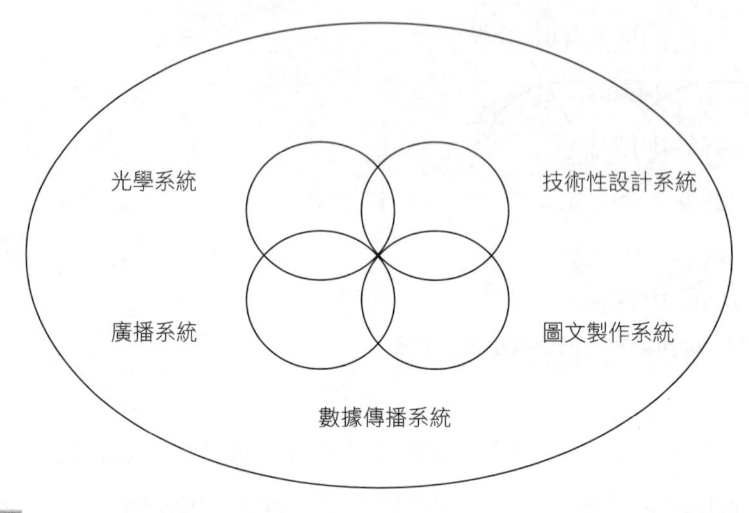

圖 6.11 數據傳播系統之架構

播科技的主要因素（Brusic, 1990）。此外，未來傳播科技的演進已朝向互動式的服務發展，不論是家庭、商業，或在公共服務上，都會造成重大的影響。Dutton 等人（1987）並表示，傳播科技的發展能夠提供閱聽人更多的自由，不管是選擇訊息來源的自由，或是製造與接收訊息的自由。他們認為，新傳播科技具有以下特色：

1. 水平式傳播：傳統的傳播方式是由單一的傳播來源將訊息提供給閱聽眾，因此被稱為「垂直式傳播」。新傳播科技的特色是閱聽眾不但是訊息的接收者，同時亦是訊息的製造者。
2. 互動式傳播：閱聽人可同時與其他傳播來源進行互動，不同於以往的單向傳播。
3. 非同步傳播：閱聽眾可將訊息內容先行儲存，然後再選擇適合的時間接收訊息，無須配合消息來源即時接收訊息。
4. 訊息多元化：因為訊息負載量增加，提供的內容更豐富。

雖然，對於傳播科技未來的預測是十分冒險，但是依據現有資料來判斷未來之走向，亦是一個可接受的方式。Brusic（1990）就依當代傳播科技的現狀，提出來可能的方向：

1. 傳輸系統（transmission systems）：將訊息資料中的聲音、數據、影像等有效地傳輸是傳播的重要一環。而科技在這方面的成就亦有長遠的進展，如光纖、微波、雷射、衛星及電纜的使用，均促成傳播更具效率。因此，未來的傳播科技在傳輸方面將有更大的空間，速度更快、更具時效及經濟性。
2. 整合性網路（integrated networks）：網路的使用在現今的傳播世界是不可避免的趨勢，它藉由電腦間的分享資料來達到有效的溝通。尤其工商業更應用其功能來增加服務性之工作，如電子郵件、電腦物料控制等。而將來，這種網路的應用將朝家庭化，以家用電腦及專家系統為架構，使家庭能利用網路來增加其休閒活動、教育、健康服務，及其他相關服務輔導方面的資訊。
3. 標準化（standardization）：多年來，由於工業發展的產品規格不相容，已多少阻礙了傳播科技的發展及互通。因此，傳播科技的未來發展將朝向規格的相容，包括與現行科技的互通，如此才能使傳播更具彈性並能減少其限制。
4. 訊息儲存（information storage）：現行的資料儲存已邁向光學系統來保存數位及類比資料。然而，光學儲存方式對一般消費者而言，卻有受限於錄製及引用方面之困擾。因此，將來的光學儲存系統應能方面更具市場性，其在應用具有方便性及經濟性。
5. 個人系統（personal systems）：個人系統的擴張有助於傳播科技的發展，而這與前述的傳播系統、標準化及整合性網路有十足的關聯。由於人類在電氣化的錄影機、雷射唱機、電視、個人電腦等的產品已大量使用，因此，將來應使這些系統能簡單地與外界的資料庫共通，並增加生活的方便性。

從上述的分析，可以簡單歸納出傳播科技的發展趨勢可能如下：

1. 大量資料的儲存技術成為發展的重要方向：由於知識演進之快速，人類所面對處理的資訊也愈來愈多，因此，如何消化資訊及整理資訊便成一重大課題。相對的，如何將儲存技術發展成一般消費者所能適用的方式，以避免大量資訊儲存之困擾，將成為傳播科技在處理大量資料儲存技術方面之重要趨勢。
2. 傳播技術的複雜化使得介面簡化工作變得重要：介面的發展能提升各傳播技術產品間的互通性，使資料更能接受各種不同的處理與控制。
3. 電腦通訊的發展將扮演重要角色：傳播時代所用的科技幾乎均以電腦為基本工具，如電傳視訊、電子郵件、電子會議等，均是用電腦能力的提升作為基本傳輸之工具，因此，電腦能力的提升將對傳播效率有重大影響。
4. 傳播科技的應用與日常生活息息相關：傳播科技的社會將促使人類家庭生活全面提升，舉凡生活上所需的服務，如電子郵購、資料查詢等，都將促使人類運用傳播科技來提升生活品質與居家的方便。
5. 互動式的傳播將愈來愈普遍：未來的傳播社會將會減少媒介的單向溝通，而增加使用者與資訊提供者之間的雙向交流，如電腦資料查詢後的回覆動作即是一例，這樣互動式的傳播方式亦可簡化時空的限制，提升傳播的效率。
6. 訊號的精確性將成為技術發展的重點：除了傳播的資料量會因需求而提高之外，傳播訊息的精確度亦是構成一個成功傳播的重要因素。因此，微電子學的發展將對未來傳播訊號的精確、速度、傳輸率等有關鍵性之影響。
7. 如何保護資訊及其隱私權將成重要課題：資訊的保護及其品質同樣是未來傳播科技發展的重要課題，唯有將適當的資訊給適當的人，且避免不相關之干擾，才能確保資訊之隱私權。因此，未來技術的提升及其研究發展應有朝此努力之必要。

第四節　傳播科技對社會的衝擊

在本章第一節中曾經談到傳播科技的系統可分為輸入、處理、輸出及回饋。而在這個「輸出」的結果上，我們經常會發現產出的東西不僅對個人產生影響，廣泛來看，這些輸出也經常對社會產生重大的衝擊。本節將針對傳播科技所產生的衝擊做詳細的分析。

壹、傳播科技所衍生的衝擊

蒸汽機的普及與運用，造成了工業革命，並在社會形態上造就了資產階級。如今，在電腦的快速發展下，資訊社會又會如何影響其新的結構呢？這些影響，有些是我們可預期或想要的，但也有些是人類無法事先預知的。我們應有的心理準備是，直接與間接的影響通常是並肩而來的，而如何去調整個人與新社會的關係，才是我們須極力去面對的課題。綜合來說，傳播科技對社會應有下列的影響：

一、就業結構

工業革命的發生，導致數以萬計之農業人口轉向城市以從事工廠式的生產作業，並逐漸形成工業社會。如今工業社會再轉成資訊傳播社會的主要變革，則是自動化在以電腦為基礎下，減少了工業界對勞工的需求。雖然新傳播科技的產生可以製造新的就業機會，但相對地，它可能也使社會喪失了更多的工作機會。因為，科技技術的提升使得就業性質所要求的能力提高了許多，而這些所要求的高能力又非失業工人能在短期內獲得，這對原本勞力密集的工業形態便造成相當劇烈的影響。因此，可見未來的就業結構將朝向增加具有資訊處理能力的工作機會，而未具此種能力的就業人口，則會是社會上弱勢的一群。

二、社會階級

農業社會的結構主要為地主與農民，兩者的地位結構很難互換。工業社會則是創造出中產階級，他們多依賴技術及努力，並累積資金後成就了創業的機會。但是，在傳播科技的社會，卻因前述就業結構之改變，使得貧富懸殊的情況慢慢形成。因為只有少數的資訊提供者方能掌握社會大部分的資訊，並造成資訊的壟斷。因此，受高教育者便很容易在社會階級結構的頂層中崛起，而中產階級則由於「技術降級」（deskilling）之因素，從而由原先的職業降到較低的社經地位。可見傳播科技新社會的結構，除將不同於農業社會金字塔形態的分配外，更將遠離工業社會鑽石形態的階級結構。真正可能形成的新社會結構，則將是上層社會與下層社會兩極化的膨脹，而以往工業社會所依賴的中產階級正在逐漸消失中。

三、資訊超載

近年來，傳播科技所傳輸處理的資訊速度與數量急遽增加，而人類本身因受限於智慧及處理資訊之能力，故而導致了所謂資訊過量的問題。資訊超載（information overload）即是此種因個體或系統無法處理過多的訊息而導致故障的狀態（Rogers, 1986）。過量的資訊容易使個人因無法完全吸收，而產生忽略或拒絕接受資訊的現象；或是因資訊的氾濫，而使個人過分依賴他人或系統的資訊提供，造成不願思考及判斷。目前我們常談及的媒體中立問題，事實上，便是個人過分依賴媒體的資訊處理，而造成部分媒體僅提供其所認為「正確」的資訊。

四、資訊隱私

電腦一直在傳播科技社會中扮演著重要的角色，因其強大的記憶能力，使得個人或系統中資訊交換的記錄完全受到掌控。這種掌控，雖因資訊系統處理過程所必需，但也涉及了個人的隱私。舉例來說，錄影帶出租店使用電腦來管理各租借者的租片紀錄，這使系統管理者能很輕易地了解各租片者的影片嗜好，如恐怖片、成人節目、愛情文藝片等，而這些紀錄卻很可能對某些人構成傷害。同樣的，我們目前也有太多個人紀錄是操縱在某些團體裡，如財務、保險、醫療等多方面的資訊，均掌握在政府或一些私人大企業，因此如何去取得個人資訊的保護及兼顧社會資訊的通用，將是資訊社會一個重要的課題。

五、資訊不平等

傳播科技的應用可否縮小人與人或國與國之間資訊的差異，仍是一爭議性的問題。由於社經地位高者容易接觸較多的資訊，或甚而控制資訊；而社經地位較低者或少數民族則因經濟因素，無法如富人般的享受資訊的便利。在現代化社會中，知識的獲得仰賴很多傳播科技，而傳播科技因花費較高（如家用電腦、電傳視訊等），只有社經階級較高者方能負荷，這種現象自然而然產生了資訊不平等。舉例來說，目前裝設寬頻通訊網路的費用，除遠高於電話費外，另外仍須加裝若干硬體設備，方能享受如遠距教學、電子購物，及其他的公共資源服務。而這些費用，在目前的狀況下，實非一般人所能負擔。其實，除了人與人的差異所造成的不平等外，國與國間資訊的不平等也同樣嚴重，擁有傳播科技的強權可以掌控傳播科技的主權、使用方法，及解釋權。因此，資訊強國就可以使弱國必須接受其文化、價值觀、甚而生活形態，而形成如 McPhail（1981）所描述的電子殖民主義（electronic colonialism）。

六、資訊廣場

傳播科技的逐漸普及，使得訊息的製造由少數掌控者變成廣大的群眾。目前所流行的電子布告欄，即是一個可以自由發揮的個人言論廣場，它使資訊的提供變成全民的權利，而非僅是大企業組織的專利。因此，政府便可藉由電子郵遞、電子論壇來廣收各方意見，而非僅是部分「學者專家」所造成的輿論。這種自由化的廣場將是日後民意的主流，比之時下所流行的「叩應」更具「民意」基礎。當然，蓄意言論的限制與規範，則有待公民素養的教育。

因此，從正面的角度來看，傳播具有傳達、教育、協調聯繫，及娛樂等功能。而從負面角度視之，傳播科技對個人或社會則有陷於侵犯個人隱私權、違反著作權、促成社會犯罪、造成知溝擴大、國際文化侵略等之危機（鄭貞銘，1993；Sanders, 1991b）。傳播科技的發展大大改變了人類的生活形態，德國學者 Beck 就認為，人類生活已經進入一個新的階段，目前社會已經不再以遠離匱乏為生活目的，科技發展已經解決這個問題。但隨之而來的是各式各樣的風險及相關的問題，例如「人際關係的疏離」、「網路的黃色風暴」、「網路犯罪」、「網路賭博」、「線上隱私權」、「網路著作權」、「知溝的擴大」、「資訊超載」等（董素蘭，1999）。整體來看，今日資訊社會在傳播科技的發展下所衍生之衝擊，以資訊過量、資訊犯罪、資訊不平等、資訊控制，以及資訊的隱私權等方面最廣被討論（彭芸，1991）。由於電訊傳播系統處理資訊的速度愈來愈快，且電腦儲存資訊的能力亦大幅增加，使得人類在處理資訊的能力受到相對減少，也因能夠使用資訊量的時間及精力受限，是以資訊過量的問題於焉產生。在資訊犯罪方面，從盜錄、盜印等問題，使得從事資訊製造的智慧型工作者喪失法律上的保護。此外，資訊與傳播科技的應用，亦使得資訊擁有成為競爭之角力場。如社經地位較高者在吸收資訊速度上，會較社經地位低者來得快，而掌握資訊權的人通常較能對政治、社會等發揮影響力。

相對於 K. Marx 的經濟宿命論調，在技術宿命論者的眼中，人類歷史之發展應是「技術」的演變所決定。Marshall McLuhan 即是這類論者中的典型，他甚而以為「傳播技術」的改變更是促進社會改造的決定力量。因為，傳播技術的變化不但引起人類對感官能力的劇烈轉變，更觸發社會組織的調整，是以，人類每一個時代的特質都是傳播技術所造成。姑且不論McLuhan的傳播技術決定論是否企圖將複雜的社會現象做出簡化的解釋，但是傳播媒介傳達的方式的確改變了人的「所視」、「所聽」，進而改變了人的「所知」。

從個人的角度來看，印刷媒介是視覺的延伸，其直線型的閱讀方式，雖使人類易對抽象符號做出狹隘的思考。然而，印刷術的發明卻使得書籍大量擴散，人類因而得以閱讀與思想、個人主義相隨而生、西方政治思想與制度也得以形成。電子媒介則是中樞神經系統的延伸，它使人類解放了因閱讀而受壓抑的其他感官，從而再也不必依賴視覺的線性思考，而以豐富及自然的方式參與感官的多媒體環境。再從社會角度來看，傳播技術的改變則造成社會、文化、經濟，及國家主權的結構性變化。傳播科技在頻寬、速度、範圍，及儲存等各項技術的持續發展下，加上二十世紀的國際化趨勢，造就了不少跨國性的傳播企業。許多公司以國際化的形象深入各國，利用資金與技術形成新形態的「媒介帝國主義」。例如，透過綿密的網際網路控制資訊軟硬體設計的企業，便成為電腦傳播界的帝國，因為它的設計、研發、行銷，都和全球的電腦相關企業有相當的關係，進而影響到全球的電腦使用者。再者，衛星傳播利用其立即性的訊號傳輸，加上又能跨越國家及地區性的規範，使得傳播「無孔不入」，而這更是傳播帝國主義形成的根基。目前，已然成形的媒介傳播帝國包括有：Rupert Murdoch 的衛星媒體集團、美國電話電報公司（AT&T）的電信集團、時代華納（Time-Warner）的娛樂媒體集團，及 Bill Gates 的電腦集團。這些跨國際的企業每天都在試圖控制全球的傳輸通道與內容，進而影響人的「所聽」、「所視」及「所知」。因此，如果我們仍然不能掌控自己本國的傳播媒介、主權、內容與分配，那麼台灣很快又將再次淪為殖民地。

貳・資訊傳播時代的新素養

教育的目的在於培養所有受教育的人得以有效率的生活。但是，判斷一個人是否是一位教育人（educated person）的標準，並不在於其對資訊獲取的速度及數量，亦非其對技能的熟練度，而是在於是否具有一個開放的心態去傾聽或嘗試任何新的機會與改變。教育人必須是不懼任何的改變，並且樂意去學習如何學習（learn how to learn），以及以終身學習為一貫的目標。這些基本的學習態度，勢必將成為未來資訊傳播社會的主要教育方向，因為我們面對的社會將是充滿著媒體／通訊／電腦科技的多變化時代，而欲成為這一新時代的教育人，就必須具備與了解這些科技的應用及其本質。新時代的素養到底為何？Hefzallah（1990）曾提出四項新素養的概念，筆者在此將運用這些概念，提供大家在資訊傳播時代下，每個教育人所應具備的素養內涵。

一、視覺素養

視覺素養指的是能以視覺的呈現來傳達個人的意念，同時亦能了解他人視覺表現所呈現的意義。這其中包含了兩種素養的概念：

1. 具有基本閱讀及分析書面與語言訊息的能力，同時並能了解圖片所欲表達的真正意圖。

2. 具有運用各類科技來表達個人意念的能力，但這並非一定要能熟練的使用各種科技產品，而是要能知曉如何運用其他技術或專業人士的資源，來幫助自己達成傳播的目的。

二、媒體素養

現今的各類媒體隨時隨刻都在影響我們日常生活中的思考與態度，因此，一個教育人必須要能了解媒體在現代社會中對政治、心理、經濟、教育等多方面所造成的衝擊。同時，每個教育人必須對各類媒體傳播的本質及其運作的方式具有基本的認知，並對那些商業化的媒體時常存有批判與監督的心態。

三、電腦素養

基本的電腦素養是指使用者能了解電腦科技在社會的角色，並能以愉悅的態度運用電腦來處理日常所需的事項。簡略來說，電腦素養在使用者的基本能力大致包括：文書處理、試算表、圖形軟體的操作，及網路功能的認知與基本運用。

四、資訊處理及取用的素養

由於新的資訊每日均呈倍增的速度在成長，如何有效率地處理資訊，便成為每一個教育人的迫切課題。目前，各領域內的資訊提供者均積極地提供經過處理並具效率的資訊產品，來滿足使用者的需求，如使用者可以利用 CD-ROM 來閱讀百科全書，並能快速檢索到其所需的資訊。因此，一個教育人應具有搜尋資訊與處理資訊的能力，其中更須了解自己問題的本質，方能從浩浩大洋中搜尋到所要的資訊。同時，亦要能判別所獲資訊的品質是否真是自己所期望的內容。

因此，作為一個現代公民，面對傳播科技快速成長下所引發的資訊問題，應有能力去面對及解決這樣的現實挑戰。每個人都要去了解傳播科技所帶來的影響，並思考個人要如何去解決這些問題。前述所介紹的一些影響層面，可以提供讀者在面對各種現代社會問題時，進一步判斷個人在傳播科技社會中的角色與因應之道。而前述之四項新素養，也提供了一個現代人在傳播科技社會中所必須具備能力之基本要素。

附表　傳播科技演進表

本表所呈現的主要是參考莊克仁（1992）引述 Rogers（1986）所列的人類傳播演進表，再加上若干後續發展之補充，及我國相關傳播科技應用的事蹟，希望能提供讀者了解傳播科技演進的歷程。

西元前

3500 年　克羅馬農時期，推測已有語言存在。

2200 年　史前人做洞穴圖畫。

書寫傳播紀元（西元前 4000 年至今）

西元前

4000 年　閃族在泥版上寫字。

西元

1041 年　中國畢昇發明印刷活字版。

1241 年　韓國人金屬字版代替泥字版。

印刷傳播紀元（1456 年至今）

1456 年　Gutenberg 聖經由活動鉛字與手壓印製而成。

1833 年　第一份「一分錢報」——《紐約太陽報》，開大量發行媒體之先河。

1839 年　報社採用 Daguerre 所開發的攝影實用方法。

電訊傳播紀元（1844 年至今）

1844 年　Samuel Morse 傳送第一個電報訊息。

1849 年　佐久間象山在松代製作電信機來通信。

1856 年　Hughes 發明電傳打字電報。

1864 年　Maxwell 倡言電磁波的存在。

1876 年　Alexander Graham Bell 傳送第一個電話訊息。

1877 年　Edison 發明留聲機。

1882 年　Berliner 發明電唱機。

1888 年　Hertz 確認電磁波的存在。

1894 年　電影問世，第一部影片公司開始放映。

1895 年　Guglielmo Marconi 傳送無線電訊息。

1900 年　Pupin 發明裝載電纜。

1912 年　Lee De Forest 發現真空管放大特質。

1920 年　匹茲堡 KDKA 電台首做定期無線電廣播。

1922 年　彩色電影問世。

1923 年　Zworykin 發明映像管。

1925 年　倫敦至紐約間無線傳真電報成功。

1926 年　Baird 公開電話實驗。

1933 年　Zworykin 發明光學攝像管。

1934 年　RCA 展示電視。

1940 年　CBS 彩色電視實驗廣播開始。

1941 年　商業電視首次廣播。

1945 年　英國作家 Arthur C. Clarke 在《無線電世界》（*Wireless World*）發表一篇文章，建議使用三顆衛星等距離放置於同步軌道上，以達成全球通訊的目的。

互動傳播紀元（1946 年至今）

1946 年　賓州大學發明第一部擁有一萬八千個真空管的電腦主機 ENIAC。

1947 年　William Shockley、John Bardeen 和 Walter Brattain 在貝爾實驗室發明電晶體。它是可以用來發大電子信號的一種固體形式的電子開關。

1949 年　RCA 發展出每分鐘四十五轉的唱片。

1950 年　Shockley 發明電晶體。

1951 年　Hartley 發明真空管振盪器。

1952 年　美國彩色電視正式開播。

1957 年　加州的安培公司發明錄影帶。

蘇聯發射「史普特尼一號」，是第一枚由人類發射到太空的衛星。也是第一次從太空送出無線電波，通訊科技也從地面有線到無線，更進入了太空。

1958 年　美國發射了美製第一顆人造衛星探險家一號（Explorer I）。

1959 年　美國太空總署（NASA）發射了回聲一號衛星（Echo I），取代了月球的中繼功能。

1960 年　美國太空總署與美國電話電報公司（AT&T）合作發射的天王星衛星一號（Telstar I），首次成功地轉播了電視訊號，同時進行了太空寬頻通訊的測試。

1961 年　美國發射同步衛星二號（Syncom II），置於高傾斜角同步軌道上，是第一枚同步通信衛星。

1962 年　美國發射同步衛星三號（Syncom III），成功轉播東京世界運動會，奠定了衛星「電視越洋轉播」的紀元，衛星技術已推向地球同步軌道（距地三萬五千七百八十六公里）的高度。

1965 年　美國發射國際通信衛星一號（Intelsat I），又稱「晨鳥衛星」（Early Bird），是第一枚商用通信衛星。

1967 年　美國發射國際電信衛星三號系列的INTELSAT Ⅲ-F2，1969年再發射國際電信衛星 INTELSAT Ⅲ-F3、INTELSAT Ⅲ-F4，這三顆衛星分別被置於大西洋、印度洋、太平洋上空的同步軌道，英人 Arthur C. Clarke 的全球通信理論已經實現。

1968 年　我國第一座衛星天線完成啟用，台北衛星通信中心的國際衛星通信電台（TPI-01A），是一個直徑達三十公尺的巨無霸，用於國際通信及越洋電視轉播用。

1969 年　美國太空總署首次登月的載人太空飛行，由面積二吋乘一．五呎，較 ENIAC 小三千倍的微電腦所引導。

1971 年　英特爾微電腦公司的 Ted Hoff 發明微處理機，這是把電腦控制單位（中央處理單位，CPU）造在一片半導體的晶片上。

1973 年　先進研究及計畫網路（ARPAnet）成立。

1974 年　台北衛星通信中心的「國際衛星通信電台」再完成一座直徑三十公尺的衛星天線 （TPI-02A），用於國際電視轉播及通信。

1975 年　第一部個人電腦 Altair 問世。

1976 年　英國兩家電視公司（BBC 和 ITV）提供第一個無線電讀系統，經由一般電視廣播訊號，將資訊文字和圖案「頁」（圖框），傳送到家裡的電視機。

1977 年　第一個互動式有線電視系統「丘比」（Qube），在俄亥俄州哥倫布市開始運作。

1978 年　Belldata Network 發表 Prestel（圖像情報服務）之實驗。

1979 年　英國郵政局提供第一個有線電讀系統，其資訊文字及圖案「頁」（圖框），可以經由電話線，從中央電腦傳送，並由家裡的電視機顯現出來。

1981 年　IBM 個人電腦系列問世。

1984 年　日本第二顆直播衛星櫻花二號發射成功，播出日本 NHK1 及 NHK2 節目，該衛星是世界上第一個採用 KU 頻傳送電視節目的直播衛星。

1985 年　高密度音碟（CDs）產品問世。

1990 年　發射 Asiasa，是亞洲第一商業用的衛星系統。

我國第四座國際衛星接收天線（FGN-01A）在屏東的枋山通信中心完成，是一個直徑二十一公尺的天線，用作國際通信及電視轉播。

1991 年　我國行政院院會通過「國家太空科技發展長程計畫」，同時成立「國家太空計畫室籌備處」，以作為我國十五年太空計畫的執行單位；並藉由其業務組織的推展，建立國內大型高科技系統整合能力，以奠定我國太空科技發展之基礎，並塑造未來在國際太空市場及應用產業上有利之競爭資源。

1992 年　網際網路對商業性的使用者開放。

1993 年　我國第六座也是枋山第二座國際衛星天線（FGN-02A）完成，直徑二十一公尺，目標東經六十三度衛星，用於國際通信及電視轉播。

1994 年　蘇聯首顆高功率的 Ku 頻衛星 Gals-1 發射成功。我國「助東電視」用此顆衛星以類比的方式傳送，這是台灣地區第一次用七十五公分小天線就可接收的衛星電視節目。

1995 年	台灣的衛星電視年，本土的衛星頻道發展十分快速，一年之間，我國籍的衛星頻道已迅速增加到四十餘個。
1998 年	我國擁有的第一顆商用衛星「中新一號衛星」（ST-1），在法屬圭亞那庫魯基地成功的發射升空。
1999 年	我國第一個自製的衛星「中華衛星一號」發射成功。

參考文獻

中文部分

大日本網屏公司（1986），**電子分色機技術指南**。北京：大日本網目製造株式會社。

方蘭生（1993），**傳播原理**。台北：三民。

西垣通（1995），**資訊高速公路——多媒體革命**。台北：正中。

汪琪、鍾蔚文（1988），**第二代媒介：傳播革命之後**。台北：東華。

李茂政（1992），**傳播學：再見宣偉伯**。台北：美國教育。

李金銓（1987），**大眾傳播理論**。台北：三民。

李金銓（1991），傳播科技的社會意義。載於香港中文大學校外進修部主編，**科技與人生**（頁 63-71）。台北：台灣商務。

李少男（1994），**國際傳播**。台北：黎明文化。

林以舜譯（2000），**e時代的七大趨勢：消費者主導的網路企業革命**。台北：台灣美商麥格羅・希爾。

祝基瀅（1986），**傳播・社會・科技**。台北：台灣商務。

徐佳士（1993），**大眾傳播理論**。台北：正中。

莊克仁譯（1992），**傳播科技學理**。台北：正中。

楊志弘、莫季雍譯（1992），**傳播模式**。台北：三民。

許瀛鑑（1997），**中國印刷史論叢**。台北：中國印刷學會。

彭芸（1991），**國際傳播與科技**。台北：三民。

羅福林、李興才（1991），**印刷工業概論**。台北：中國文化大學出版部。

陳政雄（1998），**CTP 現狀探討**。台北：印刷。

涂瑞華譯（1996），**傳播媒介與資訊社會**。台北：亞太。

果芸（1995），認識 NII。載於行政院國家資訊通信基本建設專案推動小組主編，**NII 建設指引**（頁 1-13）。台北：行政院。

孫春在（1995），超媒體網路與遠距合作式電腦輔助學習。**教學科技與媒體，21**，29-37。

葉明德譯（1987），**傳播工具新論**。台北：巨流。

顧淑馨譯（1999），**電子媒介新論**。台北：時英。

鄭貞銘（1993），**傳播發展的省思**。台北：台北市記者公會。

張明寮（1989），**圖文傳播**。台南：大行。

陳清和（1997），**衛星電視新論**。台北：廣電基金會。

程予誠（1995），**線纜傳播——科技原理與經營管理**。台北：五南。

程予誠（1999），**新媒介科技論**。台北：五南。

廖祥雄（1997），**多媒體爭霸戰——二十一世紀的資訊世界**。台北：正中。

龐文真（1996），**國際傳播**。台北：五南。

齊若蘭譯（1996），**數位革命**。台北：天下。

馮建三譯（1996），**美國與直播衛星——國際太空廣電政治學**。台北：遠流。

吳明志譯（1995），**多媒體革命**。台北：遠流。

董素蘭（1999），**媒介與社會**。台北：揚智。

英文部分

Bell, D. (1976). *The coming of post-industrial society: A venture in social forecasting.* New York: Basic.

Bitter, J. (1985). *Broadcasting and telecommunication.* New Jersey: Prentice-Hall.

Brand, S. (1987). *The media lab: Inventing the future at MIT.* New York:

Penguin Books.

Brusic, S. A. (1990). Communication technology. In J. A. Liedtk (Ed.). *Communication in technology education* (pp. 1-19). Council on Technology Teacher Education. Mission Hills, CA: Glencoe/McGraw-Hill.

DeFleur, M. L. (1966). *Theories of mass communication*. New York: Davis Mackay.

Dutton, W. (1987). Continuity and change in conceptions of the wired city. In W. Dutton, (Eds), *Wired Cities* (pp.3-26). Boston, MA: G.K. Hall.

DuVall, J. B., Maughan, G. R., & Berger, E. G. (1981). *Getting the message: The technology of communication.* Albany, NY: Delmar Publishers.

Gilbert, J. K., Temple, A., & Underwood, C. (Eds.) (1991). *Satellite technology in education*. New York: Routledge.

Hauenstein, A. & Bachmeyer, S. (1974). *The world of visual communication.* Bloomington, IL: Mcknight Publishing.

Hefzallah, I. M. (Ed.) (1990). *The new learning and telecommunications technologies*. Springfield, IL: Charles C. Thomas Publisher.

Hendricks, R. W. (1986). *Communication technology: A taxonomy.* Unpublished doctoral dissertation. The Ohio State University.

Hendricks, R., & Sterry, L. (1989). *Communication technology.* Menomonie, WI: University of Wisconsin-Stout.

Hioki, W. (1995). *Telecommunications*. New Jersey: Prentice-Hall.

McPhail, T. L. (1981). *Electronic colonialism: The future of international broadcasting and communication.* Beverly Hills, CA: Sage.

Naisbitt, J. (1982). *Megatrends: Ten new directions transforming our lives.* Warner Books.

Rice, R. E. (1984). *New media technology: Growth and integration.* Thousand Oaks, CA: Sage.

Rogers, E. M. (1986). *Communication technology: The new media in society.* New York : The Free Press.

Sanders, M. (1991a). *Communication technology: Today and tomorrow.* Peoria, IL: Glencoe/McGraw-Hill.

Sanders, M. (1991b). *Communication technology.* Blacksburg, VA: Virginia Polytechnic Institute and State University.

Schramm, W. (1954). How communication works. In W. Schramm (Ed.), *The process and effects of mass communication.* Urbana, IL: University of Illinois Press.

Shannon, C., & Weaver, W. (1949). *The mathematic theory of communication*. Urbana, IL: University of Illinois Press.

Snyder, J. F., & Hales, J. A. (Eds.). (1981). *Jackson's Mill industrial arts curriculum theory.* Charleston, WA: West Virginia Department of Education.

Theodorson, S. A., & Theodorson, A. G. (1968). *A modern dictionary of sociology.* New York: Cassell.

Williams, F. (1982). *The communications revolution.* Beverly Hill, CA: Sage.

第七章

資訊科技

林奇賢

資訊科技（information technology, IT）的發展日新月異，而其應用層面更已由原先的專業領域擴及於日常生活之中，而且，在當前教育改革趨勢之下，它更扮演著極重要的角色。目前在九年一貫課程綱要裡，資訊教育是六大議題之一，其基本理念是各學習領域應使用資訊科技為輔助學習之工具，以擴展各領域的學習，並提升學生解決問題的能力。為達成此目標，吾人更應了解資訊科技的意義，和由其衍生的種種對人類生活的改變與影響。

資訊素養（information literacy）是一種知能，它是資訊化社會與知識經濟下，每位公民皆應具備的基本涵養。資訊素養包括認識資訊科技，並能應用這些科技來解決問題，以及理解資訊科技與社會的關係，例如資訊倫理、智慧財產權及知識經濟的本質等。為能全面涵蓋資訊科技的廣義內容，本章將就資訊科技的起源與演進、電腦的運算與資料處理能力、電腦網路的神奇、虛擬世界的建構、數位化生活與知識經濟的憧憬等五個部分，以資訊素養的角度，來探討資訊科技的現況與發展。

第一節　資訊科技的起源與演進

資訊科技起源於人類對數學運算的需求，繼而轉為對資料與資訊處理的渴望。資訊科技領域涵蓋範圍甚廣，包括了數學與半導體科技等兩大基礎科學，以及電腦硬體、電腦軟體，與通訊等三大應用科學領域。

壹・資訊科技的起源

資訊科技的發源，可追溯至西元前三千年，中國人發明算盤，這是人類最早用來計算的工具。而直到近兩百年，西方的一些科學家，

圖 7.1 Blaise Pascal（1623 - 1662） 圖 7.2 Charles Baggage（1792 - 1871）

為了在數學計算上求得更方便的演算，紛紛發明與改良了許多計算器，如 1642 年法國哲學家兼數學家 Blaise Pascal（圖 7.1）發明加法器（Mechanical Adding Machine）；1821 年英國劍橋大學教授 Charles Baggage（圖 7.2）發明了差分機（Difference Engine，圖 7.3）來運算三角函數；1833 年 Baggage 又設計了分析機（Analytical Engine），這個機器內包含有資料儲存單元，可以儲存以打孔卡片輸入的計算指令和資料，是今日計算機的雛形，他因此被尊稱為電腦之父；1854 年英國數學家 George Boole 發表了符號邏輯，現在稱為布耳代數（Boolean Algebra），布耳代數是數值計算機最重要的基礎原理。

圖 7.3 差分機（Difference Engine）

資訊科技起源於數學計算，然而真正把資訊科技運用於實際應用上的，應以美國人 Herman Hollerith 為首；1890 年，Hollerith 在進行全美戶口普查作業時，發覺了自動列表機械的重要，因而設計出以打孔卡片輸入資料的人口資料處理機器（tabulating machine），而這機器大為降低了人口普查所需的資料處理時間。1943 年，美國 Howard Aiken 為 IBM 設計了一個長達五十五英呎重 三十五 噸，而且是以繼電器（electronic relay）為原件的計算機器，此機器隨後移至哈佛大學，並被稱作哈佛馬克一號（Harvard MARK I ）的自動程序控制器（automatic sequence controlled calculator）；而此發明的最大歷史意義在於，它是由機械轉動的計算機器演進到電子計算機器間的橋梁。

電子計算機，也就是現今俗稱的「電腦」，其緣起於計算，進而到實際的應用，然而資訊科技，由人力的操作一直到機械的轉動，最後由更精密的電子晶片來運算，其最大的演進動力，就是取決於讓人類在生活上更加方便、快速、準確地處理資訊。

貳・資訊科技的演進

資訊科技起源雖早，但我們在討論資訊科技時，總是以電腦（computers）作為資訊科技發展的起點，而電腦的演進大概可分為五個時期：

一、真空管時期（1946-1953, The Vacuum Tube）：第一代電腦

1946 年，美國賓大教授 John Eckert 和 John Mauchly 製成重達三十噸的世界第一台電子計算機——ENIAC（Electronic Numerical Integrator and Calculator），它使用了一萬八千個真空管（vacuum tubes），可以儲存程式，Eckert 和 Mauchly 因為這部 ENIAC 計算機而被推許為現代電子計算機的創始者，是第一代電腦的開始。1950 年，美國製造出第二部內儲程式計算機 EDVAC（Electronic Discrete Variable Automatic Computer），其特色為：⑴是一個二進位計算機；⑵以卡片儲存程式，並於工作執行前先儲入電腦備用；⑶程式可以在處理實際資料前先編寫並測試好備用；⑷機器可以自動控制而無需人手之干預。

1951 年，世界第一部商用電腦——UNIVAC（Universal Automatic Computer）完成，並交給美國人口普查局（Bureau of the Census）使用；它是由真空管與二極體組成電路，而它所使用的語言是所謂的機器語言（machine language）。

二、電晶體時期（1954-1964, The Transistor）：第二代電腦

真空管不但需要暖機時間，耗損能量也較多，而且極不穩定，因此第一代電腦都笨重與昂貴。1954 年，美國貝爾實驗室（The Bell Lab）的三位科學家發明了電晶體，電晶體取代真空管成為製造電腦的元件，是第二代電腦的開始。1959 年，高階語言 COBOL（Common Business Oriented Language）問世，這是一種專門為處理商業資料及檔案而設計的語言。

第二代電腦因係以電晶體為元件，明顯改善了第一代電腦笨重與昂貴的種種缺點，而組合語言與 COBOL、FORTRAN 等高階語言的問世，也使第二代電腦更具可用性。

三、積體電路時期（1965-1970, The Integrated Circuit）：第三代電腦

積體電路俗稱 IC，它是由矽所做成的半導體，工程師可以將原先由電晶體組成的龐大電路燒製在一微小的 IC 晶片中，因此它不但體積小，更具穩定性，而且價格便宜，所消耗的能源亦小。1964 年，積體電路取代電晶體，是第三代電腦的開始。1965 年，IBM 推出以積體電路組成的 SYSTEM/360 計算機系列的電腦，此代電腦不僅體積變小，連價格都降低了很多，而且電腦的速度更是比原先快了幾百倍。

四、微處理機時期（1971 至今，The Microprocessor）：第四代電腦

1970 年代，微處理機亦稱超大型積體電路，它的出現是第四代電腦的開始。1970 年，4 位元微處理機 INTEL4004 誕生，是微電腦的開始。1981 年美國奧斯本（Osborne）公司推出第一部手提式電腦。同年，32 位元微處理機 INTEL IAPX432 發表。而到了現今第四代電腦，其發展出現了下列的特徵：⑴體積逐漸變小；⑵功能逐漸增強，運算速度愈來愈快；⑶儲存空間愈來愈大，不論是軟碟或硬碟，其儲存空間愈來愈大，已大到用 GB 來計算儲存空間；⑷系統穩定性增高；⑸價格漸趨便宜。

五、人工智慧時期（今後，Artificial Intelligence, AI）：第五代電腦

日本政府首先在 1981 年時，向世界透露發展第五代計算機之計畫，這是一種使用自然語言，可以和人交談、自我學習、推理及做決定之電腦，屬於人工智慧的電腦。它具有易學易用、直接輸入、可自動除錯，並幫助人類判斷及下決策等功能。此種新機器又稱為知識資訊處理系統（Knowledge Information Processing System, KIPS），能聽、能看、會說、會學，更會思考，有知識處理之能力，是以超導體或生物晶片為元件，為一體積小、速度快之可攜式小電腦。

電腦雖為資訊科技的核心，但如獨立存在時，它仍僅是專家手中的一種工具，其影響是有其局限性，因此，電腦並不能代表資訊科技。資訊科技最大的革命性進展，實為電腦網路的誕生與應用，尤其是在 1990 年代，網際網路（Internet）與通訊科技的結合，使資訊科技在繼文字（text）、聲音（audio）與視訊（video）等媒體（media）形態之後，成為第四類媒體，資訊科技對人類的生活方式，起了革命

性的衝擊。

第二節　電腦的運算與資料處理能力

電腦是人類用來處理資訊的工具，這裡所謂的處理，包括了使用者將資料輸入電腦、電腦處理使用者輸入的資料、電腦將處理後的資料輸出給使用者，其過程如圖 7.4 所示。由電腦處理資訊的流程，可知電腦在執行其資訊處理工作時，涵蓋了電腦處理器、輸出與輸入的周邊設備、軟體，和資訊呈現形態等技術。

壹・電腦處理器

電腦依其功能、速度、價格等種種因素，大致上可分為微電腦、工作站、中大型電腦、迷你電腦、超級電腦等。微電腦即我們一般所熟知的個人電腦（personal computer），也是目前使用最普遍的電腦。個人電腦主要分成兩大家族，一為 PC（即 IBM 相容機種），一為 Mac〔蘋果公司的麥金塔（Macintosh）〕。由於個人電腦的盛行，加速了我們生活、工作上資訊化的腳步。

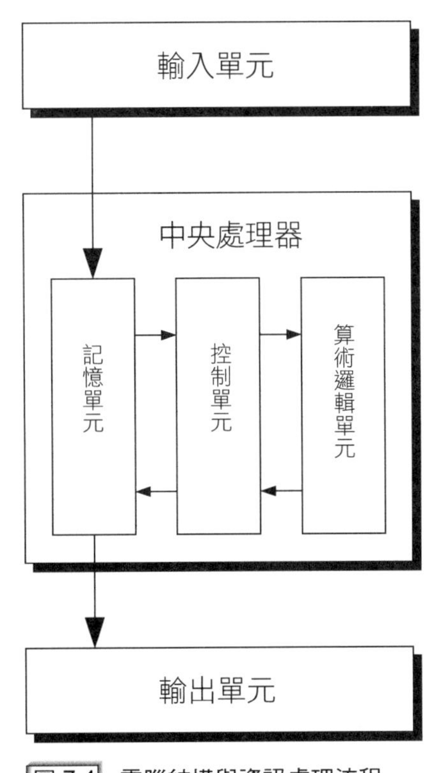

圖 7.4　電腦結構與資訊處理流程

然而，不管是上述哪一種電腦，其內部不可或缺的零組件即是其中央處理器（central processing unit, CPU）。因此，電腦是資訊科技的核心，而電腦的中央處理器則是一部電腦的頭腦。中央處理器又簡稱為處理器（processor），通常包含三個重要元件，即控制單元（control unit）、記憶單元（memory unit），以及算術邏輯單元（arithmetic/logic unit）。

CPU是電腦內部的控制中樞，它負責系統中資料的運算（如基本的加減乘除）與邏輯判斷（大於、小於……）等核心工作。除此之外，它還必須指揮其他組件，並協調組件間執行的搭配步調，所以CPU可說是整部電腦的靈魂，它的運算速度、功能都會影響電腦的效能。

PC上的CPU大致以英特爾的Pentium、Celeron系列和超微的Athlon、Duron系列為主流；而Mac上則為Gx系列為主。圖7.5即為目前市面上主要的微處理器。

CPU的速度直接影響電腦的運算與資料處理能力，所謂的速度就是指其處理指令的執行頻率，又稱為「工作時脈」，單位為MHz（每秒百萬次）。由於技術的提升，目前已朝GHz（每秒十億次）的速度發展，通常速度愈高，執行效能愈快。

Intel Pentium 4

AMD Duron

Apple G4

圖7.5 各式CPU

貳・電腦的周邊設備

一般而言，主機、螢幕、鍵盤和滑鼠，即可構成一部電腦，執行大部分的工作。但是，為了能讓電腦發揮更大的功能，通常還需要一些周邊設備輔助。電腦若僅有處理器，就如同車子是無法單靠強力引擎來表現其功能的，因此電腦在處理器之外，須有周邊設備來作為使用者介面，而周邊設備即是指圖 7.4 中的輸入單元與輸出單元。

1. 輸入單元：指人類使用來將資料傳遞進入電腦處理器的設備，例如傳統的鍵盤、滑鼠、掃描器和讀卡機，與最近剛興起的數位相機、數位攝影機。
2. 輸出單元：指電腦處理器用來將資訊傳遞給人類的設備，例如印表機、螢幕、喇叭，與 LCD 投影機。

但有些周邊設備可兼為輸入與輸出單元，例如觸控螢幕。

重要的電腦周邊設備包括印表機、掃描器、喇叭、搖桿、視訊攝影機、數位相機等。

一、印表機

目前個人電腦所使用的印表機，大致分為點矩陣印表機、噴墨印表機和雷射印表機三類（圖 7.6）。

1. 點矩陣印表機：通常用在需要複寫的狀況下，例如公司行號使用的三聯複寫發票或簽收單等，正因為它的印表頭上有數十支撞針，列印時由電腦控制前後伸縮撞擊色帶而印出字來，所以可以產生複印的效果，缺點是速度較慢且噪音大。
2. 噴墨印表機：噪音較小、速度較快、可以彩色列印，再者價格低廉，所以是目前使用量最高的機種。噴墨印表機依廠牌而有不同的噴墨技術，但大致上都是靠噴頭上的電極控制噴頭的動作，將墨點

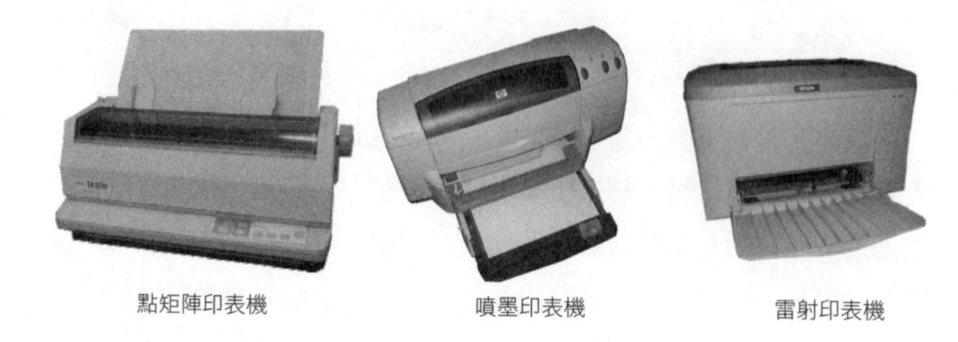

圖 7.6 各式印表機

噴出在印表紙上。噴墨印表機的缺點是印出的成品不易保存，易受潮濕和水氣影響而褪色，要印出高品質的效果則須搭配特殊的紙，其成本較高。

3. 雷射印表機：速度、列印品質皆優於上述兩種印表機，其列印原理類似影印機，將每一行要印出的墨點記錄在光傳導體的滾筒上，筒面上經雷射光照射的位置吸住碳粉，再將吸附碳粉的筒面轉印到紙張上，經過加熱處理後，就可以將資料列印出來。目前最普遍的是黑白雷射印表機，它的缺點是價格較高；若要列印彩色，則價格昂貴，實非一般個人所能負擔得起。

二、掃描器

是藉由光學掃描，將圖片或文字稿轉換為數位資料，以供處理、儲存的工具。轉換過的數位資料，可以透過影像處理軟體加以編修處理，便能與其他文書、簡報、網頁軟體配合使用。由於照片收藏整理 DIY 非常風行，所以目前掃描器已成為家中數位生活不可或缺的周邊設備了。圖 7.7 即為目前市面上常見的掃描器。

三、喇叭

是控制電腦發出聲音的輸出設備，如果單靠主機內附的小喇叭，是無法製造出好的音效來的，一般而言，使用者都會增購一組防磁喇叭，以增加多媒體的效果。尤其目前遊戲、影片欣賞都非常重視數位聲光的效果，所以一些標榜多聲道的立體音效喇叭也大行其道。

圖 7.7 掃描器

四、搖桿

是控制電腦遊戲動作的輸入裝置。通常在動作類的遊戲，例如賽車、飛行，為了增加臨場感與逼真程度，玩家都會添購此一設備以模擬真實的情況。

五、視訊攝影機

是可以藉由網路讓影像互相傳輸的裝置。隨著網際網路的暢行無阻，視訊會議系統漸漸走入個人化，只要在電腦前面加裝一個小小的視訊攝影機和運用寬頻網路，就可以在網上輕鬆地與遠方的朋友面對面交談；用於商務方面，無論您在世界的那個角落，都可以透過它和您的客戶、上司及同事開會，這樣一來，不僅為您省下大筆的交通費用，還免去了長途奔波的辛苦。

六、數位相機

是傳統相機與掃描器的結合，其原理與傳統相機幾乎沒什麼不同，同樣是利用光學鏡頭將物體反射的光聚焦在相機的內部，差別只是在於所透過的媒介不同而已。傳統相機是利用光線讓底片的感光劑受光，而將影像記錄在底片上；而數位相機則是利用感光耦合元件

（charge coupled device，CCD）或是補充性氧化金屬半導體（complementary metal-oxide semiconductor，CMOS）的影像感應功能，將物體所反射的光轉換為數位訊號，壓縮後儲存於內建的記憶體晶片（RAM）或是可攜式的圖卡（Picture Card）之類的記憶卡上。數位相機繼承了傳統相機輕巧、便於攜帶的特性，加上不需底片、不必沖印的優勢，其市場發展潛力雄厚。隨著這股流行的趨勢，相信以數位相機來取代傳統相機，將指日可待。圖 7.8 為最常見的搖桿、視訊攝影機，與數位相機之類型。

搖桿

視訊攝影機

數位相機

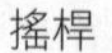
圖 7.8　搖桿、視訊攝影機和數位相機

參・電腦軟體

電腦處理器與周邊設備皆是屬於硬體（hardware）的範疇，它們猶如人類的身軀。電腦需要軟體（software），就如同人類在身軀之外須有思想與靈魂，電腦軟體即是所謂的電腦程式，它是用來管理與發揮電腦硬體的功能。電腦軟體的種類可大略分為系統軟體與應用軟體兩大類，系統軟體是指緊縛於電腦處理器的電腦作業系統，如 MS Windows XP 與 UNIX，它們是用來直接控制與管理電腦處理器的運作與指揮周邊設備，它們更是電腦硬體與應用軟體間的介面；系統軟體有時也包括了所謂的系統管理工具程式或公用程式（utility），這些程式是讓使用者更方便地來操作與管理電腦。電腦應用軟體則是使用者為完成某項資訊處理工作所使用的特定程式，它又可細分為文書處理軟體、試算表軟體、資料庫軟體，與繪圖軟體等。

一、系統軟體

系統軟體常又被稱為作業系統，它係擔任軟體與硬體的介面，負責資源的分配和管理。其主要的功能有啟動電腦、載入或監督管理應用軟體，甚至執行輸出輸入設備、檔案的管理與存取等等。目前的作業系統有以下幾種：

㈠ MS-DOS（Microsoft Disk Operating System）

MS-DOS 是視窗（Windows）出現之前，在個人電腦上歷史最悠久、使用最普遍的作業系統。它是由三個系統檔案（COMMAND.COM、IO.SYS、MSDOS.SYS）和許多公用程式組合而成，不過由於它只能提供單純的文字介面，在高度親和力的視窗作業系統出現後，目前MS-DOS已經被淘汰了；但其影響仍極為深遠，其功能仍被保留在微軟系列的視窗作業系統中。圖 7.9 即為在視窗作業系統中的 MS-DOS 模式。

㈡微軟早期個人電腦視窗作業系統（Windows 3.1、Windows 9x、Windows ME）

微軟視窗作業系統是微軟繼MS-DOS之後，所推出較具親和力的使用者介面的作業系統，除了 Windows 3.0 與 3.1 只是一種延續 MS-DOS 功能的陽春型視窗作業系統之外，其他版本都是較為完整的作業系統。例如Windows 98（圖 7.10），它本身就具備內建網路功能，但

MS-DOS 模式

自動 A 漢

```
Microsoft(R) Windows 98
   (C)Copyright Microsoft Corp 1981-1999.

C:\WINDOWS>PING 140.120.1.2

Pinging 140.120.1.2 with 32 bytes of data:

Request timed out.
Request timed out.
Request timed out.
Request timed out.

Ping statistics for 140.120.1.2:
    Packets: Sent = 4, Received = 0, Lost = 4 (100% loss),
Approximate round trip times in milli-seconds:
    Minimum = 0ms, Maximum =  0ms, Average =  0ms

C:\WINDOWS>_
```

圖 7.9 Windows 中的 MS-DOS 模式

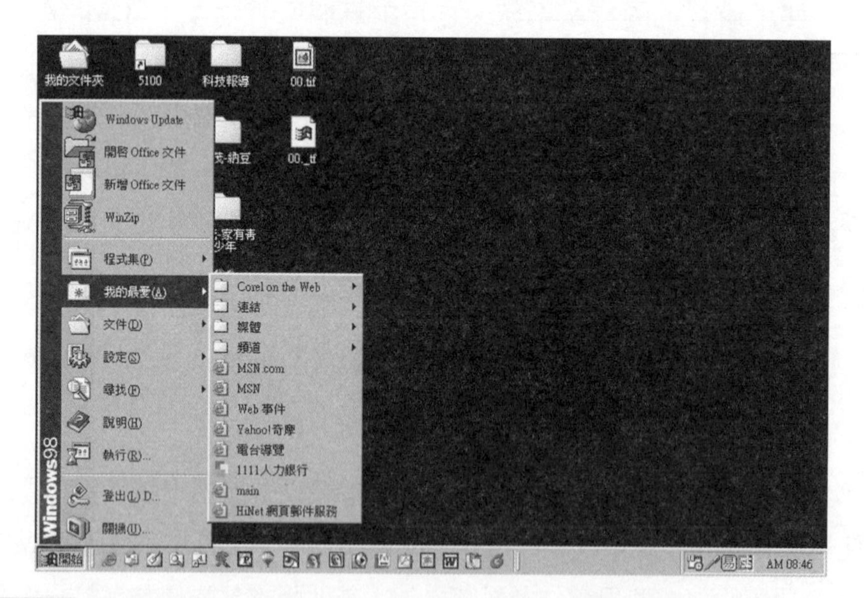

圖 7.10 Windows 98

可以支援所有網路作業環境、單人多工設計，更可以讓每位使用者依照自己的需要，對系統做不同的設定。又如它還有「隨插即用」的超強功能，以前的電腦，如要加裝周邊設備使用，非得重新設定相關程式不可，而多了「隨插即用」的功能，只要是通過驗證測試的產品，使用者只要裝上配備，就可以馬上使用。

㈢微軟伺服器作業系統（Windows NT、Windows 2000 Server）

Windows NT（New Technology）是微軟擺脫英特爾晶片的控制，而邁向跨平台的多功能網路作業系統，並可以支援多處理器的電腦系統。Window NT 4.0 是一套真正的 32 位元多人多工作業系統，它將高級工作站作業系統最佳化，能滿足使用者所需的強大能力與安全防護，並且更能支援網路系統。

Windows 2000 Server 可說是 Windows 98 與 Windows NT 4.0 的結合，其不僅延續 Windows 98 簡易的操作介面，更整合了 Windows NT 穩定安全的優點，因此，相當適合企業或學校單位用來控管區域網路環境，或當伺服器的作業系統使用。

㈣微軟近期個人電腦視窗作業系統（Windows XP）

Windows XP（圖 7.11）是微軟在作業系統上的一大改進，不僅改進了 Windows 9x、ME 版本的不穩定以及容易當機的問題，在操作介面上也做了極大的改進，其採取工作導向式的指令執行方式，在使用者需要使用某些指令時，這些指令就會適時出現，操作上的確十分方便。而 Windows XP 最大的特色是與網際網路更緊密的結合，Internet Explorer 6.0 與 MSN Explorer 內建於作業系統中，這些程式可以讓使用者藉由網路，隨時與友人互動，或是利用網路進行電話聯絡、視訊會議等。

圖 7.11 Windows XP

㈤ OS/2

是由 IBM 公司開發的單人多工作業系統。可利用 80286、80386 等CPU高速計算的好處，並盡可能發揮系統的最大功能。它本身也是一種視窗化的使用介面，也能支援網路及DOS系統；不過可惜的是雖然頗獲好評，但使用率卻不高。

㈥ Linux 作業系統

Linux（圖 7.12）最早開始於 1990 年代早期。當初，它是由一位芬蘭大學生Linus Torvalds因為一時的研究興趣而發展出來的。他認為市售微軟的作業系統軟體昂貴、原始碼又不開放，而且常因軟體升級等因素，導致廠商不當剝削，相關應用軟體開發運用處處受限，於是 Linux 系統應運而生。所以說，Linux 最簡單的說法就是「一套能在PC上免費運作的 Unix 作業系統」。

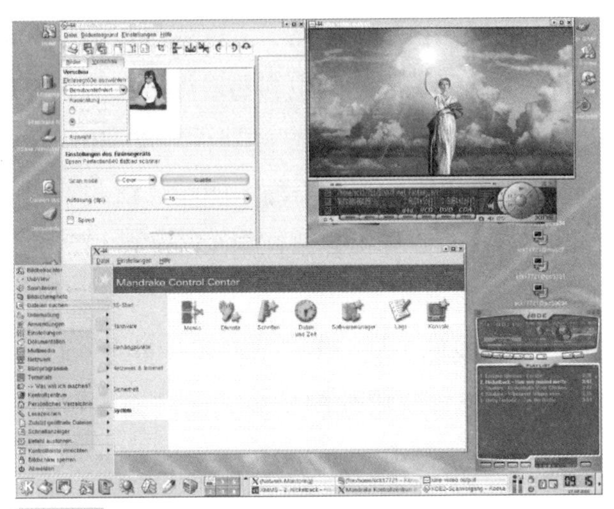

圖 7.12 Linux—Red Hat（KDE）

Linux 之所以會受歡迎，主要原因便是 Linux 具備了底下幾個特色：

1. 多使用環境：可同時讓數位使用者一起使用同一台機器。
2. 多工環境：Linux 是 32 位元多工環境，可同時處理多個程式，而不像 Windows 9X 那種半調子多工功能。
3. 多平台：支援英特爾、超微、Cyrix……等處理器。
4. 支援各種檔案系統，包含 minix、Xenix、System V 檔案系統。
5. Linux 是完全免費、不用錢的、可自由修改原始程式碼。
6. 相容性與穩定性的優越性：可與其他作業系統並存，在英特爾 386 機器上連續開個一年，也很難當機。
7. 豐富的各類套件：Linux 只是一個系統核心，須藉由各周邊的整合套件，才能真正發揮 Linux 的功能。目前各類軟體已有數千萬種可供使用。
8. 絢麗的桌面環境：不讓視窗系統的美麗介面專美於前，GNOME 與 KDE 的整合桌面可是更漂亮的！

9. 上網功能：利用數據機撥接、網路卡上線或是 Cable Modem 上網。

由於 Linux 完全免費，原始碼也容易取得，又能夠任意複製拷貝或修改，因此繁衍出各種不同的整合套件，如 RedHat、Debian、SuSE、Slackware、BluePoint 等數十種。然而，這些不同的安裝套件都可以算是 Linux 系統，同樣也都是採用 Linux 的核心，只是收錄程式部分的大同小異而已。

Linux 目前已漸趨成熟，加上電子商務推波助瀾，Linux 作業系統漸為各界所接納，但因其應用軟體較少，而技術支援服務亦較為脆弱，此為其發展上的一大隱憂。

㈦ Mac OS

Mac OS（麥金塔作業系統）是蘋果電腦公司於 1984 年所推出具有視窗圖形環境的作業系統，當時，微軟公司尚未推出視窗作業系統，因此在市場上可謂引領風騷。Mac OS 目前只能夠在 Power PC 及 68K 等系列的機器上執行，不能在 x86 相容的個人電腦上安裝。

現今的 Mac OS，每個使用者都可以擁有自己的操作環境，並可多工執行程式，其最大的特點是介面美觀，操作簡單人性化，幾乎所有一般電腦及生活上使用的功能都內建其中；而且處理速度非常快，很適合做專業的平面設計、影音剪輯和音樂編輯、合成等工作。唯一較美中不足的是 Mac 價格較昂貴，但因其品質較 PC 的作業系統為優，所以目前仍是一些美術專業人士的最愛。圖 7.13 為目前 Mac 上最新版的 Mac OS X。

圖 7.13　Mac OS X

二、應用軟體

應用軟體是在作業系統之上的專工應用程式，也就是說，應用軟體是一種為特定作業系統所設計的專業用程式。

㈠文書處理軟體

文書處理軟體可以說是我們日常生活中最常用的一種應用軟體了。一般都用文書處理軟體來繕打書信、製作書籍、打報告、製作表格、海報等。這類軟體目前最普遍的為 Microsoft Word（圖 7.14）。

㈡試算表軟體

試算表軟體一般用來統計資料、排序和製作圖表，在日常生活中可以幫忙我們處理許多事情。在公司行號中，也可以藉由試算軟體強大的運算功能及編排技術，製作出相當高水準的統計表。可以用它來算帳、製作資產負債表、損益表及成績統計工作等，特別適合商業的應用。此類軟體有 Lotus 1-2-3、Microsoft Excel（圖 7.15）等。

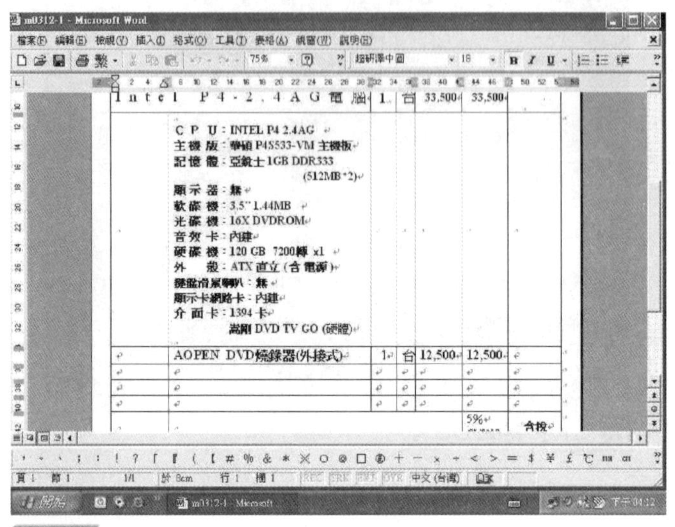

圖 7.14 Microsoft Word

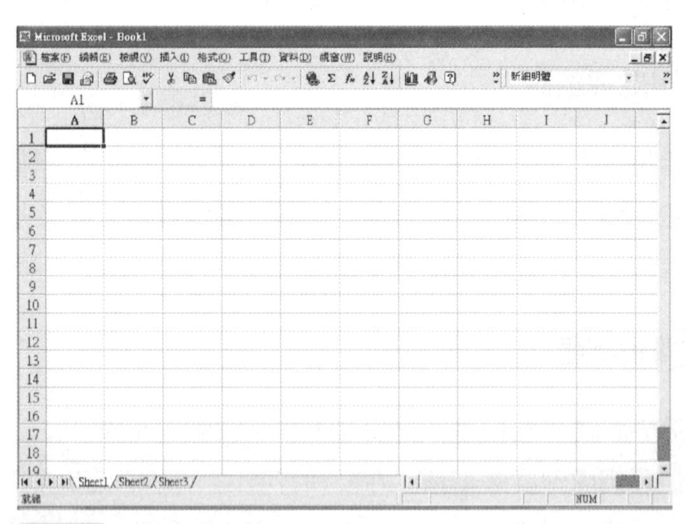

圖 7.15 Microsoft Excel

㈢資料庫軟體

資料庫軟體專門用來處理大批資料，並管理這些資料，讓使用者方便存取與查詢，一般用來設計通訊錄管理、錄影帶管理、進銷存系統及會員管理系統等。例如公司的進銷存、薪資、成本等管理及會計處理，都可以靠資料庫系統來輕鬆完成。常見的資料庫軟體有 Microsoft Access（圖 7.16）、Microsoft SQL Server、Visual FoxPro、FileMaker、Approach 等。

㈣個人資料管理軟體

資料管理軟體就像是自己的電子秘書一般，可以安排日常生活和工作進度，可以用它來取代名片匣、記事本、親友聯絡簿、約會備忘

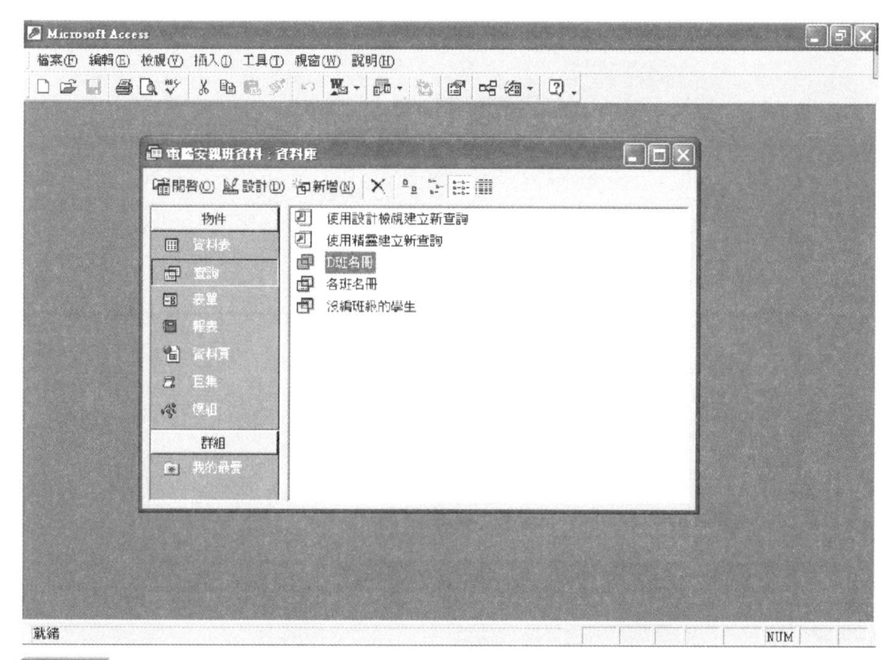

圖 7.16 Microsoft Access

錄等；也可以用來處理一些辦公室內個人的相關事務，諸如：開會排程、郵件收發、行事曆、工作指派等。MS Outlook（圖 7.17）就是功能相當齊全的桌上資訊管理軟體。

㈤簡報製作軟體

簡報軟體是用來製作及播放投影片的程式，現在的簡報軟體都可結合圖片、影像、音效、電腦動畫、網路訊息等各種類型的資料，讓使用者能營造出聲光效果俱佳的多媒體簡報環境。目前較受歡迎的簡報軟體有 MS PowerPoint（圖 7.18）、Lotus Freelance、Astound、Apple Keynote 等。

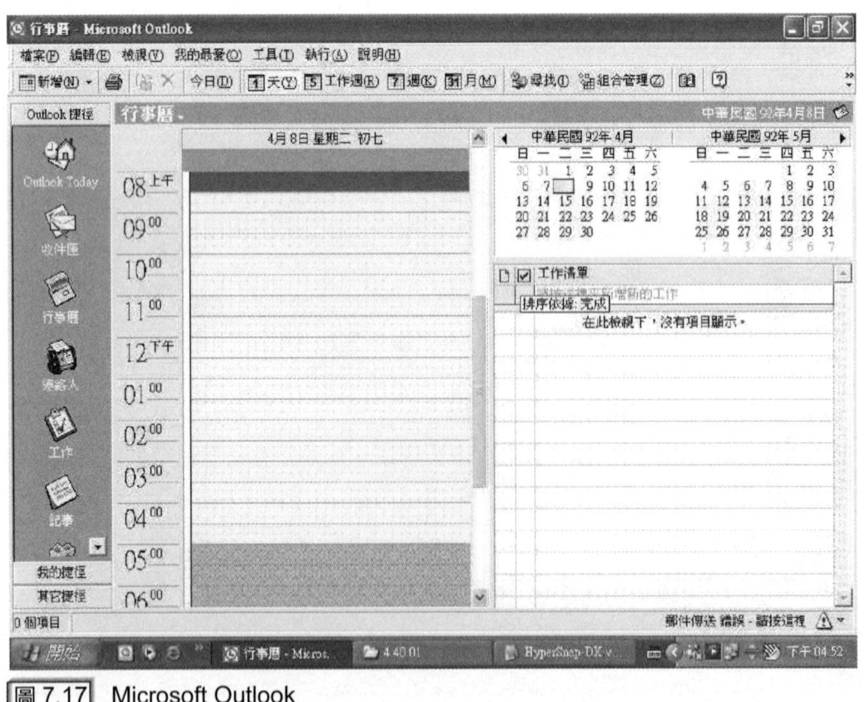

圖 7.17 Microsoft Outlook

圖 7.18 Microsoft PowerPoint

㈥電腦繪圖、影像處理軟體

透過繪畫、影像處理軟體，我們可以在電腦上製作工程圖、室內設計圖、美術圖片、影像處理、影像合成、動畫、卡通等，不但節省人工繪製時間，同時還可增加藝術工作者更多創造的空間。目前流行的繪圖、影像處理軟體有：PhotoShop（圖 7.19）、PhotoImpact（圖 7.20）、3D Studio、AutoCAD、CorelDraw、FreeHand、Illustrator 等。

㈦多媒體編輯、播放軟體

電腦的多媒體軟體可分成兩類，一種是多媒體編輯軟體，這類軟體可將各種文字、圖片、聲音、影像整合在一起，還可設計出互動式的操作環境，依使用者的輸入而有不同的情節或變化。目前流行的

圖 7.19 Adobe PhotoShop

圖 7.20 友立 PhotoImpact

有：Flash、Authorware、Director、Media Studio、Toolbook 等。另一種則是多媒體播放軟體，像視窗系統中可播放多種媒體類型的 Media Player（圖 7.21）、以專門播放 MP3 音樂聞名的 Winamp、播放線上影片的 Real Player，以及 QuickTime（圖 7.22）等。

(八)通訊軟體

如果電腦要與別台電腦互通訊息或是連上現在最熱門的網際網路，除了要加裝必要的硬體設備（如網路卡、數據機）外，通訊軟體是不可缺少的工具。通訊軟體又可細分出多種類別，例如檔案傳輸軟體（如 WS_FTP、FlashGet、CuteFTP、GetRight）、傳真軟體（如 Winfax）、全球資訊網瀏覽器（例如 Internet Explorer、Netscape）、線上交談軟體（如 Windows Messenger、NetMeeting、ICQ）、遠端遙

圖 7.21 MS Media Player

圖 7.22 Apple QuickTime

控軟體（PcAnywhere）等。圖 7.23 即為目前甚受使用者喜愛的 Windows Messenger。

㈨視訊剪輯軟體

視訊剪輯軟體整合了影片擷取、視訊剪輯、繪圖、動畫及音訊編輯等功能的五項主要程式，這些程式不但針對數位視訊整合做詳細分工，更在便利操作的前提下密切合作。在製作影片時，首先您可擷取DV、V8 或錄影帶等視訊內容，然後將擷取到的視訊內容輸入電腦來剪輯，同時還可搭配轉場及濾鏡等特效。如果想要讓某段影片更出色，還可以在影片上繪圖，把它修飾得更具有效果。當然，在視訊完成後，還可以製作標題列或圖形動畫等向量物件，最後再加上旁白或

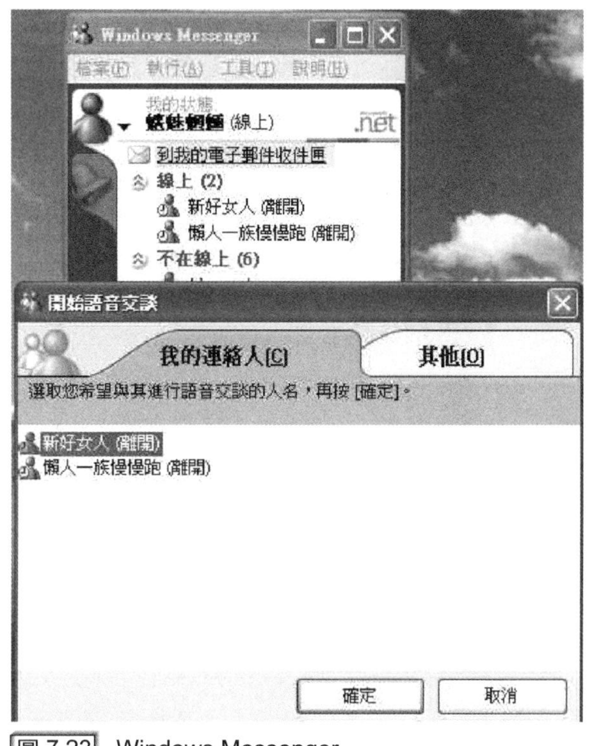

圖 7.23 Windows Messenger

配樂。只要如此簡單的流程，一部聲光效果俱佳的影片就此產生。此類軟體如友立的Video Studio（圖 7.24）、Power Producer、Adobe Premiere、Apple Final Cut Pro 等。

㈩其他軟體

應用軟體的種類還有很多，例如會計、進銷存等商業軟體、桌上排版軟體（如 PageMaker）、網頁編輯軟體（如 FrontPage、Dreamweaver）、秀圖管理軟體（如 ACDSee、PolyView）、遊戲休閒軟體（如世紀帝國）、應用程式發展軟體（如 MS Visual Studio 6.0）等。圖 7.25 與圖 7.26 分別為 Dreamweaver 與 ACDSee 的使用者介面。

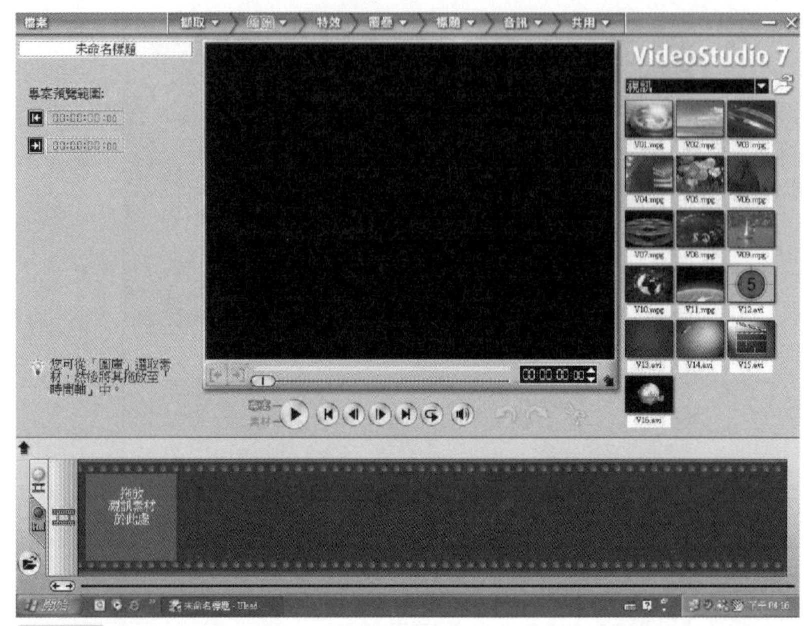

圖 7.24 視訊剪輯軟體——友立會聲會影

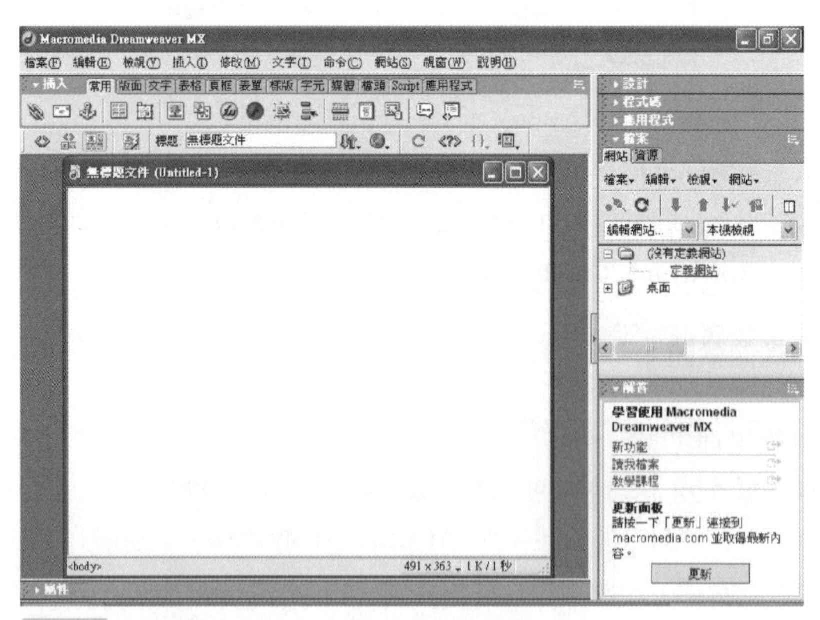

圖 7.25 網頁編輯軟體 Macromedia Dreamweaver

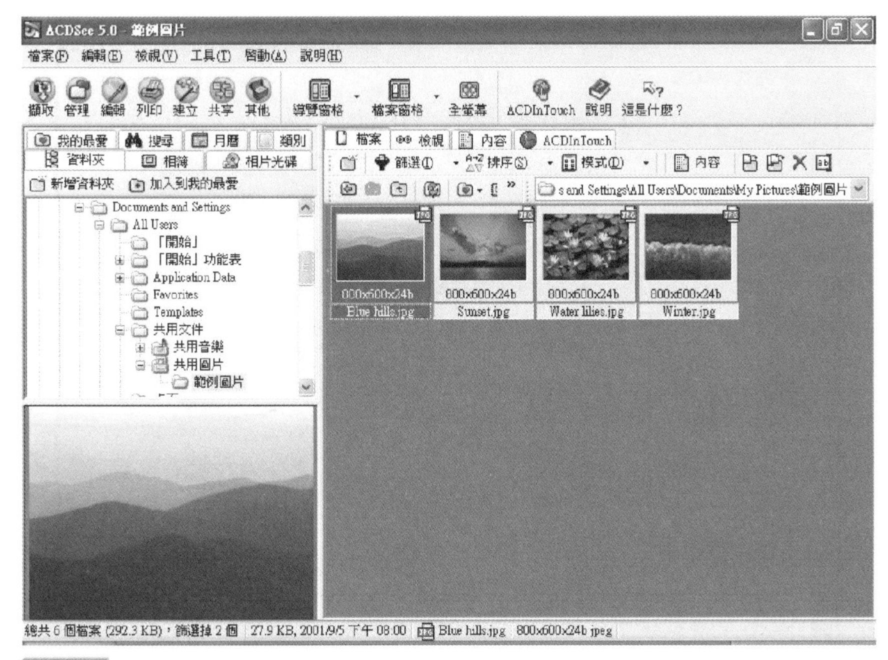

圖 7.26 秀圖軟體 ACDSee

三、工具軟體

電腦和我們的車子、冷氣機一樣，也需要保養維護的，這類用來維護或整理電腦系統的程式就統稱為工具軟體。工具軟體的種類很多，用途也很廣泛，例如搶救不小心刪除掉的檔案、快速備份硬碟、預防電腦病毒、壓縮檔案等。在個人電腦上常見的工具軟體有：Norton Utilities、WinZip 等，有的作業系統本身也會提供一些磁碟、檔案的維護管理工具，例如磁碟清理、磁碟掃描、磁碟重整等工具。圖 7.27 與圖 7.28 分別為目前甚流行的防毒軟體與檔案壓縮軟體的操作介面。

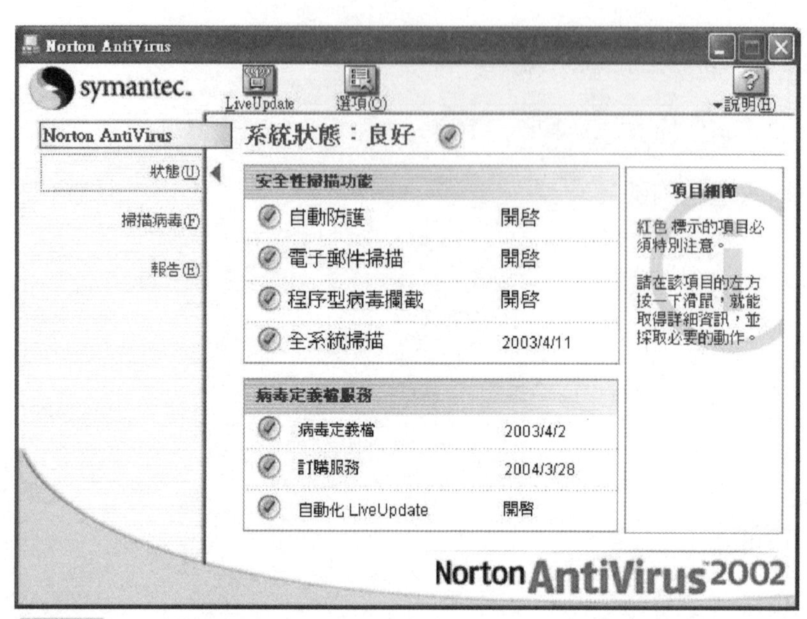

圖 7.27 防毒軟體 Symantec Norton AntiVirus

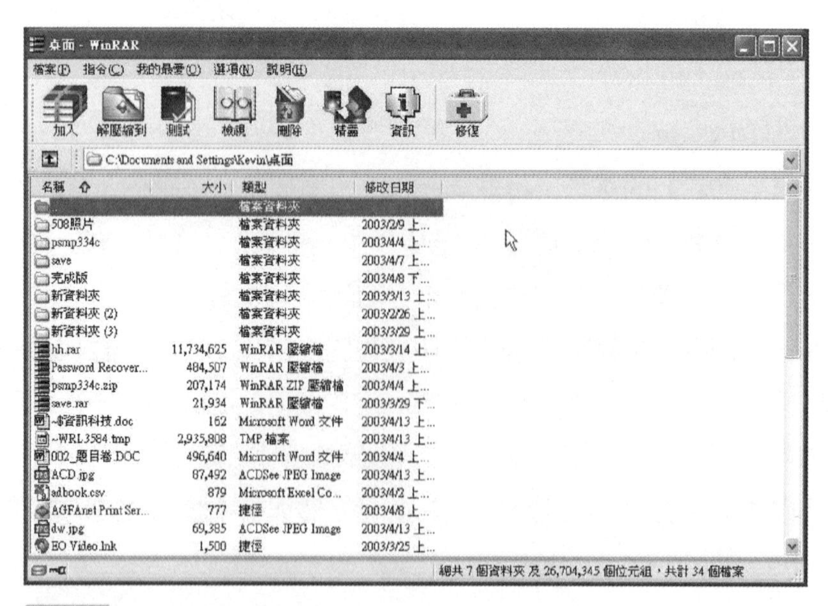

圖 7.28 壓縮軟體 WinRAR

肆・電腦影像與語音科技

電腦的主要功能雖是用來處理資訊，但對一般使用者而言，他們並不在意電腦內部如何處理資訊，他們更關心電腦如何將處理後的資訊呈現出來，使他們能易於了解與運用資訊。早期的電腦僅能輸出文字，隨著電腦處理器功能的提升，電腦也可以輸出圖形了，現在的電腦更已可以輸出影像與聲音，此即所謂的多媒體電腦。

隨著個人電腦的價格日漸低落，操作系統的漸具親和性（由文字介面的DOS而至圖形使用者介面的視窗），以及套裝應用軟體（文書處理器、電子試算表、資料庫管理系統）的普及，使用者介面的人性化（由鍵盤，而演進成滑鼠、觸控螢幕、光學文字辨識系統、語言輸入辨識系統）等，人與電腦的關係更為密切。

電腦除了作為有效工具之外，人們更希望它也能有娛樂及教育的功效。在1980年代，許多教育學家利用電腦，將文字及圖形整合在一起，而製成了電腦輔助教學（CAI）軟體。因設計及製作較為嚴謹，許多研究將電腦輔助教學軟體的教學成效與其他媒體（電視、錄影帶、課堂講授、學習手冊及錄音帶）做比較，結果顯示學習成績有顯著改善。電腦遊戲也早已被兒童及成人所接受。隨著光碟科技的進步，娛樂及教育軟體也都加入了高品質的聲音及動畫。

在多種媒體加入電腦展示後，製作時也許需要了解影像壓縮對動態影像品質的影響，美工人員也要了解哪一種圖形格式適於使用在哪些產品中；製作音效的人員也要決定適當的聲音品質。這些考慮主要是基於電腦的微處理器運算能力及主記憶體（RAM）的儲存能力，決定一切電腦影像與語音科技的展示。

數位化使得影像、聲音、文字全部變成電腦資料庫裡的數據，經由運算、操控，可以建立完全虛擬的真實情境。這種虛擬的真實情境，完全顛覆以前西方藝術的「再現」傳統。電腦模擬用數學建立了一個基本模型來表現出看來似真的影像，建構出虛擬現實的視覺狀態。這是一種新型的再現模式，是藉由人類的知識，而非外在的實體所建構出來的。以前的影音圖像就是要模擬現實，而今現實卻可以無中生有，因此，電腦所產生的數位影音訊號將帶領影音進入一個全新的時代。

而電腦帶來的另一個影響就是資訊瀏覽方式的改變。在電腦程式設計後的數位影音裡，可以讓使用者經由選擇圖像或超鏈結文字，而對其影音作品不必依照先後順序瀏覽。這種互動與跳躍式的瀏覽形態，一方面改變了使用者閱讀資訊的方法，同時也改變了創作的觀念與作法，最終則將影響使用者對事物的認知。因為數位影音的發展，電腦不但是大家的創作工具，它也能做出決定，產出一些事前無法預料的結果。這種人與電腦關係使得創作者兼具主僕、主動和被動、創作者和消費者、參與者和觀察者、藝術家和批評家等雙重角色。而今，在電腦繪圖、電腦動畫等領域內，其工具性愈來愈人性化，而電腦的快速發展，也漸漸使得複雜的視覺效果可以在極短的時間內，隨創作者的要求很快顯示其結果，這使得電腦成為方便的創作工具，將更易於推廣使用，並因而擴延電腦工具的效用，發揮最大的潛能。在互動性方面，利用頭盔或手套進行虛擬實境（virtual reality, VR）創作，也是未來數位影音藝術發展的一個方向。觀看者藉由機械介面融入作品中，用身體感官與作品進行互動而得到新的視覺經驗。

目前這方面的作品漸漸盛行，運用在電腦遊戲上最多，而有些電影也完全用 3D 的虛擬場景來表現。隨著電腦科技日新月異的快速發展，虛擬實境在影音生活上普遍應用將是指日可待。近幾年來，數位影像大都用於虛擬實境上，除了遊戲、電影、電視外，也運用在醫療、視訊會議及一些特別的專業訓練上。而語音科技方面，除了音樂相關之外，也運用在語言學習、教育、通訊等方面。

伍・資料庫

資料庫系統是目前大多數資訊系統的基礎。資料庫系統與一般的檔案系統不同，在資料庫系統中，資料量大，而且經過適當的組織，使資料的運用及管理能符合大部分應用系統的需求。近十年來，關聯式資料庫管理系統在嚴密的理論基礎及軟體業者的支持下，成為市場的主流。但是隨著相關科技的演進以及新的應用系統的誕生，各種非傳統式的資料庫管理系統也逐漸產生。

資料庫可以定義為大量資料的集合，簡單來說，資料庫是有組織與含義的大量資料的組合。這些資料有各種不同的類別，用來描述真實世界的人、事與物。由於量大，必須透過有效的組織與管理才能使用，資料庫管理系統（database management system, DBMS）就是用來管理資料庫的軟體系統。要讓資料庫運用於實際的工作與生活上，可以透過資料庫管理系統來建立完整的應用程式，解決人類某方面的問題，例如財務資訊的管理，然後逐漸發展成一個資料庫應用系統。因此，我們平常所提及的資料庫系統，是由資料庫、資料庫管理系統以及應用系統所組成的。例如，某公司使用會計資料庫系統來管理財務以及相關的資訊，這個資料庫系統必然含有一個資料庫管理系統，在這個資料庫管理系統下，所發展出來的資料維護、查詢與使用的介面，則是供會計作業的應用系統；作業過程中產生的資料，例如傳票、票據等，則形成了與會計相關的各種資料庫。

資料庫系統可以在大量資料存在的情況下，幫助我們以簡馭繁。資料庫系統的功能是透過其應用系統來達成的，資料庫應用系統的一般功能包括：

1. 資料的維護：包括資料的新增、刪除、修改、備份等。資料是資料庫系統的主要內涵，必須先產生基本資料，才能做進一步的處理。

2. 資料的查詢：由於資料庫含有大量的資料，資料庫系統必須提供有效的資料查詢方法，讓使用者能萃取所需的資料。

3. 使用者介面：透過資料庫系統進行的各種操作，要有容易操作的使用者介面來配合，讓使用者不必了解系統的結構，就可以進行各種作業，例如資料維護、資料查詢等。

4. 資料的呈現：經由資料維護所產生的資料，或是由資料查詢所獲得的資料，可以透過各種形式呈現在使用者眼前，例如各種不同格式的報表。

目前我們舉目可見各式各類資料庫系統的應用，例如各種管理資訊系統、大型的資料查詢系統、各類商業應用資料庫，以及線上交易與訂位系統等。資料庫系統的應用與其他科技的進展也有密切的關係，例如電腦網路的普及，讓資料庫的使用者能夠散布各地。

資料庫本身內涵的多元化，也擴充了它的應用領域，例如多媒體資料庫的應用等。而資料庫系統也分為兩種形式：關聯式資料庫系統和分散式資料庫系統。

一、關聯式資料庫系統（Relational DBMS）

它是近十年來發展最快、使用也最廣泛的資料庫管理系統。主要是因為關聯式資料模型的觀念簡易，理論基礎發展得很完整而周密。自從關聯式資料模型發展以來，各種商業化的資料庫系統，幾乎都是以此類型為基礎。

關聯式理論有簡易的一面，也就是以表格來表示資料，然後把表格的處理看成是數學上集合的運算，由於集合運算的結果仍是集合，這和關聯式資料庫裡把一切資料用表格來表示的觀念是一致的。事實上，表格可看成是集合，而表格裡的紀錄就相當於集合裡的元素。不過表格是比較狹義的集合，因為表格裡的紀錄有相同的形式（例如，相同數目的屬性與相同的屬性定義），集合卻可容納異質性，當然表格和集合有一個非常重要的共同特性：元素不重複。關聯式資料庫的原理是以表格的觀念為基礎的，表格的正式定義包含表格的六大特徵：

1. 欄位數值必須是單純的，無法再分割。
2. 欄位在表格中要有唯一的名稱。
3. 同一欄位的數值要有相同的形式與寬度。
4. 欄位在表格中的次序沒有特定的意義。
5. 紀錄在表格中的次序沒有特定的意義。
6. 不可以有重複的紀錄。

關聯式資料庫系統有完備的理論基礎，再加上觀念簡單，很容易讓人接受。資料庫的最大用途，就是能集合大量資料，同時又能有效率地從中萃取所需要的部分。在理論上，關聯式資料庫中的所有查詢與資料處理，都可以用資料庫語言，例如 SQL（Structured Query Language）來進行。一般說來，所謂的資料庫語言，除了包括查詢語言之外，還有資料定義語言、資料處理語言。而資料查詢的介面，除了查詢語言之外，還包括目前常見的視窗圖形介面，同時也有正在發展中的視覺化查詢介面、智慧型查詢介面等。我們在圖書館中接觸到的圖書查詢系統，也算是資料庫查詢介面的一種。

二、分散式資料庫系統（Distributed DBMS）

它是分布各處資料的集合，但是對於使用者來說，它是一個完整的資料庫，和一般的集中式資料庫沒有太大的差異，我們常把使用者的角度稱為「邏輯觀」，分散式資料庫管理系統必須讓使用者能輕易地擷取所需的資料，而不必對底下的資料庫結構有任何深入的了解。

因此，一般說來，分散式資料庫管理系統的功能比較複雜，目前仍是學術上備受探索的領域。

在分散式資料庫系統中，資料庫可以被分割，然後儲存在不同的地點；同一個資料庫也可以被複製，讓更多人能同時使用資料。由於這些額外的功能與特徵，使分散式資料庫的管理異於傳統的資料庫。分散式資料庫的設計除了像傳統資料庫設計一樣要描述應用系統的特徵外，還要考量資料庫的分割、複製與分配。資料庫的分割決定資料庫要分成哪些部分，然後分配到不同的地方儲存，資料庫的複製則是為了要提升資料的可用率。而分散式資料庫的優點主要有下列幾項：

1. 資料庫使用效能的改善：在資料量大的情況下，使用集中式的資料庫會增長資料查詢的時間，分散式的資料庫會因個別的資料量變小而降低資料搜尋的時間。
2. 可靠度與可用率的提升：對於使用者而言，可靠度高代表系統穩定，可用率高則表示系統不會時而忙線不通。由於電腦硬體甚至於軟體都有故障失效的可能，集中式的資料庫系統一旦故障，作業就停頓了；分散式資料庫則不太可能完全停頓，除非所有的資料庫都停止作業。
3. 資料庫應用系統的分散需求：有些應用系統本身就需要資料分散安置，例如，總公司與分公司可能各自維護日常作業的資料庫，同時隨時有交換共享資料的需求。在這種情形下，就很適合採用分散式的資料庫系統。
4. 資料的有限度分享：隨著通訊網路的普及，資料的流通速度加快了，除了分享資料之外，也有一些必要的控制，避免重要資料流失，分散式的資料庫管理系統可以提供這一方面的功能。

簡單地說，分散式資料庫管理系統替使用者分擔了龐大的網路通訊與資料處理的工作，所以系統比傳統的資料庫管理系統要複雜，功能上也更為豐富，包括在通訊網路上傳遞查詢指令與資料、管理資料的複製與分布、提供分散式資料交易異動的機制，以及資料源的復原修護等。

分散式資料庫的查詢處理必須額外考量網路通訊的成本，通訊的原因可以歸納成：

1. 傳送查詢或資料處理的指令：指令的主要用途為對於資料的管理控制，可看成是客戶端與伺服器之間必要的溝通或對談。
2. 傳送資料與檔案：查詢的結果或是需要集中到某處另外處理的資料，也要經過網路來傳送。

陸・人工智慧

早在電腦發明之前，即有人進行「人工智慧」（artificial intelligence, AI）相關的研究，但 artificial intelligence 這詞是在 1956 年始由 John McCarthy 提出。隨著電腦科技的發展，由「硬體工程」、「軟體工程」、「資訊工程」，而發展到所謂的「知識工程」，以及具有商業價值的「專家系統」，科學家們冀望電腦能達成「智慧工程」之目標。於是，人工智慧才又變成電腦科技中重要的一環。

在電腦的發展史上，第五代電腦的主要特色即為人工智慧技術的應用。目前，第五代電腦的發展正在如火如荼地進行著，這種能聽、能說、能看，又具有思考力、推理能力，且能從事判斷並做決定的智慧機器發展出來之後，可能對人類有哪些影響呢？人工智慧之父 Edward Feigenbaum 舉出五項第五代電腦所造成的必然衝擊：

1. 生產力將會大幅提高：第五代電腦可以使生產流程、作業、精確性，及品管與材料使用方面獲得更大的經濟效益。此外，在供銷及服務方面，第五代電腦也能使其效率提高，並節省許多人力。
2. 可以當作管理者的智慧型助手：在推論及學習的功能配合下，第五代電腦系統可以充任萬事通型的顧問。而且，當它連接全世界的知識庫及資料庫之後，在提供決策建議時會更具有智慧。

3. 有助於節約能源與資源：由於第五代電腦能提供我們更佳的資訊，減少我們對能源的消耗，或經由電腦輔助設計，減少生產過程中消耗的能源。另外，透過損壞偵測及自動修護等功能，得以增長商品壽命，減少人的移動。
4. 有助於訂定明智的決定：由於決策支援系統可提供商品品質的決策資訊，而且使做決定的時間減少。它不僅有利於處理工業、行政、企業等方面的問題，甚至對個人自身要求的生活形態亦有幫助。
5. 可以延伸人的能力：就像人類發明的其他機器延伸人的肌肉、眼力、聽力一樣，第五代人工智慧電腦則能延伸人的腦力。

第五代電腦的構想，即是科學家們長期以來對人工智慧的期待與夢想，而要實現這夢想，我們似乎仍有很長的路要走。

在理論上，人工智慧可分為 Strong AI 和 Weak AI 兩類；所謂 Strong AI，即認為電腦具有人類的心智功能，它可以如人類般地思考，例如，某些電影情節中的複製人或機器人；而所謂的 Weak AI，是認為電腦無法具備人類思考的能力，但我們可藉由程式設計，使電腦具備某種人類的認知能力，使電腦變得較為聰明，例如目前已達商用水準的語音辨識（speech recognition software）軟體。

而在研究與應用上，人工智慧可分為神經網路（neural networks）、自然語言處理（natural language processing）、機器人（robotics）、專家系統（expert systems），與智慧型虛擬人物（intelligent agent）等數個領域。在這些領域中，又以智慧型虛擬人物的研究與應用最受到重視，因為一方面它的應用可與網際網路整合，頗具商業價值，另方面，則是因傳統的人工智慧研究一直無法突破，而智慧型虛擬人物的原理與理論依據來自於社會互動現象，這與傳統人工智慧著重於邏輯思考有很大的不同。

第三節　電腦網路的神奇

網路的起源是美國軍方為因應核子戰爭下的軍令指揮管控的新構想。1964 年，美國智庫蘭德公司（RAND Corporation）第一次公開電腦網路企劃書；1969 年，美國國防部的 Advanced Research Projects Agency（ARPA）在加州大學洛杉磯校區（UCLA）等四所大學間建設了全世界第一個網路系統 ARPAnet，隨後便陸續擴展至其他的重要大學與研究機構。1984 年，美國的學術研究主管機構 National Science Foundation（NSF）開始接管網路事務，並將之推廣為學術研究與商業活動的工具與設施。

網路的原始構想是 long-distance computing，但從一開始，這最主要的目的卻一直是配角，網路從一開始的最主要功能是人際間訊息的交流與互動。參與網路建設的工程師是利用網路來討論和協調工作與研究進度，故電子郵件是網路最主要的服務項目。

1982 年，網際網路（Internet）的字眼首次被提出；1984 年，Cyberspace 這字也首度出現在 William Gibson 的著作 *Neuromancer* 之中。1991 年，WWW 誕生；1995 年，美國 NSF 正式退出網路的運作，讓網路回歸正常應用的運作模式。而如今，網路應用已是一個國家的競爭力指標，大部分的先進國家莫不競相建構完善的網路應用環境，以至於出現了所謂數位落差（digital divide）的嚴重問題。

壹、電腦網路的運作原理

所謂「電腦網路」，就是將許多分散在各地的電腦以通信線路連接在一起，以構成高效率的資訊通信網。藉著這種電腦網路，所有的終端機或電腦均能共享所有的資訊，如資料、程式等，即使數量多達數十萬台終端機，亦能彼此相互進行資料的交換與流通；而且，不僅僅是單方向地傳輸資料，同時亦可讓使用者隨心所欲地擷取各種資訊及資料。由於電腦網路可作為雙向通信，所以可做高速效率的資料處理，更是資訊化社會的要角。而電腦網路的構成，可分為下面幾個方面：

一、電腦網路的硬體元件

隨著資訊科技的進步，電腦網路的概念益形複雜，早期，電腦與電腦間是藉由數據機（modem）與電信線路來溝通，方法就是先將 0 與 1 之數位信號調變為類比信號在傳統電信線路上傳輸，至目的地後，再將類比訊號還原為數位信號。這種擔任調變調節工作的單元，就是數據機。

目前，電腦大都係藉由內部的網路卡與網路通訊媒介來連上網路。而最常見的網路通訊媒介有三種：

1. 雙絞線（twistered pair wire）：就是現在的電話線，是由纏繞在一起的銅線所構成。優點是價格便宜，缺點是容易被其他電波所干擾。
2. 同軸電纜（coaxial cable）：是辦公室中常用的優良通訊媒體。主要是以非導體物質圍繞中央金屬導體，並在外部覆上一層鎢，最後再加一層塑膠包裹。優點是在長距離傳輸中，不容易受到其他電波的干擾。
3. 光纖（optical fiber）：是目前傳輸速度最快的通訊媒體。光纖是像頭髮般纖細的玻璃纖維，能夠非常有效率地傳送光線，是明日之星，前景看好。

而除了網路卡與網路通訊媒介之外，組成現代電腦網路的元件，尚包括中繼器（repeater）、橋接器（bridge）、路由器（router），與閘道器（gateway）。

除了上述的實體網路通訊媒介之外，隨著無線通訊技術的成熟，無線網路（wireless or mobile computing）的概念與應用，正快速顛覆電腦網路的世界。

二、電腦網路的連接架構

當網路上只有兩部電路時，其間的連接方式是再簡單不過了，但當有多部電腦要連接在一起時，其連接方式便必須妥為規劃。電腦網路的連接架構或方式又稱為 topology，大別有下列五種：

1. 星狀網路（star network，圖 7.29）：位於中央的電腦藉著點對點的

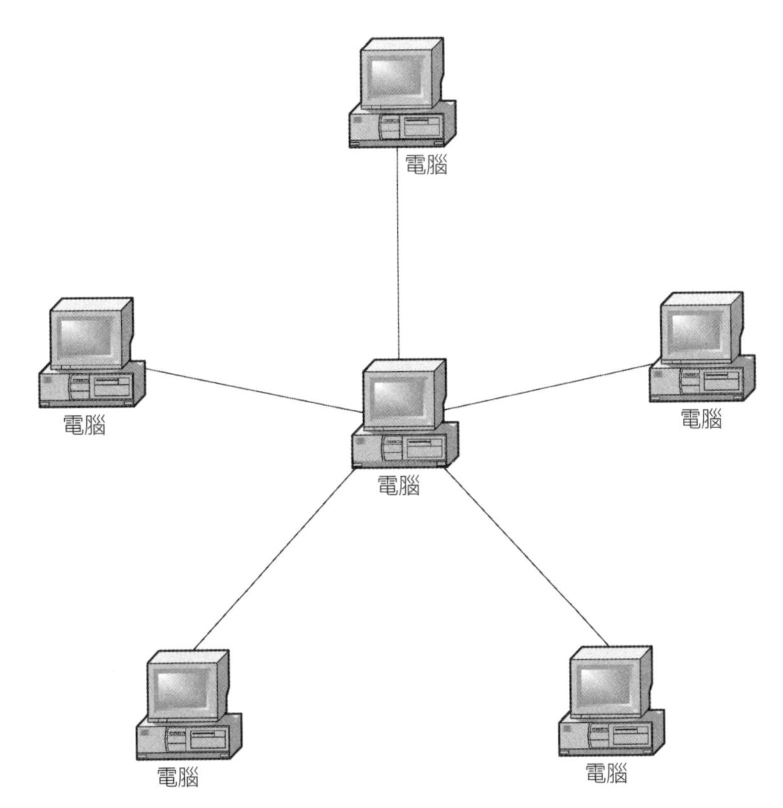

圖 7.29 星狀網路

線路與終端機或其他電腦通訊，這些終端機與其他電腦並未互相連接，因此必須透過位於中央的電腦才能互通訊息。中央電腦就好像龍頭一樣，一當機則整個網路系統就無法運作。

2. 環狀網路（ring network，圖 7.30）：是將分布在網路上的電腦排環狀，並不是由一部中央電腦來控制，而是每個電腦均可與環中的任何一部電腦通訊。在通訊時必須描述通訊對象的電腦位址。缺點是其中一台故障就會影響到其他電腦的運作，還有保密性也不好。
3. 網狀網路（mesh network，圖 7.31）：網路中的電腦至少連結一台以上的電腦或終端機，也就是說各點之間可以有多重通道。缺點是成本很高。
4. 匯流排網路（bus network，圖 7.32）：匯流排網路是將每個電腦共同連接到一條傳輸媒體之中央電纜而成，各個電腦都經由中央電纜

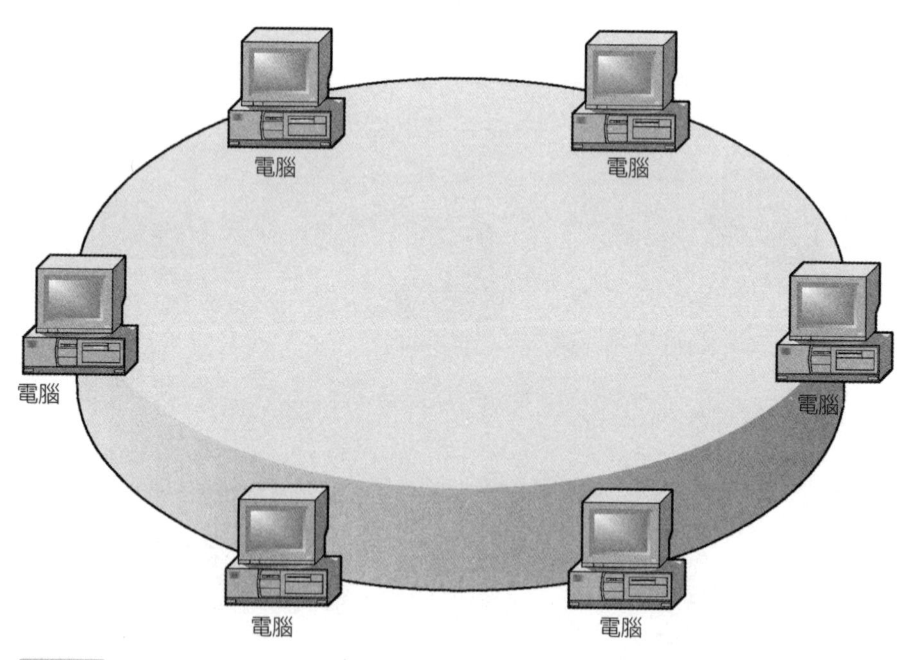

圖 7.30 環狀網路

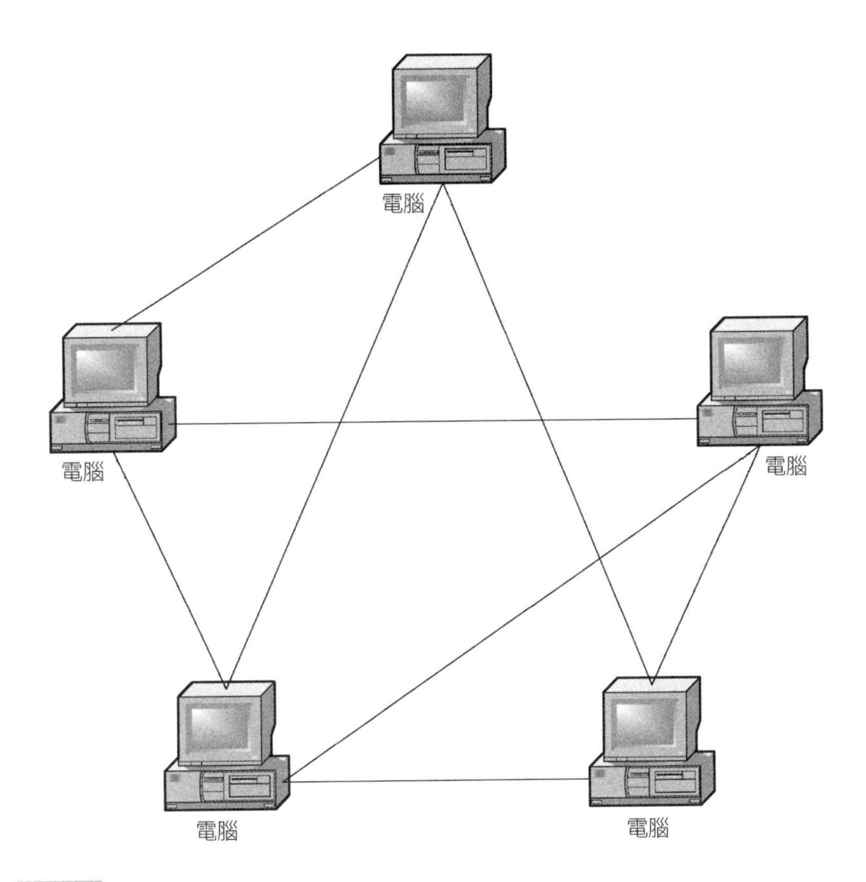

圖 7.31 網狀網路

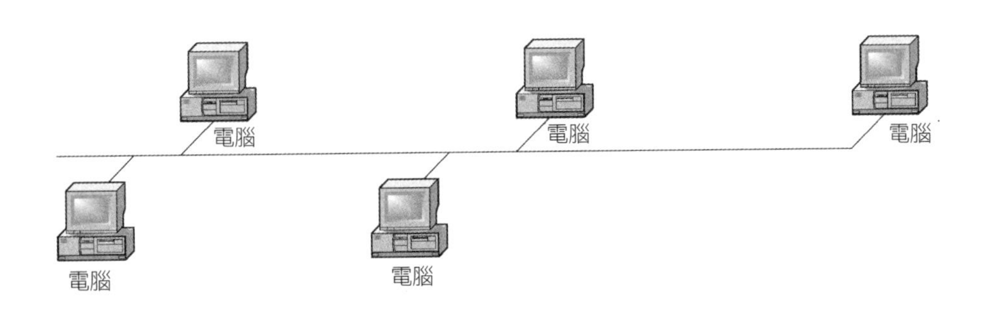

圖 7.32 匯流排網路

互傳訊息。

5. 階層狀網路（hierarchical network，圖 7.33）：此類網路是至少有一部大電腦，大電腦連接且控制數個中型電腦，而中型電腦又連接且控制數個小電腦，形成樹狀結構的模式，所以此網路架構又稱為「樹狀網路」。

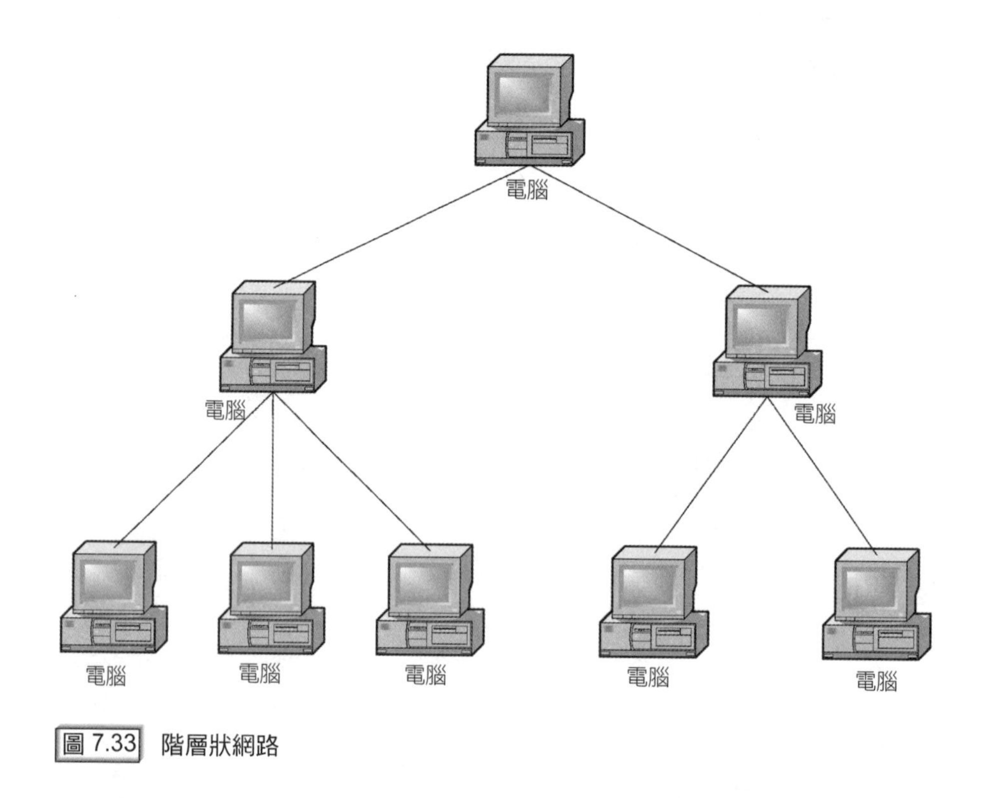

圖 7.33 階層狀網路

三、區域網路（local area network, LAN）和廣域網路（wide area network, WAN）

平常我們在一個公司或是辦公室裡，有數台電腦彼此以網路線接在一起，並且安裝網路作業系統，在這種環境下，我們稱此網路為一個區域網路。它的範圍以及電腦數量不一定，也不僅局限於某些房間之間，甚至樓上到樓下以及兩幢鄰近的大樓間，也可以算是區域網路。

假如區域網路的範圍再擴大，比如說，公司有台北分公司、台中分公司、台南分公司以及高雄分公司，假若要將這四個分公司的電腦彼此以網路線相連，那將會很難辦到；不用說，要牽這樣一條跨這麼長距離的網路線已是不可能，更何況以網路線的物理特性，也不可能在這麼長的距離下，成功地傳送訊息。因此，一般區域網路上所用的設備，在這麼長的距離下，就更需要換了，在此，網路線就可以用專線來解決。不過，使用專線費比較昂貴，也很難達到如一般網路線上的速度。所以，如何建置這種形態的網路以及避免這種長距離的情況下網路速度緩慢，必然和區域網路有不同的規劃，這種網路，我們稱之為廣域網路。當然在台北、台中等等這四個地方也不可能只有一台電腦，也有可能都有一個區域網路而以專線將四地的區域網路相連起來，這也稱作廣域網路。

四、網路的通訊協定（protocol）

有了電腦網路的硬體設備與實體架構之後，電腦與電腦間是否便可以進行資料傳輸？答案當然是否定的！就如有了電話機與電話線之後，一位說中文的華人，仍無法藉由電話來與一位說美語的美國人進行溝通一樣，電腦間若欲藉由電腦網路來進行資料傳輸，我們必須為電腦網路設計一種共通的語言，此即網路的通訊協定（internet protocol, IP）。

根據網路通訊協定的規定，在網路上，每台電腦都須有一個獨一無二的識別號碼，這識別號碼即所謂的網路位址（IP address）。網路位址是由四個介於 0 與 255 間的數字組成，而數字與數字之間則以一個 .（dot）來區隔。

目前網路通訊協定的標準是已有二十年歷史的IPV4（Internet Protocol Version 4），但隨著電腦數量的快速增加，能夠分配的位址已捉襟見肘，而巨大的資料流量更是難以處理，因此，現已有更新與更好的 IPV6 通訊協定。IPV6 不但可以解決位址不足的問題，更可以改善資料的傳遞品質與效能，也可以自動進行必要的設定（autoconfiguration）。目前已有不少作業系統與應用程式支援IPV6的通訊協定，未來它將漸漸取代 IPV4。

貳・數位學習

使用網際網路的人口數目正急速增加之中，而隨著網際網路的日益普及與其本身所具有的獨特媒體特性，傳統的教育生態也正受到前所未有的衝擊，因此，世界各國無不重視網際網路在教育上的應用。在美國，國會曾於 2000 年成立了一個網路基礎教育委員會（Web-based Education Commission），以調查研究網際網路在教育上應用的現況與因應對策；在研究結束之後，這個委員會出版了一份報告（http://www.ed.gov/offices/AC/WBEC/FinalReport/），呼籲美國行政與立法當局，應速採取行動來推動網際網路在教育上的應用。而美國各州也競相投入各級學校的網際網路建設工作，例如，在 2002 年年底，美國密西西比州的州長完成其競選諾言，將全州三萬二千三百五十四間教室全安裝了電腦，並連上網際網路（CNN, 2003）。在台灣，網際網路在教育上的應用也一向受到重視，尤其是教育部在九年一貫制課程的規劃中，特別強調資訊融入各科教學的策略，未來教師的教學無論是在課程、教材、教法，甚至於評量上，都必須與資訊科技的應用相結合，這將是邁向二十一世紀教育的趨勢。因此，數位學習（digital learning）或網路學習（networked learning or eLearning）的形態，將與學校傳統的教育形態相互輝映。

一、網路學習的世紀

資訊科技已帶來所謂的知識經濟（knowledge economy）時代，而在知識經濟的概念中，知識的組織與運用實為其核心。因此，知識的組織與運用已成為新的專業與技術，這便是網路學習的主要內涵。

網路學習的重要性可由美國微軟公司的態度與LRN（Learning Resource interchange）規格的制定看出端倪。微軟在 1998 年便已加入 IMS（Instructional Management System, http://www.imsproject.org/）這個知名的網路學習研發計畫，而目前該公司不但已在其網站上規劃出一個專門探討網路學習的 eLearn 單元，更已自行發展出一套 LRN Toolkit ，並已根據 LRN 的規範，開發出一些網路學習內容。

和美國國防部有密切關係的 ADL（The Advanced Distributed Learning Network, http://www.adlnet.org/）研究中心，亦正加緊與學術界和業界間的合作企劃，以進行網路學習的推廣與研究。

雖然目前網路學習的研究與應用領域皆偏重在高等教育和員工在職教育訓練，但先進國家亦已洞悉網路學習在中小學教育應用上的重要性，而企業界更已預見中小學網路學習的龐大商機。因此，中小學的網路學習亦已風起雲湧。例如創立於 1997 年的美國 Florida Virtual School（http://www.fhs.net/，圖 7.34），已成功地推出網路教育課程，供各類無法滿足於傳統學校教育的學生選修；目前該校提供約六十餘門網路課程，共約六千餘位學生選修了這些課程。而另一個位於美國麻州的 Virtual High School（http://www.govhs.org/），不但五年內學生人數由二十多位增加至三千人，且由一地區性的學校轉型為一國際性的網路學校。

因此，資訊科技的進步與普及，將使得傳統學校體制面臨許多壓力，例如教師資訊素養的提升、課程內容的調整與教學方式的修正，

圖 7.34 Florida Virtual School

和資訊設備經費的籌措等等。而網路學校興起之後，傳統學校體制將面對更大的挑戰，因網路學校不但能提供 anytime、anyplace、anyway 和 anyone 的學習形態，而且網路學校的經營者大部分是企業與高等教育機構，他們往往具有較佳的效率與豐厚的資源，所以，網路學校所導致的教學革命風潮，是值得我們關注的。

二、網路學習環境的特質

未來的教學皆與網際網路的應用有著或多或少的關係，因此，首先，讓我們探討一下網路學習環境應有的特質。

㈠破除學習時空之藩籬

網路學習環境具有遠距學習之所有特性，因此，學習者只須坐在電腦前，便可以隨時進入學習之情境。也就是說，網路學習環境可使學習者在任何時間、任何地點進入學習之情境，滿足「人人有書讀，處處是教室，時時可學習」的資訊化社會學習需求，亦即網路學習環境具有 anytime、anyplace 的特質。

㈡多元化與即時性的學習內容

在網路學習環境中的學習內容（learning content），往往具有文字、圖形、聲音、影像及動畫等多種形態，因此，教材可以透過多種形態的呈現，增加學習者對學習內容的了解，提高學習興趣。除此之外，使用多種媒體形態來呈現學習內容時，學習內容將更容易被記憶，也較能吸引學習者的注意。也就是說，多媒體網路學習內容透過多重的管道，提供視覺、聽覺，甚至虛擬實境的三度空間刺激，這種多管道的學習，使學習者在解讀所接受訊息時能更為正確。而多媒體往往可藉由資訊精緻化與組織化等多種方式來增強使用者的長期記憶。

網路學習內容的另一特色，為其即時性。網路學習內容因其數位化與容易編輯的本質，教材編著者甚或學習者可以隨時變動內容與增添學習資訊以反映現實，因此，網路學習內容具有即時性。

㈢動態式互動學習

互動是兩個物件間的溝通行為，而網路學習環境是由人（people）與資訊（information）所組成，因此，在網路學習環境中，物件包含人、資訊，和他們所共同塑造的學習社群（learning communities）三者。由此來看，網路學習環境中的互動可區分為人與資訊間的介面互動（interface interaction）、資訊與資訊間的訊流互動（informatics interaction），以及人與人間的人際互動（interpersonal interaction）三種。

圖 7.35 為網路學習環境之物件與彼此互動之關係圖。人際互動為網路學習環境最主要的構成元素，但人際互動係由介面互動與訊流互動組成，更進而塑造出學習社群，也就是說，人際互動的內涵，包括

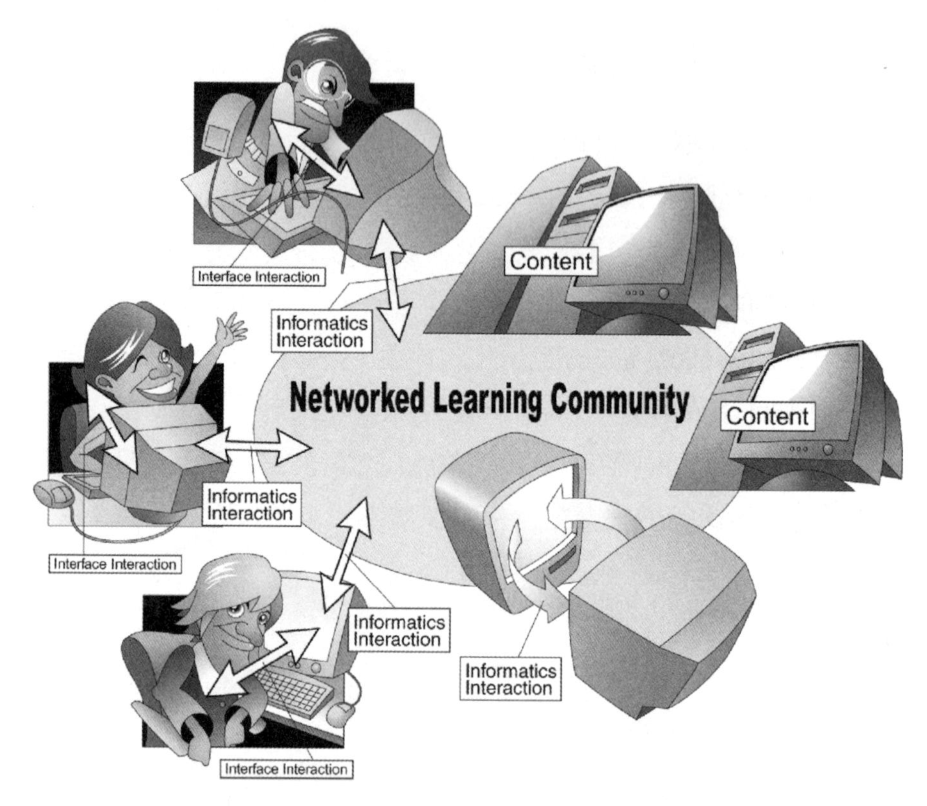

圖 7.35 網路學習環境中的互動

了介面互動、訊流互動與學習社群三者。而由學習社群的角度來看，學習社群的組成分子並不僅是人，也包括了資訊與其彼此間的訊流互動。總之，網路學習環境具備了人、資訊，與學習社群間的介面互動、訊流互動、人際互動三種互動形態。

網路學習環境可以藉由網路所特有的同步式與非同步式的溝通工具，來提供人際互動的管道；至於介面互動方面，現今網路的許多資訊編輯工具（authoring tools）與網路程式開發工具，已使得網路學習環境可以提供使用者高互動性的資訊。而隨著資訊科技的快速發展與人類對遠距學習的殷切需求，建構網路學習環境之資訊系統與網路學習環境本身亦日形複雜，因此，其間之訊流互動也漸漸頻繁起來。而理想的網路學習環境應可以同時讓介面互動、人際互動，與訊流互動三者同時存在，此即所謂之動態互動（dynamic interaction）。

就網路教學應用的角度而言，動態互動另有三項涵意：資訊的⑴即時性、⑵適性（adaptive），以及⑶「人」的資訊性。也就是說，網路學習環境的介面互動與人際互動，使其承載之資訊具有即時性，而介面互動與訊流互動讓資訊的呈現可因人而異，亦即資訊之呈現是因人因時而不同。另方面，介面互動與人際互動也使得網路學習環境中的學習者成為資訊之一部分，更具體地說，人在網路學習環境中也是學習資源的一部分。

由於動態互動之故，網路學習環境中的學習資源應是變動不居的，其內容非但可配合各種教學與外在環境之變異而隨時更新，也可以隨時加入其他資訊使用者的意見與回饋而強化學習內容。因此，網路上的學習課程除永遠是最新的學習資訊之外，其內容之廣度與深度亦可因使用者之互動而與日俱進。

㈣個別化與適性化學習

雖然個別化學習長期以來是教育的理想，但是要達到個別化學習，不僅僅是指一對一的學習，而是得根據學習者的個別需要，開出適合的處方，以解決個人學習上所遭遇的問題。這樣的個別化學習，實際上是非常難以達到的，因為每一位學習者本身的個別差異是如此的大，每一個人的學習特質與需求都不同，教育者要如何調適上課內容，實在是無固定之模式可資遵循。網路學習環境之所以可以彌補傳統課堂教學的不足，是因為其採用學習者控制的設計，可針對不同的學習者，提供個別化的學習路徑、學習進度、學習方法，並可記錄下學習者的每一個動作，進而根據學習者的每一個反應，來決定下一個課程，因應學習者個別的需要，來呈現最適當的教材。

世人往往強調網路與遠距學習在時空上的便利性，微軟在其eLearn的網站上亦只提及網路學習的時空特色（enabling anytime, anywhere access to information for knowledge workers），但網路學習若僅只具備了時空的便利性，那網路將只是資訊傳播的媒體，而非是一個具備教學功能的教學媒體（instructional media）。網路學習最大的利基應是它的learning anyway的特質，此即學習方式的多元性與適性功能，亦即個別化學習的極致。

㈤建構主義學習形態

建構主義認為學習的重心，在於作為認知主體的學習者本人，它強調學習者在認知過程的主動性與建構性，把學習視為一種認知建構的過程，新的訊息必須與學習者的先前知識產生關聯，經由外在刺激，學習者重新整理與調整既有的知識，統合新刺激與舊經驗，形成新知識。全球資訊網中自行搜索相關資料的便利性，也是鼓勵學習者自行建構自己知識的重要因素。當學習者主動參與學習時，他們會注意自己的學習過程，他們會因而有達成自我學習目標的感覺，並從而產生願意接受指導的意念，此即建構主義的理想。在建構主義中，學習者的主動積極參與是學習過程的重要因素。所以學習者需要積極參與自己的學習活動，對於自己所要的知識主動去尋求。網路學習環境中的學習活動，便是強調學習者主導的「內在控制」（inner control），學習活動的進行，要求學習者運用自己的學習策略來學習。由於網路學習環境具備了規劃完善的虛擬教室功能，使人際溝通便於進行，而網路學習內容的設計，也講求合作學習活動的規劃，因此，除了主動式學習之外，建構主義學習理論所重視的合作學習也得以在網路學習環境中落實。

㈥家長的參與

在學生學習的過程中，家長可以扮演非常重要的角色。在中小學階段中，學童尚無自我掌控自己行為的能力，故在學校中，老師有指導學童的義務，回到家中，父母負有教養的責任，因此，父母應積極介入學童的學習活動，此除了有助於學童的學習，也可增進親子關係。但在傳統的學校教育中，容許家長參與的學習活動實在太少。網路學習環境的遠距學習特色，除了可讓家長與學童一起在家中進行學習活動之外，也可讓家長藉由網路學習環境而成為學童的學伴，事實上，理想的網路學習環境應視家庭為學習中心，家長在網路學習環境中的地位更勝過教師。

㈦教師角色的轉變

在網路學習環境中，教師必須由消極「說書」（presenter）角色，轉變為學習過程中的輔導者（facilitators）、伙伴（collaborators）和學習資源提供者（brokers of learning resources）。因此，教師直接教學的比重將漸漸減少，轉而除了須準備各種線上學習課程與學習資源之外，尚必須時時留意學生在線上學習的情形，並解答各種學習問題，故教師所扮演的角色，將與以往有著很大的差異。

㈧統整與主題課程

因網路學習環境已不受傳統分科設班的窠臼所限，而超媒體的資料處理方式又很靈活，且學習活動的進行，又可依賴合作學習與自主學習的方式，因此，在教學策略與課程設計上，可完全根據學習目標來規劃，並以主題研究（project-based）的方式來進行教學活動，而不必考慮單元科目畫分的問題，在教學上，這是一項很大的突破。而這種實踐科際整合的統整課程特色，也正是目前廣受討論的九年一貫制課程與小班教學精神的重點。

㈨虛擬又實體的廣大學習社群

網路學習環境的主要特質，雖在於其能提供多元化的人際互動管道，但網路學習環境中的學習者係處於不同時空之下，可說是「看不到、摸不著」彼此，這如何能產生人際互動？換句話說，若學習社群的意識無法建立，則學習者將不進行互動，故如何在網路學習環境中凝造出學習社群的感覺與意識，便非常重要。學習社群就如同一個群體的「士氣」或「向心力」，或是一個學校中的「校園風氣」，它是一種「文化」，將會影響學習動機。學習社群可以讓不同時空的學習者成為一體，並藉由學習者的積極回饋而強化學習環境。

這種具有向心力且有正面意義之學習社群的產生，網路學習環境必須同時在如圖 7.36 中的兩個向度上努力：X 向度為讓網路學習環境中的每個學習者皆能享受個別化與適性化的服務，使學習者能對群體產生認同感與擁有感；Y 向度為讓個別的學習者在網路學習環境中有群體的感受，使學習者易於融入群體而產生歸屬感。

在 X 向度方面，網路學習環境必須持續不斷地與學習者互動，以了解他們個別的需要，並不斷地調整系統功能以迎合學習者的需求。具體的作法可由下列兩個方向著手：

1. 提供個人化（individualization or customization）的環境。讓學習者可以控制某些系統變項，使系統符合個別需求。
2. 提供適性化（adaptation）的環境。系統應能主動順應每個學習者的個別差異與學習需求。

在 Y 向度方面，網路學習環境應採行下列四個策略：

1. 融合學習內容與人際互動，以提高人際互動之品質，亦即人際互動之內容應與網路學習環境所提供之學習內容有關，而非與學習主題不相關之議題。有意義的互動內容，方有助於凝聚社群意識。

2. 網路學習環境應提供成員發表創作之空間，並鼓勵其他成員欣賞別人的創作。
3. 使網路學習環境中的成員與網路學習環境的管理者或設計者成為伙伴關係，並允許成員與設計者彼此有良性競爭的空間。
4. 主動向學習者廣播個人化與適性化訊息。系統應能不定時地以電子郵件或系統的廣播功能，主動通知學習者和其有關的個人化與適性化學習訊息。

而學習社群的強度與品質，便由這兩個向度的強弱來決定，如圖 7.36 所示。

網路學習社群的重要性，就如同班級教學情境中的同儕文化，它可以左右學習者之學習效能。而網路學習社群的特殊之處與潛能，更在於其既是虛擬的，也是實體的。它打破了學習環境的實體限制，讓

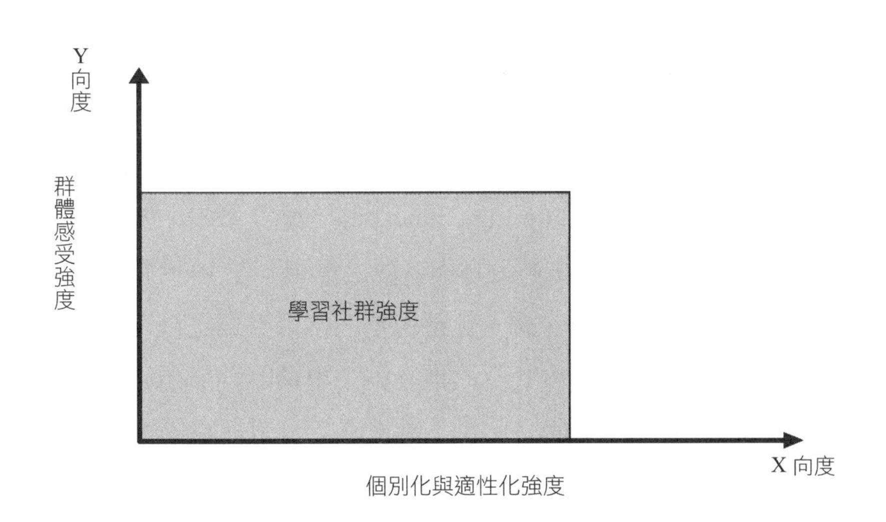

圖 7.36　學習社群之 X 與 Y 向度

每個人皆成為學習社群中的一分子，而非僅是傳統學校中的學生，亦即讓anyone皆是學習者，而無實體學校情境中身分的限制，它讓網路學習環境更貼近學習者所存在的實體生活情境，其對學習情境的影響是很難估計的。

總括而言，網路學習的特色為藉由網際網路來建構一個真切的社會學習情境與環境（authentic collaborative learning environments）。在此情境與環境中，不但每個人皆是學習者，而且每個學習者可以不受時空限制地追求個別化與適性化的學習服務與機會，亦即，網路學習環境是一個具有anytime、anyplace、anyway、anyone特質的新教學與學習媒體。

三、網路學習內容之設計

網路應用教學之實施，除了需要有創意的教學設計之外，更要有優質的網路學習內容來配合，否則將是巧婦難為無米之炊。綜觀網路學習之發展與應用實例，其實，網路學習內容之良窳，將決定網路應用教學的品質與成效。

但網路學習內容的開發工作至為艱巨，故舉世仍鮮有優質的網路學習內容。目前在這領域中表現最為突出者，首推「行者數位學園」。圖 7.37 即為「行者數位學園」的登入頁。

「行者數位學園」（http://linc.hinet.net/）成立多年，因規劃之完善與富於創意，屢獲各類媒體報導與各界之重視，在1999年，「行者數位學園」擁有近六萬名會員，且獲選為網路學習類之台灣千禧兒童優質網站，也獲得新加坡教育部的推介與多項國際性學術研討會之認同。在 2000 年，「行者數位學園」更獲選為台灣網路學習類最佳網站，而學友人數也增至八萬人。故「行者數位學園」已儼然成為台灣最佳之學習網站，而其理念更超越學術潮流，對未來網路應用教學理

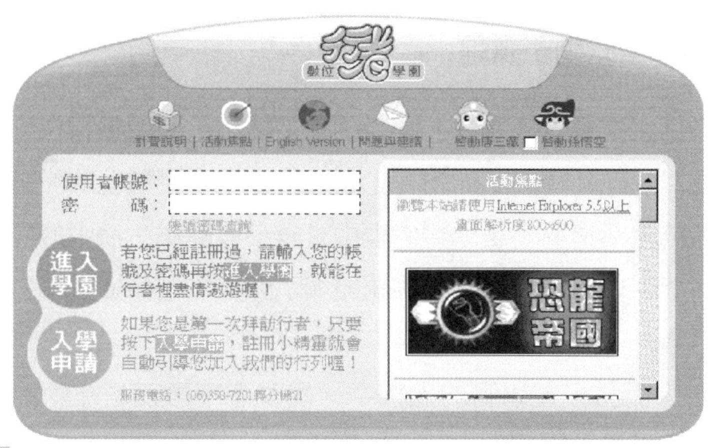

圖 7.37　行者數位學園

想的落實，實具有指標性之意義。

「行者數位學園」根據網路應用教學的需求，將網路學習內容（networked learning content）分為三類，分別是線上教材（digital learning materials）、主題探索式網路課程（web theme titles）、合作學習活動（collaborative learning projects）。試分別細述如下：

㈠線上教材

線上教材係指應用電腦模擬、虛擬實境、動畫等技術，並充分發揮建構主義學習理論之主張，以提供具有介面互動（interface interaction）、人際互動（interpersonal interaction），與訊流互動（informatics interaction）特質之線上輔助學習單元，或諸如虛擬博物館等之各類線上學習資源。線上教材的用途為供學習者進行個別化輔助學習之用。

㈡主題探索式網路課程

主題探索式學習理論係一種新的學習概念，這種學習概念強調學習活動應以主題為導向，而學習主題的規劃與學習環境的設計應能切合學習者的生活情境，讓學習者經由實際參與解決生活中的問題，而使學習者能對學習主題有深刻的認識與了解。主題探索式學習有四個重要的意義：

1. 對學習者而言，在學習的過程中，學習者不再只是被動地接受知識，而是以主動學習的方式來參與學習。
2. 對教師而言，教師不再是知識來源的權威象徵，而是學習的協助者，在學習者學習時，負責提供學習輔助（learning support）。
3. 就課程的本質而言，主題探索式學習較不強調學科教材的記憶與認知，它強調學習過程的重要性。
4. 就學習的形態而言，主題探索式學習強調合作學習活動的重要性，因此，諸如討論、觀摩等人際互動的活動應被強化與鼓勵。

主題探索式學習是一種以單一主題探索為導向的學習活動，它經常係以呈現問題作為開始，引導學習者由人際互動中解決問題（problem-solving）。在網路主題探索學習活動中，學習者猶如一位探險家，與一群各自擁有專長的探險老手，在網際網路中做知識探索。而探索過程是建構知識的基礎。主題探索式的課程具有下列三項特徵：

1. 學習者為學習歷程中的主體。
2. 學習須在真實（authentic）的社會情境中進行。
3. 重視建構性知識（meta knowledge）。

綜上所述，主題探索式課程強調用生活中真實的問題來引導學習者合作研究，並使用學習輔助工具去探索相關概念及知識，進而完成指定之學習任務且呈現具體之學習作品（artifact）。

主題探索式學習是一種較能發揮網路特性的學習方法，其概念現正廣為教育界所採用，而它也可能成為網路課程設計的新典範（paradigm）。

㈢合作學習活動

合作學習活動係一種強調：⑴人際互動，⑵分組學習，⑶參與者背景互補，與⑷破除地理限制的學習形態。除此之外，合作學習活動尚有下列特色：

1. 合作學習是至少兩人以上群組，以合作的方式一起學習，並且追求共同的學習目標。
2. 合作學習有別於傳統教學，須摒棄妒忌與競爭，鼓勵彼此分享經驗、互相幫助、提供資源、分享發現成果、批判並修正彼此的觀點以加強判斷力。
3. 合作學習的過程是學生自己建構知識的學習歷程。
4. 學生可藉由團體合作互動的學習方式，提升個人的學習效果，並建立積極互賴的一體關係，增進人際關係的技巧。

合作學習活動強調人際互動與不同地域和學習背景之團隊間的互動在學習歷程中的重要性，它最能凸顯網路媒體的特性，因此，網路學習環境除了須提供質量並重的線上教材與主題探索式網路課程之外，更須規劃各類型之合作學習活動，以充分運用網路媒體之特色，使學習形態多元化，並實踐開放教育之精神。

若能透過網路優質學習內容，與網路學習環境所提供之各種網路學習輔助工具，教師可訓練及培養學生學習藉由與同儕或成人交談、討論，而分享、證明自己的觀念，並從他人的經驗中學習到知識以及如何思考、提升理解能力，真正落實學習者為學習中的主角之新教育思潮的要求，進而達到教育改革的目標。

四、網路應用教學之實施策略

根據建構主義學習理論與網路資訊科技之特質，教師在規劃網路應用教學時，應能讓學習者在網路學習環境中運用下列三種學習活動，方能獲致較佳的學習成效：

㈠瀏覽（navigation）的學習活動

此是指學習者運用瀏覽器，根據學習需求，主動在網路上閱讀各種學習資源。亦即學習者運用感官中的「看」或「聽」來獲致語意性知識（semantic knowledge），因此，瀏覽的學習活動是一種具體的感覺學習活動。

㈡學習檢視（ongoing assessment）的學習活動

就學習階層理論（learning hierarchy）而言，學習檢視是一種比瀏覽更為高階的學習活動。學習檢視的學習活動是指學習者在學習歷程中，充分運用線上測驗、搜尋、作業，或呈現作品（artifacts）的方式，來評量或檢視自己的現階段學習成效，以獲致程序性知識（procedural knowledge）與策略性知識（strategic knowledge）。因此，學習檢視的學習活動是一種融合了知識統合與歸納之「展示所學」（presentation, evaluation, and reflection）的學習活動。

學習檢視學習活動的主要功能，是讓學習者能暫停瀏覽的學習活動，而省思或「反芻」自己剛剛所瀏覽的資訊，並規劃未來的學習方向與重點。

㈢人際互動（communication）的學習活動

人際互動的學習活動是指人與人之間的討論、觀摩，與合作學習等活動。在學習理論中，人際互動學習活動是屬於最高層的認知性活動，學習者可以藉由人際互動來建構所謂的建構性知識（constructive knowledge, meta-cognitive knowledge）。

圖 7.38 所示為此三種學習活動之關係與意義。綜合上述之論證，網路應用教學之策略應為鼓勵與引導學習者在網路學習環境中運用上述之瀏覽、學習檢視，與人際互動等三種學習活動。

而為了讓學習者能充分運用這三種網路學習活動，在實施網路應用教學時，其教學策略最好採用方案或專題本位（project-based）的模式，並且必須遵循下列五個程序：

1. 呈現學習問題與情境：將學習主題以生動活潑的情境與問題的體例來呈現。

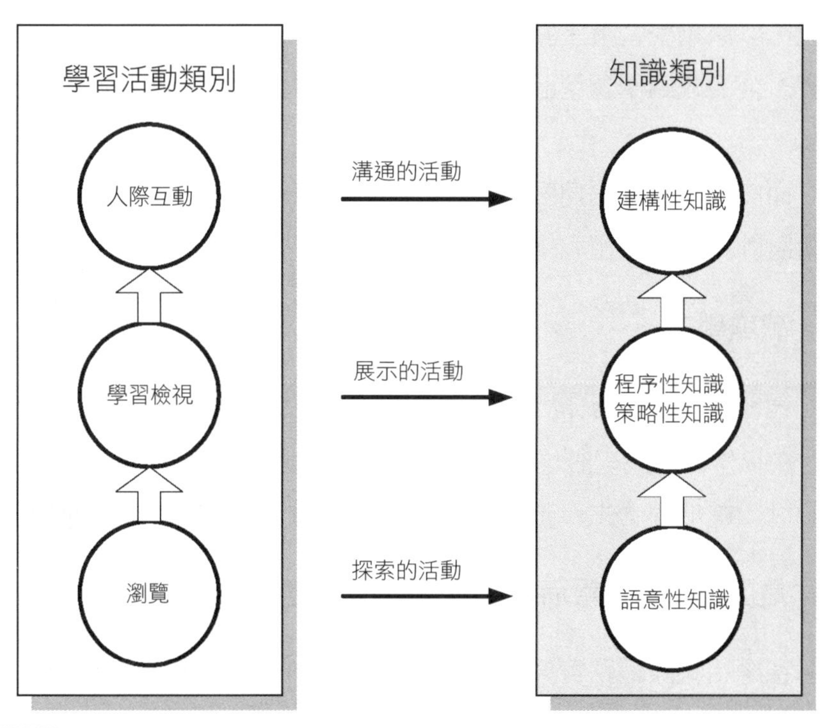

圖 7.38 網路學習環境中的學習活動類別

2. 討論解決途徑：將學習者分組，並讓他們以小組討論的方式來探討解決學習問題的方法與途徑。
3. 尋找資料：根據討論後的共識，進行資料的蒐集工作。
4. 嘗試解決問題：學習者利用搜尋到的資料來嘗試解決學習問題。
5. 呈現學習成果：每個小組完成活動任務之後，將成果展示出來，讓其他人觀摩評量。

這樣的教學策略，將要求學習者反覆地與他人討論與觀摩，故一定可以讓學習者充分運用上述三種網路學習活動，並建構屬於自己的知識。

五、網路應用教學設計的六個評量指標

網路學習的精神，是在提供學習者一個自然、自由、自在的學習情境，以激勵學習者主動學習來建構自己的知識，並培養終身學習的素養，終而成為學習型社會的中堅分子，如此，方能落實知識經濟的概念。

而由教學設計的角度來看，教師可依據下列六項具體指標，來評量所設計之網路應用教學活動是否符合網路學習之精神與要求：

㈠教或學？

網路學習強調學習者的自主性學習，故網路應用教學活動的設計，應以學習者為中心（learner-centered），亦即，網路應用教學活動的設計，應把握學生自主學習活動多於教師「教」的活動之原則。

㈡是否有資料搜尋活動？

在應用網際網路實施教學時，教學活動的設計應能包括瀏覽、學習檢視，與人際互動三種學習活動，而非僅止於較易實施的瀏覽學習

活動。而就學習理論與各項研究結果顯示，資料搜尋活動是知識建構中的一項重要學習活動，而它也是學習檢視中，教師較易於發揮的一項教學策略（instructional strategies）。

㈢是否應用合作學習？

合作學習活動是建構主義學習理論中的要角，其重要性自不待言，故教師應安排分組學習活動，或規劃網路上的人際互動學習活動，以充分彰顯網路所特有的人際互動功能。

㈣是否要求公開展示學習成果？

網路教學的學習活動設計應以專題本位（project-based）為主，方能將自主學習、合作學習與科際整合的概念充分展現出來，而專題本位（project-based）的學習活動皆應有各種形式之學習成果（artifacts），因準備與製作這學習成果，即為網路應用教學或網路學習活動之主軸，而這學習成果的呈現，更是知識建構過程中最重要的一個步驟，故教師應要求與規劃學習成果的公開展示活動。

㈤學習評量是否注重學習過程？

網路應用教學的學習評量不但不能僅依賴傳統的紙筆測驗與總結性評量，更應放棄傳統行為主義之學習效能概念，改為側重多元評量的概念，重視學習者的學習過程與學習路徑，故檔案評量（portfolio）工具的應用是必要的。

㈥社區的參與度為何？

網路學習特別重視學習社群概念的應用，而學習社群又包括了虛擬與實體兩種，因此，在實施網路應用教學時，應善用網路無遠弗屆的通訊功能，將教室外之各種社群整合在學習活動之中，以提供學習者一個多元與真實（authentic）的學習情境。

六、數位學習的挑戰

網路學習的發展，將觸發教學形態的變革，教師將透過網路來提供學習內容，但不再是知識的唯一來源，在網路學習情境中，教師必須與學習者、專家、家長共同合作來組織與管理知識。除了提供學習內容之外，教師仍然是學習者學習歷程中的守護神，他們在網路學習情境中亦將扮演學習者的輔導者（facilitator）與人際互動的協調者（moderator）。

網路學習強調人際互動，教師在發揮其專業知能時，亦必須運用團隊合作的精神。而所謂的團隊，不單是指教師專業團體，更重要的是與不同專業團體間的合作，尤其是與資訊專業人員與各學門領域之專家間的協調與合作。

這是一個網路學習的時代，也是一個團隊的時代，在這個時代，中小學教師的專業內涵不但會有巨大的改變，而發揮與運用專業的方式與策略也須有新的思維，對中小學教師而言，網路應用教學的實施將是一個嶄新的挑戰。

七、網路學習平台標準化與數位學習物件的概念

當 eLearning 風起雲湧時，許多機構與單位競相投入網路學習系統平台的開發與數位學習內容的建置，此雖豐富了網路學習資源，但因系統平台功能與數位內容建置方法上的差異，使得網路上的內容仍是壁壘分明，學習者並未能真正受益！因此，在 eLearning 開始起飛之際，如何訂定一套全世界遵行的系統平台標準與推動數位學習物件（learning objects）概念，使各機構與單位所建置之資源得以互通有無，讓學習者很方便的擷取網路上的學習資源，將是 eLearning 未來

發展的一個重要議題！

就系統平台的標準化而言，其流程係先由需求分析來發展與訂定規格（specification）開始，然後透過實作（implementation）與實際應用，來對規格進行確認（validation），最後則將經過確認的規格公布為標準化的規範（standardization）。

目前正在進行這方面的研究機構，應屬 IMS Global Learning Consortium 最為傑出。在 1997 年，鑑於系統平台標準化的重要，EduCause 整合了企業、研究機構與政府組織，成立了一個研究單位，稱為 IMS（Instructional Management System），後來發展成為非營利性的 IMS Global Learning Consortium，它的主要任務係從事制定網路教學系統技術規格。至今，IMS 已推出以下十個規格：

1. Accessibility：這是最單純的一個規格，它主要是在陳述一些指導綱領，讓 IMS 的專家在制定其他九個規格時，能使其內容符合全體學習者的需求。
2. Content Packaging Specification：顧名思義，它主要係在界定學習內容（content objects）的共享問題。因為學習內容並不一定皆由同一種工具製作，而且往往儲存在不同的應用環境或系統之中，因此內容包裝的規格顯得特別重要。其目的主要是提供學習內容設計者、學習管理系統供應商，電腦平台供應商、與學習服務提供者所需包裝學習內容的依據。
3. Reusable Competency Definition Specification：它係在定義學習能力指標（competency），使不同的學習系統可相互參照與交換學習者的學習能力資訊。
4. Digital Repositories Specification：為了能讓網路中的所有資訊與網路學習整合，網路中的資訊必須在建置時便採行一致的儲存格式（the interoperation of the most common repository functions），這個

規格便是在界定這些基本的通用格式。

5. Enterprise Specification：此規格在定義如何在不同系統中交換課程時間表與學習者的註冊和學習資料。
6. Learner Information Package Specification：它是在界定系統組織與運用學習者的相關資訊之方法，使學習系統能更有效地符合個別學習者的學習需求。
7. Learning Design Specification：它係在規範學習單元的學習情境，以及學習單元設計者間的溝通方式。
8. Learning Resources Meta-Data Specification：為便於學習者搜尋與應用網路中的學習資源，IMS 提出了一套界定學習資源的元資料。
9. Questions & Test Specification：其目的係為了使不同系統所發展的測驗題目和測驗工作可以彼此共享。
10. Simple Sequencing Specification：此規格係在規範如何將學習物件（learning objects）能按個別的學習需求來組織為一個學習單元，並在不違背學習理論下呈現給學習者。

參・電子商務

一、電子商務的定義

電子商務（electronic commerce, EC），它是相對於傳統的商務活動，意指利用網路進行的一切商務活動。所謂商務活動是指狹義的企業創造利潤的整個過程，亦即企業創造服務或是商品的過程，主要涵蓋商品的配銷、行銷、銷售，與售後服務等。它所帶來的最大優勢是即時的便利性。

二、電子商務的相關技術

由資訊科學的角度來看，電子商務系統本身便是一個完整的資訊系統，包含了資訊的軟硬體與網路規劃，但其中最特殊的是認證與付費機制。在傳統的商務活動中，交易過程所需的信賴，是植基於交易當事人面對面或實體的認證與交換交易約定，但在網路上進行的電子商務活動，交易雙方無法面對面進行即時的認證，因此，需要另有一套安全的認證與付費系統，否則電子商務活動便完全無法進行。

要達到成功的電子商務活動，有下列五大因素：「交易安全性高」、「消費者良好的購物經驗」、「產品預期與實際相似程度高」、「付款便利性」，及「容易使用的網路平台」。目前，支援電子商務應用的基礎建設是非常全面性的，並且進展得很快。電子商務基礎建設提供企業在網路發展的平台，這個平台上集合了網路、標準、方針及相關安全服務等要素。台灣推行電子商務的公司現階段普遍都相當缺乏專業的網路人才，包括技術工程師、電子商務行銷企劃人員等。面對網路市場人力供給不足、卻有龐大市場需求的情形，這對許多網路公司而言都是十分頭痛的問題。有些業者或法人機構舉辦中、短期人力培訓，期使公司快速進入電子商務之新世代。

三、電子商務的類型

一般將電子商務分為B2B（business to business）、B2C（business to customer），與C2C（customer to customer）三種主要類型，但隨著電子商務的快速發展，這種分類法似乎已不合時宜。

若根據應用實例來分類，電子商務大致可分為三種類型。

㈠工商名錄

工商名錄服務可以讓使用者透過不同的搜尋機制查詢商品資料及網站，如雅虎及蕃薯藤的網站搜尋引擎，這些網站搜尋提供使用者所需相關商品的工商名錄資料內容；又如某些工商團體或專業協會所提供的同業網站，皆屬於這類型的電子商務活動。圖 7.39 即為這類型的一個實例。

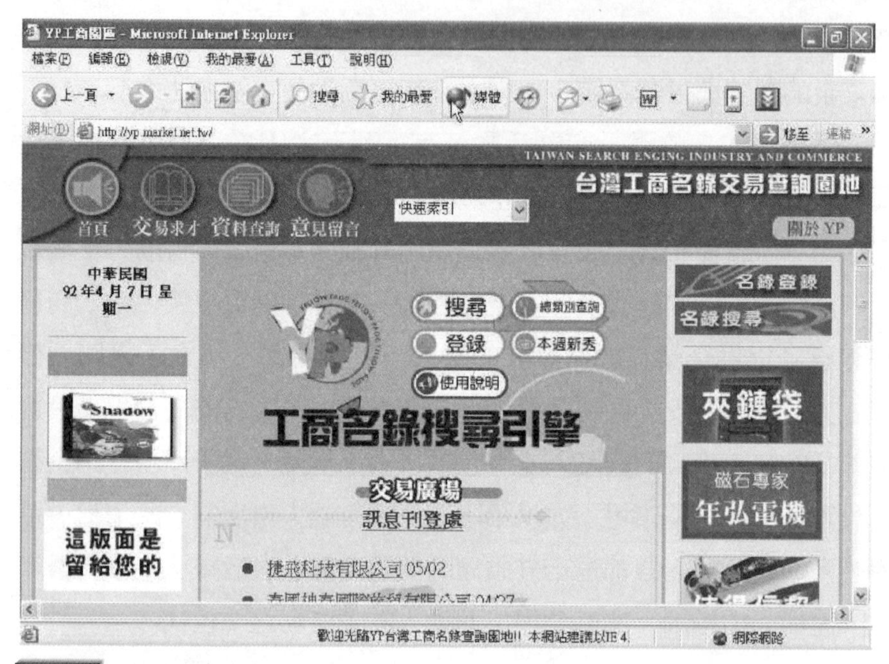

圖 7.39 工商名錄服務

㈡網路廣告

為了傳達商品訊息與相關的活動內容，大都是透過廣告傳單、媒體廣告、戶外活動等方式，以達到與消費者接觸的機會，但是業者卻很難正確掌握客戶的反應和回饋訊號，客戶也必須透過多層中介媒體，才能得知訊息。正因為透過中間多層媒體，就不得不花費龐大的行銷預算支出。為節省廣告支出及快速有效傳達商品之訊息，網路廣告漸漸取代傳統廣告。根據資策會結合十八家網路產業與廣告業者所進行之台灣網路廣告市場研究初步調查結果，2000 年台灣網路廣告市場總額約可達八億元。網路廣告是商業活動的重要一環，因此，電子商務的建構網路廣告當然是不可或缺的。

㈢網路貿易

網路貿易是指消費者在網路上從事的商業交易。而購買產品之流程包括商品規格、成交與否、商品品質、商品送達時間、交易規定、交易速度等，皆可經由網路上得知，如此，將可減少運銷成本及增加交易速率。圖 7.40 即為這類型的一個應用實例。

四、電子商務的優勢

電子商務是一種互動、直接、具有即時回饋的模式，業者透過網路媒體提供公司產品訊息給客戶，消費者亦可透過網路將其需求和意

圖 7.40 網路貿易 PChome 線上購物

見直接回饋給廠商知道，節省了傳統上買賣雙方交易過程中必須花費的交易成本與搜尋成本，並且廠商與客戶的雙向溝通將無時無刻持續不斷地進行，以形成良性的正向回饋，網路將使現有的商業活動做一次徹底的大轉變，所有的企業體都要能做好準備，否則將被時代淘汰。企業要在網路上無後顧之憂的全力發展電子商務，需要一個健全良好的環境，資訊科技產業與政府已聯手合作發展電子商務的基礎建設相關服務，例如使用者身分鑑定、信用卡付款程序及工商名錄等服務。

綜合電子商務的優點如下：

1. 低成本、即時性、互動性，以及多媒體等特性。
2. 消費者與業者直接交易，網際網路行銷，達成「去中間化」之商業活動。
3. 全年無休，不受地域國界限制。
4. 強調「大眾化行銷」觀念。
5. 提供大量的商品資訊，廣告化被動為主動。
6. 廣告效果中的認同感、回憶度、認知度以及購買的意願上，都有較佳的效果。

肆・數位化政府

為因應電腦網路的普及化與提升政府的服務效能，與電子商務一樣，各先進國家的政府部門除了廣建機關網站與提供民意信箱，以加強與民眾溝通之外，無不設法將政府所提供的各項服務與業務轉至網路上來。

根據世界銀行的定義（Steins, 2002），所謂數位化或電子化政府（electronic government），是指政府機構運用資訊科技來改善其與民眾、企業，及其他政府機構的關係。數位政府可分為四個範疇

（Executive Office of the President Office of Management and Budget, 2002）：

1. G2C（government to citizen，政府與民眾）：是指政府運用資訊科技作為與民眾互動的橋梁，這領域是目前數位化政府中最受到重視的一環。其作法包括利用網站提供社會福利訊息、貸款、休閒資訊，與教育服務。
2. G2B（government to business，政府與企業）：是指政府運用資訊科技來與企業進行互動或合作，以改善經濟效益，並強化企業電子商務的成效（Executive Office of the President Office of Management and Budget, 2002）。其作法包括提供企業法規資訊、商務活動資訊、申請與授權業務、獎助與貸款，與資產管理。
3. G2G（government to government，政府與政府）：指政府機構間運用資訊科技來進行縱向與橫向的溝通與互動。其作法包括整合中央與地方的資源、經濟發展規劃、法案的執行、社會安全機制的維護，與災難管理等。
4. IEE（internal efficiency and effectiveness，內部效能與效率）：指政府機構運用資訊科技來改善與提升本身的工作效能與效率。其作法包括資源流通控管、人力資源管理，與財務管理等。

根據美國一項學術調查研究（Steins, 2002），在 2001 年的上網總人口中，有 53%的人有線上購物的紀錄，但僅有 16%的人曾利用網路與其地方或州政府進行互動，這可見數位化政府仍有很大的進展空間。而 IBM 的一項研究也顯示（Steins, 2002），將政府機構傳統的櫃台式服務移為網路化之後，政府可省下 70% 的業務成本。

各國政府現皆非常重視數位化政府的建構，以美國聯邦政府為例，在 2002 年的資訊科技經費就高達四百八十億美元（Executive Office of the President Office of Management and Budget, 2002），而其主要目的有三：⑴使民眾易於獲得政府的服務並與聯邦政府互動；⑵提升政府的效率與效能；⑶提升政府對民眾需求的反應時效。

而就台灣政府目前在數位化政府這領域所做的努力來看，實際來說，其實就是把許多政府的服務整合成一個入口網站，這個入口網站扮演民眾與網路化政府間單一溝通的橋梁角色，是政府服務民眾的網路單一窗口，並提供高品質資訊查詢及線上申辦服務。不僅政府的各項施政作為、資訊可隨時經由入口網站取得，各項與為民服務有關的查詢、申辦等業務，也可透過此一網路單一窗口獲得線上服務。

歐、美、日等主要國家為提高其國際競爭優勢，相繼推動「國家資訊通信基本建設」，並積極構建「電子化政府」。而隨著台灣 e 化的發展，行政院於 1997 年實施「電子化／網路化政府中程推動計畫」，計畫期間自 1998 至 2000 年，已推動實施三年，獲得很大的成效。根據美國布朗大學最新發表的 2002 全球電子化政府調查報告，我國電子化政府獲評為第一名，由此可見政府推動電子化政府的努力。最近行政院研考會辦理的電子化政府高峰會議上，行政院長更強力宣示行政院打造高效能電子化政府的決心，要求各部會首長依據「挑戰 2008：國家發展重點計畫」，貫徹實施政府資訊服務上網，責成各部會應朝三方向努力：⑴以民眾需求為導向，提供全民便捷的 e 服務；⑵縮短流程，創新政府服務；⑶整合各級機關與民間企業資源，打破機關藩籬，形成網路一體的政府。

目前我國電子化政府入口網站（圖 7.41），除了一般的入口網站所提供的搜尋功能和一些生活資訊外，其所提供的服務如下：

1. 申辦服務：提供線上申辦服務、常用表單下載，如就業服務、出進口廠商登記、小客車、機器腳踏車申請耗能證明、結婚登記表單、出生登記表單下載等。
2. 各類身分服務網：包含企業、兒童、學生、老人、偏遠地區、公務

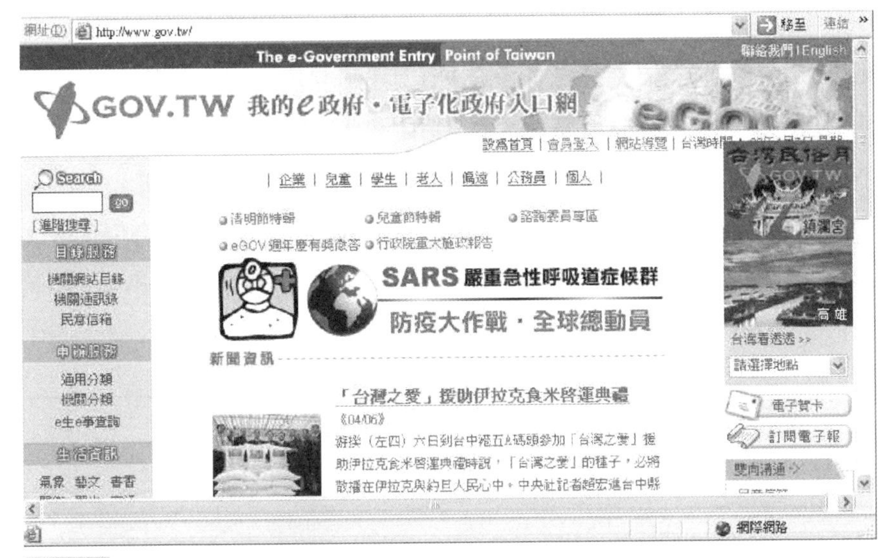

圖 7.41 台灣電子化政府網站

員、個人等身分，提供針對此身分所包含的服務與最新資訊的消息。

3. 政府新聞：提供各政府機關部門最新發布的消息，讓大眾能得知要注意的事項及最新公布的命令及推動的政策。
4. 民意信箱：讓社會大眾能與政府機關做最近距離的接觸，讓小市民也能對政府提供意見。
5. 政府出版：提供政府一些出版刊物的介紹，及類似網路圖書館的功能。
6. 綜合資訊：裡面包含了政府組織、專題報導，及重要施政方面的訊息，提供政府施政透明化讓民眾了解。

伍・線上遊戲

自從 1962 年 Stephen Russel 設計了全世界第一個電腦遊戲 Spacewar 之後，電腦遊戲（computer games）便是一項廣受歡迎與爭議的資訊產品。它之所以受歡迎，是因其視覺與聲光的刺激加上競爭的情境，使它成為很好的娛樂產品；而它之所以廣受爭議，也正是因其對年輕人吸引力過大，若過於沉迷其中，其情境易於讓人產生偏差行為。電腦遊戲中的暴力成分是最引人詬病的，根據一項調查分析研究，電腦遊戲中的暴力情節的確是很高，如表 7.1 所示（Egenfeldt-Nielsen & Smith, 2000）。

表 7.1　電腦遊戲中的暴力情節比較表

遊戲類別	取樣比率（total: 338 titles）	具暴力的比率
Action	30%	86%
Simulation	17%	54%
Sports games	13%	9%
Strategy games	13%	89%
Children games	9%	6%
Adventure	8%	32%
Card and board games	3%	0%
Edutainment	3%	0%
Role-playing games	2%	100%
Puzzle games	1%	0%

雖然電腦遊戲廣受衛道人士批評，在某些地區甚且被視為離經叛道的不入流產物，但其對年輕學子的吸引力，卻從未被漠視。尤其在教育改革的呼聲中，新的教學概念被廣泛討論，電腦遊戲在教育上的角色，正被重新檢視中。有關電腦遊戲在教育上應用的相關研究，也正如雨後春筍般地蓬勃發展！例如，著名的美國麻省理工學院與微軟公司合作，成立了 "Games to Teach" 計畫（http://cms.mit.edu/games/education/），以研究如何善用電腦遊戲的特色來設計適合輔助學習用的軟體。假以時日，也許電腦遊戲將可成為教學的最佳工具。

因設計與應用本質上的複雜性，加上其發展甚為快速，因此，電腦遊戲的分類方式極為分歧。就遊戲情境而言，電腦遊戲可分為action games、adventure games、strategy games和role playing simulation games四種類型（genre）。而就使用介面而言，隨著資訊科技的演進，電腦遊戲已由早期的文字操作介面，漸次演進為2D、Digitized Film、3D 的浸入式虛擬（immersive）介面。而就應用平台而言，電腦遊戲也可分為單機電腦、遊戲機（game consoles）、無線手機（mobile games or wireless games），與線上遊戲（online games）四種。

就科技發展與應用的角度來看，融合 3D 浸入式虛擬介面與網路功能的多人線上遊戲，是目前最受到注目與最有發展潛力的一項產業。根據一項市場調查，在美國的網路使用人口中，有57%曾造訪線上遊戲網站（IGDA, 2002）。另一項針對四百二十名世界電玩大賽參賽者的問卷調查顯示，有74%的選手較喜歡多人式的遊戲（Pedersen, 2002）。

線上遊戲不同於一般個人電腦遊戲的地方，在於玩家是分散在各地的人。藉由網際網路的連線，玩家可以共同在一個虛構的空間中進行遊戲。由於網路遊戲的玩家除了進行一般的遊戲之外，還可以利用程式所提供的聊天指令互相交談，交換遊戲的心得。因此可以說網路遊戲是一個虛構的社會，每一個玩家都是這個虛構社會裡的「人」。玩家不但可以彼此合作，也可以互相陷害或攻擊。我們在遊戲中可以扮演好人，當然也可以扮演壞人。不僅是遊戲，聊天系統還可以讓我們有機會來認識許多的網友，藉由互相的合作與溝通，人們總是會忘記自己身處於一個虛擬的魔幻空間中。

簡單的說，線上遊戲的類型大都是一些角色扮演或者是即時戰略的遊戲，而其最大的特色在於它可以讓數百個玩家同時連線到一部伺服器上，進行冒險遊戲。在遊戲裡，玩家彼此間可以進行各種與真實世界相同的互動行為，像是吃飯、睡覺、喝水、交談、組成團體或幫派、互相攻擊、買賣物品，甚至戀愛與結婚生子等等。像最近一些熱門的線上遊戲，例如：魔力寶貝、金庸群俠傳、神話、戰慄時空、世紀帝國等，都是極具致命吸引力的網路遊戲，曾有許多玩家因為玩線上遊戲而廢寢忘食，甚至賠上了自己的健康，但是這些遊戲之所以受到玩家的喜愛，主要原因在於遊戲裡的玩家所扮演的是人性化的角色，玩家不但可以到處遊蕩、冒險、解謎，甚至當我們的等級提升到某個程度後，隨著經驗值跟虛擬貨幣的增加，就可以在世界排名上佔有一席之地，且虛擬貨幣還可以更新角色的裝備等等。不僅如此，新的中國武俠式的戰鬥系統、技術、裝備，改編自武俠小說的區域，這種把自己當作書中主角的角色扮演，更深獲書迷讀者的喜愛。

線上遊戲十分容易讓人沉迷其中，常常有人因為沉醉於幻想的空間裡，忘了自己在現實生活中應該做的事。遊戲終歸是遊戲，玩線上遊戲一定要克制自己，千萬別因為線上遊戲廢寢忘食，甚至連課業、工作都不顧。面對著這股線上遊戲風行的潮流，我們應該以誠實、理智的態度來進行遊戲，雖然我們可以任意設立新的帳號，不怕系統管理者的處罰，但是為了整個遊戲的公平性及秩序，我們應該依照遊戲的規則去進行。

根據估計，在 1999 與 2000 兩年間，電腦遊戲的軟硬體營業額已達六十億美元（Miklaucic, 2001）。而隨著電腦網路的日漸普及與頻寬的改善，再加上與學術研究的結合，以及教育應用的推廣，電腦遊戲的發展將更為燦爛。

陸・無線網路與行動運算

一、無線網路

所謂無線網路（wireless network）就是以肉眼看不到的電磁波為傳輸媒介，來建立實體的網路連線。若再依電磁波的屬性進一步細分，則可分為兩大類：光學傳輸和無線電波傳輸。以光作為傳輸媒介，則必須受限於光的特性：光無法穿透大多數的障礙物，且光的行進路徑必須為直線，因此在發展無線傳輸技術時，必須盡量排除這兩項限制，否則會造成傳輸時的障礙。目前大部分的無線網路大都採用無線電波為傳輸媒介，這是因為無線電波的穿透力強，而且是全方位傳輸，不局限於特定方向，與光波傳輸技術相較，無線電波技術特別適用於區域網路。此外，還有另一種情況也很適合採用無線電波傳輸，就是當使用者不願意負擔布線和維護線路的成本，且環境中布滿許多障礙物時，則無線電波傳輸會是較佳的選擇。

以下簡介幾種常見的無線電波傳輸技術。以光為傳輸媒介的技術常見的有紅外線和雷射，而使用無線電波的技術則包括窄頻微波、802.11 無線區域網路、Home RF 以及藍芽等多項技術。

㈠以光作為傳輸媒介

1. 紅外線（infrared, IR）：紅外線是採點對點方式傳輸資料，且傳輸距離約一・五公尺以內，若端點彼此間的距離大於預設距離，則會造成資料傳輸的障礙。此外，紅外線礙於光的特性，很容易受到障礙物阻隔，因此只要任何障礙物遮蔽到紅外線，連線就會中斷，若中斷時間過久，則此次連線就會失敗。
2. 雷射（laser）：雷射是將光集合成一道光束，再射向目的地，相較於紅外線技術來說，雷射可傳輸的距離較長、資料量較多。通常在空曠且不願意或不能挖掘路面、埋設管線的地方，最適合利用雷射建立兩個區域網路間連接的通道。舉例來說，需要網路連線的兩幢大樓被海所隔，或是跨越馬路的兩幢大樓，都可以利用雷射來連接網路。

㈡以無線電波為傳輸媒介

1. 窄頻微波（narrowband microwave）：窄頻微波與雷射相似，都可以提供點對點的遠距離無線傳輸，不過窄頻微波是採用高頻率低波長的電波來傳輸資料，所以微波容易受到外在因素的干擾，如雷雨天氣或鄰近頻道的串音干擾。
2. 802.11 無線區域網路：802.11 區域網路最早的傳輸技術為 IEEE 802.11，是由 IEEE（Institute of Electrical and Electronic Engineers，電氣和電子工程師協會）在 1997 年發表，此文件定義了無線網路在實體層與鏈結層所使用的規格。802.11 無線區域網路技術傳輸速率快，因此多應用於高速網路產品。
3. Home RF（home radio frequency）：Home RF 是由國際電信協會（International Telecommunication Union, ITU）所推行的家用無線網路標準，目的是為了提供一個低成本、低耗能、可同時傳輸語言和數據資料的家庭網路技術。
4. 藍芽（bluetooth）：藍芽是一種可用於電信和電腦的無線傳輸技術。藍芽同好協會（Bluetooth Special Interest Group, Bluetooth SIG）在制定藍芽技術時，將其設定為短距離、低功率、低成本、且運用無線電波來傳輸的技術。透過此標準，可將所有的資訊設備互相連通。舉例來說，一支藍芽手機在家裡可以變成無線電話、選台器，或是當作個人數位助理（personal digital assistant, PDA）來用。

二、行動運算（mobile computing）

在科技愈來愈進步的時代當中，大哥大的使用愈來愈普及，有許許多多的大公司也看準行動通訊的前景，而試著開始拓展行動商務，但是真正的目標，其實應該是行動運算跟行動學習。在學生來說，常常帶著大大的筆記本，或是很多資料，到處上課，但是，現代不同了，隨著電子書的普及，以及PDA的風行，看小說再也不需要捧著一本又厚又大的小說，其所需要做的只是把它轉換成PDA所能接受的檔案格式，下載到 PDA 上即可；且還能夠利用紅外線或藍芽，把 PDA 跟行動電話連結，上網查詢資料，收發電子郵件，這一切都是之前所不能夠想到的，因此，把行動運算與生活學習結合，將是未來的新趨勢。因為行動運算的意義就是讓人隨時隨地掌握資訊。而行動運算的便利，正是運用到無線傳輸的技術。

目前無線傳輸技術不僅運用在電腦資訊方面，以行動電話而言，其傳輸資訊的過程也是仰賴無線傳輸技術，包括GSM（全球行動通訊系統）、GPRS（整合式封包無線電服務技術）、WAP（無線應用協定）。

(一) GSM（Global System for Mobile Communications）

GSM是歐洲電信標準協會於1990年底制定的數位行動網路標準，該標準是用來規範如何將類比式的語音轉換成數位訊號，再藉由無線電波傳送出去。不過，GSM有個缺點，就是傳輸速率只有 9.6Kbps，比我們使用一般的數據機上網速度（56Kpbs）還慢，若是手機採用此技術來上網，則必須花費大量的等待時間。

(二) GPRS（General Package Radio Service）

為了解決GSM傳輸速度過慢的問題，專家便在1996年發展出可加速GSM傳輸速度的技術——GPRS。GPRS可說是數位行動通訊時代的寬頻網路技術，它與GSM的關係，就如撥接用數據機與ADSL寬頻上網的關係一樣。GPRS建基於現有的GSM架構，改變資訊傳輸技術，以達到高速傳輸的目的。

(三) WAP（Wireless Application Protocol）

WAP是一種新的行動通訊技術，我們可以透過WAP，讓手機存取網際網路的資訊，就如同電腦上網一樣。換句話說，有了WAP，我們隨時隨地都可以利用手機上網查詢資料、訂票、收發電子郵件等。

第四節　虛擬世界的建構

由於網路功能的快速擴充，對大部分的人而言，電腦網路已不只是生活中的一項工具，它已是生活中的一部分。更由於諸如數位學習、電子商務，與電子化政府等各項網路應用，先進國家的國民幾乎是將生活搬上了網路，他們已漸漸在網路中建構出一個虛擬的世界，而這種虛擬的社會組織，將會對人類的生活形態產生很大的變革。

壹、虛擬社會與社群的概念

近幾年來，許多人生活受到資訊技術革命的影響，有了很大的改變，有許多人把電腦當作生活中不可或缺的工作伙伴，每天大部分的時間是面對著電腦。而當要認識一個新環境時，彼此都是在網路上面認識，所以在網上的交流、互動，似乎成了大家生活的一部分，也是社交的主要進行場所。網路可以讓人彼此認識，不管是任何人，都可以在網路中找到屬於自己的一個小天地，因此只要投其所好，都可找出自己想要參加的群體，自然而然的，一個虛擬社會或社群就因此而產生。

虛擬社群基本上是不分貧富、種族、宗教、健全還是傷殘人士。透過虛擬社群更可加強各成員之間的凝聚力，互相協助、了解及溝通。只要給予協助，弱勢社群亦能建立本身的虛擬社群，透過網路，加強與外界的溝通。網路虛擬社群的種類有很多，同步的環境如聊天對話室（ICQ、IRC、MUD、BBS……），非同步有留言板、新聞群族或電子郵件通訊等，都可算是社群的一種。虛擬社群的關係來自成員分享彼此興趣、情感支持、認同感或共識等，來增加社群的凝聚力，這是組織成功的原因。由於網路具有連結及隔離的功能，因此成員間的關係可以進一步的發展。在實體的社群中，成員可能有許多因素存在，雖彼此住在同一社區，但可能不曾聊過天，如同大環境的改變，雖都市化帶動社會發展，但也帶來人與人間的差距變大，即使是隔壁鄰居，也可能不打招呼，都市化是否會帶來更大「疏離感」，則端看人如何處理人際關係。

虛擬社會所創立的人際關係可能會突破這漸漸產生的疏離感，它的基礎或許是建立在所謂的匿名性，即使是你認識或不認識的人，都可能透露出真實情感，但也可能馬上翻臉如翻書般簡單。網路的益處就是當事人都不會受到肉體上的傷害，頂多是自己在螢幕前抱怨，或抱怨罵人後而感到手痠，這也就是網路的爭吵會比現實來得有快感的原因。也有人透過網路發洩對現實不滿的情緒，紓解精神或生活上的壓力，但這畢竟是少數。

一般而言，會進入虛擬社群不管是有意或無心，當與其成員接觸後總會發生關係，在好的方面可能會認識無話不談的好朋友，或者是交換知識並共同成長的伙伴。在壞的方面，紛爭也是其中一種，它引起的原因可能有利益的衝突，成員會進入這社區是有目的的，當有利益衝突時會起爭執；另外，可能是成員的理念不同，當異己的理念出現，可能會威脅到自己的威信，於是便起衝突，此種情況比比皆是，可謂族繁不及備載。在一般實體社會可能有專門的仲裁者，大如司法單位，小至社區的調解委員會，而網路虛擬社群則是由站長或成員做裁定，以平息紛爭。

虛擬社群是一個新的凝聚力，透過網路，突破時空限制進行串連。因此除了商業上的行為外，虛擬空間裡的虛擬社群也因其成員的同質性，建立起互相傾訴與扶持的支持團體，而形成一個互助的網絡。虛擬社群成立的目的大略有下列幾種方式：

1. 商業交易：虛擬社群居民在此「交換」情報的行為，廣義上，也是為了滿足「交易」需求。這種社群的訪客多半是要買商品的人，在買之前，他希望能聽聽社群會員的意見。
2. 興趣交流：大多數人都有特別熱中的興趣或事物，例如戶外運動、音樂、旅遊、種花養魚等等。很多的虛擬社群都是建立在相同興趣上，這些社群聚集了許多分散各地、但對某一主題有共同興趣或專長的人。
3. 提供幻想空間：將網路社群當作是另一個家，創造一個新的身分，編造一個新的故事，讓訪客運用想像力，一同參與規劃此一社區的未來。
4. 建立關係，尋求支持：這種社群是在現實生活中具有相同遭遇的人互相傾訴安慰的地方，例如離婚、病痛、鰥寡孤獨者等，虛擬社群為這些同病相憐的人提供交換人生經驗的場所、製造相遇相知的機會，使他們能夠跨越時空限制，建立有意義的人際關係。

虛擬社群的經營形態，大致可分成生活屬性與企業屬性兩大類。

1. 生活屬性：就生活屬性而言，它剛開始時只是屬於一個垂直領域或一般性內容，但之後因為社群會員討論內容的多寡，將再進一步發展成更主題導向的形態，或分類之後再結合成某一共同領域的形態。以生活導向的社群而言，一個完整的虛擬社群，必須能夠滿足群體溝通、計畫組織、個人化服務、智慧型代理人運用、娛樂需求、交易需求等使用需求。
2. 企業屬性：企業內之所以要經營社群，在於虛擬社群不僅能促使內部的成長，同時也可得到顧客更迅速的回應，甚至包括上下游的廠商。在企業方面，其所以要經營虛擬社群的目的，一是要促進企業的發展，而此又與商業活動有關，利用虛擬社群來輔助如訂單、出貨等無法百分之百維持顧客滿意與關係的結構性商業活動；二是要高階經營者獲得主管的支持，否則社群將淪為公司自己人的互動，而不是企業跟顧客的關係，成為另一個資訊通道。

虛擬社群近幾年來陸續興起，這可能與資訊科技的發展起飛有關，再加上網路人口不斷增多，人與人接觸的機會較頻密。因此，在虛擬社群之中，人們更可以釋放自己平日受到的拘鎖及壓抑，盡情地在網路上表達情感思想及互相交流。

貳・資訊倫理與安全

美國計算機協會（The Association of Computing Machinery, ACM）曾為資訊專業從業人員訂定五項專業行為準則：

1. 對非本身專業領域的事務不輕易表達意見。
2. 努力接受新知，以期在自己專業領域得以勝任。
3. 接受工作所賦予的職責。
4. 不以專業優勢自誇。
5. 以增進眾人福祉作為運用個人特殊知識與技能的最高原則。

但資訊倫理更應表現在對智慧財產權與個人隱私權的尊重，因為資訊科技所建構起來的虛擬社會，個人與個人間的距離不見了，而且不單是零距離，個人與個人間更是接近透明，因此，在資訊化社會中，我們需要新的社會倫理與安全機制。

電腦設備目前已是許多人生活上不可或缺的主要裝備之一，在這樣的一個資訊時代裡，我們雖然可以享受到科技所帶來的生活便利，但是不可諱言的，我們的生活也必將受到一些新的衝擊，諸如網路上的倫理規範、著作權、犯罪問題等，都有待我們一一去面對與克服。而以下幾點是現今資訊科技發達所造成社會上新的問題：

1. 個人隱私權與自由權：網路原本就是一個隱秘性和自由性極高的地方，任何人都可以在網路上發表言論，並且不具名，因此，也無法查出該言論的出處，模糊了隱私與自由的界線。
2. 智慧財產權：網路上提供的東西五花八門，不只限於文字的資料而已，因此，不論是文字的論述或是程式的設計，都易遭到不法者的盜拷和傳輸。
3. 利用網路作為犯罪工具：近年來網路犯罪頻傳，例如有人利用網路販售槍枝，或者是利用網路從事色情媒介等，這都是利用網路犯罪的最佳明證。此外，商業詐欺在網路上亦是值得注意的，有人就是利用網路電子商務的方便性，來從事經濟犯罪。
4. 工作形態的改變：由於網路上電子郵件、傳真以及其他視訊系統的發明，許多人在家裡即可上班，改變了工作的形態，有些人甚至只帶一台手提電腦，即跑遍了世界各地。所以，對於個人生涯的規劃亦會造成重大的衝擊。
5. 產生新的健康問題：常在電腦前面工作的人都知道，若長時間盯著螢幕不動，眼睛易疲勞痠痛；而長久坐著亦對肌肉有不良影響，而使用滑鼠、鍵盤的頻繁，也常造成手指關節的受傷，至於電磁波和噪音的干擾就更不用說了。享受科技的同時，也造就出不少現今的文明病。

6. 系統災難：除了電腦犯罪者的破壞外，天然災害、電力系統故障、電腦當機、戰爭、甚至恐怖分子的攻擊等，都會造成社會上重大的損害。如果電腦系統無法運作，將會造成商業、金融交易、社會與交通秩序的大亂。

因此，資訊倫理的建立與宣導，安全的防護，都是目前教育上重要的課題。

參・人際互動的新境界

電腦網路的發明，對人類文明的衝擊是難以估計的。網路所提供的虛擬空間，不但創造出一個全新的溝通模式，也改變了人際關係的互動原則。網路溝通的情境與性質，不同於傳統的口說與書面的溝通模式；然而溝通的進行，卻仍須仰仗人類語言的結構系統。這種嶄新模式的語言使用，與語言結構之間所可能產生的相互作用，無疑是十分特殊而有趣的。

網路縮短了實體世界中的空間距離，使相距於千百里外的網友得以進行近似面對面一般的交談；每一個發出的訊息，都能得到立即的回應，更特別的是，網路中的人際互動模式可以是一對一，也可以是多對多。這種溝通的共時性或即時性，也就縮短了網友間的人際關係距離，許多人在真實社會中與周遭的人關係疏離，但卻樂於和網路上初識的陌生人建立親密關係，互吐心曲。在網路的虛擬世界中，交談時網友看不見彼此真實的形象，因此許多社會因素，如性別、年齡、教育、職業、族群、政經地位等，均無從判別，社會距離也因此無從考量，而每個人的真實身分也就得以安全地隱藏。因此，實體世界中人際互動所必須依循的常規，例如「合作原則」、「禮貌原則」等，也就不再具有相同的重要意義。解除了這些社會束縛，網路溝通呈現出較為自由、直接、甚至大膽的表達方式，可以說是顛覆了真實世界中傳統溝通互動的模式。由於溝通訊號由鍵盤輸入，訊息的傳遞與呈現均相對較慢於語音訊號；而網路客觀條件又允許多位網友同時鍵入訊息，相繼呈現於螢幕之上，因此在言談結構、主題轉換規則上，均與實體世界中的現象呈現明顯差異。在這個虛擬的自由空間裡新的秩序如何建構、如何呈現，都關係著溝通是否能順暢進行。

所以說，人際互動的關係，本來是在自己生活範圍的小圈圈裡，因為網路的活絡，而擴展到全世界。然而，在只透過電腦文字傳送到另一個人眼中時，那種埋藏在冰冷的電腦面前的另一種是好是壞的心情，沒人能知。因此，電腦雖然拉近了人際互動的距離，但是彷彿卻永遠少了那麼一點點的親切。

資訊科技是持續不斷地快速發展的，電腦語音科技與影像科技的進展，伴隨著網路頻寬的改善，人際互動的媒介已不限於文字而已，這將更有助於提升人際互動的品質，與強化虛擬世界中的社群（community）功能。

目前有兩項剛萌芽的資訊科技，可將人際互動的情境推向一個不可知的境界，這兩項技術即為MPEG 4與虛擬共享實境（inhabited virtual worlds）。

一、MPEG 4

MPEG 是 "Moving Picture Experts Group" 的簡寫，也是目前最重要的多媒體規格標準的代名詞。截至目前為止，MPEG 已分別頒授了五種標準規格，它們分別是 MPEG-1、MPEG-2、MPEG-4、MPEG-7，和 MPEG-21。MPEG-1 主要是規範早期的 VCD 的視訊，但目前仍甚流行的 MP3 也是屬於 MPEG-1 的規範之一。而 MPEG-2 則是規範較先進的 DVD 視訊格式。MPEG-7 則是在界定多媒體的內容描述問題，亦即元資料（metadata）的問題，以利多媒體內容的搜尋。MPEG-21 是在研議多媒體的終端機的架構，以便於資料的呈現與互動。

而 MPEG-4 是這些規格標準中最重要的一環，因它是在規範最新形態的多媒體格式，例如視訊、音訊、2D、3D 資料的整合，以及互動電視、網路應用，與行動通訊的平台等，也就是說，它要把傳統多媒體與先進的數位化多媒體以及互動的概念整合與落實。更重要的是，MPEG-4 要求資料以 bit rate 傳輸，因此，可大大提高資料流通的效能。

MPEG-4 提供了技術與標準來建構一個 3D 的多人式虛擬互動空間，這也就是所謂的「虛擬共享實境」。

二、虛擬共享實境

虛擬共享實境是一個 3D 的互動介面與情境，就如同目前以 VRML 語言所建構的虛擬實境或多人線上遊戲的場景一樣。但在虛擬共享實境中，所有使用者會以他們各自的所謂分身（avatar）出現在虛擬實境中，而每個分身可以由它們的主人控制活動，並與他人在虛擬實境中進行人際互動，就宛如現實的社會情境，只是在實體上，他們彼此是相隔千萬里（當然也可能是同幢大樓的鄰居）。

這兩項技術剛在萌芽階段，但可以想見的，它們將使社會情境、人際關係，與人際互動模式推向一個不可知的未來。

第五節　數位化生活與知識經濟的憧憬

微軟董事長 Bill Gates 在 1992 年的美國秋季電腦展（COMDEX Fall）的開幕專題演講中表示，未來人類的活動都將數位化，數位生活將成為未來科技發展重點！Gates 表示，科技帶給人類許多便利性，但是坐在電腦前面處理事情的時代可說已經過去，因那只是人類科技生活中的一小部分而已！隨著科技逐漸應用到人們的生活上，各個應用產品也將被發展出來，而軟體將扮演著串連這些產品的重要角色！Gates 在演說中舉一個稱之為智慧體（smart objects）的概念產品為例，這智慧體的外觀其實只是一個小鬧鐘，但這小鬧鐘內有一個小電腦，它在響的時候，不但可以提醒主人還有多少時間可以睡，更可顯示下一個會議的時間與地點，與相關的交通訊息。Gates 的這個例子，十足反映了資訊科技所帶給我們的數位化生活。

由另一個角度來看，不少專家認為個人電腦（personal computer）時代已成過去，現在逐步轉入個人資訊化（personal computing）或智慧個人物品（smart personal object technology, SPOT）的時代；其意思是說，電腦已不再只是一種附屬於人的工具，現在，資訊科技已讓我們生活數位化了，上述之智慧體便是一個實例。

又如最近廣受注目的平板電腦（tablet PC）與智慧型顯示器（smart display）這兩大革命性新產品；平板電腦像是革命性的筆記型電腦，主要是給企業使用，它的作用如行動電話一般，可以不受距離的限制。智慧型顯示器則是革命性的螢幕，專攻家用市場，它是運用 Microsoft.Net 平台的概念所開發出的產品，其可簡稱為一個配備 Win-CE Smart Display Edition 作業系統的終端機。與一般監視器最大的不同在於，這以 TFT-LCD 設計的無線監視器配備微處理器可進行簡單的單機作業，目前英特爾的 Xcale 及美國國家半導體的 Geode 均已可支援這項產品。這種智慧型顯示器將可透過 IEEE802.11b 的無線連線方式，與執行 XP 作業系統的個人電腦主機相連，並可在一定距離內以無線的方式自由使用電腦。微軟特別強調此產品將是數位家庭生活中的中樞應用產品。

數位家庭生活？是的，以目前的美國為例，擁有個人電腦的家庭佔所有家庭總數的比率達 37%，可以說數位家庭的時代已逐漸到來。美國人不僅將大量運用數位的影片、圖片及音樂，更將擺脫桌上型電腦的束縛，邁向無線與數位的科技時代。

這些現象的發展導引出所謂知識經濟的新概念。何謂知識經濟？知識經濟的要求與理念為：

1. 聰明的學習者（smart learners）：知道如何掌握資訊來創造知識。
2. 聰明的工作者（smart workers）：知道如何將知識轉化為高價值的產品或服務。
3. 聰明的區域（smart region）：具有資訊科技設施的生活環境。

這種概念與傳統的勞力與有形資本的舊經濟概念實是南轅北轍。

在知識經濟理念之下，目前已有所謂的數位村（digital villages）與數位社區（digital communities）的實驗計畫。在數位村或數位社區中，資訊科技重新定義「工作場所」與學習環境，家庭將成為經濟與教育活動的中心。也就是說，數位村與數位社區將整合教育與經濟活動，以建立一個以家庭為核心的學習型社會。

壹・數位村的概念

網路經濟取代傳統經濟，所有娛樂、資訊也將虛擬數位化，全球人、事、物都將與電腦緊密相連，地球村與「數位村」將畫上等號。在網路潮流下的社會結構正在逐漸改變，網際網路是近五年來最興盛的，但卻也在最短時間內造成傳統的顛覆。進入數位世界後，傳播快速及無遠弗屆的特性，在網路上形成了一種擺脫傳統的全新社會形態，有人稱之為數位村，而網路上的數位村觀念，也漸漸帶動了實體數位村的成長。

科技快速發展，網路迅速建立，暗示著我們，未來生活是朝著科技化、資訊化的溝通方式演進，而由目前大哥大的普及，電腦的廣泛應用，不難想像電子資訊和網路在將來所佔有的重要地位。因此我們可以說，未來是結合網路社區，社區藉由網路整合資訊、通訊和視訊等多元系統，提供社區的各項服務，繼而達到資訊發展，串成數位村，達到網路無國界的新里程。

數位村主要是希望建構一個數位區域供大眾使用，能將電腦設備集中進行有效的管理。透過數位村整合性的資源與服務，協助其他團體跨越資訊化門檻，藉由協同合作的方式減少整體資訊化的成本。幫助更多人了解資訊科技與知識管理的運用可以提升組織工作效率，並得以強化服務能力。

數位村的成立，有助於區域資訊化的均衡發展，而數位村的推動，也有賴各政府機關及企業的贊助推動，以小區域影響到大環境，最後達到實體村與數位村融為一體，讓每一個地區及每一位群眾都能享受到數位村所帶來的便利。圖 7.42 即為享譽世界的美國 Blacksburg Electronic Village（http://www.bev.net/）網站。

貳・知識經濟的意義

知識經濟是二十一世紀必然的趨勢已無庸置疑，所謂第三次工業革命指的是人類社會已進入運用無形資產作為創造財富的主要工具，而知識存量與知識創新的能力就成為驅動一個國家社會經濟發展的主要力量來源，這就是「知識經濟」的意義。

圖 7.42 Blacksburg Electronic Village

以知識為本位的經濟即將改變全球經濟發展形態；知識已成為生產力提升與經濟成長的主要驅動力，隨著資訊通訊科技的快速發展與高度應用，世界各國的產出、就業及投資將明顯轉向知識密集型產業。自此而後，「知識經濟」即普遍受到各國學者與政府的高度重視。雖然有人用不同的名稱，如「新經濟」、「後資本主義」、「資訊經濟」等其他名詞來替代，但基本上大家對於驅動二十一世紀經濟發展主要動力來源，觀點都是一致的，那就是知識的累積與創新的能力。

資訊科技、網際網路之所以蓬勃發展，主要的原因也是這些科技與知識的儲存、擴散密切相關，因此加速知識經濟時代的來臨。在知識經濟時代，無形的智慧資產價值將會遠遠超過傳統的有形資產，因此，人類社會就會致力於發展這種被稱為知識的無形智慧資產。我們經常將微軟與通用汽車相比擬，雖然前者的有形資產遠遠低於後者，但由於微軟致力於發展無形的智慧資產，因此整體資產的市場價值早以超過後者。而這幾年包括網際網路等相關知識型企業，在創造無形資產上的卓越表現，更顯示知識對於驅動經濟發展的龐大力量。

至於知識經濟該如何發展？我們一方面應建立創新與創業機制及推廣資訊科技與網際網路應用為動力，加速知識轉變為實際運用的過程，使成熟的研發成果可迅速商品化，建立新興產業；使既有產業因降低成本、提高附加價值而提升競爭力；使推動知識運用而創造之新市場需求，成為孕育新興產業的溫床，以帶動知識密集型產業之發展。另一方面從基礎建設面、法制面、人才供應面及政府行政面，同時進行檢討，以建構知識經濟優良發展環境；並採取措施消弭知識差距，以使全民共享知識經濟成果。

總括而言，進入知識經濟時代是人類社會的一大變化，也是一個全新的挑戰。當我們正極力在工業經濟社會中迎頭追趕，卻忽然發現遊戲規則即將改變。然而我們想要銜接這知識經濟的軌道，唯一的辦法，只有以更快速的腳步調整跟進，否則過去的努力都將前功盡棄。

參・數位落差與數位理想國

在資訊時代，資訊的豐寡和取得的速度決定了一個人的競爭優勢。然而，由於教育資源的分配不均，一個偏遠地區的孩子成為資訊貧者的機會就要遠大於都會區的孩子。當愈來愈多的教學情境透過新資訊科技傳遞和建構，在強調知識至上的時代，不僅社會上的不平等無從消弭，資訊富者與貧者之間的差距反而擴大，形成了數位落差。

近年來，台灣資訊社會發展出現了原先社會不平等現象有擴大的趨勢，此現象即「數位落差」。這個現象的存在與資訊社會發展的原始理念背道而馳。雖然資訊科技本身的發展一日千里，資訊科技的進步與傳播，其實是由整體社會環境中的政治、經濟及社會等各個層面的影響力彼此交互作用的結果。所以數位落差所造成的問題，將是未來我們必須注意且探討的問題。

究竟數位落差是如何產生的？它會引發何種後果？為深入探討這個重要的資訊社會發展議題，現今政府、教育單位及各級學校都積極展開一連串的研商活動，希望能產生共識、找出對策，確保資訊社會的資訊科技革命，能夠促進民主政治的發展、平衡民眾的智識水準、促進不同文化的互動交流，進而使得我們的社會可以永續且均衡的發展。

根據研究，造成數位落差的現象，可以從以下幾方面來探討：

一、所得與教育程度

資訊科技的進步給人們帶來便利，卻同時造成資訊超載及資訊焦慮的問題。其中，社經地位較高者比社經地位較低者更快獲得資訊，兩群體的差異傾向增加。據調查顯示，雖然資訊設備價位下降使「資訊平等」的時代來臨，但數位落差的現象仍相當明顯，而造成數位落差最重要的因素是所得及教育程度。

二、城鄉、社經地位的差距

不同的社經階層及區域條件下，資訊化呈現相當程度的不均及極化現象，而且愈來愈嚴重。鄉村及地理偏遠地區因建設成本過高，使得資訊取用差距比都市地區大。一般而言，男性、年紀較輕、教育程度高、收入較高、居住都會區的人其資訊技能較高，且資訊技能呈現年輕化趨勢。身心障礙者因社經地位較差，購置資訊設備的經濟能力不夠，也出現嚴重的數位落差問題。

三、國際競爭的影響

各國為提高國際競爭優勢，紛紛積極構建網路通訊基礎環境，推動資訊上網流通。2000 年世界八大工業國在日本琉球提出的資訊科技憲章中，特別將資訊、通訊科技定位為二十一世紀的主要動力，而消弭數位落差現象，更是亞太經濟合作會議（APEC）目前的一大重要任務。但國家的資訊化與網路化需要龐大的物力與教育資源的投入，而在國際競爭的交相激盪下，各國間的數位差距是愈來愈大。

當然，數位落差跟城鄉關係與貧富差距一樣，縮得愈小愈好，整個資訊化社會層次也才能夠得到提升與落實，最後達到一個以資訊科技為主的數位理想國。但數位落差現象其實只是一個社會的表面問題，更深層的問題應是所謂的「學習落差」（learning divide）。所謂的學習落差是指在相同的資訊硬體條件下，不同的社群會有不同的資訊使用模式與習性，例如，有些小孩的資訊素養不足，僅會將電腦視為娛樂的工具，但有些小孩有較高的資訊素養，他們能將資訊科技與生活合而為一，從而提升其個人的生活素質與競爭力。這種學習落差，其實是比數位落差更難克服，而其影響也更為深遠。

解決學習落差現象的策略，即是提高所有國人的資訊素養，而欲提高國民的資訊素養，最好的策略並非由「教育」著手，而是要建構一個良好的資訊應用環境，讓資訊科技與生活息息相關，讓民眾覺得資訊科技並不是外在的一個硬體設備或工具，而是他們生活的一部分，使他們覺得資訊科技與其生活是息息相關的。

"Content is king"，為了建構良好的資訊應用環境，在資訊科技日新月異的發展與政府的積極投入之下，資訊硬體設備已不再是一個關鍵因素，數位內容的建設與充實反而是核心所在。

為了將台灣建構成一個資訊的理想國，行政院在 2002 年推出了 "e-Taiwan" 計畫。而在 "e-Taiwan" 計畫的構想中，扶植數位內容產業是發展知識經濟與數位經濟的重要指標，更是 "e-Taiwan" 計畫的成敗關鍵。

數位內容產業所涵蓋的範圍如表 7.2 所示。

●表 7.2● 數位內容產業的內容

項目	內容
數位遊戲	以資訊硬體平台提供聲光娛樂給予一般消費大眾，包括: : 1. 家用遊戲機（onsole game，如 Xbox、PS2、GameCube、Gameboy）軟體。 2. 個人電腦遊戲軟體（PC game）。 3. 行動遊戲軟體（mobile game，如 PDA、手機遊戲）。 4. 線上遊戲軟體 5. 遊戲機台遊戲軟體（video game、arcade game）
電腦動畫	運用電腦產生或協助製作的連續影像，廣泛應用於娛樂及工商業用途： 1. 娛樂應用，如影視、遊戲、網路傳播、教育等。 2. 工商業應用，如建築、工業設計、醫學等。
數位學習	以電腦等終端設備進行線上或離線之學習活動，包括數位學習內容製作、工具軟體開發等。
數位影音應用	運用數位化拍攝、傳送、播放之數位影音內容，包括數位音樂、數位KTV、數位電影、數位電視等。
行動內容	運用行動通訊網路提供數據內容及服務，包括手機簡訊、以及導航或地理資訊等行動數據服務。
網路服務	提供網路內容入口網站、連線、儲存、傳送、播放之服務，包括入口網站（ICP）、應用服務（ASP）、連線服務（ISP）、網路儲存（IDC）等。
數位內容典藏	數位出版、數位典藏、電子資料庫（新聞、數據、圖像）等。

而台灣未來資訊社會的發展，應以「環境保護與生態保育」、「科技與經濟發展」、「社會公義」為目標，以「資訊通信網路」為核心，以資訊通信基本建設、電子化政府（e-政府）、電子化產業（e-產業），及網路化社會（e-社會）為推動架構，邁向創新、品質、速度的 e-Taiwan，在國際上擁有雄厚資訊為後盾的數位理想國。

參考文獻

中文部分

林奇賢（1998），網路學習環境的設計與應用。**資訊與教育**，**67**，34-49。

林奇賢、沈滄鉉（2000），網路主題探索式課程與應用環境的設計。**亞太成教論壇**，創刊號，1-23。

英文部分

CNN (2003). *Mississippi puts computer in every classroom.* http://www.cnn.com/2003/EDUCATION/01/02/computers.in.classrooms.ap/index.html

Egenfeldt-Nielsen, S., & Smith, J. (2000). *Computer games, media and interactivity.* http://www.game-research.com/art_games_media.asp

E-Government Task Force. (2002). *E-government strategy.* http://www.whitehouse.gov/omb/inforeg/egovstrategy.pdf

Executive Office of the President Office of Management and Budget. (2002). *E-government strategy*. http://www.cio.gov/

IGDA (2002). *IGDA Online games white paper.* International Game Developers Association. http://www.igda.org/

Lin, Chi-Syan. (2001). Implementation of the virtual school: best cyber academy, in advances in multimedia information processing-PCM 2001. In H. F. Shum, M. Liao, & S. F. Chang (Eds.), *IEEE lecture notes in computer science* (pp. 316-323). Springer-Verlag, Berlin, Germany.

Miklaucic, S. (2001). Virtual reality: SimCity and the production of urban cyberspace. http://www.game-research.com/art_simcity.asp

Pedersen, J. (2002). *Are professional gamers different？ Survey on online gaming.* http://www.game-research.com/art_pro_gamers.asp

Steins, C. (2002). *E-government: The top 10 technologies.* http://www.urbaninsight.com/virtual/egov0902.html

第八章

生物科技

■ 周如文

生物科技（Biotechnology）以跨學門領域的綜合技術形態急速發展著，是研究生命科學、醫學、農學等領域的基本必要工具，是繼石油化學、航空、核能及資訊科技後的另一項關鍵性技術革命，進展速度遠超過前揭其他技術，整合性強且原創性高。生物科技，包含凡是利用生物程序和技術解決或增進人類生活素質之科學技術。包含以微生物化學程序進行發酵之傳統生物技術以基因工程運用細胞與分子程序為主的現代生物科技；及許多與工程、機電及資訊整合的更細微化原子層面的新興生物科技。生物科技在人類經濟發展方面，運用範疇廣泛，擴及的多樣產業：農業／食品工業、化學工業、環保產業、海洋產業、能源工業、礦業等。生物科技重要特色為附加價值高、能量耗損低、環境公害低、研發比重高和法規要求多。不諱言，大部分的人都著重於經濟的獲利上，而對自然生態環境、人類健康、社會道德造成的影響，並未在早期受到應有的重視。除此之外，生物科技與整體社會、倫理、哲學、法律等人文領域，更是息息相關。本章將由生物技術的定義、簡史、發展、核心關鍵技術、應用及倫理等議題進行介紹。

第一節　生物科技的簡介

壹・生物科技的定義

1919 年，匈牙利農業專家 Karl Ereky 首先以生物科技（Biotechnology）一字，明白顯示出生物個體與科學技術之間的關聯性，隨著時空的演變與技術的蓬勃發展，生物科技的定義也一再被審視與修正。美國國會科技評估（Technology Assessment）辦公室首先將生物科技廣義的定義為：「任何科技，利用生物體或產自生物體的物質，製造產物或修飾既有產品、改良動物或植物，或發展微生物供特殊使用途徑」。依據此一傳統的生物科技定義可推知，自有人類歷史記載以來，生物科技已廣泛地應用在日常生活中，例如：麵包的烘焙、含酒精飲料的釀造、動植物的育種等。但是，因為該定義所涵蓋的範圍無法與農業或醫藥技術明確的界定，且因為近代基因操作技術的演變，科學家得以人工引導方式合成或複製具特殊生命現象的分子。該科技評估辦公室遂於1998年，重新狹隘的將生物科技僅定義為：「運用分子生物等特定技術處理去氧核醣核酸（DNA）分子後的生物體或它的產出物於商業上的應用」。另外，亦有人主張定義為「利用生物程序、生物細胞或其代謝物質來製造產品及改進人類生活品質的科學技術」。我國在規劃生物科技產業發展時，經產官學各界討論的結果，則將生物科技定義為：「運用多元科學的方法，如：基因重組、細胞融合、細胞培養、發酵工程、酵素轉化等技術為基礎，進行研發與製造產品或提升產品品質，以改善人類生活素質之科學技術。」。生技科技落實於產業的範疇，也因此擴展到：⑴醫療保健方面的製藥、檢驗試劑、醫療器材等；⑵農業方面的生技種苗花卉、天然藥材、基因轉殖動植物等；⑶食品方面的基因改良食品、生技保健食品、生技飼料添加劑等；⑷資源及環保方面的土壤復育、生技環保、能源生技等；⑸材料化工方面的生醫材料、藥品原料、生技製程等；⑹機電資訊方面的生物晶片、生醫資訊、結構運算及生物微機電等。

貳・生物科技的原理

如果以1998年的生物科技定義「運用分子生物等特定技術處理去氧核醣核酸（DNA）分子後的生物體或它的產出物於商業上的應用」為主，則生物科技的原理可以簡易的說明為：自1953年在英國劍橋提出 DNA 的雙螺旋結構後，不久科學家便開始認知所有的生物體皆由生命的基本細胞單位所組成，而所有生物細胞內的運作，都藉由蛋白質執行。分子遺傳學（molecular genetics）有一中心定律（central dogma）：說明 DNA 以雙股的形式存在，由四種核酸排列組合而成。而蛋白質的形成，是依 DNA 所攜帶的基因訊息的指引，先轉錄成核醣核酸（RNA），再經信息 RNA 轉譯成胺基酸長鏈，此長鏈再經過摺疊或修飾後成為具功能活性的蛋白質。改變 DNA 訊息即有可能改變該生物的蛋白質表現，因此也可能改變該細胞的外在性狀與功能。而生物科技主要是利用分子生物的基因操作，進行細胞與分子層次的改造，以提升產出物的可利用性與功能性。

第二節　生物科技發展簡史

繼十九世紀的機械工業時代、二十世紀的化學及工業時代後，現階段已經堂皇地邁入二十一世紀生物科技新興時代。究竟生物科技發展的歷史該如何明確定論，眾說紛紜。事實上，生物科技在中國先民日常生活中的運用，可回溯至遠古時代，歷史文獻最早記載有關生物科技應用的實例：在生藥醫療方面，有神農氏「始嘗百草，始有醫藥」；農業方面，神農氏亦提出「教民播種五穀，做陶冶斤斧，為耒耜鉏薅陸，以墾草莽，然後五穀興，以助果瓜實而食之」；紡織產業方面，有黃帝的元妃嫘祖教育人民養蠶治絲；發酵產業方面，有帝大禹命令儀狄釀酒。前述諸實例，說明先民針對大自然生物科技的善加利用，可以提供豐富的生活選擇，也提高生活品質。在西洋生物相關科技發展的歷史記載上，可溯及 1857 年 L. Pasteur 提出的微生物可進行發酵作用學說；1866 年 G. J. Mendel 提出遺傳學重要的定律；1953 年 J. D. Watson 與 F. H. C. Crick 發表 DNA 的雙螺旋構造；1973 年 stanley 等人開發基因重組技術；1975 年，Kohler 及 Milstein 成功地發展單株抗體製備技術；1983 年，Kar 所發明的聚合鏈反應（polymerase chain reaction, PCR）技術，使得微量 DNA 可以精確的大量複製，更是開啟生物科技運用在更多廣泛且細緻的領域。

生物科技的發展歷程依技術及利用性，可以分成三個階段：⑴傳統生物科技階段：以動植物培育作為食物與藥物的農牧活動，及以農耕、畜牧及簡易食品加工技術為主。例如：農業上的耕作、牲畜的畜養、藥用植物／動物之採集與萃取、工業上的釀造技術等。⑵近代生物科技階段：以微生物發酵為主的工程生產技術，廣為應用於食品與製藥工業上。例如：以盤尼西林抗生素的發酵量產技術為開端，利用超高產力的微生物突變菌株和能抗雜菌污染的大規模深槽發酵反應器，進行抗生素、有機酸（如檸檬酸）、胺基酸（如味精）、酵素、飼料用酵母等的工業化量產。⑶新興生物科技階段：則是以生命科學研究方法為主，包括基因重組、細胞融合、單株抗體生產、蛋白質工程、組織培養及生物反應器工程等，用以改善物種、研發檢驗試劑、開發新藥物與個體化醫療。

壹‧全球生物科技發展史

1980 年　第一家生物科技公司上市——Genentech IPO／利用基因工程技術製造單株抗體。

1981 年　研發基因合成的儀器／單株抗體獲美國食品藥物管理局（FDA）通過。

1982 年　基因轉殖老鼠／疫苗合成／第一個用重組 DNA 製造之人用人類胰島素獲得 FDA 通過。

1983 年　發現第一個遺傳疾病的基因標誌。

1983 年　研發 PCR 技術／合成第一個人造染色體／重組 DNA 胰島素產品首次上市；發現第一個遺傳疾病的基因標誌。

1984年 發現DNA「指紋」研發出第一個基因工程疫苗。

1984年 Chiron將HIV的整個基因體選殖出來並定序。

1985年 完成人類胰島素接受體DNA序列。FDA通過第二個基因工程發展出之藥物，也是第一個由生物技術公司販賣之藥物——人類生長激素／核准α－干擾素對卡波西氏腫瘤之治療。

1986年 第一個基因工程植物（番茄）進行田間實驗。

1987年 銷售第一個基因重組疫苗。

1988年 第一個美國承認之基因轉殖鼠專利／美國國會通過法案，允許加速通過治療末期疾病產品的審理過程。

1989年 發現囊狀纖維瘤基因／FDA通過EPO（紅血球成長激素）／部分歐洲國家通過淋巴間白素2（IL-2）。

1990年 第一個人類基因治療／進行第一個應用微生物製劑對付石油污染之試驗。

1991年 生物技術公開上市融資創新紀錄。

1992年 通過第一個單株抗體顯影劑／通過第二代C型肝炎篩選檢驗／通過IL-2用來治療移轉性腎癌。

1993年 證實大腸直腸癌基因／醫療系統改革，導致生物技術公司資金籌措之不確定性及不安／默克藥廠以六十億美元併購Medco，顯示出美國醫藥產業正進行重整。

1993年 Affymetrix生物晶片（Biochip）公司成立。

1994年 利用基因轉殖鼠生產人類抗體。

1994年 美國食品藥物管制局（FDA）核准基因作物（Transgenic Crop）食品FLAVRSAVR®蕃茄上市販售。

1995年 嗜血桿菌（Hemophilus influenzae）定序完成。

1996年 英國科學家Ian Wilmut首次成功複製的哺乳類動物桃莉羊"Dolly"誕生；發展出GeneChip®。

1997 年　產生第一個人類合成染色體（human artificial chromosome）。

1998 年　Celera Genomics 公司成立；完成第一個動物基因體——線蟲的定序。

2000 年　Celera Genomics 公司及人類基因體計畫（Human Genome Project）共同宣布人類基因圖譜草圖繪製完成；完成果蠅基因體定序及第一個植物——阿拉伯芥定序完成。

2001 年　完成水稻的基因圖譜；生產第一個可以在有鹽分的水及土壤生長的作物；發現炭疽病的新療法；第一個針對特定生化缺陷的抗癌藥物 "Gleevec" 在美國被獲准於臨床上使用。

2002 年　完成第一個酵母菌蛋白質體的功能性圖譜草圖；Celera 決定將公司重組成製藥及開發新藥物的公司；水稻定序完成；瘧原蟲及瘧蚊基因組被解碼；生技公司複製出具有功能的肌肉以及腎臟組織器官。

2003 年　人類基因體計畫完成；第一隻複製騾產生及世界上第一隻複製馬產生；跟人類最相近的物種——黑猩猩序列被組合（assembled）。

2004 年　FDA 核准第一個治療癌症的抗血管新生（anti-angiogenesis）藥——Avastin；美國新墨西哥大學與冰島 DeCODE 公司，展開跨國傳染性疾病人類基因學研究；新加坡科學家全球率先開發出哮喘基因疫苗。

2005 年　產生第一個用於治療過敏症狀的生技藥物——Xolair；利用體外細胞培養方式來生產 C 型肝炎病毒顆粒。

貳・台灣生物科技發展史

台灣生物科技發展在策略與規劃上，自 1982 年政府頒布「科學技術發展方案」，明訂生物技術為八大重點科技後，正式由行政院國家科學委員會協調各部會，擬定生物科技推動策略。我國生物科技研究發展的分工，以上、中、下游來區隔。上游為基礎與學術研究，中游為應用研究、技術開發及技術轉移與擴散，下游為商品化與應用及市場開拓。推動單位為政府機關，執行機構則包含學校及研究機構、財團法人與公營及民營企業界等。

1995 年行政院院會通過「加強生物技術產業推動方案」，組成「生物技術產業指導小組」，及由經濟部、工業局、農委會、衛生署、教育部、國科會等相關單位組成的「生物技術產業執行小組」，冀望能依階段性目標循序漸進，以落實生物科技策略於產品市場。

1996 年，國科會推動「農業生物技術」及「基因醫藥衛生」國家型研究計畫。農委會加強推動農業生物技術產業，衛生署亦研擬設立自給自足的國家疫苗中心。同年 2 月，經濟部工業局成立「生物技術與製藥工業發展推動小組」，以推動投資與協助建立國際行銷網。

1997 年，教育部推動生物技術科技教育改進計畫。該年 4 月，行政院召開第一次生物技術產業策略（SRB）會議。8 月，行政院第二千五百三十九次院會通過「加強生物技術產業推動方案修正案」，成立跨部會的「生物技術產業指導小組」。同時，行政院核准「經濟部所屬事業協助中小企業推動研究發展方案」。

自 1998 年起，由中油、台糖及台電公司的研發經費提撥 10%至 20%，支援中小企業從事生物技術研發工作。該年 5 月，中央研究院成立生物農業科學研究所籌備處。6 月，行政院召開第二次生物技術產業策略（SRB）會議。

1998 年 4 月，國科會完成「科技化國家推動方案（科技方案）」並開始進行「基因醫藥衛生」尖端計畫。同年 7 月，衛生署成立財團法人醫藥品查驗中心。而教育部也推動第一階段「生物技術科技教育改進計畫」，協助各大學院校培育生物科技人才。

1999 年 5 月，行政院召開第三次生物技術產業策略（SRB）會議。7 月，成立財團法人醫藥品查驗中心。

1999 年 1 月，立法院通過並公布「科學技術基本法」，確立政府推動科學技術發展之基本方針與原則，並規定政府應每四年訂定國家科學技術發展計畫。

2000 年，行政院召開第四次生物科技產業策略（SRB）會議，規劃帶動民間生技產業。同年 9 月，教育部邀請國科會、經濟部、工業技術研究院及食品工業研究所等，研商在第一階段的「生物技術科技教育改進計畫」之基礎上，推動第二階段「生物技術科技教育改進計畫」，加強與生物技術產業合作。

2001 年 1 月，全國科技會議通過國家基因體中心，積極發展人類基因功能及結構及國人基因圖譜之標定，以供開發新基因藥物。行政院召開第五次生物科技產業策略（SRB）會議，成立「生物資訊資源中心」，同時成立「行政院生物技術產業單一窗口」，委由「經濟部生物技術與醫藥工業發展推動小組」執行，辦理生技產業發展相關諮詢服務。行政院並根據科學技術基本法，召開全國科學技術發展會議並編定未來四年的「國家科學技術發展計畫」。由經濟部負責推動產業科技發展及相關支援業務的最重要工作——即推動產業科技研究發展專案計畫。同年 3 月，行政院國科會第一五二次委員會議提請「基因體醫藥衛生科技尖端研究計畫」轉型為國家型科技計畫構想審議案通過。鑑於生物科技正式邁進後基因體時代之新紀元，同年起推動第二階段「生物技術科技教育改進計畫」。

2002 年 1 月，「基因體醫學國家型科技計畫」正式開始執行。5 月，行政院推動「挑戰 2008：國家發展重點計畫（2002-2007）」，其中也規劃「兩兆雙星產業發展計畫」。此外，並整合電子資訊與電信及生物技術擴大產業範圍舉辦產業科技策略會議。同年，全國研究發展總經費已達成「國家科學技術發展計畫」所定中程目標。行政院特別將生物科技產業策略（SRB）會議範圍擴大為「行政院產業科技策略（SRB）會議」，希望除了電子、資訊、電信、生技產業外，對各產業都有幫助。

2003年，召開產業科技研討會，研討發展醫療保健服務產業，修正通過「科學技術基本法」提升科技研發。同年，行政院生物技術產業指導小組推出首屆「Bio Taiwan 台灣生技月」全面化推動台灣生技產業。

2004年1月，行政院第二八七三次會議核定「中華民國科學技術白皮書」。7月舉辦第二屆台灣生技月「國際生技大展」。2004產業科技研討會，研討台灣生技醫藥產業的國際競爭力、健全臨床試驗體系、農業科技與醫療器材的發展策略，建設台灣成為亞太生技產業重鎮。

2005年，為協助我國生技醫藥廠商有效運用政府優惠措施，經濟部生物技術與醫藥工業發展推動小組於6月，舉辦「生技產業 起飛～政府助你一臂之力！」活動說明會。同年7月舉辦「Bio Taiwan 2005第三屆台灣生技月」，工業技術研究院生醫中心與台灣生技產業促進協會配合「台灣生技月」一系列活動，特舉辦「兩岸生技產業競合與挑戰研討會」，著重於生技製藥，對台灣生技醫藥廠商進軍大陸市場，提供更完整有利的資訊。而生物技術科技教育改進計畫邁入第二階段最後一年，第三階段即將於2006年開始推動，並轉型為人才培育先導型計畫。

第三節　生物科技核心關鍵技術

生物科技為整合多種跨領域學門，各種操作或技術琳琅滿目。靠著核心關鍵生物技術嫻熟的交互運用，致使生命科學相關領域得以蓬勃發展。生物科技的關鍵技術包括：基因工程技術、細胞融合技術、生體反應技術（bioreaction technology）（此技術涉及發酵技術、酵素技術、生物反應器及蛋白質工程）、組織培養技術、細胞培養技術、胚胎及細胞核移植技術。此節將逐一介紹生物科技所主要倚重的基因工程技術、複製技術、幹細胞技術、生物製程及生物資訊等創新技術。

壹・基因工程技術

基因工程相關操作是整個現代生物科技發展最重要的關鍵技術。基因工程主要是分子生物學上限制酵素（restriction enzyme）搭配去氧核醣核酸（DNA）的衍生應用，利用生物體與改造生物體的方式，充分開發所有可能的生命資源。基因工程的發展年史，源自 1944 年，Avery 證明核酸為遺傳基因的主要構件；1953 年，James Watson 與 Francis Crick 架構出 DNA 雙股螺旋模型，提出 DNA 是由四種核酸 A（腺嘌呤去氧核酸）、T（胸腺嘧啶去氧核酸）與 G（鳥糞嘌呤去氧核酸）、C（胞嘧啶去氧核酸）間以氫鍵配對組成的長鏈；1959 至 1966 年間，陸續發現操縱子（operon）基因密碼（genetic codon）的概念，與啟動因子（promoter）及強化基因（enhancer）核酸序列；1970 年，成功地以化學方法合成核苷酸，以及發現限制酵素；1972 年，Paul Berg 開發的 DNA 重組技術及 1977 年的核酸序列分析技術開始推廣運用。1982 年，第一項基因重組蛋白胰島素（insulin）產品正式上市，而 1987 年開發出的 PCR 技術，更快速地將分子生物學門的基因工程技術與產業結合，開發成各式各樣的產品。

基因工程主要使用的工具有四種：限制酵素、連結酵素（ligase）、載體（vector）與宿主（host），此四者交互靈活組合應用，即可達到科學家預先設定的目標。基因工程的本體概念以分子轉殖（molecular cloning）技術為主，將外來基因經與載體重組後，導入宿主細胞內，載體複製後即可表現及大量複製所導入的基因，而產生原設定的目標蛋白質產物，此概念與技術已經運用在癌症等基因治療上。

分子群殖技術，將外來基因導入植物方式主要有兩種：⑴利用農桿菌（Agrobacterium）T-細胞：把構想的基因殖入作為攜帶者的 T-細胞，再藉此殖入目標植物。而此菌本身會產生腫瘤，須先去除腫瘤，再配合抗生素的抗體作為基因轉殖植物的篩選標識；或⑵利用反義信使核醣核酸（antisense m-RNA）：反義基因是可以與正常基因互補之去氧核醣核酸序列。因此，在細胞中其所轉錄之信使核醣核酸可與正常基因之信使核醣核酸互補，而成為雙股核醣核酸，進一步抑制正常基因的表現，產生反義的抑制作用。利用反義基因技術可將某一個特定的正常基因關閉，致使反應物大量累積或代謝路徑產生更動。此種使 RNA 由單股變成雙股，以抑制某一特定基因的表現，使其無法發揮作用而降低蛋白質的產量，進而改進生物體特定功能或產物性質，此概念大都成功的應用於基因工程改良作物（genetically modified organisms, GMO）上。

PCR的技術開發之前，基因複製一定要在活的細胞內進行複製，PCR 使人類首度能在體外複製基因。PCR 技術簡單的說，DNA 是屬於雙股螺旋的結構，基因複製首先須將雙螺旋的結構一分為二。可以藉由溫度的調控，將溫度加高至攝氏九十五度之後，DNA 雙股會分開，再以設計專一引子接上去，由酵素從反應液中，將 A、T、G、C 與單股配對，延長後便會複製成兩條序列。繼續同樣的循環，再把溫度升到攝氏九十五度的時候，此雙螺旋又會分開，即二變四，如此則 DNA 可以在體外於控制條件下複製。

而運用核酸序列分析技術，將人類基因序列完全解讀後，以序列訊息的整合分析而成的生物資訊學門，更帶動整體基因體（genomics）研究，進一步引導蛋白質體（proteomics）的發展。運用潛能涵括蛋白質藥物、檢驗試劑及疫苗，或甚至於結合細胞培養技術運用於具全部或部分生命個體的複製等。

貳・複製技術

已知的歷史記載文獻中，顯示複製技術發展的先導構想可以追溯至十九世紀，由德國解剖學家 Wilhelm Roux 提出，假設精子和卵提供相同染色體至受精卵，由染色體攜帶遺傳訊息，並且僅有胚胎的胚細胞攜帶完整的遺傳訊息，而每種體細胞則僅胚細胞攜帶部分所需遺傳訊息。早在 1885 年，德國生物學家 August Weismann 提出細胞遺傳的訊息決定細胞功能的理論，現代複製技術奠基於此。二十世紀初期，複製技術濫觴於以雜交方法開發新品種。德國胚胎學家 Hans Spemann 開始進行早期的細胞核轉移實驗，成功地複製蠑螈胚胎，該方法後來被稱為「Spemann 核轉移技術」，1935 年更因此贏得諾貝爾醫學獎。接著，他又提出複製高級哺乳動物可能性的相關創見。1952 年，美國生物學家 Robert Briggs 和 Thomas King 用青蛙胚胎的體細胞複製蝌蚪，其中有許多蝌蚪後續成長成青蛙，此項成果確認核轉移技術在複製多細胞生物的可行性。1953 年，英國 J. D. Watson 與 F. H. C. Crick 發現 DNA 雙螺旋結構。1966 年，基因編碼的規律性也被發現；次年，DNA 連接酵素被分離鑑定出來；1969 年，第一個基因被鑑別確認；

至1972年，以重組DNA技術首次成功的複製基因。1978年，第一個體外授精的試管嬰兒 Louis 在英國出生，體外受精技術與複製人類胚胎的技術極其相似。1984年後，丹麥科學家Steen Willadsen將一個初期細胞分裂階段的胚胎細胞的核與去核卵母胚胎融合的方法複製綿羊，首次證實利用核轉移（nuclear transfer）技術複製哺乳動物可行性的實例。早在1990年，被稱為「中國複製羊之父」的生物學家張湧就利用胚胎分割技術成功複製出山羊。但是一直到1996年，才由蘇格蘭愛丁堡羅斯林研究所（Roslin Institute）Wilmut博士，利用細胞核轉移技術，將一隻六歲雌羊的乳房母細胞與一枚未受精的卵子，創造出「桃莉羊」。其使用原理是先將卵子的細胞核摘除後，再將乳房母細胞的細胞核殖入未受精卵子中，兩者結合後，少部分殖入細胞核的卵子便像一般胚胎細胞般開始發育，這些發育中的胚胎再經轉殖入孕母身上，發育為成熟個體。長期以來，科學家一直運用細胞核轉移技術，以胚胎細胞培育相同基因的動物；而桃莉羊則是利用非胚胎的成熟的乳房細胞。Wilmut博士首次證明，利用電流與其他方法可模擬精子功能，刺激誘發結合細胞核的乳房母細胞發育完成。因為在過程中並未導入其他個體的遺傳物質，所以新生個體是完全和母體特徵相同。桃莉羊的成功開啟複製器官甚至複製人的契機，但也引致倫理學等多方的爭議。1998年2月，韓國科學家利用與複製桃莉羊相似的技術複製出一頭牛犢。夏威夷大學研究人員利用成年的體細胞複製出五十隻小鼠，他們還成功複製出三代複製鼠，證實複製的確可以批量化。稍後，日本科學家用一頭成年母牛的細胞複製出八頭遺傳特徵完全相同的小牛，成功率達80%。1999年6月，美國夏威夷大學科學家宣布成功複製出第一隻公鼠，在此之前，大部分複製動物都是雌性。2000年1月，美國俄勒岡州的研究人員用與複製桃莉羊完全不同的胚胎分割複製方法複製出猴子，為複製人排除基本技術上的限制。6月時，中國科學家在西安利用體細胞成功複製兩隻山羊「元元」和「陽陽」。2001 年 6 月美國康乃狄克大學一頭出生兩年的複製牛「戴希」以自然繁殖方式，產下一頭健康牛犢「諾曼」。戴希是利用高齡母牛的體細胞複製的，諾曼的出生證明複製過程能夠逆轉老化的遺傳物質，像自然生殖一樣產出健康後代，並證明複製動物不會未老先衰。雖然，複製人體胚胎供醫學研究用途的治療性複製是被認許的。並且近來已有人宣稱已經成功地複製出人類，但是諸多倫理的議題也被廣泛討論著，人類嘗試扮演上帝的角色，成功或風險率仍值得關切。

參・幹細胞培養技術

幹細胞技術的興起，對細胞和基因治療的發展具有重大意義，幹細胞在醫學上最受期待的，是利用其源源不斷複製的細胞或組織，進行細胞療法或是成為臨床治療上所需組織或器官的新來源。幹細胞另一個關鍵工作，是確認細胞分化過程中，基因參與細胞決策制訂的機制。了解正常細胞運作過程，便可以進一步明白疾病發生的機轉。

人類第一株胚胎幹細胞株的建立，是於 1998 年 11 月由 Thomsong 博士設在美國威斯康辛邁迪森大學（University of Wisconsin-Madsion）醫學中心的實驗室，從不孕症患者接受體外受精後，由過剩的胚胎內細胞質塊原始胚囊體（blastocyst），分離出潛能幹細胞（pluripotent）。胚胎幹細胞可以在特定條件下分化成各種不同組織，可以替換人體內的壞死組織細胞之替換，以達到疾病治療目的。約翰霍布金斯大學醫學院（Johns Hopkins School of Medicine）Gearhart 博士的研究團隊，則從早期流產的胚胎組織中，篩選分離原始生殖細胞（primordial germ cells, PGC），於特定培養條件下，使細胞繼續分裂、分化或接受不同刺激，而發展成具有特定功能性的組織細胞。由於被成功分離出的幹細胞，具有能夠自我更新（self-renewing），但是仍未分化（undifferentiated）完成的細胞，所以可以在精確的控制下培養，使細胞無限週期的分裂，以便誘導出各式各樣特定功能的細胞。進行依據現有已知報導統計，自 1998 年幹細胞技術發展成功後，相關領域的科學家在 2000 年時，幹細胞只能誘導變成十種預定的細胞；但時至 2001 年中，已經有高達一百種細胞被誘導分化成功。幹細胞實際應用於諸多器官的再生與自我修復上，尤其在皮膚、軟骨與肝臟上的應用，遠遠超過預期。

幹細胞依其分化能力的限制，又可分為：⑴全能幹細胞（totipotent stem cell），正是一般引起倫理爭議的「胚胎幹細胞」（embryostem cell），因為它是一個受精卵，有完整潛能（totipotent）可以發育成胚胎。⑵潛能幹細胞（pluripotent stem cell），則是全能幹細胞開始特異化分裂後的內層細胞（外層細胞形成胎盤），能進一步分化成具有特殊功能的幹細胞，如血液幹細胞、皮膚幹細胞等，這些被進一步分化的細胞，就稱為⑶多能幹細胞（multipotent stem cell）。目前，已可以由成年人的組織上取得多能幹細胞，稱為⑷成體幹細胞（adult stem cell），因為直接避開醫學倫理問題，可塑性被證實超乎預期，因此為目前幹細胞研究的重點，正因為幹細胞具有發展出人體各式各樣功能細胞的豐富潛能。幹細胞在醫學上，也同時有了「夢幻細胞」與「萬能細胞」之稱。人類的醫療進展歷程，從過去的補充療法（enzyme replacement）、移植療法（transplantation），未來將進展到細胞治療（cell therapy）及基因治療（gene therapy）。舉凡用在缺陷細胞的治療，或用在特殊病變細胞治療所使用的細胞與組織治療，包括骨髓移植、幹細胞移植、組織工程等。目前，人體小血管、中樞神經、大腦細胞、血液細胞、骨、關節、心肌、心膜、氣管、視網膜與毛髮等，組織的幹細胞誘導分化研究，都已經在世界各地進行當中，而且實驗成果斐然。胚胎幹細胞治療幼年性類風濕關節炎、可治療耳聾技術及帕金森氏症。澳洲幹細胞研究重心的孟納希大學醫學院更宣布，發現可利用幹細胞修補恢復人類的免疫系統，以對抗愛滋病與癌症。法國成功以移植胚胎神經幹細胞治療杭廷頓氏舞蹈病。美國杜蘭大學計劃利用普遍存在骨髓、臍帶血，以及成人周邊血液的間質幹細胞（mesenchymal stem cell, MSC），進行脊椎傷害的幹細胞治療臨床實驗計畫，帶給目前無法醫治癒疾病的治療希望。嘉惠的疾病包括：帕金森氏症、阿茲海默症、脊柱傷害、中風、燒傷、心臟病、糖尿病、關節炎及類風濕性關節炎等。

為避免破壞人類胚胎或因為取卵子而引發倫理問題，科學家也積極為胚胎幹細胞來源找出解決辦法，轉向在動物身上培養胚胎幹細胞。美國麻州先進細胞科技宣布，他們用食蟹獼猴的卵細胞，在不經受精，而是以化學加工的培養液，培養出胚胎幹細胞，由於不經過細胞核移植，也就是不經過複製（cloning），就能培養出適合患者的胚胎幹細胞，巧妙地避開了複製後患的道德爭議。

肆・生物資訊（Bioinformatics）

現代生物資訊學將資訊科技運用於生物數據的處理與分析，將會是生命科學中最重要的領域之一。生物資訊研究除了從 DNA 及蛋白質的結構來探討外，也可以由數學統計的綜合分析來發掘各領域的重要訊息。生物資訊領域的研究、開發與生產之應用，將需要同時具備扎實的生命科學研究背景與電腦資訊技術專長。也由於分子訊息的大量累積，生物數學模型也可運用以追蹤生態的動態變化及植物的生長狀況、探索分子系統學及分子演化學等。例如，台灣是農業型的國家，因此中央研究院針對蓬萊米的水稻序列進行研究改良，可能對整個台灣農業基礎的改變有所助益。

整個染色體 DNA 的排列序列已被解碼，如果藉由相關生物資訊軟體將序列進一步分析基因的解碼，即可以判斷在整個染色體上部分基因序列的功能，定位相關的特殊功能基因，以了解此些基因可能對生命發展的影響。目前依已知的資訊，人類 DNA 的序列應該包含三十億個核苷酸分子，這三十億個 DNA 的序列以 A、T、C、G 英文縮寫字母做排列，分布在三十三條染色體上，如果按照排列次序定位好，其長度可以繞地球好幾圈。估計所有染色體中，大概有十萬個到十四萬個有功能的基因序列，提供生物醫學研究所需訊息。由 DNA 序列提供的生物資訊，進行蛋白質結構分析及蛋白分子功能鑑定等，可促進基因體與蛋白質體之研究；如果進一步運用這些資訊與研究成果，進行特定機制藥物設計，並運用藥物基因體學（Pharmacogenomics）技術，了解群特有疾病與單一核苷酸多型性（Single Nucleotide Polymorphism, SNP）間的關係，藉由 SNP 尋找致病基因，研究基因形態與藥效及疾病罹患率之關係，可以開發各種新藥或臨床檢驗工具，將來可能提供醫學在疾病預防及治療的新思維。例如，肝病為台灣的重要疾病，由肝炎導致的肝癌向來為國人十大死因之一。目前，台灣研究團隊選定C型肝炎為研究標的，運用藥物基因體學的方法，篩選肝炎患者的基因體，有 30%至 50%的慢性B型或C型肝炎病患，都可以藉由干擾素的雞尾酒療法獲得有效治療控制，然而卻有藥價高昂且副作用高的缺點。如果能了解影響干擾素治療有效性的個人基因形態，綜合生物資訊學與統計學的分析方法，先建立肝炎治療有效性的基因資料庫，治療前事先預測肝炎病人對藥物的反應，並由基因的特性推知病人的治癒率，可嘉惠病人達個人化醫療，將是未來醫療趨勢。基因資料庫也因此更可以縮短及準確的開發出各種新藥物或臨床檢驗工具。

伍・生物製程

基本上，生物製程是將實驗室試驗發展的生物科技產物，尤其是基因工程蛋白質量產與產業化的技術。生物製程單元操作包含微生物發酵、生物轉化及純化回收，是第二階段近代生物科技發展最軸心的技術。藉由微生物表達宿主的特定基因，再利用高密度細胞發酵技術，配合純化回收技術，以最符合經濟利益方式生產基因工程，目前已有多種產品上市。一般用以表達基因的宿主，包含大腸桿菌、酵母菌、哺乳動物細胞、植物細胞及昆蟲細胞等。其中，以大腸桿菌、酵母菌因其生理學及分子生物學研究較透徹，且有易培養的優點；另外也有針對基因表現後的蛋白質特性與複雜度發展的宿主表達系統。

微生物發酵，是微生物由培養基中攝取必要養分，再經連續生物化學性的代謝及生合成結果，以產生各種具應用價值的產物。發酵大致上可分為批式、連續式及饋料批式（fed-batch）培養三種。其中，以饋料批式培養容積產率（volumetric productivity）最高，蛋白質產率最高最具經濟效益。設計發酵製程時，須考量培養基的選用、饋送方法策略及誘導前後培養基與生長速率的最適化。

純化回收則是將單一特殊用途目標產物，藉複雜的不同物性與化性分離系列步驟，以袪除非必要及不穩定的雜質。通常在選擇必要程序時，須考量的變數包含目標產物的最終用途（藥物或檢驗試劑）、存在位置（如細胞內或細胞外）、分子粒子大小、溶解度、親疏水性、界面活性等，每個程序中的品質與回收率皆須細加管控，以達到最大效益。常用的操作如細胞分離、前處理或初步濃縮、液相層析法及再精製程序（Polish）。沉澱、萃取、吸附、層析，其中以液相層析法被公認為最有效率的純化法，應用於各式生物科技產品產業化製程中。

第四節　生物科技的應用

壹・生物科技與農業

農業是國民生計中最直接的基本需求，也是永續生存的要件。台灣地區受限於特殊地理環境，可耕作的面積有限，再加上自然天候因素，為提升傳統農業的單位面積產能及朝著精緻化方向改善作物品質，生物科技的妥適運用將是農業創新發展的憑藉。目前，國內推展中的農業生物科技規劃的領域，包含七部分：花卉與觀賞植物、植物保護、水產養殖、畜產／動物用疫苗、植物有用基因之利用、環境保護與保健藥用植物。

利用分子轉殖技術，將從動、植物及微生物的細胞中部分特定的基因轉殖至其他目標經濟作物中，徹底改變單一活性細胞複雜的基因結構，而致使基因改良作物獲得其原來沒有的特性或改良原生的缺陷，所獲致的遺傳工程改良作物較傳統育種雜交技術所得到的改良作物，容易控制品質而且是快速改良，況且並無種與屬間的雜交限制障礙，破除「界、門、綱、目、科、屬、種」的區隔。被殖入基因的動植物稱作基因改造生物體（Genetically Modified Organisms, GMOs）。一般基因轉殖作物的性狀大致可包括三類：⑴植物保護（例如具抗蟲害、耐除草劑或抗疫病及農產品保鮮等）；⑵具特殊功能或風味；⑶營養改良性。已商品化的基因作物不在少數，包括大豆、玉米、稻米、小麥、馬鈴薯、番茄等。

一、食品工業領域的應用

可經改變的生物體性狀包括：抗病害、抗蟲害、抗乾旱、抗鹽害、抗除草劑，或者增加作物的特殊風味及營養成分、增加作物的產量等。目前的基因改良作物以轉殖抗殺蟲劑基因的作物佔最大比率，約為 71%，其次為抗蟲害之基因作物約佔 28%，而具耐除草劑和抗蟲性的雙重性狀的佔 3%，至於具有品質改良的作物則只佔 1%左右。基因改良食品在世界各地的運用情形，大部分的基因改造作物集中於美洲國家，其中以三個國家佔了所有基因作物的 99%，分別為美國 74%、阿根廷 15%及加拿大 10%。據估計到 1999 年為止，美國約一半的黃豆及三分之一的玉米為基因工程作物。已有新的抗蟲害的木瓜品種育成，農民的利潤變好，消費者也不必擔心農藥的過量殘留等。此項農業生物科技被稱為「綠色革命」，不但解決環境保護問題，降低食品農藥殘餘風險，更可以提高食品的產量以解決全球性飢荒的問題。1990 年，最早在市面上出現流通的基因改良食品添加物，為使用於製造起司的基因改造酵素；而 1994 年美國研發的 Flavr-Savr 番茄，則是市場上最早的基因改良食品。基於基因食品可預期的龐大市場商機，許多跨國性的大藥廠及生化公司紛紛投入大筆資金，進行基因食品的先期研究開發，希望在綠色革命搶得先機與利潤。基因改造畜產動物上，尤其是基因可改變細胞內的正常反應機制或干擾細胞運作，導致產品不安定、產生新毒素或造成消費者的過敏反應，及營養成分上的改變。應用上複雜度高，毒性等安全性評估相當重要。衛生署已草擬「基因改良食品之安全性評估方法」，並邀集專家學者共同研商擬定。換句話說，進行基因改良時須符合「一般認定安全原則」（generally recognized as safe, GRAS）相關規定，選用適當的啟動子、選殖的基因最好為同物種來源，及避免使用抗生素進行標記選殖等，以避免食物的屬性及活性成分不易掌握，消費者的疑慮降低市場接受度，與危及原生自然物種的多樣性。

生物科技在食品工業上的運用，著重於機能性食品的開發，講究自然健康及須能夠具備食用者身體狀況調節機能。由基因改造生物體所製成的食物則稱為基因改良食品（Genetically Modified Food）或基因食品。⑴在植物方面，最常見且最廣為接受的是菇類保健食品、乳酸菌類產品、食品檢測試劑、機能性素材及食品、食品用酵素、本土酒類產品、低熱量糖醇、免疫食品、傳統發酵產品新菌種、原生保健性菌種、食用色素及香料、食品微生物快速檢測試劑，及海洋生技產品等。⑵在食品品質改良方面，可以利用反義基因，以分子群殖技術來抑制某一特定基因的表現，進而改進生物體特定功能或產物性質，例如：番茄的熟成可以調控其反義 ACC 合成酵素，抑制該酵素使果膠質水解機制受到阻礙，以延長貯存期；防凍耐寒的番茄品種是將北極的魚耐寒冷的基因，選殖入番茄的細胞內，以改善天候的限制；改良玉米或稻米等主食的胺基酸含量，及育成富含維他命 A 的甘藷品種，以提高營養成分；袪除導致豆類食物酸敗問題的脂質氧化酵素（lipooxygenase）成分，提升使用價值。⑶在動物畜產方面，例如：在畜產品以基因操作技術改良乳牛牛乳產量、增加營養成分或免疫機能因子；及改變豬隻屠體的肥瘦比例，以符合營養健康取向的消費習慣。

二、花卉

以基因工程技術將特定基因導入目標植物的染色體內的育種方法，可控制預期目標物，每次僅改良少數性狀，如能選用現有優良品種為材料，導入新性狀或功能，新品種仍可保留原有品種的優點。例如，為提高花卉的多樣性供消費者選擇了提高市場通路，可以先了解目標花卉色素生合成基因的功能及作用機制，目前已知可以基因工程技術導入非該花卉所有的花色素基因，突破種與種間雜交的障礙，創造出新花色品種。利用基因工程育種法進行花色育種成功的首例，是於 1987 年由 P. Meyer 等人，以基因工程技術進行基因選殖與改造，再利用農桿菌基因轉移法，將所選殖的基因構築成基因轉殖載體，將玉米的二氫黃酮醇還原酵素基因轉殖入矮牽牛花中，育成磚紅色的矮牽牛新品種。至於，另一種選擇方式是利用反義基因技術停止或減抑原有品種花色素的生合成，影響花色素的合成來改變花的顏色。目前已應用於矮牽牛、非洲菊、菊花和玫瑰，使花色素形成量減少，而改變花色。

另外，以組織培養技術培育蘭花、金線蘭等也相當成功。除了觀賞上的用途外，運用植物的全分化力（totipotency）特性，在控制的環境等變因下，做純品系的群殖與培養，高經濟價值作物就可以大量生產銷售。再者，利用細胞融合技術開發新品種植物，已有如番茄與馬鈴薯細胞融合新品種成功的例子。

三、動物及水產養殖

國內發展的重點項目在於疫苗佐劑、魚蝦疫苗、豬用疫苗、雞用疫苗、免疫促進劑、多價型混合疫苗等。應用生物技術研發重要水產疾病疫苗、研發重要細菌性疾病疫苗、建立疫苗品質認證技術，可提高水產養殖成效。現今生產魚類用疫苗技術最先進之國家為挪威、美國、加拿大、法國與日本，但疫苗僅限於鮭鱒類用種類。蝦類目前則尚無適當疫苗。台灣在水產養殖上，利用生物科技的發展，亦著重於建立蝦類疾病診斷及治療技術（例如白點症）、改進種蝦培育及催熟技術、建立無病毒繁殖模式、開發增強養殖蝦抗病力之機能性飼料、發展蝦類的基因轉殖及育種之生物技術、利用基因轉殖及育種技術開發優良品種，以提高產值。動物用疫苗方面，研發可以提升疫苗免疫力的佐劑、開發疫苗微膠囊包覆製劑技術、研製豬瘟及豬繁殖與呼吸道症候群疫苗，以及研製新城雞瘟、華氏囊炎及雞馬立克病疫苗，以

DNA 疫苗技術開發口蹄疫等疾病疫苗等。

四、生物性農藥

生物農藥（biopesticide）顧名思義，是以自然界微生物或經基因工程改良微生物加上必要賦型劑，用以祛除有害昆蟲、雜草等。依防治目的與用途可以區分為微生物殺蟲劑、微生物殺菌劑、生物殺蟲劑、蘇力菌系列產品、植物生長調節劑、昆蟲寄生性線蟲殺蟲劑、新劑型生物殺蟲／殺菌劑。

㈠微生物殺蟲劑

蘇力菌（Bacillus thuringiensis, Bt）對於不同種類的危害性生物具有作用，包括鱗翅目的蛾類、雙翅目的蛾類、鞘翅目的甲蟲類及寄生線蟲。1940 年，首先在法國將 Bt 作為殺蟲劑上市，1950 年間美國開始進行田間試驗，但至 1970 年代才由亞培（Abbott）實驗室大量生產，應用於兩百多種植物，有效地對付五十幾種昆蟲的防治上。基於 Bt 菌的不安定性問題，基因技術被引用於選殖適當抗蟲基因，以同時防治不同種類的昆蟲。第一代開發成功地 Bt 抗蟲基因中所分離到的毒素基因，多年來經過研究改良結果，終於可以讓此毒素基因在轉殖作物組織中大量表現內毒素結晶蛋白，針對不同種類的昆蟲，有不同的毒蛋白基因可資對付。1996 年轉殖 Bt 基因的 GMO 作物商業化以來，轉殖作物已在美國廣泛種植。研發新穎且多樣化的抗蟲基因，以應付昆蟲不斷演化的抗藥性，勢在必行。其他較具成效的真菌殺蟲劑有黑殭菌（Metarhizium anisopliae）、抗寄生蟲的 Streptomyces avermitilis 發酵產品亞弗素（Avermectin），及防治白蟻、樹蜂及棉鈴蟲等的蟲生病原線蟲（Entomopathogenic nematodes）。

㈡生物性殺菌劑

常見的許多生物性殺菌劑有假單細胞菌（Pseudomonas sp.）、枯草桿菌（Bacillus subtilis）、木黴菌（Trichoderma sp.）及放線菌（Streptomyces sp.）。原理是植物病害是由土壤中或根部真菌所造成的，所幸可以利用土壤中微生物間的拮抗作用，經生物科技選擇與量產適當微生物或其代謝物，以降低合成化學農藥的使用。

㈢生物性除草劑

化學農藥有一半以上是除草劑，可以使用對寄主具專一性、致病力強的微生物或其酵素替代，其中以土壤中的病原真菌最廣為使用。另外，某些細菌亦具有減低化學除草劑用量特點，與非病原真菌產生毒素，網路除草機制。生物性除草劑可以發酵製程，進行篩選與量產。

㈣農業環境保護

開發可以分解天然有機物與造成污染的常用農藥等的環保微生物，藉由製作生物肥料、堆肥與生物燃料方式，推行永續農業。以及建立農業用環境微生物基因工程技術，針對纖維素、半纖維素及木質素等分解酵素相關基因，進行基因研究與改造，以提升農用環保微生物效能。進一步利用基因工程改造菌株，開發微生物與酵素相關應用技術，產品化成為農業環保微生物製劑。

貳・生物科技與環境

伴隨著全球性工商業的快速發展，環境污染問題愈趨明顯，生活環境品質愈趨低落。地球環境問題，如溫室效應、酸雨、臭氧層破壞及沙漠化等現象的加劇，更是國際社會在政治與經貿談判上的重要議題，生物科技亦積極被引用於環境保護上。環保生物科技（environmental biotechnology）因應環境保護及人類永續發展（sustainable development）而生。更因為生物科技相較於一般物理及化學技術運用成效較佳，且比較沒有二次污染的疑慮，各先進國家無不積極推動相關法案、開發技術並推廣運用。

環保生物科技發展的現況與趨勢中，無論是直接使用原本微生物或經以基因工程技術改良微生物，應用上皆相當成功，主要包含幾個方面：

一、環境品質偵測與生物監測

此類生物科技主要運用於發生污染意外時即時的預警、污染源的分析、環境影響程度的預測、復育成果的評估等。傳統的技術，如毒性監測、生物累積性、生物需氧量（biochemical oxygen demand, BOD）等環境分析，通常較費時，並不適合作為程序上的控制。因此，以生物性檢驗試劑、生物感應器來開發環境評估技術等方面，以微生物的使用最具成效。例如生物毒理學測定的安姆式測驗法（Ames test），即是利用沙門氏桿菌（*Salmonella typhimurium*）突變株回復突變原則所開發。另外，已商業化的產品是生物需氧量測定儀。

二、環境污染防治污染物處理

利用微生物生物分解（biodegradation）、生物處理（biotreatment）、生物蓄積（bioaccumulation）、生物轉換（biotransformation）與生物解毒（biodetoxification）功能，可以提升微生物本身效能或添加導入外源性微生物方式進行。例如運用於廢水處理、有害廢棄物處理、污氣處理及原油回收等，成功的實例甚多。

㈠利用基因工程技術的例子，Richard Meagher 將兩段大腸桿菌

（Escherichia coli）的基因轉殖入阿拉伯芥（Arabidopsis thaliana）中，進而培育出可以於受污染環境下生存，又能吸收毒物並貯存於葉片的植物新品種，銷毀葉片相較於傳統掩埋法容易處理且環保，但對草食性動物生態影響須再評估。此種利用植物來進行污染整治的技術又稱為植生整治（phytoremediation）。

㈡目前，已成功培育出可以吸收土壤中砷重金屬元素的植物，透過這些植物的復育，受到人類無知所污染的大自然得以恢復正常。自然界中的砷可分為三價砷（$A_{s2}O_3$）及五價砷（$N_aA_sO_3$），經人體攝入後，會在體內被代謝成 dimethylarsinic acid（DMA）及 monomethylarsonic acid（MMA）。台灣常見慢性砷中毒事件中，又以台南、嘉義沿海的烏腳病案例，最廣為人知；此外，重金屬砷也被認為是一種致癌物質，與膀胱癌、皮膚癌、腎臟癌的發生息息相關；更可怕的是，某些受到工業污染地區的土壤，其中重金屬微量元素，即使經歷上百年，仍不能從土壤中去除。

三、生物復育（bioremediation）與淨化

環境污染整治已是各國刻不容緩的議題。利用微生物的生物科技於原油污染的海域，是最廣為所知的實例。除傳統的一般處理方式外，合併使用營養添加物以加速微生物對石油分解的生物刺激（biostimulation）方法，或添加其他微生物的生物強化（bioaugmentation）方法，已被證實有效。水質淨化方法則有生物通氣（bioventing）及氣曝法（air sparging）兩種技術。至於，在另一項重要的二氧化碳排放的管制環保問題上，研究者已選擇出高效率二氧化碳利用率與耐受性的海洋藻類與光合成微生物，進行二氧化碳溫室效應氣體固定化等。

四、清潔生產（clean production）

為符合環境保護管理的趨勢，各產業積極尋求清潔生產技術，以

控制及降低排放至環境的污染物。一般而言，工廠製造過程中所產生之廢水及廢棄物，如果採用管線末端處理，通常會較為複雜，成本相對提高。利用基因工程技術選殖特定菌種，將製程所產生的廢棄物轉化為能源或是其他副產品；或是運用基因及蛋白質工程技術，於生產製程中導入特定酵素，降低化學合成物使用，相對的可以減少污染性廢棄物；或是採用生物性高分子代替一般化學合成高分子聚合物，達到清潔生產之目的。當工業急速發展後，需認知到自然資源的有限，因此能源的開發一直是當務之急。替代性生物能源開發包含：利用微生物發酵醣類以生產甘油及丙酮等溶劑；利用蔗糖發酵產生酒精，再與汽油混合使用，以製造比較乾淨的能源。

五、開發低環境負荷產品保全環境

針對熱塑性塑膠（thermoplastics）難以分解而在環境中造成囤積的問題，生物可分解高分子材料的開發相形必要。利用微生物來生合成多種特性的高分子材料已被廣為開發，目前市面上使用的聚脂類熱塑性塑膠 polyhydroxybutyrate（PHBs），最早是由 Metyylbacterium extorquens 生合成，後經研究發現另一菌株 Alcaligenes eutrophus 所生產的高分子聚合物物化特性較佳，所以正利用基因工程與生物製程技術，加以改良後以量產降低成本，期望能以較低廉的價格與石化來源的聚合物抗衡。與環保有關的綠色生物科技產品及環境的復育技術的開發，具無限的潛能，尤其是台灣的生態自然資源十分有限，生物科技在環境保護上的利用相當值得大量投資發展。

參・生物科技與醫藥衛生

生物最基本的組成為細胞，細胞則由細胞核、細胞質、細胞膜組成，細胞核裡面含有染色體，染色體由 DNA 所組成，DNA 代表生物最基本的成分。一個人全身約計有六十兆個細胞，每個細胞裡面都有四十六條染色體，即是二十三對染色體。人類生命科學的登月計畫——人類基因體計畫。2000年6月26日由人類基因庫工作團隊，Celera Genomics、Sanger Center、Whitehead Institute 以及美國健康協會（National Institute of Health）共同宣布，完成人類基因初稿，宣布了人類基因庫的藍圖，這是人類科學史上的一個重要里程碑。據悉DNA共含有三十億個鹼基，辨識構成其中具有十萬到十四萬個主宰及表現不同功能的核酸序列組合。由染色體上面，二十一跟二十二號的染色體在四十六個染色體中是最小的，所以在它最早被解碼出來。

在1995至1999年間，另外包括有酵母菌、大腸桿菌、線蟲，果蠅整個染色體的完全解碼。任何物種基因序列中的功能基因，可應用領域涵括：⑴臨床的檢測與疾病的篩選上，如病原檢驗、疾病基因檢驗、法醫證據鑑定等；⑵藥物的發展部分包括新藥物的開發、藥物的生合成等；⑶農用動物及植物的部分包括食品檢驗、品種鑑定、疫病檢測等。

各國科學家可以自由使用人類基因研究計畫的成果與相關資訊，將有助科學界「繼續探究新領域，進而有助於減輕世人罹患疾病的機率和負擔，改善全球各地的衛生條件，並提高全體人類的生活品質」。這項研究計畫可能大幅改變醫師診治病人的作法，因為醫師將可根據病人的基因密碼而準備不同的診治方法和處方。例如，在西方世界最普遍基因缺陷導致的「囊腫性纖維化」（Cystic Fibrosis），有一半的病患會在三十歲之前死於呼吸器官（尤其是肺部）的嚴重感染。只因為三十億個鹼基當中，短缺了三個。運用基因療法是從根本修補、改造，甚至移植入正常的基因，而破解基因圖譜正是邁向治療遺傳疾病的第一步。

台灣的研究團隊發現人類第四號的染色體，已提供給全世界的4q

22-23 序列的資訊，並可能與台灣的肝癌疾病有重要的關聯性。先期進行初步的鹼基定序，已經完成的千萬鹼基初稿中，初步鑑定出來在這個位置上，約有二十個未知的重要功能基因。其中發現有一個基因不在正常器官中表現，但是卻在肺癌、胃癌及乳癌的病患的癌症部位大量表現，可以利用該基因發展成試劑檢測癌症篩選；作為快速、大量的藥物篩選標的；或發展基因轉移動物疾病模式，供臨床基因治療前驅試驗用。

一、疾病預防——疫苗

病毒、細菌及寄生蟲等病原皆會致病，疫苗則藉刺激免疫系統以免於疾病。自 1798 年，Jenner以牛痘疫苗預防天花後，疫苗接種仍是最具成效的疾病預防方式。目前常見的疫苗約三十種，有不活化或死毒（killed）細菌或病毒疫苗、減毒性細菌或病毒疫苗、次單元（sub-unit）疫苗、DNA 核酸疫苗及治療用反義（antisense）疫苗。伴隨病原的全基因序列生物資訊、免疫學的發展，生物科技的基因重組技術被廣為引用於發展更具安全性的疫苗。例如：⑴在抗原蛋白的製備上，可以修飾蛋白後增強免疫性與保護力價。⑵在馴化病原上，可以祛除致毒性基因或除去非必要部分以增加安全性。減毒霍亂疫苗，即是以基因工程技術取走毒性胜肱基因序列。⑶載體疫苗是為因應多價疫苗的開發以達到理想化疫苗的目標。藉生物科技可以發展細菌或病毒載體，再以轉殖數種抗原基因的方式進行。⑷次單元疫苗，可以生物技術純化篩選單一抗原（如細菌性外毒素疫苗），或利用原有抗原蛋白在其他微生物宿主中表達（如 Herpes Simplex 病毒疫苗）。成功的例子是 B 型肝炎疫苗。⑸核酸疫苗則是將抗原基因藉由表現質體（expression plasmid），接種入動物體後到達細胞核，並大量表達抗原蛋白，以達到免疫效果。⑹反義疫苗的原理，是使用RNA oligomer

以阻礙信使 RNA 轉錄成蛋白造成疾病，目前運用於愛滋病毒的研發上。

可食用性疫苗的開發，近年來更蔚為風潮，尤其對於腸道疾病的預防，是最佳的手段。此類疫苗具有無須純化及易於培養的優點，對簡化製程上幫助頗大。開發中的實例有具霍亂毒素抗原的馬鈴薯，雖經加熱煮熟，仍然保有大半的抗原。

二、診斷——檢驗試劑

疾病診斷時，最常運用的實驗室檢驗，一般可區分為微生物檢驗、生化檢驗、免疫檢驗及分子生物的檢驗。生物科技的急速發展使此領域的試劑設計，趨向簡便、微小、精準與量化。其中，核酸探針技術是利用 DNA 序列設計具專一性探針，來判定病原族群或疾病標幟物的種類及數量；免疫檢驗試劑，則是利用基因重組製備抗原或抗體方式，製作成ELISA（Enzyme-linked Immunosorbent Assay）套組，作為疾病檢驗分析工具，運用最廣泛。ELISA 依疾病發展階段與狀況，可以檢測檢體中的抗原或抗體。生物感應器則是綜合核酸探針技術及免疫檢驗原理，利用 DNA 或是固定化的生物分子為主要識別構件，整合電子及材料信號轉換元件的硬體儀器部分組合而成，因為特異性、選擇性及靈敏度高，具備即時平行分析大量複雜的生命物質等特性。

生物感測器的應用包含：量測血液中的葡萄糖、偵測在環境中的污染源、檢測食源性的病原體、偵察生物戰劑使用的微生物藥物治療的品管及病理檢驗等。其中，奈米與生物晶片是新進發展中的技術，但在市場化的過程中，仍須進一步就價格等問題加以解決。

㈠奈米技術（Micro/Nano-technology）

奈米是一種長度度量的單位，尺度上是相當接近原子的大小；一奈米相當於十億分之一公尺，大約是十個氫原子排在一起的長度。而奈米技術是有關材料及系統的結構和元件，在奈米尺度時展現出顯著改善的或全然不同的物理、化學及生物特性和現象。其主要目標是希望藉由掌控原子、分子或巨分子尺度的結構或裝置來探索這些特性，研究物質（包括原子及分子的操縱）的特性和相互作用，並有效率地製造或使用這些裝置。然而，奈米技術不只是縮減物體的尺寸，製造出極小的零件而已。一旦物質尺寸小到 1-100nm 範圍，常會產生新的特性與現象，許多物質的現象都將會改變，例如：質量變輕、表面積增高、表面曲度變大、熱導度或導電性明顯變高等，因此也就衍生了許多新的應用。奈米科技便是用各種方式，將材料、成份、介面結構等控制在 1-100 nm的大小，並改變其操控，觀測隨之而來的物理、化學與生物性質等的變化，以應用於產業上。例如，金的顆粒在 5nm 時熔點會由1063℃下降至 730℃、奈米級 TiO2 導電性數倍於微米級 TiO2 等等。若這些現象能加以人為的有效操控、製造及應用，將會對現有技術產生革命性的改變，例如：可以做出 0.1 μm以下之半導體、記憶磁性材料；尺寸在 30 nm 時，每平方釐米記憶容量可達到 7,000Mbit，為目前的一千倍。可近似無數次重複使用之鋰電池材料、運算速度達 100,000GHz 以上之電腦等。其實，奈米技術的應用，涵蓋之範圍與領域非常廣泛，目前應用在材料與製造、奈米電子及電腦技術、醫藥與健康、航空與太空探測、環境與能源、生物科技與農業及國家安全領域。

2001 年 1 月，美國柯林頓總統宣布奈米科技為二十一世紀最重要之科技之後，掀起世界各國對奈米科技發展之重視。而我國在奈米科技發展之四大目標為：

1.奈米結構物理、化學與生物特性之基礎研究。

2.奈米材料之合成、組裝與製程研究。

3.奈米尺度探測與操控技術研發。

4.特定功能奈米元件、連線、介面與系統之設計與製造。

全球視奈米技術為下一波產業技術革命，它是製造科技下一階段的核心領域，也將會重劃未來世界高科技競爭的版圖，更將影響人類二十一世紀的生活方式。美國、日本及歐盟均已積極展開相關佈局工作，每年約投入四到五億美元進行研發。目前，美國著重在奈米結構與自組裝技術、奈米粉體、奈米管、奈米電子元件及奈米生物技術；德國著重在奈米材料、奈米量測及奈米薄膜技術，日本則著重在奈米電子元件、無機奈米材料領域。這些技術的發展，勢必影響我國現在具競爭優勢的半導體、光電，及資訊等高科技產業的未來。對台灣而言，奈米科技是競爭力更上層樓的關鍵機會，奈米科技的發展將有絕大機會把台灣產業從代工層次升級到自我創新的地位，引起一波產業升級潮流，將台灣的國際競爭力提升至真正先進國家之林。

未來奈米科技正在創造新一波的技術革命與產業，它對人類生活的影響是全面的。它不僅將改變我們製作事物的方法，同時也會改變我們所能製作事物的本質，總而言之，因為奈米技術將使我們能夠以更少的原料，得到更好品質及效益之產品，所以無論以何種方式，我們日常生活的許多領域將會受到它的發展的影響。

㈡生物晶片（Biochip）

當電子科學技術蓬勃發展之際，人類基因的解碼與——蛋白質的功能結構解析，大量的生物資訊，因應大量又繁複的生物學研究。結合電子技術與生物技術，生物晶片便萌芽而成為二十世紀的另一項明星產品。

生物晶片借用了電腦晶片的智慧，通過類似積體電路製作過程中的半導體蝕刻加工的微小化技術，將生命科學研究裡許多不連續分析的過程，如樣品製備、檢體放大、雜交化學反應和分離檢測等的程序，移植到單一晶片上，並使其連續化和微小化。因為過程連續自動化，使其具有快速且操作簡便等許多優點。生物晶片的種類依照目前生物晶片技術發展可以分成兩類：微處理型的生物晶片及微陣列的晶片。生物晶片仍包括可各自獨立的半自動操作的晶片，如檢體前處理晶片、放大晶片及檢測晶片。若以檢測性質區分這些檢測晶片，又可分為 DNA 陣列晶片及蛋白質陣列晶片。因為蛋白質陣列晶片目前仍處於早期嘗試階段，只有一兩家公司有產品供給藥廠做新藥研發之應用，市場上的應用仍非常有限。相對的，DNA 陣列晶片目前已經大量應用於新藥的開發、個人基因的辨識、疾病檢測及人類基因庫變異性等的研究。

㈢生物感測器

目前生物感測器應用的研究領域包括：藥物開發、蛋白質體學和環境檢測等。生物感測器結合高度靈敏、特異性的生物系統和微電子電路系統，可以量測到分子層次訊號。葡萄糖感測在生物感測器過去的發展中扮演了一個成功商業化的例子。隨著細微加工技術（micro-fabrication）的加入，可以將酵素電極置入皮膚以下。利用整合的微電子系統可以即時偵測血液中的血糖值，並儲存在記憶體中。酵素電極不僅在偵測葡萄糖，也有其他類似裝置可以量測在血液中的乳酸鹽、肌酸酐（血液、肌肉，尤其是尿中所含生理代謝的產物）等。

三、疾病治療

㈠基因重組蛋白藥物

基因重組蛋白藥物濫觴於 1973 年，Paul Berg 以限制酵素切割基因後，利用細菌質體為載體再轉殖入大腸桿菌，成功地大量表達胰島素。儘管當前市售藥品約九成仍以傳統的化學合成法產製，但在生物科技日新月異發展下，小分子化合物將被基因工程蛋白質等大分子生技藥物取代。全球當前生技藥品以蛋白質類藥物居大宗，年銷售額約二百五十億至三百億美元。其中，以荷爾蒙類胰島素、生長激素藥物為大宗，但卻可能隨單株抗體藥物持續上市而改觀。

由於抗體藥物具有高度特異性和研製的定向性，抗體藥物也是當前生物技術藥物製藥中特別活躍的領域。抗體的主要來源有：早期的老鼠（murine）、人類（human）至擬人化（humanize）三種。1986 年，美國藥物食品檢驗局核准第一個上市的抗體藥物，是由嬌生公司研發以老鼠為抗體製備來源的Orthoclone，適用於防止器官移植排斥。而目前上市的抗體藥物，則以人類化與老鼠嵌合（chimeric）抗體為主，用以降低非必要的免疫反應。已知應用在治療腫瘤的抗體藥物方面，抗體可以與毒素結合成免疫毒素（Immunotoxin），尤其是單株抗體因專一性高、品質固定且純度均勻循環療效高，可直接攻擊癌細胞，對正常細胞的傷害機率極低，可降低藥物毒性及減少副作用。在癌症治療方面，包括血栓症、惡性淋巴瘤、乳癌、急性骨髓性白血病，及 B 細胞慢性淋巴性白血病。在感染防治方面，單株抗體藥物施用於黏膜組織，可以阻斷細菌及病毒通過黏膜而造成呼吸道疾病、腸胃道疾病等。抗體藥物若能成功開發，將可取代部分抗生素，減少其濫用造成的抗藥性問題。

㈡基因治療

基因療法顧名思義是利用生物科技將改造過的正常健康基因片段，藉由載體送入目標細胞或組織中，以便置換或修補病人基因上的缺陷，來關閉或抑制表現異常的基因，達到疾病治療的目的。早自1970年間，科學家即發現 RNA 病毒的反轉錄病毒（retrovirus）可利用基因工程技術將被改造成載體，應用於將外來基因轉入特定細胞中。1990年，即有美國成功的將腺苷酸去胺基酵素（Adenosine Deaminase, ADA）基因轉殖入先天性嚴重混合型免疫不全症（severe combined immune deficiency, SCID）病童的淋巴球，目前全球約計有四分之一的病童採用此基因療法。基因治療的前提是須非常確定整個疾病基因的功能，目前尚有載體的功能及安全性問題須更透徹了解，最經常使用的病毒載體，雖經改造降低毒性，具轉殖率佳的優點，但難免會啟動致病基因，造成致癌及感染潛在風險。基礎醫學界跟生物科技界因此回歸到病毒及非病毒載體，如細菌、微脂粒包埋 DNA 及物理化學性方法（基因槍）的研究，配合適當的基因調控，以提高基因進入體內以後最大的效用及安全性。運用範圍涵蓋遺傳性疾病、感染性疾病、癌症、新陳代謝、風濕性關節炎及心臟血管疾病等。藉由人類基因解碼、基因轉殖生物科技及基因剔除疾病動物模式的運用，使基因治療試驗更明確提升基因療法的可行性。

㈢組織修補與再生

由於組織工程的蓬勃發展，加上幹細胞與複製技術的精進，提供疾病及人體組織等治療上的無限可能。組織工程應用幹細胞培養技術，解決特殊細胞來源的阻礙。科學家證明可以在實驗室中，將人類的神經幹細胞轉變為具有功能的腦細胞，且這些細胞能夠表現出兒茶酚胺（catecholamine）的生合成酵素：tyrosine hydroxylase，此酵素正是合成多巴胺（dopamine）過程中的重要酵素，此研究的成果可以用於治療帕金森氏症。除了胚胎幹細胞外，骨髓中的造血幹細胞與間葉幹細胞，也可提供備存成個人的「細胞銀行」，或藉以培養成各式細胞，作為組織修補等治療用。另外，以複製動物作為器官移植用途也如火如荼地展開，例如複製豬，可以將器官移植排斥的元凶醣蛋白改變為擬人化蛋白質，日後運用豬隻臟器移植時，才得以降低器官排斥的風險。

第五節　生物科技的社會性議題

科技是理性的工具，攸關生物多樣性、經濟活動以及人類文明進化與永續經營。社會人文則是感性的思想，關懷倫理道德等傳統問題。生物科技是二十一世紀具備最驚人經濟商機及利益的領域，並將成為經濟重心，其對社會與倫理方面的影響，引起全球性關注。有別於傳統科學技術發展的循序漸進，生物科技領域的開發突飛猛進，兩者相關研究目標皆以增進人類生活品質為最大皈依。但是科技的使用失當或濫用時，對於眾多層面的深遠影響，必須以更宏觀的心態加以思量，並參酌全球性關鍵決策觀點，制定適當管理規範。

所以，生物科技對整體社會、倫理、人文、產業發展、健康醫療安全及公共衛生方面的衝擊，宜審慎評估與因應。尤其是利益與風險的相對性，已引起全球性普遍的關切。只是社群無謂的恐慌、憂慮或囿於輿情，可能造成生物科技革命性進程的阻礙。因此，戮力求取科技、商業利潤與人類福祉間的平衡點，是生物科技研發機構與業界、政府與民眾必須拋棄成見及降低人為操控共同努力的目標。

基本上的主要爭議癥結是：⑴不同代表性社群，對生物科技知識與訊息的了解、流通與共識層面是否相同。生物科技是跨領域綜合性發展科學，包含多種學門領域，必須讓所有人充分了解生物科學等基本常識，充分討論生物科技運用優點、缺點、機會及挑戰，盡量排除因為一知半解所造成的誤解與恐懼，衝擊生物科技發展。例如，動植物基因操控結果的基因改良食品，其安全性影響消費者選用意願；因為生物科技改進動植物品質的結果，使得少數公司壟斷生物農業市場，劣勢的一般農業生產大眾無法生存。⑵公有與私有權的界定及隱私及自主權的爭議。自人類基因解碼後，雖然此一科學初步證實人類的一切行為可能與基因相關但並非絕對，後天環境、際遇及其他因素皆會改變人類行為及導致疾病。個人化基因訊息的擁有及操控權的歸屬，將影響個人自由意識不可輕忽。例如，特定族群的基因歧視及個人健康及疾病隱私等。

生物科技已創造許多就業機會、促進全球性經濟發展及在某些層面改善人類生活，如果能夠遵守相互尊重及永續性原則，審慎選擇最正確的發展項目與認知現階段限制範圍。則生物科技已經在食品、農業、能源、製造、衛生及環境方面有長足的進展，未來的發展與社會貢獻更是無可限量。

參考文獻

財團法人醫藥品查驗中心網站 http://www.cde.org.tw/

中華民國科學技術年鑑，九十二年版

行政院科技顧問組網站 http://www.stag.gov.tw/

基因體醫學國家型科技計畫網站 http://genmed.sinica.edu.tw/

經濟部生物技術與醫藥工業發展推動小組 http://www.biopharm.org.tw/

中華民國科學技術白皮書-行政院國家科學委員會 (PDF: http://www.nsc.gov.tw/policy/doc/92whitepaperC.pdf)

經濟部投資業務處網站 HiRecruit http://hirecruit.nat.gov.tw/

http://www.biology.iupui.edu/biocourses/Biol540/2background2k4.html

http://www.ncbiotech.org/biotech101/timeline.cfm

http://home.pchome.com.tw/science/dotttech/biotech.pdf

http://www.accessexcellence.org/RC/AB/BC/1977-Present.html

http://www.ied.edu.hk/biotech/

http://mdm.bionet.org.tw/index.asp

台灣力刕訊息中心 http://www.casys.com.tw/news/ReadNews.asp? NewsID=13

http://www.cpc.com.tw/classroom/small9108.asp

奈米創新網 http://www.nano.com.tw/

奈米科學網 http://nano.nchc.org.tw/

http://www.nanovip.com/what-is-nanotechnology/chineset.php

http://www.gnt.com.tw/nanotech1.htm

田蔚成編著，**生物技術**。行政院國家科學委員會科技年鑑奈米網 http://nano.nsc.gov.tw/

曹國維譯（2000），**生物科技大未來**。台北：台灣美商麥格羅・希爾。

國家圖書館出版品預行編目資料

生活科技概論／李隆盛等合著. --初版.--
臺北市：心理, 2005 (民 94)
面；　公分. -- (自然科學教育；11)
含參考書目

ISBN 978-957-702-836-5(平裝)

1.科學—教學法　2.中等教育—教學法

524.36　94018359

自然科學教育 11 生活科技概論

策畫主編：李隆盛
作　　者：李隆盛、蔡錫濤、葉俊偉、吳天方、王光復
陳長振、游光昭、宗靜萍、林奇賢、周如文
執行編輯：謝玫芳
總 編 輯：林敬堯
發 行 人：洪有義
出 版 者：心理出版社股份有限公司
社　　址：台北市和平東路一段 180 號 7 樓
總　　機：(02) 23671490　傳　　真：(02) 23671457
郵　　撥：19293172　心理出版社股份有限公司
電子信箱：psychoco@ms15.hinet.net
網　　址：www.psy.com.tw
駐美代表：Lisa Wu　tel: 973 546-5845　fax: 973 546-7651
登 記 證：局版北市業字第 1372 號
電腦排版：辰皓國際出版製作有限公司
印 刷 者：翔盛印刷有限公司
初版一刷：2005 年 10 月
初版二刷：2009 年 2 月

定價：新台幣 600 元

ISBN 978-957-702-836-5

讀者意見回函卡

No. ______　　　　　　　　　　　　　　　　填寫日期：　年　月　日

感謝您購買本公司出版品。為提升我們的服務品質，請惠填以下資料寄回本社【或傳真(02)2367-1457】提供我們出書、修訂及辦活動之參考。您將不定期收到本公司最新出版及活動訊息。謝謝您！

姓名：____________________　性別：1□男　2□女

職業：1□教師 2□學生 3□上班族 4□家庭主婦 5□自由業 6□其他____

學歷：1□博士 2□碩士 3□大學 4□專科 5□高中 6□國中 7□國中以下

服務單位：__________________ 部門：__________ 職稱：___________

服務地址：__________________________ 電話：_______ 傳真：_______

住家地址：__________________________ 電話：_______ 傳真：_______

電子郵件地址：____

書名：____

一、您認為本書的優點：（可複選）

❶□內容 ❷□文筆 ❸□校對 ❹□編排 ❺□封面 ❻□其他____

二、您認為本書需再加強的地方：（可複選）

❶□內容 ❷□文筆 ❸□校對 ❹□編排 ❺□封面 ❻□其他____

三、您購買本書的消息來源：（請單選）

❶□本公司 ❷□逛書局⇨______書局 ❸□老師或親友介紹

❹□書展⇨____書展 ❺□心理心雜誌 ❻□書評 ❼其他________

四、您希望我們舉辦何種活動：（可複選）

❶□作者演講 ❷□研習會 ❸□研討會 ❹□書展 ❺□其他_____

五、您購買本書的原因：（可複選）

❶□對主題感興趣 ❷□上課教材⇨課程名稱_________________

❸□舉辦活動　❹□其他______________

（請翻頁繼續）

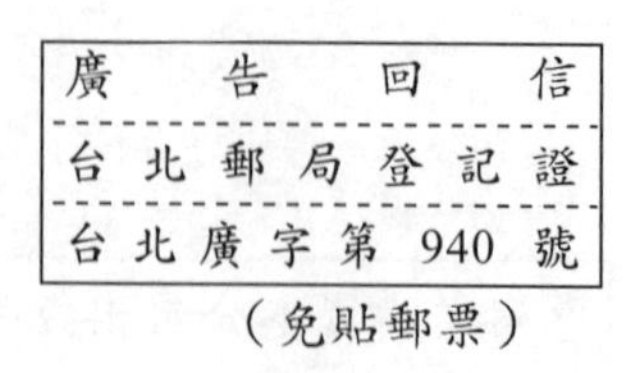

（免貼郵票）

心理出版社 股份有限公司

台北市 106 和平東路一段 180 號 7 樓

TEL: (02) 2367-1490
FAX: (02) 2367-1457
EMAIL:psychoco@ms15.hinet.net

沿線對折訂好後寄回

六、您希望我們多出版何種類型的書籍

❶□心理 ❷□輔導 ❸□教育 ❹□社工 ❺□測驗 ❻□其他

七、如果您是老師，是否有撰寫教科書的計劃：□有□無

書名／課程：________________

八、您教授／修習的課程：

上學期：________________

下學期：________________

進修班：________________

暑　假：________________

寒　假：________________

學分班：________________

九、您的其他意見

謝謝您的指教！

43011